소비자 금융거래와 법

김성숙 저

publishing and culture
피앤씨미디어

머리말

세계금융위기 이후로 금융소비자에 대한 관심이 부쩍 증가하였다. 그동안 금융자산관리사나 증권투자상담사, AFPK나 CFP등 개인재무설계 관련 자격증이 많이 만들어지고 금융권에 취업하고자 하는 학생들의 관심대상이 되었다. 그런데 우리나라에서 재무설계 업무를 하기 위해서는 금융제도와 금융시장을 이해하는 것이 필수적이다. 이 책은 소비자들의 금융거래와 관련된 금융정책과 법률 등을 체계적으로 정리하고 쉽게 이해하기 위한 것이다. 복잡하고 방대한 금융관련 법률 가운데 소비자들의 재무설계 및 금융자산관리와 관련된 부분을 찾아 모아놓은 것이다.

이 책은 총 10장으로 구성되어 있다. 제1장은 간략히 금융소비자에 대한 정의와 소비자들의 금융거래관련 법률 체계를 제시하였다. 제2장은 소비자와 은행거래 부분을 다루면서 수신거래, 예금자보호제도, 여신거래, 외국환거래의 내용을 포함하였다. 제3장은 금융소비자와 보험거래 부분으로 보험계약관련 법률, 보험회사와 보험모집 규정, 보험통신판매업무 모범규준을 다루었다. 제4장은 금융소비자와 증권거래로 자본시장 및 금융투자업에 관한 법률 내용 중 금융소비자와 관련된 부분을 발췌하여 포함하였다. 금융투자상품의 정의, 금융투자업의 건전성, 영업행위 규칙, 불공정거래 행위 규제, 집합투자기구가 다루어졌다. 제5장은 금융소비자와 신탁거래로 신탁의 거래원칙, 수익증권, 신탁의 변경과 종류, 신탁의 현황을 살펴보았다. 제6장은 금융소비자와 신용거래 부분으로 신용카드거래, 시설대여 및 할부금융 거래, 그리고 대부업체와의 거래를 다루었다. 제7장은 금융소비자의 보호 부분으로 한국의 금융소비자 보호제도 개괄, 금융소비자보호 모범규준, 금융소비자보호법(안), 국제 금융소비자보호 지표 등을 다루었다. 제8장은 개인 신용정보의 평가와 보호로 신용정보의 이용과 보호, 채권추심을 포함하였다. 제9장은 금융소비자와 금융사기정책으로 금융사기 유형을 살펴보고 피해구제 절차를 다루었다. 제10장은 금융소외계층의 금융거래 부분으로 서민금융지원제도와 장애인 금융거래를 다루었다.

저자는 책의 내용이 여러 법률에 대한 부분을 다수 포함하고 있어 어렵게 느껴지는 부분을 쉽게 이해할 수 있도록 노력하였다. 용어해설이나 금융소비자의 대응 행동 등에 대한 참고내용을 각 장마다 첨가하였다. 그럼에도 불구하고 책 내용에 포함된 어렵고 경직된 부분과 오류는 전적으로 저자의 책임이다. 소비자의 금융거래와 관련된 기초적인 정책과 법률 내용을 책에 담으려는 의욕을 가지고 고민하였으나 여러모로 부족한 점이 많다. 특히 이제 태동하고 있는 금융소비자보호나 금융소외계층의 금융거래에 관한 부분은 큰 관심과 노력을 기울인 부분이지만 의욕만큼 이루어지지 못하여 아쉬움이 남는다. 앞으로 이 책이 소비자학을 전공하는 학생들뿐만 아니라 개인재무설계사에 대한 관심과 포부를 가진 일반인들에게도 활용되기를 기대한다.

끝으로 이 책이 나오기까지 애써주신 피앤씨미디어의 박노일 사장님 및 직원 여러분께 진심으로 감사드린다.

2014년 8월

김성숙

차 례

제 1 장 금융소비자 관련 법체계

제 2 장 금융소비자와 은행거래

제 3 장 금융소비자와 보험거래

제 4 장 금융소비자와 증권거래

제 7 장 금융소비자의 보호

제 8 장 개인 신용정보의 평가와 보호

제 1 장 금융소비자 관련 법체계

Chapter 01

금융소비자 관련 법체계

제 1 절 금융소비자의 개념

소비자란 일반적으로 제품이나 용역을 구매 또는 사용하는 사람을 의미한다. 소비자기본법에서는 소비자를 '사업자가 제공하는 물품 등을 소비생활을 위해 사용하는 사람 및 생산 활동을 위해 최종적으로 사용하는 사람'이라고 정의하고 있다. 전통적으로 금융규제법에서는 금융업자와의 금융거래의 상대방을 가리키는 용어로 '예금자'(은행법 1조), '투자자'(자본시장법 1조), '보험계약자'(보험업법 1조), 금융이용자(대부업법) 등 업법에 따라 각각 다르게 사용되어 왔으며, 일반적으로 금융회사에 비해 정보와 협상력이 열위에 있는 주체로 기술되거나, 증권시장에서의 비전문적 투자자를 포함하기도 하지만, 현재 금융규제법상 정의되어 있지 않다. 금융소비자란 금융시장에서 제공되고 있는 금융서비스의 이용자를 의미한다. 금융서비스란, 예금과 적금, 대출, 신탁, 보험, 투자서비스, 자문서비스, 신용카드 등을 모두 포함한다.

이처럼 현행 법체계에서 규정하고 있는 소비자의 개념은 실제 금융환경에서 소비자의 범위를 포괄하고 있지 못하고 있으며, 전문적 지식의 여부, 거래 금융상품의유형, 거래 상대방에 따라 보호대상으로서의 소비자의 범주가 달라질 수 있다. 따라서 금융소비자 보호의 개념을 규정하고 체계를 확립하기 위해서는 우선 보호의 대상이 되는 금융소비자에 대한 정의가 명확할 필요가 있다. 금융소비자보호의 적용 범위를 규정하는 기초개념의 필요성을 고려할 때, '금융업자와 금융상품계약을 체결하는 등 금융거래를 하는 상대방'으로서 예금자와 투자자, 보험계약자, 대출채무자 등을 포괄하는 공통개념으로서 '금융소비자'의 범위를 규정할 수 있다. 김성숙 등(2011)에서는 보호의 대상으로 금융소비자를 '금융업자와 금융상품계약을 체결하는 등의 금융거래를 하는 상대방으로 기업이나 조직체를 포함하는 전문소비자를 제외한 최종소비자'의 개념으로 '금융소비자'를 정의하였다.

이처럼 전통적인 소비자의 개념으로 볼 때 재매매가 가능하여 투자리스크를 타인에게 전가할 수 있는 투자자는 소비자의 범주에서 완전히 제외될 수 없을 지라도 소비자와 투자자를 같은 맥락으로 묶는 것은 의문이 있다. 또한 금융거래의 특징을 고려할 필요가 있다. 금융거래의 특징을 보면 금융상품의 물리적 부존재, 정보의 중요성, 위험의 내재, 판단의 곤란, 정보의 불균형, 사업자의 기회주의적 강압적 행동에 쉽게 노출, 위험의 특수성 등을 들 수 있다.[1)]

하지만 신종 금융상품인 파생상품이나 파생결합상품의 경우 구매한 금융투자상품의 리스크를 타인에게 전가하기가 불가능하다는 점에서 그 지위가 일반소비자와 같다고 할 수 있다. 따라서 금융소비자의 개념을 정의함에 있어서 정보와 협상력의 여부, 금융상품거래에 대한 전문성이 있는지의 여부, 금융상품거래의 상대방이 누구인지의 여부 등을 고려해서 결정해야 한다.[2)] 서완석(2011)은 정보와 협상력이 열위에 있다면 자연인뿐만 아니라 소규모 기업의 경우에도 금융소비자의 범주에 포함시켜야 하며 금융상품의 전문성이 결여되어 있다면 그 보호대상을 자연인만으로 한정할 필요가 없으며 또한 금융상품을 거래하는 자라면 금융회사뿐만 아니라 금융상품 및 서비스를 제공하는 모든 사업자를 거래상대방으로 규제해야 한다고 주장한다.

금융소비자보호법(안)에서는 금융소비자를 일반금융소비자와 전문금융소비자로 구별하고 있다. "전문금융소비자"란 금융상품에 관한 전문성, 소유자산규모 등에 비추어 금융상품 계약에 따른 위험감수능력이 있는 금융소비자로서 국가, 한국은행, 대통령령으로 정하는 금융회사, 주권상장법인 등에 해당하는 자를 말한다. 다만, 전문금융소비자 중 대통령령으로 정하는 자가 일반금융소비자와 같은 대우를 받겠다는 의사를 금융상품판매업자등에게 서면으로 통지하는 경우 금융상품판매업자등은 정당한 사유가 있는 경우를 제외하고는 이에 동의하여야 하며, 금융상품판매업자등이 동의한 경우에는 해당 금융소비자는 일반금융소비자로 본다. '일반금융소비자 전문금융소비자가 아닌 금융소비자를 말한다.

---

1) 안수현(2006), 자본시장통합법의 소비자보호법의 접점－금융소비자보호, 증권법연구,7(2), 증권법학회, p.209.
2) 서완석(2011), 자본시장법상의 금융소비자 보호, 이은영 편, 금융시장과 소비자보호, pp.121－122.

제 2 절 소비자의 금융거래 법률

금융업관련 법규들의 목표는 금융거래, 금융조직, 금융감독, 금융구제, 금융시장에서 금융거래 질서유지하기 위한 금융시장의 조직과 운영에 관한 사항, 금융시장의 형평성과 효율성, 금융기관의 건전한 운영, 금융거래의 공정성, 신용질서 유지, 투자자 및 예금자의 보호, 금융 산업의 건전한 육성, 국민경제의 균형 있는 발전 등 다양하다. 금융거래와 관련된 법규는 매우 다양하고 방대하지만 그 가운데 금융소비자가 거래하는 금융기관에 관련된 법률과 금융서비스 계약과 관련된 법률들을 정리해 보면 다음과 같다.

표 1-1 소비자금융거래 관련 법률

분 야	법률명
공통관련 법규	금융실명거래 및 비밀보장에 관한 법률
	금융지주회사법 및 관련규정
	신용정보의 이용 및 보호에 관한 법률
	예금자보호법
	외국환거래법
	근로자퇴직급여보장법
	전자금융거래법
	휴면예금관리재단의 설립 등에 관한 법률
	채권의 공정한 추심에 관한 법률
	채무자 회생 및 파산에 관한 법률
은행관련 법규	은행법
	농협협동조합법
	담보부사채신탁법
	수산업협동조합법
	주택저당채권유동화회사법
	한국주택금융공사법

금융투자관련 법규	자본시장과 금융투자업에 관한 법률
	자산유동화에 관한 법률
보험관련 법규	보험업법
	상법 보험편
	화재로 인한 재해보상과 보험가입에 관한법률
	자동차손해배상보장법
비은행(서민금융)관련 법규	상호저축은행법
	신용협동조합법
	여신전문금융업법
	유사 수신행위의 규제에 관한법률
	대부업등의 등록 및 금융이용자 보호에 관한법률

제 2 장 금융소비자와 은행거래

- 제 1 절 은행의 수신거래
- 제 2 절 예금자보호제도
- 제 3 절 은행의 대출(여신)거래
- 제 4 절 외국환거래

Chapter 02

금융소비자와 은행거래

은행이란 예금을 받거나 유가증권 또는 그 밖의 채무증서를 발행하여 불특정 다수인으로부터 채무를 부담함으로써 조달한 자금을 대출하는 것을 업(業)으로 하여 규칙적·조직적으로 경영하는 한국은행 외의 모든 법인을 말한다. 은행은 금융위원회의 인가를 받아야 하며 은행을 인가받기 위해서는 적어도 자본금 1천억 원 이상이어야 한다. 단 지방은행의 자본금은 250억 원 이상으로 할 수 있다.

은행의 주요 업무는 첫째, 예금·적금의 수입 또는 유가증권, 그 밖의 채무증서의 발행, 둘째, 자금의 대출 또는 어음의 할인, 셋째, 내국환·외국환 거래이다. 은행의 부수업무는 채무의 보증 또는 어음의 인수, 상호부금(相互賦金), 팩토링, 보호예수(保護預受[1]), 수납 및 지급대행, 지방자치단체의 금고대행, 전자상거래와 관련한 지급대행, 은행업과 관련된 전산시스템 및 소프트웨어의 판매 및 대여, 금융 관련 연수, 도서 및 간행물 출판업무, 금융 관련 조사 및 연구업무 등으로 다양하다. 은행이 겸영할 수 있는 업무는 신탁업법에 의한 신탁업무, 여신전문금융업법에 의한 신용카드 업무, 자본시장과 금융투자업에 관한 법률에서 정하는 금융업무, 보험업법에 의한 보험대리점의 업무, 근로자퇴직급여 보상법에 따른 퇴직연금사업자의 업무, 담보부사채신탁법에 따른 담보부사채에 관한 신탁업, 「자산유동화에 관한 법률」에 따른 유동화전문회사의 유동화자산 관리의 수탁업무 및 채권추심 업무의 수탁업무, 「주택저당채권유동화회사법」에 따른 주택저당채권유동화회사의 유동화자산 관리의 수탁업무 및 채권추심 업무의 수탁업무, 기업의 인수 및 합병의 중개·주선 또는 대리 업무, 기업의 경영, 구조조정 및 금융 관련 상담·조력 업무, 증권의 투자 및 대차거래(貸借去來) 업무, 상업어음 및 무역어음의 매출, 금융관련법령에 따라 금융업을 경영하는 자의 금융

---

1) 팩토링이란, 기업의 판매대금 채권의 매수·회수 및 이와 관련된 업무를 말한다. 보호예수란, 공사채, 주식, 어음 등 유가증권이나 예금증서 및 차용증 등과 같은 중요증서, 화폐, 귀금속, 보석 같은 귀중품을 맡아서 보관하고 그 증거로 증서를 발급한 다음 이 예수품을 예수증서와 상환으로 반환하는 금융회사의 수신업무를 말한다.

상품 및 「무역보험법」에 따른 무역보험의 판매 대행 등이다.

제 1 절 은행의 수신거래

1. 수신거래의 정의

은행의 수신거래란, 입출금이 자유로운 예금, 거치식예금 및 적립식예금 거래를 의미한다. 은행의 가장 고유한 업무로서 예금과 적금의 수입을 의미한다. 특히 금융소비자의 은행거래에서 가장 보편적인 거래이다.

수신거래에는 실명거래원칙, 거래방식, 비밀보장의 원칙이 적용된다. 첫째, 은행거래는 실명으로 거래하여야 한다. '금융실명 및 비밀보장에 관한 법률' 제3조에 따라 은행거래는 실명으로 거래하여야 한다. 은행은 거래처의 실명확인을 위하여 주민등록증·사업자등록증 등 실명확인증표 또는 그밖에 필요한 서류의 제시나 제출을 요구할 수 있고, 거래처는 이에 따라야 한다.[2] 또한 거래처는 은행에서 내준 통장(증서·전자통장을 포함) 또는 수표·어음용

---

2) 금융실명 및 비밀보장에 관한 법률 제3조

② 금융회사등은 제1항에도 불구하고 다음 각 호의 어느 하나에 해당하는 경우에는 실명을 확인하지 아니할 수 있다.

1. 실명이 확인된 계좌에 의한 계속거래(繼續去來), 공과금 수납 및 100만원 이하의 송금 등의 거래로서 대통령령으로 정하는 거래
2. 외국통화의 매입, 외국통화로 표시된 예금의 수입(受入) 또는 외국통화로 표시된 채권의 매도 등의 거래로서 대통령령으로 정하는 기간 동안의 거래
3. 다음 각 목의 어느 하나에 해당하는 채권(이하 "특정채권"이라 한다)으로서 법률 제5493호 금융실명거래및비밀보장에관한법률 시행일(1997년 12월 31일) 이후 1998년 12월 31일 사이에 재정경제부장관이 정하는 발행기간·이자율 및 만기 등의 발행조건으로 발행된 채권의 거래

가. 고용 안정과 근로자의 직업능력 향상 및 생활 안정 등을 위하여 발행되는 대통령령으로 정하는 채권

나. 「외국환거래법」 제13조에 따른 외국환평형기금 채권으로서 외국통화로 표시된 채권

다. 중소기업의 구조조정 지원 등을 위하여 발행되는 대통령령으로 정하는 채권

라. 「자본시장과 금융투자업에 관한 법률」 제329조에 따라 증권금융회사가 발행한 사채

마. 그 밖에 국민생활 안정과 국민경제의 건전한 발전을 위하여 발행되는 대통령령으로 정하는 채권

③ 누구든지 「특정 금융거래정보의 보고 및 이용 등에 관한 법률」 제2조제3호에 따른 불법재산의 은닉, 같은 조 제4호에 따른 자금세탁행위 또는 같은 조 제5호에 따른 공중협박자금조달행위 및 강제집행의 면탈, 그 밖에 탈법행위를 목적으로 타인의 실명으로 금융거래를 하여서는 아니 된다. <신설 2014.5.28.>

④ 금융회사등에 종사하는 자는 제3항에 따른 금융거래를 알선하거나 중개하여서는 아니 된다. <신설 2014.5.28.>

⑤ 제1항에 따라 실명이 확인된 계좌 또는 외국의 관계 법령에 따라 이와 유사한 방법으로 실명이 확

지로 거래하여야 한다. 그러나 입금할 때와, 자동이체약정·전산통신기기이용약정 등에 따라 거래할 때는 통장 없이도 할 수 있다. 은행은 '금융실명거래 및 비밀보장에 관한법률'등 법령에서 정한 경우를 제외하고는 거래처의 거래내용에 대한 자료나 정보를 남에게 제공하지 않는다. 은행은 거래처가 전산통신기기 등으로 무통장입금(송금 포함), 예금 잔액 등에 관한 정보의 제공을 요청한 때에는 명의인·계좌번호·비밀번호(자동응답서비스(ARS)는 계좌번호·비밀번호)가 맞으면 그 요청자를 본인으로 여겨 입금(송금)을 하고 입금인, 입금액, 예금 잔액 등에 관한 정보를 제공할 수 있으며, 이로 인하여 금융거래 정보누설 등으로 거래처에 손해가 생겨도 그 책임을 지지 않는다.

[참고] 어음과 수표의 법적 성질

1. 어음과 수표는 유가증권이며 권리의 발생, 이전, 행사에 증권을 필요로 하는 안전 유가증권이다.
2. 어음과 수표는 권리의 발생을 위해서 반드시 증권의 작성을 필요로 하는 설권증권이다.
3. 어음과 수표는 증권상의 금액을 청구할 수 있는 금전채권의 성질을 가진다.
4. 어음과 수표는 배서에 의하여 그 권리를 양도할 수 있는 당연히 지시증권이다.
5. 어음과 수표는 유통성을 가지기 때문에 어음채무자에게 지급받기 위해서 제시를 필요로 하는 제시증권이다.
6. 어음과 수표채무자가 어음수표금을 지급할 때에는 그 증권의 상환을 청구할 수 있는 상환증권이다.
7. 약속어음과 수표의 발행인이나 환어음의 인수인은 원인관계를 문제 삼지 않고 책임을 져야 하는 무인증권이다.
8. 어음과 수표상 권리의 내용 및 범위는 증권상 기재에 따라 정해지는 문언증권이다.
9. 어음과 수표는 그 요건이 법에 의해서 엄격히 정해져 있는 절대적 요식증권이다.

수신거래에서 입금의 방식으로 거래처는 현금이나 즉시 추심할 수 있는 수표·어음,[3] 기타 증권(이하 "증권"이라 한다) 등으로 입금할 수 있다. 거래처는 현금이나 증권으로 계좌송금(거래처가 개설점 이외에서 자기계좌에 입금하거나, 제3자가 개설점 또는 다른 영업점이나, 다른 금융기관에서 거래처 계좌에 입금하는 것)하거나, 계좌이체(다른 계좌에서 거래처계좌에 입금하는

인된 계좌에 보유하고 있는 금융자산은 명의자의 소유로 추정한다. <신설 2014.5.28.>

⑥ 금융회사등은 금융위원회가 정하는 방법에 따라 제3항의 주요 내용을 거래자에게 설명하여야 한다. <신설 2014.5.28.>

⑦ 실명거래의 확인 방법 및 절차, 확인 업무의 위탁과 그 밖에 필요한 사항은 대통령령으로 정한다. <개정 2014.5.28.>

3) 수표란, 발행인이 자기의 당좌거래은행에 대해서 정당한 소지인의 지급청구가 있으면 언제라도 수표상 금액을 지급하여 줄 것을 위탁하는 지급위탁증권을 말한다. 유가증권으로서 약속어음과 비슷하지만 소지인출급식, 무기명식, 기명소지인출급식으로 발행할 수 있다는 면에서 다르다. 또 (환)어음과는 지급위탁증권이라는 점에서 유사하나 인수제도가 없고 지급보증제도가 있다는 면에서 다르다. 수표는 지급증권으로 단기에 결제될 것이 필요하므로 지급제시시간이나 시효기간도 짧다. 또 수령인의 기재가 수표의 요건이 아니며 입질배서제도도 없다.

것)할 수 있다. 증권으로 입금할 때 입금인은 증권의 백지보충이나 배서 또는 영수기명날인 등 필요한 절차를 밟아야 하며, 은행은 백지보충 등의 의무를 지지 않는다. 입금하는 증권이 수표나 어음일 때 은행은 소정금액란에 적힌 금액으로 처리한다.

수신거래에서 예금이 되는 시기는 현금으로 입금한 경우는 은행이 이를 받아 확인하였을 때이며 현금으로 계좌송금하거나 계좌 이체한 경우는 예금원장에 입금의 기록이 된 때이고 증권으로 입금하거나 계좌 송금한 경우는 은행이 그 증권을 교환에 돌려 부도반환시한이 지나고 결제를 확인한 때이다. 다만, 개설점에서 지급하여야 할 증권은 그날 안에 결제를 확인한 때나 증권이 자기앞수표이고 지급제시기간 안에 사고신고가 없으며 결제될 것이 틀림없음을 은행이 확인하였을 때에는 예금원장에 입금의 기록이 된 때 예금이 된다.

2. 입금한 증권 부도 및 질권 설정

입금한 증권이 부도났을 때 즉 입금한 증권이 지급 거절되었을 때는 은행은 그 금액을 예금원장에서 뺀 뒤, 거래처(무통장입금일 때는 입금의뢰인)가 신고한 연락처로 그 사실을 알린다. 다만, 통화불능 등 부득이한 사유로 그 사실을 알릴 수 없는 경우에는 그러하지 아니하다. 은행은 지급 거절된 증권을 그 권리보전절차를 거치지 아니하고, 입금한 영업점에서 거래처(무통장입금일 때는 입금의뢰인)가 반환 청구할 때 돌려준다. 다만, 증권 발행인이 지급 거절한 날의 다음 영업일까지 증권을 입금할 예금계좌에 해당자금을 현금이나 즉시 현금으로 바꿀 수 있는 증권으로 입금했을 때는 발행인에게 돌려줄 수 있다.

거래처가 예금을 양도하거나 질권[4]설정하려면 사전에 은행에 통지하고 동의를 받아야 한다. 다만, 법령에 의하여 금지되는 경우에는 양도나 질권 설정을 할 수 없다. 입출금이 자유로운 예금은 질권설정 할 수 없다. 또 거래처는 통장·도장·카드 또는 증권이나 그 용지를 분실·도난·멸실·훼손했을 때는 곧 서면으로 신고하여야 한다. 다만, 긴급하거나 부득이 할 때는 영업시간 중에 전화 등으로 신고할 수 있으며 이 때는 다음 영업일 안에 서면 신고하여야 한다.

거래처는 인감 또는 서명, 비밀번호, 성명, 상호, 대표자명, 대리인명, 주소, 전화번호 기타 신고사항을 바꿀 때에는 서면으로 신고하여야 한다. 다만, 비밀번호는 서면 신고 없이

---

4) 질권이란, 채무의 이행을 확보하기 위해 채무자 또는 제3자(물상보증인)의 동산을 점유하거나 채무를 완제할 때까지 이를 유치하는 방식으로 설정된 담보물권을 말한다. 질권설정계약에 의하여 채무자인 질구너설정자는 채무이행에 대한 담보로서 채권자인 질권자에게 질권목적물인 동산을 인도하고 채무의 이행이 있을 때까지 이를 위탁 또는 임치하게 된다. 질권은 동산을 목적으로 하는 동산질권과 채권 기타의 재산권을 목적으로 하는 권리질권으로 나뉜다.

전산통신기기를 이용하여 바꿀 수 있으며, 이 경우 계좌번호, 주민등록번호, 비밀번호 등 은행이 정한 요건이 맞으면 은행은 새로운 비밀번호로 변경 처리한다. 거래처는 주소, 전화번호 등의 일부 신고사항에 대하여는 은행이 정한 방법에 따라 전산통신기기를 이용하여 변경할 수 있다. 신고는 은행이 이를 접수한 뒤 전산입력 등 필요한 조치를 하는데 걸리는 합리적인 시간이 지나면 그 효력이 생기며 전산장애 등 불가항력적인 사유로 처리하지 못한 때는 복구 등 사유 해제 시 즉시 처리하여야 한다. 신고를 철회할 때는 거래처 본인이 서면으로 하여야 한다.

3. 은행 면책조항

은행의 면책조항은 다음과 같다. 은행은 예금지급청구서, 증권 또는 신고서 등에 찍힌 인영(또는 서명)을 신고한 인감(또는 서명감)과 육안으로 주의 깊게 비교·대조하여 틀림없다고 여기고, 예금지급청구서 등에 적힌 비밀번호나 PIN-Pad기를 이용하여 입력된 비밀번호가 신고 또는 등록한 것과 같아서 예금을 지급하였거나 기타 거래처가 요구하는 업무를 처리하였을 때에는 인감이나 서명의 위조·변조 또는 도용이나 그 밖의 다른 사고로 인하여 거래처에 손해가 생겨도 그 책임을 지지 않는다. 다만, 은행이 거래처의 인감이나 서명의 위조·변조 또는 도용 사실을 알았거나 알 수 있었을 때는 그러하지 아니하다. 전산통신기기 등을 이용하거나 거래정보 등의 제공 및 금융거래명세 등의 통보와 관련하여 은행이 책임질 수 없는 사유로 계좌번호, 비밀번호 등의 금융정보가 새어나가 거래처에 손해가 생겨도 은행은 그 책임을 지지 않는다. 은행이 주민등록증 등 실명확인증표로 주의 깊게 실명확인하거나 실명 전환한 계좌는 거래처가 실명확인증표 또는 서류의 위조·변조·도용 등을 한 경우, 이로 인하여 거래처에 손해가 생겨도 은행은 그 책임을 지지 않는다. 거래처가 제13조 제1항, 제2항, 제4항의 신고나 절차를 미루어 생긴 손해에 대해 은행은 그 책임을 지지 않는다. 다만, 이 경우에도 은행은 거래처에 손해가 발생하지 않도록 선량한 관리자로서의 주의를 다하여야 한다.

은행은 오류의 정정 등 예금거래에서 발생하는 일반적 사항을 통보하는 경우에는 거래처가 신고한 연락처로 전화 통보할 수 있다. 이 때, 통화자가 거래처 본인이 아닌 경우, 그 통화자가 은행의 통지내용을 이해하고 이를 거래처에 전달할 것이라고 믿을 충분한 이유가 있는 때에는 거래처에 정당하게 통보한 것으로 본다. 은행이 예금거래에서 발생하는 일반적 사항을 서면으로 통지했을 때는 천재지변 등 불가항력적인 경우 외에는 보통의 우송기간이 지났을 때 도달한 것으로 본다. 은행은 예금계약의 임의해지 등 중요한 의사표시를 하는 때에는 서면으로 하여야 하며 그 통지가 거래처에 도달되어야 의사표시의 효력이 생긴다. 다만, 관계법령 또는 어음교환소규약 등에 의하여 예금계약을 해지한 경우나 거래처가 제13조에 의한 변경신고를 게을리 하여 도달되지 않은 때에는 그러하지 아니하다.

4. 은행약관

약관[5]의 변경과 적용순서를 보면 은행은 이 약관이나 '입출금이 자유로운 예금약관' 또는 '거치식·적립식예금약관'을 변경하고자 할 때에는 변경약관 시행일 1개월 전에 한 달간 영업점과 인터넷 홈페이지에 게시하여 거래처에 알린다. 다만, 법령의 개정이나 제도의 개선 등으로 인하여 긴급히 약관을 변경한 때에는 즉시 이를 게시 또는 공고하여야 한다. 약관변경의 내용이 거래처에 불리한 경우에는 변경약관 시행일 1개월 전에 다음과 같은 방법으로 거래처에 알린다. 즉 인터넷 홈페이지에 게시, 2개 이상의 일간신문에 공고, 거래처가 신고한 전자우편(E-mail)에 의한 통지, 현금자동지급기/현금자동입출금기 설치장소에 게시, 거래통장에 표기, 인터넷뱅킹 가입고객의 경우에는 인터넷뱅킹 초기화면에 게시의 방법이다. 거래처는 이를 고지한 후 변경약관 시행일 전영업일까지 서면에 의한 통지로 계약을 해지할 수 있으며, 이 기간 내에 거래처의 서면에 의한 이의가 은행에 도달하지 않으면 이를 승인한 것으로 본다.

약관의 적용에 관하여는 은행과 거래처 사이에 개별적으로 합의한 사항이 약관조항과 다를 때에는 그 합의사항을 약관에 우선하여 적용한다. 이 약관에 정한 사항과 입출금이 자유로운 예금약관 또는 거치식·적립식 예금약관에서 정한 사항이 다를 때는 입출금이 자유로운 예금 약관이나 거치식·적립식 예금약관을 먼저 적용한다.

---

5) 명칭이나 형태 또는 범위를 불문하고 계약의 일방 당사자가 다수의 상대방과 계약을 체결하기 위하여 일정한 형식에 의하여 미리 마련한 계약의 내용이 되는 것을 말한다. 보통 문자로 인쇄된 서식으로 되어 있어 거래 상대방은 계약의 승낙여부에 대한 선택권만 가질 뿐 기재내용에 관하여 수정제의가 곤란하다는 특징이 있다. 이러한 기업거래의 효율화를 기하는 한편 소비자의 권익을 도모한다는 관점에서 약관의 남오용을 규제하기 위해 '약관의 규제에 관한 법률'이 제정되어 시행되고 있다. 약관규제는 사업자가 그 거래상의 지위를 남용하여 불공정한 내용의 약관을 작성 통용하는 것을 방지하고 불공정한 내용의 약관을 규제하고 있다. 약관의 명시·교부, 고객에 대한 약관의 중요내용설명이 이루어져야 약관이 계약으로 편입된다. 약관의 해석원칙, 불공정약관조항의 금지, 불공정약관의 사용금지, 불공정약관에 대한 공정거래위원회의 시정조치 등으로 이루어지고 있다.

[참고] 상호저축은행이란?

상호저축은행은 금융위원회의 인가를 받아야 한다. 상호저축은행의 업무는 다음과 같다.

1. 신용계 업무: "신용계업무(信用契業務)"란 일정한 계좌 수와 기간 및 금액을 정하고 정기적으로 계금(契金)을 납입하게 하여 계좌마다 추첨 · 입찰 등의 방법으로 계원(契員)에게 금전을 지급할 것을 약정하여 행하는 계금의 수입과 급부금의 지급 업무를 말한다.
2. 신용부금 업무 : "신용부금업무"란 일정한 기간을 정하고 부금(賦金)을 납입하게 하여 그 기간 중에 또는 만료 시에 부금자에게 일정한 금전을 지급할 것을 약정하여 행하는 부금의 수입과 급부금의 지급 업무를 말한다.
3. 예금 및 적금의 수입 업무
4. 자금의 대출 업무
5. 어음의 할인 업무
6. 내 · 외국환(內 · 外國換) 업무
7. 보호예수(保護預受) 업무
8. 수납 및 지급대행 업무
9. 기업 합병 및 매수의 중개 · 주선 또는 대리 업무
10. 국가 · 공공단체 및 금융기관의 대리 업무
11. 제25조에 따른 상호저축은행중앙회를 대리하거나 그로부터 위탁받은 업무
12. 「전자금융거래법」에서 정하는 직불전자지급수단의 발행 · 관리 및 대금의 결제(제25조의2제1항 제9호에 따른 상호저축은행중앙회의 업무를 공동으로 하는 경우만 해당한다)
13. 「전자금융거래법」에서 정하는 선불전자지급수단의 발행 · 관리 · 판매 및 대금의 결제(제25조의2제1항 제10호에 따른 상호저축은행중앙회의 업무를 공동으로 하는 경우만 해당한다)
14. 「자본시장과 금융투자업에 관한 법률」에 따라 금융위원회의 인가를 받은 투자중개업, 투자매매업 및 신탁업
15. 「여신전문금융업법」에 따른 할부금융업(거래자 보호 등을 위하여 재무건전성 등 대통령령으로 정하는 요건을 충족하는 상호저축은행만 해당한다)
16. 제1호부터 제15호까지의 업무에 부대되는 업무 또는 제1조의 목적 달성에 필요한 업무로서 금융위원회의 승인을 받은 업무

제 2 절 예금자보호제도

1. 개 요

금융기관이 영업정지나 파산 등으로 고객의 예금을 지급하지 못하게 될 경우 해당 예금자는 물론 전체 금융제도의 안정성도 큰 타격을 입게 된다. 이러한 사태를 방지하기 위하여 우리나라에서는 예금자보호법을 제정하여 고객들의 예금을 보호하는 제도를 갖추어 놓

고 있는데, 이를 '예금보험제도'라고 한다. 예금자보호법에 의해 설립된 예금보험공사가 평소에 금융기관으로부터 보험료(예금보험료)를 받아 기금(예금보험기금)을 적립한 후, 금융기관이 예금을 지급할 수 없게 되면 금융기관을 대신하여 예금(예금보험금)을 지급하게 된다.

그림 2-1 예금자보호제도의 구조

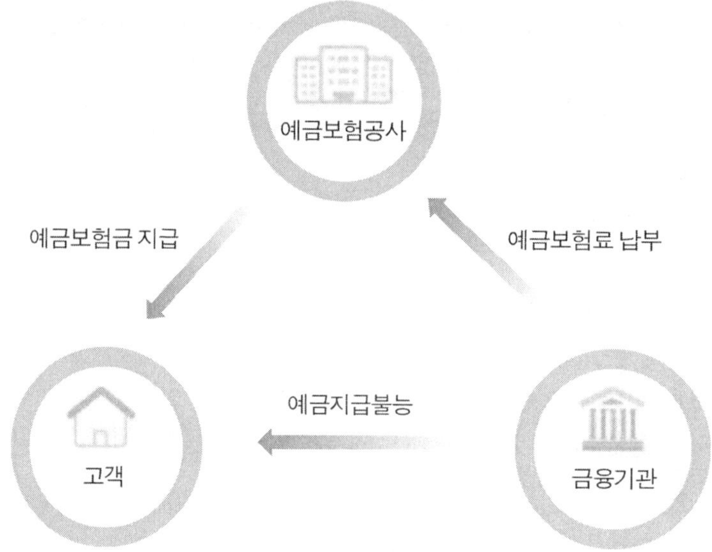

출처: 예금보험공사(http://www.kdic.or.kr/protect/new_index.jsp)

2. 적용대상

보호대상 금융회사는 주로 은행, 보험회사(생명보험·손해보험회사), 투자매매업자·투자중개업자, 종합금융회사, 상호저축은행이다. 2009년 2월 4일 「자본시장과 금융투자업에 관한 법률」의 시행으로 종전의 증권사 이외에 동 법률에 따라 투자매매업·투자중개업의 인가를 받은 자산운용회사 등도 포함되었다(동법 제78조에 따른 전자증권중개업무를 영위하는 투자중개업자 제외). 그리고 외국은행 국내지점과 농협은행, 수협중앙회는 보호대상 금융회사이다. 단 농·수협 지역조합, 신용협동조합, 새마을금고는 현재 예금보험공사의 보호대상 금융회사는 아니며, 관련 법률에 따른 자체 기금에 의해 보호된다. 예금보호금융상품의 종류는 다음 표와 같다.

표 2-1 예금보호금융상품의 종류

구 분	보호금융상품	비보호금융상품
은 행	– 보통예금, 기업자유예금, 별단예금, 당좌예금 등 – 요구불예금 정기예금, 저축예금, 주택청약예금, 표지어음 등 – 저축성예금 정기적금, 주택청약부금, 상호부금 등 적립식예금, 외화예금 원금이 보전되는 금전신탁 등 예금보호 대상 금융상품으로 운용되는 확정기여형 퇴직연금 및 개인퇴직계좌 적립금 등	양도성예금증서(CD), 환매조건부채권(RP) 금융투자상품(수익증권, 뮤추얼펀드, MMF 등) 특정금전신탁 등 실적배당형 신탁 은행발행채권 등 주택청약저축, 주택청약종합저축 등
투자매매업자 투자중개업자	금융상품 중 증권 등의 매수에 사용되지 않고, 고객계좌에 현금으로 남아 있는 금액 자기신용대주담보금, 신용거래계좌 설정보증금, 신용공여담보금 등의 현금 잔액 원금이 보전되는 금전신탁 등 예금보호 대상 금융상품으로 운용되는 확정기여형 퇴직연금 및 개인퇴직계좌 적립금 등	금융투자상품(수익증권, 뮤추얼 펀드, MMF 등) 선물·옵션거래예수금, 청약자예수금, 제세금예수금, 유통금융대주담보금 환매조건부채권(RP), 증권사 발행채권 종합자산관리계좌(CMA), 랩어카운트, 주가지수연계증권(ELS), 주식워런트증권(ELW) 등
보 험	개인이 가입한 보험계약 예금보호 대상 금융상품으로 운용되는 확정기여형 퇴직연금 및 개인퇴직 계좌 적립금 등 원금이 보전되는 금전신탁 등	보험계약자 및 보험료납부자가 법인인 보험계약 보증보험계약, 재보험계약 변액보험계약 주계약 등
종 금	발행어음, 표지어음, 어음관리계좌(CMA)	금융투자상품(수익증권, 뮤추얼펀드, MMF 등), 환매조건부채권(RP), 양도성예금증서(CD), 기업어음(CP), 종금사발행채권 등
상호저축은행	보통예금, 저축예금, 정기예금, 정기적금, 신용부금, 표지어음 등 상호저축은행 중앙회 발행 자기앞수표 등	저축은행 발행채권(후순위채권) 등

* 정부 · 지방자치단체(국 · 공립학교 포함), 한국은행, 금융감독원, 예금보험공사, 부보금융기관이 가입한 금융상품은 보호되지 않는다.

출처: 예금보험공사(http://www.kdic.or.kr/protect/protect_product_list.jsp)

3. 보호 내용

표시제도는 예금자보호법에 따라 부보금융기관이 판매하는 금융상품에 대하여 보호여부 등 예금보험관계의 성립여부를 표시함으로써 금융상품을 선택하는 금융소비자들에게 예금자보호제도에 대한 정확한 정보를 제공하여 피해를 사전에 예방하기 위한 제도이다.

예금보호 한도로 원금과 소정이자를 합해서 1인당 최고 5천만 원까지 보호되며 초과금액은 보호되지 않는다. 보호금액 5천만 원(외화예금 포함)은 예금의 종류별 또는 지점별 보호금액이 아니라 동일한 금융기관 내에서 예금자 1인이 보호받을 수 있는 총 금액이다. 이때, 예금자 1인이라 함은 개인뿐만 아니라 법인도 대상이 되며, 예금의 지급이 정지되거나 파산한 금융기관의 예금자가 해당 금융기관에 대출이 있는 경우에는 예금에서 대출금을 먼저 상환(상계)시키고 남은 예금을 기준으로 보호한다. 퇴직연금의 예금보호한도를 살펴보면 확정기여형 퇴직연금에 가입하거나 개인퇴직계좌를 개설한 근로자(예금자)가 퇴직연금 적립금이 적립된 금융기관에 해당 근로자 명의의 다른 예금을 예치한 경우에는 퇴직연금 적립금과 다른 예금을 합산한 금액을 기준으로 1인당 5천만 원까지 보호한다.

예금자등의 보험금청구권은 「예금자보호법」제31조 제7항의 규정에 의하여 보험금지급개시일로부터 5년간 행사하지 아니하면 시효로 인하여 소멸하기 때문에 보험금이 지급되지 않는다. 보험사고 발생 금융회사의 예금자께서는 예금보험공사의 「예금보험금/개산지급금/가지급금 신청 바로가기」에 접속하여 보험금/개산지급금/가지급금을 신청하실 수 있다. 보험사고 이후 해당 금융회사가 제3자(또는 가교금융기관) 계약이전 등을 통하여 영업이 재개되는 경우 계약 이전된 예금의 예금자는 당초 약정대로 보험사고 이전과 같이 정상적인 금융거래를 하실 수 있으며, 계약이전에서 제외된 예금에 대하여는 공사가 1인당 5천만 원(원금+소정이자)을 한도로 보험금을 지급한다. 여기서 소정이자란, 공사의 예금보험금 공시 이율(전국을 영업구역으로 하는 11개 시중은행에서 적용하는 1년 만기 정기예금(월이자지급식) 기준금리의 평균이자율)과 영업 정지된 금융회사의 약정이율(만기가 지난 예금은 만기 후 이율) 중 낮은 이율로 계산된 이자를 의미한다.[6] 개산지급금이란 장기간에 걸친 파산절차로 인한 예금자의 불편을 해소해드리기 위해 예금자가 향후 파산배당으로 받게 될 예상배당률을 고려하여 예금자의 보호한도 초과 예금 등 채권을 예금자의 청구에 의하여 공사가 매입하고, 그 매입의 대가로 예금자에게 지급하는 금전을 의미한다. 개산지급금을 수령하지 않은 예금자는 해당 금융회사의 파산절차에 따라 배당금을 수령하게 된다.

---

6) 예금보험사고 시 적용 이자율의 경우 2014년 5월 중 보험사고 발생시 예금보험금은 2.10%와 약정이율 중 낮은 금리를 적용한다.

표 2-2 금융권별 예금 보험료율

구 분	은 행	증 권	보 험	종 금	저축은행
보험료율	8/10,000	15/10,000	15/10,000	15/10,000	40/10,000
법정한도	50/10,000	50/10,000	50/10,000	50/10,000	50/10,000

출처: 예금보험공사 홈페이지

제 3 절 은행의 대출(여신)거래

1. 여신거래의 정의

은행의 여신거래란 주택자금 기타의 가계자금대출과 이에 준하는 가계부업자금대출, 지급보증 등의 가계용 여신에 관련된 은행과 개인인 채무자 사이의 모든 거래를 말한다. 은행은 채무자(차주, 지급보증신청인 등 은행에 대하여 채무를 부담하는 사람)가 발행·배서·보증·인수한 어음에 의한 여신의 경우, 은행은 어음채권 또는 여신채권의 어느 것에 의하여도 청구할 수 있다.

채무자는 채무불이행에 따라 발생하는 다음의 비용을 부담하여야 한다. 첫째, 채무자, 보증인 또는 물상보증인[7]에 대한 은행의 채권 또는 담보권의 행사나 보전[가압류[8] 또는 가처분(그 해지도 포함) 등을 말함], 둘째, 담보목적물의 조사 또는 추심, 셋째, 채무이행의 독촉을 위한 통지가 포함된다. 이의 비용을 은행이 대신 지급한 경우에는, 채무자는 곧 이를 갚아야 한다. 채무자가 이를 곧 갚지 아니한 때에는 은행이 대신 지급한 금액에, 대신 지급한 날부터 다 갚는 날까지의 날짜 수만큼, 상법 제54조(상사법정이율)에 의한 연 6푼의 범위 내에서 약정금리로, 1년을 365일(윤년은 366일)로 보고 1일 단위로 계산한 금액을 더하여 갚아야 합니다. 은행은 대출약정을 하기 전에 채무자가 미리 알 수 있도록 별도의 서면에 의하여 약정이자, 기한 도래일 전 상환수수료 및 담보대출로 인하여 채무자가 부담하여야 할 부대비용의 항목과 금액을 설명하여야 한다.

---

7) 타인의 채무를 위하여 자기가 소유하고 있는 재산을 담보에 제공하는 것을 물상보증이라 하고 그 재산을 제공한 사람을 물상보증인이라고 한다.

8) 가압류란, 금전채권에 기한 장래의 강제집행을 보전하기 위하여 미리 집행가능한 채무자의 재산에 관하여 그 처분권을 채무자로부터 빼앗아 두는 것을 말한다. 가처분이란, 가처분에는 협의로는 민사집행법에서 규정하는 다툼의 대상에 관한 가처분과 임시의 지위를 정하는 가처분만을 의미한다.

채무자에 관하여 다음과 같은 경우에는 은행으로부터의 독촉·통지 등이 없어도, 채무자는 당연히 은행에 대한 모든 채무의 기한의 이익을 상실[9]하여(지급보증거래에 있어서의 사전구상채무 발생을 포함) 곧 이를 갚아야 할 의무를 진다.

첫째, 제 예치금 기타 은행에 대한 채권에 대하여 가압류·압류명령이나 체납처분 압류통지가 발송된 때 또는 기타의 방법에 의한 강제집행 개시나 체납처분 착수가 있는 때. 다만, 담보재산이 존재하는 채무의 경우에는 채권회수에 중대한 지장이 있는 때에만 가압류를 사유로 기한의 이익을 상실한다.

둘째, 채무자가 제공한 담보재산(제1호의 제예치금 기타은행에 대한 채권은 제외)에 대하여 압류명령이나 체납처분 압류통지가 발송된 때 또는 기타의 방법에 의한 강제집행 개시나 체납처분 착수가 있는 때

셋째, 채무불이행자명부 등재신청이 있는 때

넷째, 어음교환소의 거래정지처분이 있는 때

다섯째, 도피 기타의 사유로 지급을 정지한 것으로 인정된 때

채무자에 관하여 이자를 지급하여야 할 때부터 1개월(주택담보대출의 경우 2개월)간 지체한 때나 분할상환금 또는 분할상환원리금의 지급을 2회(주택담보대출의 경우 3회)이상 연속하여 지체한 때에는 채무자는 당연히 당해채무의 기한의 이익을 상실하여, 곧 이를 갚아야 할 의무를 진다. 다만, 은행은 기한의 이익상실일 7영업일전까지 다음 각 호의 채무이행 지체사실과 대출 잔액 전부에 대하여 연체료가 부과될 수 있다는 사실을 채무자에게 서면으로 통지하여야 하며, 기한의 이익상실일 7영업일전까지 통지하지 않은 경우에는 채무자는 실제통지가 도달한 날부터 7영업일이 경과한 날에 기한의 이익을 상실하여 곧 이를 갚아야 할 의무를 진다.

2. 여신거래의 권리의무관계

채무자에 관하여 다음의 경우에서 은행의 채권보전에 현저한 위험이 예상될 경우, 은행은 서면으로 변제, 압류 등의 해소, 신용의 회복 등을 독촉하고, 그 통지의 도달일 부터 10일 이상으로 은행이 정한 기간이 경과하면, 채무자는 은행에 대한 모든 채무의 기한의 이

---

9) 기한이익의 상실이란 기한부법률행위에 있어서 시기 또는 종기가 도래하지 않음으로써 당사자가 받는 이익이 상실되는 것을 말한다. 기한이란, 채무자의 이익을 위한 것으로 추정된다. 기한의 이익은 이를 포기할 수 있으나 상대방의 이익을 해치지는 못한다. 채무자는 담보를 손상, 감소 또는 멸실하게 하거나 담보제공의 의무를 이행하지 아니한 때에는 기한의 이익을 주장하지 못한다.

익을 상실하여 곧 이를 갚아야 할 의무를 진다.

첫째, 은행에 대한 수 개의 채무 중 하나라도 기한에 변제하지 아니하거나 제2항 또는 제4항에 의하여 기한의 이익을 상실한 채무를 변제하지 아니한 때

둘째, 제1항 제1호 및 제2호 외의 재산에 대하여 압류·체납처분이 있는 때

셋째, 채무자의 제1항 제1호 외의 재산에 대하여, 민사소송법상의 담보권실행등을 위한 경매개시가 있거나 가압류 통지가 발송되는 경우로서, 채무자의 신용이 현저하게 악화되어 채권회수에 중대한 지장이 있을 때

넷째, 약정을 위반하여 건전한 계속거래 유지가 어렵다고 인정된 때

다섯째, 어음교환소의 거래정지처분 이외의 사유로 금융기관의 신용불량거래처로 규제된 때

채무자에 관하여 다음의 경우가 발생한 경우에 은행은 서면으로 독촉하고, 그 통지의 도달일 부터 10일 이상으로 은행이 정한 기간이 경과하면 채무자는 은행에 대해 당해채무 전부의 기한의 이익을 상실하여, 곧 이를 갚아야 할 의무를 진다.

첫째, 제6조에서 정한 약정을 이행하지 아니한 때

둘째, 담보물에 대한 화재보험 가입의무를 이행하지 아니한 때, 은행을 해할 목적으로 담보물건을 양도하여 은행에 손해를 끼친 때, 주택자금 대출을 받아 매입 또는 건축한 당해 주택의 담보제공을 지체한 때, 기타 은행과의 개별약정을 이행하지 아니하여 정상적인 거래관계 유지가 어렵다고 인정된 때

셋째, 보증인이 제1항에 해당하거나 제3항 제2호와 제3호에 해당하는 경우로서, 상당한 기간 내에 보증인을 교체하지 아니한 때

채무자가 은행에 대한 채무의 기한의 이익을 상실한 경우라도, 은행의 명시적 의사표시가 있거나, 은행이 분할상환금 · 분할상환원리금 · 이자 · 지연배상금을 받는 등 정상적인 거래의 계속이 있는 때에는, 그 채무 또는 은행이 지정하는 채무의 기한의 이익은 그 때부터 부활된다. 기한이익이 상실될 때, 은행은 기한의 이익 상실사유가 발생한 날로부터 또는 기한의 이익 상실사유를 은행이 인지한 날로부터 각 15영업일 이내에 연대보증인에게 서면으로 그 내용을 통지하여야 한다. 그러나 기한이익이 부활된 채무에 대하여는 계속거래를 위한 연대보증인의 동의를 필요로 하지 않는다. 이 경우 은행은 기한이익이 부활된 채무의 연대보증인에게 15영업일 이내에 서면으로 부활통지를 하여야한다.

채무자가 발행·배서 등을 한 어음 또는 채무자가 은행에 제출한 제 증서 등이 불가항

력·사변·재해·수송도중의 사고 등 은행 자신의 책임 없는 사유로 인하여 분실·손상·멸실 또는 연착한 경우 채무자는 은행의 장부·전표 등의 기록에 의하여 채무를 갚기로 하되, 채무자가 은행의 장부·전표 등의 기록과 다른 자료를 제시할 경우 은행의 기록과 채무자가 제시하는 자료를 상호 대조하여 채무를 확정한 후 갚기로 한다. 채무자는 분실·손상·멸실의 경우에 은행의 청구에 따라 곧 그에 대신할 어음이나 증서 등을 제출하여야 한다. 다만, 은행이 제3자와의 거래에서 취득한 어음이나 증서의 경우에는 제출하지 않아도 된다. 위의 변제 또는 어음이나 증서의 제출로 인하여 채무자가 과실 없이 이중의 지급의무를 부담하게 됨으로 말미암은 손해는 은행이 부담한다. 은행이 어음이나 제 증서·신고서 등 서류의 인영·서명을 채무자가 신고한 인감·서명과 상당한 주의로써 대조하고 틀림없다고 인정하여 처리한 때에는 그 서류나 도장에 관하여 위조·변조·도용 등의 사고가 있더라도 이로 말미암은 손해는 채무자가 부담한다.

채무자가 이미 신고한 성명·주소·전화번호·인감·서명 등에 변경이 생긴 때에는, 지체 없이 그 변경 내용을 은행에 신고하여야 한다. 채무자는 채무자 및 보증인의 신용상태나 담보의 상황에 관하여, 중대한 변화가 생기거나 생길 염려가 있을 때에는, 은행의 청구가 없더라도, 곧 은행 앞으로 이를 통지하여야 한다. 채무자는 은행이 채권보전상의 필요에 의하여 청구하는 때에는 부채현황, 채무자 및 보증인의 신용상태나 담보의 상황에 관하여, 지체 없이 회보하며, 또 은행이 그에 관하여 조사하고자 할 때에는, 이에 협조하여야 한다.

은행이 채무자가 신고한 최종 주소로 서면통지 또는 기타 서류 등을 발송한 경우, 보통의 우송기간이 경과한 때에 도달한 것으로 추정한다. 채무자가 변경신고를 게을리 함으로 말미암아 제1항에 의하여 발송한 서면통지 또는 기타서류가 채무자에게 연착하거나 도달하지 아니한 때에는 보통의 우송기간이 경과한 때에 도달한 것으로 본다. 다만, 상계통지나 기한전의 채무변제 청구 등 중요한 의사표시인 경우에는 배달 증 명부내용증명에 의한 경우에 한하여 도달한 것으로 본다. 은행이 채무자에 대한 통지 등의 사본을 보존하고 또 그 발신의 사실 및 연월일을 장부 등에 명백히 기재한 때에는 발송한 것으로 추정한다.

은행이 이 약관을 변경하거나 부속약관을 채무자에게 불리하게 변경하고자 할 경우, 은행은 변경예정일 직전 1개월간 회사의 영업점 및 홈페이지에 변경내용을 게시한다. 변경내용이 채무자에게 불리한 경우 은행은 이를 서면 등 채무자와 사전에 합의한 방법으로 변경 전 최소 30일 전까지 개별 통지한다. 다만, 기존 채무자에게 변경 전 내용이 그대로 적용되는 경우 또는 채무자가 변경내용에 대한 통지를 받지 아니하겠다는 의사를 명시적으로 표시한 경우에는 그러하지 아니한다. 은행은 위의 통지를 할 경우 '채무자가 변경에 동의하지 아니한 경우 통지를 받은 날로부터 30일 이내에 계약을 해지할 수 있으며, 계약해지의 의사표시를 하지 아니한 경우에는 변경에 동의한 것으로 본다.' 라는 취지의 내용을 통지하여야 한다. 채무자가 제3항의 통지를 받은 날로부터 30일 이내에 계약해지의 의사표시를 하지 아니한 경우에는 변경에 동의한 것으로 본다. 은행은 약관을 영업점에 비치 또는 게시하여 채무자가 요구할 경우 이를 교부하여야 한다.

제 4 절 외국환거래

1. 개 요

정부주도 경제개발 당시에는 부족한 외자를 동원하기 위해 규제위주의 외환관리시스템을 유지하여 왔으나 1990년대 이후 세계경제의 자유화·개방화 추세에 맞추어 외환부분의 자유화가 단계적으로 꾸준히 추진하고 있다. 1998년 6월 정부는 경제위기 극복을 위해 외자유치를 촉진하고, 21세기 새로운 국제경제 질서구축에 대비한 외환시장의 선진화를 위해 2단계에 걸쳐 외환거래 제도를 자유화하는 "외국환거래 자유화방안"을 발표하였다. 2002년 4월 정부는 우리나라를 동북아 금융허브로 육성해 나가기 위해 2011년까지 비상시거래정지조치(safeguard) 등을 제외하고는 모든 외환규제를 철폐함으로써 외환자유화를 마무리하여 OECD 회원국 중상위 수준으로 외환제도를 자유화하는 것을 목표로 외환부분의 규제를 대폭 폐지하는 "외환시장 중장기 발전방향"을 발표하였다. 2006년 5월 금융허브 육성을 지원하고 선진 외환시장 발전을 위해 정부는 2002년 자유화계획 완료시기를 2011년에서 2009년으로 앞당기는 내용의 "외환자유화 추진방안"을 발표하였다. 2007년 11월 정부는 2006년 자유화추진방안에 따른 2009년 자유화 완료를 위한 이행방안 시행 및 외환거래시스템의 소프트웨어 선진화를 위해 "시장 친화적 외환거래시스템 구축을 위한 외환제도 개선방안"을 발표하였다. 이에 따라 1998년 7월부터 기업의 대외경상지급 자유화를 확대하고 자본거래 규제를 '원칙자유 · 예외규제체계(negative system)'로 전환하고 1998년 9월에는 종래의 외국환관리법을 폐지하고 새로운 외국환거래법을 제정하여 1999년 4월부터 시행하였다.

외국환관리를 목적으로 하는 기본법규는 「외국환거래법」, 「외국환거래법시행령」, 「외국환거래규정」등으로 구성되어 있다. 기본법규인 현행 외국환거래법은 1998년 9월 16일자 법률 제5550호로 과거 외국환관리법을 폐지하고 새롭게 제정 공포되어 1999년 4월 1일자로 시행되었으며 동 법은 외국환거래에 관련되는 모든 대외거래를 대상으로 한 포괄적인 법률로서 추상적인 규정만을 두고 있으며 시행령 이하의 제 규정에서 구체적인 세부사항을 규정하였다. 실제로 외국환거래제도의 내용을 구체화한 것이 「외국환거래규정」(기획재정부장관 고시)인데, 외국환거래의 유동적 성질에 대응하여 외국환거래제도를 기동적이고 신축적으로 변경해 나가는 것은「외국환거래규정」을 수시로 개정하는 방법에 의하고 있습니다.

2. 적용대상

대한민국과 외국 간 거래뿐 아니라 대한민국 내 거래나 해외에서의 거래, 원화거래 등도 규제대상이 되도록 다음과 같이 법 적용대상을 규정하고 있다(외국환거래법 제2조) 즉 대한민국 내에서 행하는 외국환거래, 대한민국과 외국간의 거래 또는 지급이나 영수(외국에서 행하여지는 것으로서 대한민국 내에서 그 효과가 발생하는 것 포함), 외국에 주소 또는 거소를 둔 개인과 외국에 주된 사무소를 둔 법인이 행하는 대한민국 통화로 표시되거나 지급받을 수 있는 거래, 대한민국 내 주소 또는 거소를 둔 개인 또는 그 대리인·사용인 기타 종업원이 외국에서 그 개인의 재산 또는 업무에 관해 행한 행위, 대한민국 내 주된 사무소를 둔 법인의 대표자·대리인·사용인 기타의 종업원이 외국에서 그 법인의 재산 또는 업무에 관해 행한 행위 등이 대상이 된다.

물적대상은 외국환과 귀금속(Safeguard, 수출입의 경우), 내국지급수단(비거주자와 관련된 규제의 경우)이 있다. "외국환"이란 기본적으로 대외지급수단, 외화증권 및 외화채권(債權)으로 정의된다(외국환거래법 제3조). 여기서 대외지급수단이란 외국통화로 표시되거나 외국에서 사용할 수 있는 정부지폐·은행권·주화·수표·우편환·신용장과 환어음·약속어음·기타 지급받을 수 있는 내용이 표시된 우편 또는 전신에 의한 지급지시 및 대금을 미리 받고 발행하는 선불카드 등을 말한다. 외화증권이란 외국통화로 표시되거나 외국에서 지급받을 수 있는 증권(국채, 지방채, 사채, 기타 모든 종류의 채권(債券), 주식, 출자지분, 수익증권 및 이권(利券), 무기명양도성예금증서, 유동화증권, 기타 재산적 가치가 있는 권리가 표시된 증서로서 투자대상으로 유통될 수 있는 것)을 말한다. 외화채권(債權)이란 외국통화로 표시되거나 외국에서 지급받을 수 있는 채권(債權)(모든 종류의 예금, 신탁, 보증, 대차 등으로 인하여 생기는 금전채권으로서 지급수단 또는 증권에 해당되지 않는 것)을 말한다. 귀금속이란 금이나 금합금의 지금, 유통되지 아니하는 금화, 기타 금을 주재료로 하는 제품 및 가공품 내국지급수단 : 대외지급수단을 제외한 내국통화 및 기타의 지급수단을 말한다. 인적대상은 "거주자"와 "비거주자"로 구분되며 구분기준이 되는 거주성은 국적과는 관계없이 일정기간 이상의 거주 또는 거주할 의사 여부 및 경제적 밀착 여부에 따라 결정된다.

3. 외국환 업무

외국환업무는 금융기관만이 취급할 수 있으며 동 업무를 취급하기 위해서는 자본, 시설, 전문인력 등을 갖추어 기획재정부 장관에게 등록하여야 하며, 등록된 금융기관은 관련 업무에 관한 기획재정부장관의 감독을 받는다(외국환거래법 제8조). 한편 증권사, 보험사, 리스사, 자산운용사 등이 취급하는 외화표시 보험, 외화표시 시설대여, 파생거래 등도 외국환거래법령에 의해 "외국환업무"로 규정된다(외국환거래법 시행령 제5조). 이들 기관들도 관련 외화표시 업무를 취급하려면 등록을 하고 외국환거래법규에 따라 해당업무를 취급할 수 있습니다. 외국환은행과 더불어 이들 외화표시 금융 업무를 하기위해 등록한 금융기관을 통틀어서 "외국환업무 취급기관"이라 부른다(외국환거래법 제8조 제5항). 따라서 증권사, 보험사, 리스사, 자산운용사 등이 해당업법에 따른 금융 업무를 하더라도 외화표시거래인 경우에는 해당업무가 외국환거래법령에 의한 허용범위내인지를 별도로 확인 필요하다. 이들 기관들이 할 수 있는 구체적인 외국환업무범위는 재정기획부장관이 정하여 고시토록 하고 있으며 그 내용은 외국환거래규정 제2－12조(금융기관별 외국환업무의 범위)에서 정하고 있다.

외국환업무취급기관은 외국환거래법규네 따라 한편으로는 국가 외국환관리의 보조역할을 위한 의무가 부가되고 다른 한편으로는 외국환업무관련 건전성 감독에 관한 규제 대상에 포함된다. 고객과 거래를 함에 있어서 고객의 거래가 외국환거래법규에 의한 허가를 받거나 신고를 하여야 할 대상인 경우에는 이를 이행하였는지 여부를 확인하여야 하는 업무상의 확인의무를 가진다(외국환거래법 제10조). 외국환거래 통계 및 거래파악을 위한 각종 통보의무가 있다(외국환거래법 제21조). 기획재정부장관이 정하는 바에 따른 업무방법 제한, 외화유동성비율 준수, 외환포지션비율 준수 등의 건전성 규제를 받는다(외국환거래법 제11조). 외국환업무 취급기관 중 특히 "외국환은행"은 자본거래의 신고수리 등 일부 정부의 외국환관리업무를 위탁받아 수행한다.

기획재정부장관은 천재지변, 국내외 경제사정의 중대하고 급격한 변동 등으로 인해 부득이 한 경우 외국환거래법 적용대상 지급 또는 영수를 일시적으로 정지할 수 있으며, 지급수단 등을 한국은행 등에 예치하도록 의무를 부과할 수 있다(외국환거래법 제6조). 또 기획재정부장관은 외환시장의 안전등을 위해 비거주자에 대한 채권을 보유하고 있는 거주자로 하여금 그 채권을 추심하여 국내에 회수하도록 할 수 있다(외국환거래법 제7조). 이에 따라 외국환거래규정에서 일정금액 이상의 거액채권의 경우 일정기간 내에 해당채권을 국내로 회수해야 할 의무가 부과되어 있으며 이를 회수하지 못할 사정이 있는 경우에는 이 사실을 한국은행에 신고토록 의무화하고 있다(외국환거래규정 1－3조 참조). 외화현금, 외화수표 등 지급수단이나 귀금속 등을 휴대하여 출입국 하는 경우에는 경우에 따라 세관, 외국환은행, 한국은행 등에 이를 신고 의무화하고 있다(외국환거래법 제17조). 신고를 하여야 하는 대상이나 범위 등에 대해서는 외국환거래규정에서 상세히 규정되어 있다(외국환거래규정 제6-1조 내지 제6-4조 참조).

외화현금, 외화수표 등 지급수단이나 귀금속 등을 휴대하여 출입국 하는 경우에는 경우에 따라 세관, 외국환은행, 한국은행 등에 이를 신고 의무화하고 있다(외국환거래법 제17조). 자금의 차입이나 증권발행·매매, 해외직접투자 등과 같은 "자본거래"를 하고자 하면 원칙적으로 신고 의무화한다(외국환거래법 제18조). 송금이나 영수자체와 별도로 원인이 되는 거래의 내용을 신고토록 하고 있다. 물건의 수출입이나 서비스제공 등 경상거래에 대해서는 거래내용을 신고할 의무가 없는 것과 다르다. 자본거래라 함은 예금, 신탁, 금전대차, 보증, 채권매매, 증권취득, 증권매매, 증권발행, 파생금융거래, 부동산 취득, 해외지점이나 사무소설치, 임대차, 보험, 조합 등등 그 범위가 매우 광범위하다(외국환거래법 제3조의 정의). 자본거래라도 기획재정부장관이 정하는 경미한 거래에 대해서는 신고의무를 면제할 수 있도록 하고, 외국환거래 규정에서 정하는 신고예외거래에 해당되는 지를 확인하여야 한다. 자본거래 신고는 법에 기획재정부장관 앞으로 신고토록 규정되어 있으나 실제로 신고를 받는 업무는 거래당사자의 편의 등을 감안하여 대부분 한국은행총재 또는 외국환은행장에게 위임하는 것이 일반적이고 많이 이루어지는 거래의 경우에는 외국환은행에 신고토록 하고, 다소 특수하거나 복잡한 거래의 경우에는 한국은행총재 또는 재정기획부장관에게 신고토록 분류한다.[10]. 자본거래로서 거주자(외국인거주자를 제외하며, 이하 이 조에서 같다)의 거래 건당 지급금액이 미화 1천불 초과 5만 불 이내인 경우 신고를 요하지 않는다(외국환거래규정 제7-2조). 다만 해외직접투자, 부동산취득, 해외지사 설치 등의 경우에는 1만 불 이내 자금을 송금하고 나서 1년 이내에 신고할 수 있도록 사전신고의무를 완화하고는 있으나 금액에 관계없이 신고토록 하고 있다(외국환거래규정 제9-1조 참조).

10) 한국은행에서 담당하는 신고업무에 대하여는 한국은행 홈페이지(www.bok.or.kr)를 방문하여 "외환거래 심사업무"(홈>전자민원>외환거래심사업무)를 방문하시면 구체적인 신고대상 및 신고방법 등에 대한 도움을 받을 수 있다.

표 2-3 외국환거래법규 위반자에 대한 과태료 부과사례

유형별 위반사례	과태료부과 금액(원)	비 고
1. 해외직접투자		
ㅁ (주)△△의 대표이사 김○○은 외국환은행장 앞 신고 없이 2009.3월 캄보디아에 현지법인을 세우고 귀국한 뒤 2009.4~5월 중 국내은행을 통해 5천 달러~10천 달러씩 총45천 달러를 송금하여 현지법인의 지분을 취득하였음	640,000	위반금액 1% 과태료부과
ㅁ (주)OO은 2009.5월 외국환은행장 앞 신고 없이 중국소재 ×× 유한공사와 합작하여 현지법인을 설립하고 2009.6월 동 현지법인에 10만 달러 상당의 현물을 출자하였음	840,000	〃
ㅁ 이○○는 2009.3월 외국환은행장 앞 해외지사 설치신고를 하고 말레이시아로 4만 달러를 송금하였으나 해외지사를 설치하지 않고 현지법인을 설립하였음	370,000	〃
2. 부동산 취득		
ㅁ 고○○는 2009.7월 외국환은행장의 신고수리 없이 20만 달러 상당의 미국소재 부동산을 취득하였음	3,000,000	위반금액 1% 과태료부과
ㅁ 박○○는 프랑스소재 부동산을 취득하기 위하여 2009.5월 외국환은행장의 신고수리를 받고 30만 유로를 송금하였으나 신고수리 받은 부동산과 다른 부동산을 취득하였음	3,300,000	〃
3. 금전대차거래		
ㅁ 김○○는 2009.5월 국내부동산을 취득하는 과정에서 한국은행총재 앞 신고 없이 미국에 사는 재미교포인 아들로부터 32만 달러를 차입하였음	5,650,000	위반금액 2% 과태료부과
ㅁ 재일교포 거주자인 문△△는 2009.2월~6월 기간 중 한국은행총재 앞 신고 없이 관광목적으로 한국을 방문한 일본인들에게 62회에 걸쳐 총 13억 원 상당의 원화자금을 대출하였음	38,000,000	〃
4. 기타자본거래		
ㅁ 장학사업을 하는 비영리법인 △△△재단은 2009.3월 한국은행총재 앞 신고 없이 연구비 지원 목적으로 영국소재 비거주자(University of ○○)와 20만 달러의 기부계약을 체결하였음	3,340,000	위반금액 2% 과태료부과
ㅁ 제조업체인 (주)○○는 2009.3월 한국은행 총재 앞 신고 없이 원재료 가격변동위험을 헤지하기 위하여 원재료 공급업자인 독일소재 비거주자와 35만 달러 상당의 원재료 선물매입계약을 체결하였음	6,370,000	〃

출처: 금융감독원(2009), 불법외환거래 예방 등을 위한 「지역별 외환거래설명회」 개최, 10월 23일 보도자료.

제 3 장 금융소비자와 보험거래

Chapter 03

금융소비자와 보험거래

제 1 절 보험계약

보험계약은 당사자 일방이 약정한 보험료를 지급하고 상대방이 재산 또는 생명이나 신체에 관하여 불확정한 사고가 생길 경우에 일정한 보험금액 기타의 급여를 지급할 것을 약정함으로써 효력이 생긴다. 상법상 보험관련 규정은 그 성질에 반하지 아니하는 범위에서 상호보험(相互保險), 공제(共濟), 그 밖에 이에 준하는 계약에 준용한다.

1. 보험계약의 효력

보험자가 보험계약자로부터 보험계약의 청약[1]과 함께 보험료 상당액의 전부 또는 일부의 지급을 받은 때에는 다른 약정이 없으면 30일 내에 그 상대방에 대하여 낙부의 통지를 발송하여야 한다. 그러나 인보험[2] 계약의 피보험자가 신체검사를 받아야 하는 경우에는 그 기간은 신체검사를 받은 날부터 기산한다. 보험자가 기간 내에 낙부의 통지를 해태한 때에는 승낙한 것으로 본다. 보험자가 보험계약자로부터 보험계약의 청약과 함께 보험료 상당액의 전부 또는 일부를 받은 경우에 그 청약을 승낙하기 전에 보험계약에서 정한 보험사고가 생긴 때에는 그 청약을 거절할 사유가 없는 한 보험자는 보험계약상의 책임을 진다. 그러나 인보험 계약의 피보험자가 신체검사를 받아야 하는 경우에 그 검사를 받지 아니한 때

1) 계약이 성립하려면 당사자의 서로 대립하는 수개의 의사표시의 합의가 반드시 필요하다. 이러한 합의는 보통 청약과 승낙으로 성립한다. 예를 들어 1억원에 상당하는 주택의 매매에서 매도인이 1억원에 매도하겠다고 하고 매수인이 1억원에 매수하겠다고 할 경우 전자를 청약이라 하고 후자를 승낙이라고 한다. 청약은 상대방에게 도달한 때, 혹은 상대방이 알 수 있는 상태가 성립한 때 효력이 발생한다.
2) 인보험이란, 생명보험을 말하며 사람의 신체와 생명에 관련된 보험을 의미한다.

에는 그러하지 아니하다.

보험자는 보험계약을 체결할 때에 보험계약자에게 보험약관을 교부하고 그 약관의 중요한 내용을 설명하여야 한다. 보험자가 이를 위반한 경우 보험계약자는 보험계약이 성립한 날부터 1개월 이내에 그 계약을 취소할 수 있다.[3] 보험자는 보험계약이 성립한 때에는 지체 없이 보험증권을 작성하여 보험계약자에게 교부하여야 한다. 그러나 보험계약자가 보험료의 전부 또는 최초의 보험료를 지급하지 아니한 때에는 그러하지 아니하다. 기존의 보험계약을 연장하거나 변경한 경우에는 보험자는 그 보험증권에 그 사실을 기재함으로써 보험증권의 교부에 갈음할 수 있다. 보험자의 책임은 당사자 간에 다른 약정이 없으면 최초의 보험료의 지급을 받은 때로부터 개시한다.

보험계약자는 계약 체결 후 지체 없이 보험료의 전부 또는 제1회 보험료를 지급하여야 하며, 보험계약자가 이를 지급하지 아니하는 경우에는 다른 약정이 없는 한 계약 성립 후 2월이 경과하면 그 계약은 해제된 것으로 본다. 계속보험료가 약정한 시기에 지급되지 아니한 때에는 보험자는 상당한 기간을 정하여 보험계약자에게 최고하고 그 기간 내에 지급되지 아니한 때에는 그 계약을 해지할 수 있다. 특정한 타인을 위한 보험의 경우에 보험계약자가 보험료의 지급을 지체한 때에는 보험자는 그 타인에게도 상당한 기간을 정하여 보험료의 지급을 최고한 후가 아니면 그 계약을 해제 또는 해지하지 못한다.

2. 계약의 해지와 보험금 지급

보험사고가 발생하기 전에는 보험계약자는 언제든지 계약의 전부 또는 일부를 해지할 수 있다. 그러나 제639조의 보험계약의 경우에는 보험계약자는 그 타인의 동의를 얻지 아니하거나 보험증권을 소지하지 아니하면 그 계약을 해지하지 못한다. 보험사고의 발생으로 보험자가 보험금액을 지급한 때에도 보험금액이 감액되지 아니하는 보험의 경우에는 보험계약자는 그 사고 발생 후에도 보험계약을 해지할 수 있다. 이 경우에는 보험계약자는 당사자 간에 다른 약정이 없으면 미경과 보험료의 반환을 청구할 수 있다.

보험계약당시에 보험계약자 또는 피보험자가 고의 또는 중대한 과실로 인하여 중요한 사항*을 고지하지 아니하거나 부실의 고지를 한 때에는 보험자는 그 사실을 안 날로부터 1월내에, 계약을 체결한 날로부터 3년 내에 한하여 계약을 해지할 수 있다. 그러나 보험자가

---

3) 상법 제638조의3(보험약관의 교부·설명 의무)개정사항 ① 보험자는 보험계약을 체결할 때에 보험계약자에게 보험약관을 교부하고 그 약관의 중요한 내용을 설명하여야 한다. ② 보험자가 제1항을 위반한 경우 보험계약자는 보험계약이 성립한 날부터 3개월 이내에 그 계약을 취소할 수 있다.[전문개정 2014. 3.11.][시행일 : 2015.3.12.] 제638조의3

계약당시에 그 사실을 알았거나 중대한 과실로 인하여 알지 못한 때에는 그러하지 아니하다. 여기서 중요한 사항이란 보험자가 서면으로 질문한 내용을 의미한다.

보험기간 중에 보험계약자 또는 피보험자가 사고발생의 위험이 현저하게 변경 또는 증가된 사실을 안 때에는 지체 없이 보험자에게 통지하여야 한다. 이를 해태한 때에는 보험자는 그 사실을 안 날로부터 1월내에 한하여 계약을 해지할 수 있다. 보험자가 제1항의 위험변경증가의 통지를 받은 때에는 1월내에 보험료의 증액을 청구하거나 계약을 해지할 수 있다. 보험기간 중에 보험계약자, 피보험자 또는 보험수익자의 고의 또는 중대한 과실로 인하여 사고발생의 위험이 현저하게 변경 또는 증가된 때에는 보험자는 그 사실을 안 날부터 1월내에 보험료의 증액을 청구하거나 계약을 해지할 수 있다. 보험자가 파산의 선고를 받은 때에는 보험계약자는 계약을 해지할 수 있다. 이에 따라 해지하지 아니한 보험계약은 파산선고 후 3월을 경과한 때에는 그 효력을 잃는다. 보험사고가 발생한 후에도 보험자가 앞의 규정에 의하여 계약을 해지한 때에는 보험금액을 지급할 책임이 없고 이미 지급한 보험금액의 반환을 청구할 수 있다. 그러나 고지의무에 위반한 사실 또는 위험의 현저한 변경이나 증가된 사실이 보험사고의 발생에 영향을 미치지 아니하였음이 증명된 때에는 그러하지 아니하다.[4)]

보험계약자 또는 피보험자나 보험수익자는 보험사고의 발생을 안 때에는 지체 없이 보험자에게 그 통지를 발송하여야 한다. 보험계약자 또는 피보험자나 보험수익자가 제1항의 통지의무를 해태함으로 인하여 손해가 증가된 때에는 보험자는 그 증가된 손해를 보상할 책임이 없다. 보험자는 보험금액의 지급에 관하여 약정기간이 있는 경우에는 그 기간 내에, 약정기간이 없는 경우에는 제657조제1항의 통지를 받은 후 지체 없이 지급할 보험금액을 정하고 그 정하여진 날부터 10일내에 피보험자 또는 보험수익자에게 보험금액을 지급하여야 한다. 보험사고가 보험계약자 또는 피보험자나 보험수익자의 고의 또는 중대한 과실로 인하여 생긴 때에는 보험자는 보험금액을 지급할 책임이 없다. 보험사고가 전쟁 기타의 변란으로 인하여 생긴 때에는 당사자 간에 다른 약정이 없으면 보험자는 보험금액을 지급할 책임이 없다.

---

4) 개정사항: 제655조(계약해지와 보험금청구권) 보험사고가 발생한 후라도 보험자가 제650조, 제651조, 제652조 및 제653조에 따라 계약을 해지하였을 때에는 보험금을 지급할 책임이 없고 이미 지급한 보험금의 반환을 청구할 수 있다. 다만, 고지의무(告知義務)를 위반한 사실 또는 위험이 현저하게 변경되거나 증가된 사실이 보험사고 발생에 영향을 미치지 아니하였음이 증명된 경우에는 보험금을 지급할 책임이 있다.[전문개정 2014.3.11.][시행일 : 2015.3.12.] 제655조

3. 보험계약자의 권리와 의무

상법 제651조에 따르면 보험계약당시에 보험계약자 또는 피보험자가 고의 또는 중대한 과실로 인하여 중요한 사항을 고지하지 아니하거나 부실의 고지를 한 때에는 보험자는 그 사실을 안 날로부터 1월내에, 계약을 체결한 날로부터 3년 내에 한하여 계약을 해지할 수 있다. 그러나 보험자가 계약당시에 그 사실을 알았거나 중대한 과실로 인하여 알지 못한 때에는 그러하지 아니하다. 제652조에 의하면 보험기간 중에 보험계약자 또는 피보험자가 사고발생의 위험이 현저하게 변경 또는 증가된 사실을 안 때에는 지체 없이 보험자에게 통지하여야 한다. 이를 해태한 때에는 보험자는 그 사실을 안 날로부터 1월내에 한하여 계약을 해지할 수 있다. 보험자가 제1항의 위험변경증가의 통지를 받은 때에는 1월내에 보험료의 증액을 청구하거나 계약을 해지할 수 있다.

상법 제657조에 의하면 보험계약자 또는 피보험자나 보험수익자는 보험사고의 발생을 안 때에는 지체 없이 보험자에게 그 통지를 발송하여야 한다. 보험계약자 또는 피보험자나 보험수익자가 제1항의 통지의무를 해태함으로 인하여 손해가 증가된 때에는 보험자는 그 증가된 손해를 보상할 책임이 없다. 제662조에 의하면 보험금액의 청구권과 보험료 또는 적립금의 반환청구권은 2년간, 보험료의 청구권은 1년간 행사하지 아니하면 소멸시효가 완성한다.[5]

보험업법 제102조에 따르면 보험회사는 그 임직원·보험설계사 또는 보험대리점(보험대리점 소속 보험설계사를 포함한다. 이하 이 조에서 같다)이 모집을 하면서 보험계약자에게 손해를 입힌 경우 배상할 책임을 진다. 다만, 보험회사가 보험설계사 또는 보험대리점에 모집을 위탁하면서 상당한 주의를 하였고 이들이 모집을 하면서 보험계약자에게 손해를 입히는 것을 막기 위하여 노력한 경우에는 그러하지 아니하다. 이 조항은 해당 임직원 · 보험설계사 또는 보험대리점에 대한 보험회사의 구상권(求償權) 행사를 방해하지 아니한다. 또 보험계약자, 피보험자, 보험금을 취득할 자, 그 밖에 보험계약에 관하여 이해관계가 있는 자는 보험사기행위를 하여서는 아니 된다. 보험계약자나 보험금을 취득할 자가 보험중개사의 보험계약체결 중개행위와 관련하여 손해를 입은 경우에는 그 손해액을 제89조제3항에 따른 영업보증금에서 다른 채권자보다 우선하여 변제받을 권리를 가진다.

---

5) 개정사항: 보험금청구권은 3년간, 보험료 또는 적립금의 반환청구권은 3년간, 보험료청구권은 2년간 행사하지 아니하면 시효의 완성으로 소멸한다.[전문개정 2014.3.11.][시행일 : 2015.3.12.] 제662조

4. 손해보험계약

상법에서 손해보험계약의 보험자는 보험사고로 인하여 생길 피보험자의 재산상의 손해를 보상할 책임이 있다. 보험계약은 금전으로 산정할 수 있는 이익에 한하여 보험계약의 목적으로 할 수 있다. 손해보험증권에는 보험의 목적, 보험사고의 성질, 보험금액, 보험료와 그 지급방법, 보험기간을 정한 때에는 그 시기와 종기, 무효와 실권의 사유, 보험계약자의 주소와 성명 또는 상호, 피보험자의 주소, 성명 또는 상호, 보험계약의 연월일, 보험증권의 작성지와 그 작성년도, 월, 일을 기재하고 보험자가 기명날인 또는 서명하여야 한다.[6)]

보험의 목적에 관하여 보험자가 부담할 손해가 생긴 경우에는 그 후 그 목적이 보험자가 부담하지 아니하는 보험사고의 발생으로 인하여 멸실된 때에도 보험자는 이미 생긴 손해를 보상할 책임을 면하지 못한다. 보험자가 보상할 손해액은 그 손해가 발생한 때와 곳의 가액에 의하여 산정한다. 그러나 당사자 간에 다른 약정이 있는 때에는 그 신품가액에 의하여 손해액을 산정할 수 있다. 손해액의 산정에 관한 비용은 보험자의 부담으로 한다. 보험자가 손해를 보상할 경우에 보험료의 지급을 받지 아니한 잔액이 있으면 그 지급기일이 도래하지 아니한 때라도 보상할 금액에서 이를 공제할 수 있다. 보험의 목적의 성질, 하자 또는 자연소모로 인한 손해는 보험자가 이를 보상할 책임이 없다. 피보험자가 보험의 목적을 양도한 때에는 양수인은 보험계약상의 권리와 의무를 승계한 것으로 추정한다.

보험의 목적의 양도인 또는 양수인은 보험자에 대하여 지체 없이 그 사실을 통지하여야 한다. 보험계약자와 피보험자는 손해의 방지와 경감을 위하여 노력하여야 한다. 그러나 이를 위하여 필요 또는 유익하였던 비용과 보상액이 보험금액을 초과한 경우라도 보험자가 이를 부담한다. 보험의 목적의 전부가 멸실한 경우에 보험금액의 전부를 지급한 보험자는 그 목적에 대한 피보험자의 권리를 취득한다. 그러나 보험가액의 일부를 보험에 붙인 경우에는 보험자가 취득할 권리는 보험금액의 보험가액에 대한 비율에 따라 이를 정한다. 손해가 제3자의 행위로 인하여 발생한 경우에 보험금을 지급한 보험자는 그 지급한 금액의 한도에서 그 제3자에 대한 보험계약자 또는 피보험자의 권리를 취득한다. 다만, 보험자가 보상할 보험금의 일부를 지급한 경우에는 피보험자의 권리를 침해하지 아니하는 범위에서 그 권리를 행사할 수 있다. 보험계약자나 피보험자의 보험대위가 그와 생계를 같이 하는 가족에 대한 것인 경우 보험자는 그 권리를 취득하지 못한다. 다만, 손해가 그 가족의 고의로 인하여 발생한 경우에는 그러하지 아니하다.[7)]

---

6) [시행일 : 2015.3.12.]
7) [시행일 : 2015.3.12.]

[참고] 손해보험의 용어

- 초과보험: 보험금액이 보험계약의 목적의 가액을 현저하게 초과한 보험. 이 때에는 보험자 또는 보험계약자는 보험료와 보험금액의 감액을 청구할 수 있다. 그러나 보험료의 감액은 장래에 대하여서만 그 효력이 있다. 계약이 보험계약자의 사기로 인하여 체결된 때에는 그 계약은 무효로 한다. 그러나 보험자는 그 사실을 안 때까지의 보험료를 청구할 수 있다.
- 기평가보험: 당사자 간에 보험가액을 정한 때에는 그 가액은 사고발생시의 가액으로 정한 것으로 추정한다. 그러나 그 가액이 사고발생시의 가액을 현저하게 초과할 때에는 사고발생시의 가액을 보험가액으로 한다.
- 미평가보험: 당사자 간에 보험가액을 정하지 아니한 때에는 사고발생시의 가액을 보험가액으로 한다.
- 중복보험: 동일한 보험계약의 목적과 동일한 사고에 관하여 수개의 보험계약이 동시에 또는 순차로 체결된 경우에 그 보험금액의 총액이 보험가액을 초과한 것을 중복보험이라 한다. 이때에는 보험자는 각자의 보험금액의 한도에서 연대책임을 진다. 이 경우에는 각 보험자의 보상책임은 각자의 보험금액의 비율에 따른다. 동일한 보험계약의 목적과 동일한 사고에 관하여 수개의 보험계약을 체결하는 경우에는 보험계약자는 각 보험자에 대하여 각 보험계약의 내용을 통지하여야 한다.
- 일부보험: 보험가액의 일부를 보험에 붙인 경우에는 보험자는 보험금액의 보험가액에 대한 비율에 따라 보상할 책임을 진다. 그러나 당사자 간에 다른 약정이 있는 때에는 보험자는 보험금액의 한도 내에서 그 손해를 보상할 책임을 진다.

5. 생명보험계약

상법에 따르면 생명보험계약의 보험자는 피보험자의 사망, 생존, 사망과 생존에 관한 보험사고가 발생할 경우에 약정한 보험금을 지급할 책임이 있다. 타인의 사망을 보험사고로 하는 보험계약에는 보험계약 체결 시에 그 타인의 서면에 의한 동의를 얻어야 한다. 생명보험계약으로 인하여 생긴 권리를 피보험자가 아닌 자에게 양도하는 경우에도 동의를 얻어야 한다. 15세미만자, 심신상실자 또는 심신박약자의 사망을 보험사고로 한 보험계약은 무효로 한다. 다만, 심신박약자가 보험계약을 체결하거나 제735조의3에 따른 단체보험의 피보험자가 될 때에 의사능력이 있는 경우에는 그러하지 아니하다.[8)]

보험계약자는 보험수익자를 지정 또는 변경할 권리가 있다. 보험계약자가 제1항의 지정권을 행사하지 아니하고 사망한 때에는 피보험자를 보험수익자로 하고 보험계약자가 제1항의 변경권을 행사하지 아니하고 사망한 때에는 보험수익자의 권리가 확정된다. 그러나 보험계약자가 사망한 경우에는 그 승계인이 제1항의 권리를 행사할 수 있다는 약정이 있는 때에는 그러하지 아니하다. 보험수익자가 보험존속 중에 사망한 때에는 보험계약자는 다시 보험수익자를 지정할 수 있다. 이 경우에 보험계약자가 지정권을 행사하지 아니하고 사망

---

8) [시행일 : 2015.3.12.]

한 때에는 보험수익자의 상속인을 보험수익자로 한다. 보험계약자가 제2항과 제3항의 지정권을 행사하기 전에 보험사고가 생긴 경우에는 피보험자 또는 보험수익자의 상속인을 보험수익자로 한다. 보험계약자가 계약체결 후에 보험수익자를 지정 또는 변경할 때에는 보험자에 대하여 그 통지를 하지 아니하면 이로써 보험자에게 대항하지 못한다.

사망을 보험사고로 한 보험계약에서는 사고가 보험계약자 또는 피보험자나 보험수익자의 중대한 과실로 인하여 발생한 경우에도 보험자는 보험금을 지급할 책임을 면하지 못한다. 둘 이상의 보험수익자 중 일부가 고의로 피보험자를 사망하게 한 경우 보험자는 다른 보험수익자에 대한 보험금 지급 책임을 면하지 못한다. 보험계약이 해지된 때, 보험금액의 지급책임이 면제된 때에는 보험자는 보험수익자를 위하여 적립한 금액을 보험계약자에게 지급하여야 한다. 그러나 다른 약정이 없으면 보험사고가 보험계약자에 의하여 생긴 경우에는 그러하지 아니하다.

제 2 절 보험회사와 보험모집

1. 보험회사의 정의 및 설립

보험업법은 보험업을 경영하는 자의 건전한 경영을 도모하고 보험계약자, 피보험자, 그 밖의 이해관계인의 권익을 보호함으로써 보험업의 건전한 육성과 국민경제의 균형 있는 발전에 기여함을 목적으로 한다. 동법에서 “보험상품"이란 위험보장을 목적으로 우연한 사건 발생에 관하여 금전 및 그 밖의 급여를 지급할 것을 약정하고 대가를 수수(授受)하는 계약(「국민건강보험법」에 따른 건강보험, 「고용보험법」에 따른 고용보험 등 보험계약자의 보호 필요성 및 금융거래 관행 등을 고려하여 대통령령으로 정하는 것은 제외한다)으로서 다음 것들을 말한다.

가. 생명보험상품: 위험보장을 목적으로 사람의 생존 또는 사망에 관하여 약정한 금전 및 그 밖의 급여를 지급할 것을 약속하고 대가를 수수하는 계약으로서 대통령령으로 정하는 계약

나. 손해보험상품: 위험보장을 목적으로 우연한 사건(다목에 따른 질병·상해 및 간병은 제외한다)으로 발생하는 손해(계약상 채무불이행 또는 법령상 의무불이행으로 발생하는 손해를 포함한다)에 관하여 금전 및 그 밖의 급여를 지급할 것을 약속하고 대가를 수수하는 계약으로서 대통령령으로 정하는 계약

다. 제3보험상품: 위험보장을 목적으로 사람의 질병·상해 또는 이에 따른 간병에 관하여 금전 및 그 밖의 급여를 지급할 것을 약속하고 대가를 수수하는 계약으로서 대통령령으로 정하는 계약

"보험업"이란 보험상품의 취급과 관련하여 발생하는 보험의 인수(引受), 보험료 수수 및 보험금 지급 등을 영업으로 하는 것으로서 생명보험업·손해보험업 및 제3보험업을 말한다. "생명보험업"이란 생명보험상품의 취급과 관련하여 발생하는 보험의 인수, 보험료 수수 및 보험금 지급 등을 영업으로 하는 것을 말한다. "손해보험업"이란 손해보험상품의 취급과 관련하여 발생하는 보험의 인수, 보험료 수수 및 보험금 지급 등을 영업으로 하는 것을 말한다. 제3보험업"이란 제3보험상품의 취급과 관련하여 발생하는 보험의 인수, 보험료 수수 및 보험금 지급 등을 영업으로 하는 것을 말한다.

"보험회사"란 허가를 받아 보험업을 경영하는 자를 말한다. "상호회사"란 보험업을 경영할 목적으로 이 법에 따라 설립된 회사로서 보험계약자를 사원(社員)으로 하는 회사를 말한다. "외국보험회사"란 대한민국 이외의 국가의 법령에 따라 설립되어 대한민국 이외의 국가에서 보험업을 경영하는 자를 말한다. 보험업을 경영하려는 자는 보험종목별로 금융위원회의 허가를 받아야 한다. 생명보험업의 보험종목은 생명보험, 연금보험(퇴직보험을 포함한다), 그 밖에 대통령령으로 정하는 보험종목이다. 손해보험업의 보험종목은 화재보험, 해상보험(항공·운송보험을 포함한다), 자동차보험, 보증보험, 재보험(再保險), 그 밖에 대통령령으로 정하는 보험종목이다. 제3보험업의 보험종목은 상해보험, 질병보험, 간병보험, 그 밖에 대통령령으로 정하는 보험종목이다. 생명보험업이나 손해보험업에 해당하는 보험종목의 전부(보증보험 및 재보험은 제외한다)에 관하여 제1항에 따른 허가를 받은 자는 제3보험업에 해당하는 보험종목에 대한 허가를 받은 것으로 본다. 생명보험업 또는 손해보험업에 해당하는 보험종목의 전부(보증보험 및 재보험은 제외한다)에 관하여 제1항에 따른 허가를 받은 자는 경제질서의 건전성을 해친 사실이 없으면 해당 생명보험업 또는 손해보험업의 종목으로 신설되는 보험종목에 대한 허가를 받은 것으로 본다. 제3보험업에 관하여 허가를 받은 자는 보험종목을 취급할 수 있다. 보험업의 허가를 받을 수 있는 자는 주식회사, 상호회사 및 외국보험회사로 제한하며, 제1항에 따라 허가를 받은 외국보험회사의 국내지점(이하 "외국보험회사국내지점"이라 한다)은 이 법에 따른 보험회사로 본다.

보험회사의 자본금 또는 기금 규모는 다음과 같다. 보험회사는 300억 원 이상의 자본금 또는 기금을 납입함으로써 보험업을 시작할 수 있다. 다만, 보험회사가 제4조 제1항에 따른 보험종목의 일부만을 취급하려는 경우에는 50억 원 이상의 범위에서 대통령령으로 자

본금 또는 기금의 액수를 다르게 정할 수 있다. 전화·우편·컴퓨터통신 등 통신수단을 이용하여 대통령령으로 정하는 바에 따라 모집을 하는 보험회사는 앞에 정해진 자본금 또는 기금의 3분의 2에 상당하는 금액 이상을 자본금 또는 기금으로 납입함으로써 보험업을 시작할 수 있다. 외국보험회사가 대한민국에서 보험업을 경영하려는 경우에는 대통령령으로 정하는 영업기금을 앞의 자본금 또는 기금으로 본다. 보험업의 영업행위에서 보험회사는 생명보험업과 손해보험업을 겸영(兼營)하지 못한다. 다만, 생명보험의 재보험 및 제3보험의 재보험, 다른 법령에 따라 겸영할 수 있는 보험종목으로서 대통령령으로 정하는 보험종목, 대통령령으로 정하는 기준에 따라 제3보험의 보험종목에 부가되는 보험은 예외이다.

2. 보험모집

상법 제646조의2에 따르면 보험대리상 등의 권한은 다음과 같다. 첫째, 보험계약사로부터 보험료를 수령할 수 있는 권한, 둘째, 보험자가 작성한 보험증권을 보험계약자에게 교부할 수 있는 권한, 셋째, 보험계약자로부터 청약, 고지, 통지, 해지, 취소 등 보험계약에 관한 의사표시를 수령할 수 있는 권한, 넷째, 보험계약자에게 보험계약의 체결, 변경, 해지 등 보험계약에 관한 의사표시를 할 수 있는 권한 등이다. 그럼에도 불구하고 보험자는 보험대리상의 권한 중 일부를 제한할 수 있다. 다만, 보험자는 그러한 권한 제한을 이유로 선의의 보험계약자에게 대항하지 못한다. 보험대리상이 아니면서 특정한 보험자를 위하여 계속적으로 보험계약의 체결을 중개하는 자는 첫째, 보험계약자로부터 보험료를 수령할 수 있는 권한, 둘째, 보험자가 작성한 보험증권을 보험계약자에게 교부할 수 있는 권한이 있다. 피보험자나 보험수익자가 보험료를 지급하거나 보험계약에 관한 의사표시를 할 의무가 있는 경우에는 앞의 의 규정을 그 피보험자나 보험수익자에게도 적용한다.[9)]

보험모집을 할 수 있는 자는 다음에 해당하는 자 이어야 한다. 모집이란 보험계약의 체결을 중개하거나 대리하는 것을 의미한다. 보험회사·보험대리점 및 보험중개사(이하 이 절에서 "보험회사등"이라 한다)는 소속 보험설계사가 되려는 자를 금융위원회에 등록하여야 한다.

가. 보험설계사: 보험회사를 위하여 보험계약의 체결을 대리하는 자(법인이 아닌 사단과 재단을 포함한다)로서 등록된 자를 말한다.

나. 보험대리점: 보험회사를 위하여 보험계약의 체결을 대리하는 자(법인이 아닌 사단과 재단을 포함한다)로서 등록된 자. 금융기관보험대리점등은 대통령령으로 정하는 바

9) [본조신설 2014.3.11.][시행일 : 2015.3.12.]

에 따라 그 금융기관 소속 임직원이 아닌 자로 하여금 모집을 하게 하거나, 보험계약 체결과 관련한 상담 또는 소개를 하게하고 상담 또는 소개의 대가를 지급하여서는 아니 된다.

다. **보험중개사**: 독립적으로 보험계약의 체결을 중개하는 자(법인이 아닌 사단과 재단을 포함한다)로서 등록된 자. 보험중개사는 보험계약의 체결을 중개할 때 그 중개와 관련된 내용을 대통령령으로 정하는 바에 따라 장부에 적고 보험계약자에게 알려야 하며, 그 수수료에 관한 사항을 비치하여 보험계약자가 열람할 수 있도록 하여야 한다. 보험중개사는 보험회사의 임직원이 될 수 없으며, 보험계약의 체결을 중개하면서 보험회사·보험설계사·보험대리점·보험계리사 및 손해사정사의 업무를 겸할 수 없다.

라. **보험회사의 임원**(대표이사·사외이사·감사 및 감사위원은 제외한다. 이하 이 장에서 같다) **또는 직원**

보험설계사에 의한 모집의 제한을 두고 있다. 보험회사등은 다른 보험회사등에 소속된 보험설계사에게 모집을 위탁하지 못한다. 보험설계사는 자기가 소속된 보험회사등 이외의 자를 위하여 모집을 하지 못한다. 그러나 다음의 경우는 예외이다.

가. 생명보험회사 또는 제3보험업을 전업(專業)으로 하는 보험회사에 소속된 보험설계사가 1개의 손해보험회사를 위하여 모집을 하는 경우

나. 손해보험회사 또는 제3보험업을 전업으로 하는 보험회사에 소속된 보험설계사가 1개의 생명보험회사를 위하여 모집을 하는 경우

다. 생명보험회사나 손해보험회사에 소속된 보험설계사가 1개의 제3보험업을 전업으로 하는 보험회사를 위하여 모집을 하는 경우

보험설계사에 대한 불공정 행위는 금지된다. 보험회사등은 보험설계사에게 보험계약의 모집을 위탁할 때 보험모집 위탁계약서를 교부하지 아니하는 행위, 위탁계약서상 계약사항을 이행하지 아니하는 행위, 그 밖에 대통령령으로 정하는 불공정한 행위를 해서는 안 된다. 보험협회(이하 "보험협회"라 한다)는 보험설계사에 대한 보험회사등의 불공정한 모집위탁 행위를 막기 위하여 보험회사등이 지켜야 할 규약을 제정하고 있다. 보험협회의 모집관련 준수사항은 다음과 같다.

모집을 위하여 사용하는 보험안내자료(이하 "보험안내자료"라 한다)에는 다음의 사항을 명백하고 알기 쉽게 적어야 한다. 보험안내자료에 보험회사의 자산과 부채에 관한 사항을

적는 경우에는 금융위원회에 제출한 서류에 적힌 사항과 다른 내용의 것을 적지 못한다. 보험안내자료에는 보험회사의 장래의 이익 배당 또는 잉여금 분배에 대한 예상에 관한 사항을 적지 못한다. 다만, 보험계약자의 이해를 돕기 위하여 금융위원회가 필요하다고 인정하여 정하는 경우에는 그러하지 아니하다. 방송 · 인터넷 홈페이지 등 그 밖의 방법으로 모집을 위하여 보험회사의 자산 및 부채에 관한 사항과 장래의 이익 배당 또는 잉여금 분배에 대한 예상에 관한 사항을 불특정다수인에게 알리는 경우에도 이를 준용한다.

[참고] 보험안내자료에 포함될 내용

가. 보험회사의 상호나 명칭 또는 보험설계사·보험대리점 또는 보험중개사의 이름·상호나 명칭
나. 보험 가입에 따른 권리·의무에 관한 주요 사항
다. 보험약관으로 정하는 보장에 관한 사항
라. 보험금 지급제한 조건에 관한 사항
마. 해약환급금에 관한 사항
사. 「예금자보호법」에 따른 예금자보호와 관련된 사항
아. 그 밖에 보험계약자를 보호하기 위하여 대통령령으로 정하는 사항

보험회사 또는 보험의 모집에 종사하는 자는 일반보험계약자에게 보험계약 체결을 권유하는 경우에는 보험료, 보장범위, 보험금 지급제한 사유 등 대통령령으로 정하는 보험계약의 중요 사항을 일반보험계약자가 이해할 수 있도록 설명하여야 한다. 보험회사 또는 보험의 모집에 종사하는 자는 제1항에 따라 설명한 내용을 일반보험계약자가 이해하였음을 서명, 기명날인, 녹취, 그 밖에 대통령령으로 정하는 방법으로 확인을 받아야 한다. 보험회사는 보험계약의 체결 시부터 보험금 지급 시까지의 주요 과정을 대통령령으로 정하는 바에 따라 일반보험계약자에게 설명하여야 한다. 다만, 일반보험계약자가 설명을 거부하는 경우에는 그러하지 아니하다. 보험회사는 일반보험계약자가 보험금 지급을 요청한 경우에는 대통령령으로 정하는 바에 따라 보험금의 지급절차 및 지급내역 등을 설명하여야 하며, 보험금을 감액하여 지급하거나 지급하지 아니하는 경우에는 그 사유를 설명하여야 한다.

보험회사 또는 보험의 모집에 종사하는 자는 일반보험계약자가 보험계약을 체결하기 전에 면담 또는 질문을 통하여 보험계약자의 연령, 재산상황, 보험가입의 목적 등 대통령령으로 정하는 사항을 파악하고 일반보험계약자의 서명(「전자서명법」 제2조제2호에 따른 전자서명을 포함한다), 기명날인, 녹취, 그 밖에 대통령령으로 정하는 방법으로 확인을 받아 유지·관리하여야 하며, 확인받은 내용은 일반보험계약자에게 지체 없이 제공하여야 한다. 보험회사

또는 보험의 모집에 종사하는 자는 일반보험계약자의 연령, 재산상황, 보험가입의 목적 등에 비추어 그 일반보험계약자에게 적합하지 아니하다고 인정되는 보험계약의 체결을 권유하여서는 아니 된다.

보험회사 또는 보험의 모집에 종사하는 자가 보험상품에 관하여 광고를 하는 경우에는 보험계약자가 보험상품의 내용을 오해하지 아니하도록 명확하고 공정하게 전달하여야 한다. 보험회사 또는 보험의 모집에 종사하는 자가 보험상품에 관하여 광고를 하는 경우에는 다음의 내용이 포함되어야 한다.

가. 보험계약 체결 전에 상품설명서 및 약관을 읽어 볼 것을 권유하는 내용

나. 보험계약자가 기존에 체결했던 보험계약을 해지하고 다른 보험계약을 체결하면 보험인수가 거절되거나 보험료가 인상되거나 보장내용이 달라질 수 있다는 내용

다. 변액보험 계약과 관련하여 대통령령으로 정하는 내용

라. 그 밖에 대통령령으로 정하는 내용

또한 보험회사 또는 보험의 모집에 종사하는 자가 보험상품에 대하여 광고를 하는 경우에는 다음의 행위를 하여서는 아니 된다.

가. 보험금 지급한도, 지급제한 조건, 면책사항, 감액지급 사항 등을 누락하거나 충분히 고지하지 아니하여 제한 없이 보험금을 수령할 수 있는 것으로 오인하게 하는 행위

나. 보장금액이 큰 특정 내용만을 강조하거나 고액 보험금 수령 사례 등을 소개하여 보험금을 많이 지급하는 것으로 오인하게 하는 행위

다. 보험료를 일할로 분할하여 표시하거나 보험료 산출기준(보험가입금액, 보험료 납입기간, 보험기간, 성별, 연령 등)을 불충분하게 설명하여 보험료가 저렴한 것으로 오인하게 하는 행위

라. 만기 시 자동 갱신되는 보험상품의 경우 갱신 시 보험료가 인상될 수 있음을 보험계약자가 인지할 수 있도록 충분히 고지하지 아니하는 행위

마. 금리 및 투자실적에 따라 만기환급금이 변동이 될 수 있는 보험상품의 경우 만기환급금이 보험만기일에 확정적으로 지급되는 것으로 오인하게 하는 행위

바. 그 밖에 보험계약자 보호를 위하여 대통령령으로 정하는 행위

3. 보험모집인의 표시광고

보험회사 또는 보험의 모집에 종사하는 자는 대통령령으로 정하는 보험계약을 모집하기 전에 보험계약자가 되려는 자의 동의를 얻어 모집하고자 하는 보험계약과 동일한 위험을 보장하는 보험계약을 체결하고 있는지를 확인하여야 하며 확인한 내용을 보험계약자가 되려는 자에게 즉시 알려야 한다. 중복계약 체결의 확인 절차 등에 관하여 필요한 사항은 대통령령으로 정한다.

전화·우편·컴퓨터통신 등 통신수단을 이용하여 모집을 하는 자는 모집을 할 수 있는 자이어야 하며, 다른 사람의 평온한 생활을 침해하는 방법으로 모집을 하여서는 아니 된다. 보험회사는 보험계약을 청약한 자가 청약의 내용을 확인·정정 요청하거나 청약을 철회하고자 하는 경우, 보험계약자가 체결한 계약의 내용을 확인하고자 하는 경우, 보험계약자가 체결한 계약을 해지하고자 하는 경우(보험계약자가 계약을 체결하기 전에 통신수단을 이용한 계약해지에 동의한 경우에 한한다) 통신수단을 이용할 수 있도록 하여야 한다.

보험계약의 체결 또는 모집에 종사하는 자는 그 체결 또는 모집에 관하여 다음에 해당하는 행위를 하여서는 아니 된다.

가. 보험계약자나 피보험자에게 보험상품의 내용을 사실과 다르게 알리거나 그 내용의 중요한 사항을 알리지 아니하는 행위

나. 보험계약자나 피보험자에게 보험상품의 내용의 일부에 대하여 비교의 대상 및 기준을 분명하게 밝히지 아니하거나 객관적인 근거 없이 다른 보험상품과 비교하여 그 보험상품이 우수하거나 유리하다고 알리는 행위

다. 보험계약자나 피보험자가 보험상품의 중요한 사항을 보험회사에 알리는 것을 방해하거나 알리지 아니할 것을 권유하는 행위

라. 보험계약자나 피보험자가 보험상품의 중요한 사항에 대하여 부실한 사항을 보험회사에 알릴 것을 권유하는 행위

마. 보험계약자 또는 피보험자로 하여금 이미 성립된 보험계약(이하 이 조에서 "기존보험계약"이라 한다)을 부당하게 소멸시킴으로써 새로운 보험계약(대통령령으로 정하는 바에 따라 기존보험계약과 보장 내용 등이 비슷한 경우만 해당한다. 이하 이 조에서 같다)을 청약하게 하거나 새로운 보험계약을 청약하게 함으로써 기존보험계약을 부당하게 소멸시키거나 그 밖에 부당하게 보험계약을 청약하게 하거나 이러한 것을 권유하는 행위

바. 실제 명의인이 아닌 자의 보험계약을 모집하거나 실제 명의인의 동의가 없는 보험

계약을 모집하는 행위

사. 보험계약자 또는 피보험자의 자필서명이 필요한 경우에 보험계약자 또는 피보험자로부터 자필서명을 받지 아니하고 서명을 대신하거나 다른 사람으로 하여금 서명하게 하는 행위

아. 다른 모집 종사자의 명의를 이용하여 보험계약을 모집하는 행위

자. 보험계약자 또는 피보험자와의 금전대차의 관계를 이용하여 보험계약자 또는 피보험자로 하여금 보험계약을 청약하게 하거나 이러한 것을 요구하는 행위

차. 정당한 이유 없이 「장애인차별금지 및 권리구제 등에 관한 법률」 제2조에 따른 장애인의 보험가입을 거부하는 행위

카. 보험계약의 청약철회 또는 계약 해지를 방해하는 행위

보험계약의 체결 또는 모집에 종사하는 자가 다음에 해당하는 행위를 한 경우에는 기존보험계약을 부당하게 소멸시키거나 소멸하게 하는 행위를 한 것으로 본다. 즉 기존보험계약이 소멸된 날부터 1개월 이내에 새로운 보험계약을 청약하게 하거나 새로운 보험계약을 청약하게 한 날부터 1개월 이내에 기존보험계약을 소멸하게 하는 행위인 경우 기존보험계약을 부당하게 소멸시키거나 소멸하게 하는 행위로 본다. 다만, 보험계약자가 기존 보험계약 소멸 후 새로운 보험계약 체결 시 손해가 발생할 가능성이 있다는 사실을 알고 있음을 자필로 서명하는 등 대통령령으로 정하는 바에 따라 본인의 의사에 따른 행위임이 명백히 증명되는 경우에는 그러하지 아니하다. 또 기존보험계약이 소멸된 날부터 6개월 이내에 새로운 보험계약을 청약하게 하거나 새로운 보험계약을 청약하게 한 날부터 6개월 이내에 기존보험계약을 소멸하게 하는 경우로서 해당 보험계약자 또는 피보험자에게 기존보험계약과 새로운 보험계약의 보험기간 및 예정 이자율 등 대통령령으로 정하는 중요한 사항을 비교하여 알리지 아니하는 행위도 기존보험계약을 부당하게 소멸시키거나 소멸하게 하는 행위를 한 것으로 본다.

보험계약자는 보험계약의 체결 또는 모집에 종사하는 자(보험중개사는 제외한다)가 기존보험계약을 소멸시키거나 소멸하게 하였을 때에는 그 보험계약의 체결 또는 모집에 종사하는 자가 속하거나 모집을 위탁한 보험회사에 대하여 그 보험계약이 소멸한 날부터 6개월 이내에 소멸된 보험계약의 부활을 청구하고 새로운 보험계약은 취소할 수 있다. 보험계약의 부활의 청구를 받은 보험회사는 특별한 사유가 없으면 소멸된 보험계약의 부활을 승낙하여야 한다.

보험계약의 체결 또는 모집에 종사하는 자는 그 체결 또는 모집과 관련하여 보험계약자나 피보험자에게 다음에 해당하는 특별이익을 제공하거나 제공하기로 약속하여서는 아니 된다.

가. 금품(대통령령으로 정하는 금액을 초과하지 아니하는 금품은 제외한다)
나. 기초서류에서 정한 사유에 근거하지 아니한 보험료의 할인 또는 수수료의 지급
다. 기초서류에서 정한 보험금액보다 많은 보험금액의 지급 약속
라. 보험계약자나 피보험자를 위한 보험료의 대납(代納)
마. 보험계약자나 피보험자가 해당 보험회사로부터 받은 대출금에 대한 이자의 대납
바. 보험료로 받은 수표 또는 어음에 대한 이자 상당액의 대납
사. 「상법」 제682조에 따른 제3자에 대한 청구권 대위행사의 포기

보험회사는 모집할 수 있는 자 이외의 자에게 모집을 위탁하거나 모집에 관하여 수수료, 보수, 그 밖의 대가를 지급하지 못한다. 모집에 종사하는 자는 다음에 해당하는 경우 이외에는 타인에게 모집을 하게 하거나 그 위탁을 하거나, 모집에 관하여 수수료·보수나 그 밖의 대가를 지급하지 못한다. 보험중개사는 대통령령으로 정하는 경우 이외에는 보험계약 체결의 중개와 관련한 수수료나 그 밖의 대가를 보험계약자에게 청구할 수 없다.

가. 보험설계사: 같은 보험회사등에 소속된 다른 보험설계사에 대한 경우
나. 보험대리점: 같은 보험회사와 모집에 관한 위탁계약이 체결된 다른 보험대리점이나 소속 보험설계사에 대한 경우
다. 보험중개사: 다른 보험중개사나 소속 보험설계사에 대한 경우

금융기관보험대리점등은 모집을 할 때 다음에 해당하는 행위를 하여서는 아니 된다.

가. 대출 등 해당 금융기관이 제공하는 용역("대출등")을 제공하는 조건으로 대출등을 받는 자에게 그 금융기관이 대리 또는 중개하는 보험계약을 체결할 것을 요구하거나 특정한 보험회사와 보험계약을 체결할 것을 요구하는 행위
나. 대출등을 받는 자의 동의를 미리 받지 아니하고 보험료를 대출등의 거래에 포함시키는 행위
다. 해당 금융기관의 임직원(법에 따라 모집할 수 있는 자는 제외)에게 모집을 하도록 하거나 이를 용인하는 행위
라. 해당 금융기관의 점포 외의 장소에서 모집을 하는 행위
마. 모집과 관련이 없는 금융거래를 통하여 취득한 개인정보를 미리 그 개인의 동의를

받지 아니하고 모집에 이용하는 행위

바. 그 밖에 대통령령으로 정하는 행위

금융기관보험대리점등은 모집을 할 때 다음 사항을 지켜야 한다.

가. 해당 금융기관이 대출등을 받는 자에게 보험계약의 청약을 권유하는 경우 대출등을 받는 자가 그 금융기관이 대리하거나 중개하는 보험계약을 체결하지 아니하더라도 대출등을 받는 데 영향이 없음을 알릴 것

나. 해당 금융기관이 보험회사가 아니라 보험대리점 또는 보험중개사라는 사실과 보험계약의 이행에 따른 지급책임은 보험회사에 있음을 보험계약을 청약하는 자에게 알릴 것

다. 보험을 모집하는 장소와 대출 등을 취급하는 장소를 보험계약을 청약하는 자가 쉽게 알 수 있을 정도로 분리할 것

라. 대통령령으로 정하는 사항

표 3-1 금융기관보험대리점등이 모집할 수 있는 보험상품의 범위

1. 제1단계: 이 영 시행일부터 2005년 3월 31일까지

생명보험	손해보험
가. 개인저축성 보험	가. 개인연금
1) 개인연금	나. 장기저축성 보험
2) 일반연금	다. 화재보험(주택)
3) 교육보험	라. 상해보험(단체상해보험은 제외한다)
4) 생사혼합보험	마. 종합보험
5) 그 밖의 개인저축성 보험	바. 신용손해보험
나. 신용생명보험	

2. 제2단계: 2005년 4월 1일 이후(보험기간 만료 시 환급금이 지급되는 상품은 2006년 10월 1일 이후)

생명보험	손해보험
가. 제1단계 허용상품	가. 제1단계 허용상품
나. 개인보장성 보험 중 제3보험(주계약으로 한정하고, 저축성보험 특별약관 및 질병사망 특별약관을 부가한 상품은 제외한다)	나. 개인장기보장성 보험 중 제3보험(주계약으로 한정하고, 저축성보험 특별약관 및 질병사망 특별약관을 부가한 상품은 제외한다)

금융기관보험대리점등이나 금융기관보험대리점등이 되려는 자는 보험계약 체결을 대리하거나 중개하는 조건으로 보험회사에 대하여 다음의 행위를 하여서는 아니 된다.

가. 해당 금융기관을 계약자로 하는 보험계약의 할인을 요구하거나 그 금융기관에 대한 신용공여, 자금지원 및 보험료 등의 예탁을 요구하는 행위

나. 보험계약 체결을 대리하거나 중개하면서 발생하는 비용 또는 손실을 보험회사에 부당하게 떠넘기는 행위

다. 그 밖에 금융기관의 우월적 지위를 이용하여 부당한 요구 등을 하는 행위로서 대통령령으로 정하는 행위

보험대리점 또는 보험중개사는 자기 또는 자기를 고용하고 있는 자를 보험계약자 또는 피보험자로 하는 보험을 모집하는 것(자기계약)을 주된 목적으로 하지 못한다. 보험대리점 또는 보험중개사가 모집한 자기 또는 자기를 고용하고 있는 자를 보험계약자나 피보험자로 하는 보험의 보험료 누계액(累計額)이 그 보험대리점 또는 보험중개사가 모집한 보험의 보험료의 100분의 50을 초과하게 된 경우에는 그 보험대리점 또는 보험중개사는 제1항을 적용할 때 자기 또는 자기를 고용하고 있는 자를 보험계약자 또는 피보험자로 하는 보험을 모집하는 것을 그 주된 목적으로 한 것으로 본다.

제 3 절 보험통신판매업무 모범규준

금융감독원은 2010년 9월부터 보험통신판매과정에서 불완전판매가 방지되도록 업무프로세스를 대폭 개선하기 위해 모범규준을 제정하였다. 2013년 2월에 개정된 「**보험 통신판매 업무 프로세스 모범규준**」의 주요 내용은 다음과 같다.

1. 통신판매 업무단계별 모범규준

계약 권유 시에는 가입설계서 제공해야 한다. 보험회사 등은 보험계약 권유 시 보험업감독규정 제7－45조 제2항 제1호에 따라 권유하고자 하는 자에게 보험가입조건, 보험료, 보장내용 및 보험금, 해약환급금 등 보험약관의 주요 내용이 기재된 가입설계서를 제공하고, 동 사실을 보험계약을 권유하는 자에게 명확히 안내하여야 한다. 제1항의 가입설계서는 서

면, 전자우편, FAX 등을 통해 송부할 수 있으며, 전자우편, FAX 등 전자적 방법으로 송부하는 경우 반드시 계약자의 동의를 받아야 한다.

계약 청약 시 보험약관 등 제공해야 한다. 보험회사 등은 보험계약 청약 시 보험업감독규정 제7－45조 제2항 제2호 및 보험업감독업무시행세칙에 근거하여 "표준약관"에 따라 계약자에게 약관 및 청약서 부본을 제공하고, 동 사실을 계약자에게 명확히 안내하여야 한다. 약관 및 청약서 부본은 서면, 전자우편, 광기록매체 등을 통해 송부할 수 있으며, 전자우편, 광기록매체 등 전자적 방법으로 송부하는 경우 반드시 계약자의 동의를 받아야 한다.

계약 청약수령 이후 청약사실 안내 및 상품설명서 제공해야 한다. 보험회사 등은 보험계약 청약수령 이후 지체 없이 전화, 문자 메시지, 전자우편, FAX 등을 활용하여 계약자에게 당해 보험계약의 청약이 완료되었다는 사실을 알려야 한다. 보험회사 등은 보험업감독규정 제4－36조 제6항에 따라 계약자가 보험계약을 청약한 날로 부터 5영업일 이내에 상품설명서를 서면으로 발송하여야 한다. 갱신형 상품의 경우 상품설명서를 발송할 때 갱신보험료 예시표를 발송하고 그 내용을 설명하여야 한다. 다만, 질의·답변할 때 갱신보험료 예시를 포함할 경우에는 그러하지 아니하다.

계약 청약수령 이후 음성녹음 내용을 보관·관리해야 한다. 보험회사 등은 통신수단 중 전화를 이용하여 보험을 모집하는 경우 보험계약 청약수령 이후 보험업감독규정 제4－36조 제5항에 따라 계약자와의 최초 통화내용부터 청약이 완료될 때까지 모든 과정을 음성녹음하고 이를 보관하여야 한다. 다만, 제5조 제3항에 따라 갱신보험료 예시를 설명할 경우에는 이를 추가로 음성 녹음하여야 한다. 보험대리점이 통신수단 중 전화를 이용하여 보험을 모집하는 경우, 해당 보험대리점은 보험회사가 제8조의 통화내용품질모니터링을 실시하고 청약 자료를 관리·보존할 수 있도록 제1항의 음성녹음 내용을 청약수령 이후 지체 없이 위탁보험회사로 송부하여야 한다. 보험회사는 음성녹음 내용을 백업 후 소산하여 보관·관리하여야 하며, 음성녹음 내용은 범용소프트웨어 등을 이용하여 즉시 재생 가능하도록 조치하여야 한다. 보험회사는 음성녹음 내용의 보관, 재생, 반출 및 소산 등에 관한 지침을 제정·운영하여야 한다.

2. 모니터링 실시 및 음성녹음 제공

계약 청약수령 이후 통화내용품질모니터링을 실시해야 한다. 보험회사는 통신수단 중 전화를 이용하여 보험을 모집하는 경우 보험계약 청약수령(또는 체결) 이후에 제2조 제3호의 통화내용품질모니터링을 매월 청약된 보험계약 건수의 20%이상 실시하여야 한다. 보험회사는 제1항의 통화내용 품질모니터링 시 통신판매종사자의 상품별 표준상품설명대본 준수 여부를 세부 항목별로 확인하여야 한다.

계약 청약수령 이후 완전판매모니터링을 실시해야 한다. 보험회사는 통신수단 중 전화를 이용하여 보험을 모집하는 경우 보험계약 청약수령(또는 체결) 이후에 제2조 제4호의 완전판매모니터링을 매월 청약된 보험계약 건수의 40% 이상실시(갱신형 보험상품 우선 실시)하여야 한다. 다만, 전화를 이용하여 모집한 보험계약이 갱신형 실손의료보험계약, 경로우대자와 체결한 보험계약에 해당하는 경우에는 모든 보험계약에 대해 완전판매모니터링을 실시하여야 한다. 보험회사는 보험계약자가 계약체결 전에 동의한 경우에 한정하여 컴퓨터, 모바일 단말기 등 전자적 장치를 이용하여 제1항의 완전판매모니터링을 실시할 수 있다. 다만, 전자적 장치를 이용한 모니터링에 대한 동의 여부가 모니터링 대상 선정에 영향을 미쳐서는 아니 되며, 변액보험계약과 저축성보험(금리확정형 보험은 제외)계약은 전자적 장치를 이용한 모니터링 대상에서 제외한다.

모니터링 점검표 마련·운영을 해야 한다. 보험회사는 통화내용품질모니터링 및 완전판매모니터링이 충실히 이행될 수 있도록 모니터링 점검표(Check List)를 각각 마련하여야 한다. 통화내용품질모니터링 및 완전판매모니터링을 실시하는 자는 점검표(Check List)에 따라 세부 항목별로 모니터링을 실시하고, 모니터링 실시 결과를 모니터링건별로 작성·보관하여야 한다. 보험회사는 통화내용품질모니터링 및 완전판매모니터링 실시 결과에 대한 사후 조치방안을 각각 마련·운영하여야 한다.

계약 체결 이후 음성녹음 내용 제공해야 한다. 보험회사 등은 보험계약 체결 이후 청약서 부본, 보험증권 또는 별도의 안내문을 통하여 당해 보험계약이 음성녹음에 의해 체결되었다는 사실과 전화 및 인터넷 홈페이지를 통해 음성녹음 내용에 대한 재확인이 가능하다는 사실을 안내하여야 한다. 보험회사 등은 통신수단 중 전화를 이용하여 보험을 모집하는 경우 보험계약 체결 이후 보험업감독규정 제4-37조 제3호에 따라 계약자 및 피보험자가 전화 및 인터넷 홈페이지를 이용하여 계약체결 모든 과정에 대한 음성녹음 내용을 확인할 수 있도록 하여야 한다. 보험회사 등은 계약자 또는 피보험자의 신청이 있는 경우 신청일로부터 1주일 이내에 음성녹음 내용을 청취(2주일 이상)할 수 있도록 하여야 하며, 처리기간이 지연되는 경우 지연 사유 등을 개별 계약자 등에게 안내하여야 한다.

3. 통신판매시 준수사항 및 금지사항

보험회사 등은 보험업감독규정 제4-36조 제2항에 따라 개인정보의 수집, 활용 및 제공에 있어 관계법령을 준수하여야 하며, 개인정보가 유출되어 고객에게 피해를 주지 않도록 통신판매종사자에 대한 교육 및 보안에 만전을 기하여야 한다. 보험회사는 보험대리점 및 제휴업체의 개인정보 제공·활용 동의 방법 및 절차에 관하여 적법 여부를 확인하여야 한다.

보험회사 등은 통신수단 중 전화를 이용하여 보험을 모집하는 경우 고객 접촉단계에서 계약자에게 통신판매종사자의 소속(보험대리점 소속 통신판매종사자의 경우 위탁보험회사 및 보험대리점 상호 포함), 성명을 정확히 안내하여야 한다. 보험회사 등은 통신수단 중 전화를 이용하여 보험을 모집하는 과정에서 고객이 본인의 개인정보에 대한 취득 경로를 질의할 경우 이를 정확히 안내하여야 한다. 보험회사 등은 통신수단 중 전화를 이용하여 보험을 모집하는 경우 보험계약의 청약이 종료되기 전에 다음 각 호의 사항 중 소비자에게 불이익이 될 수 있는 보험약관의 중요 내용(이하 "소비자 불이익 사항")을 선정하여 계약자에게 질의하고, 동 질의에 대한 답변내용을 통해 상품설명 내용에 대한 계약자 이해 여부를 확인하여야 한다.

가. 보험금 지급제한 사항(보험금 지급한도, 면책사항, 감액지급 등)
나. 갱신형 상품의 경우 갱신 시 보험료 증가 가능성
다. 실손의료보험의 경우 중복 가입 시 비례 보상된다는 사실
라. 기타 상품별로 소비자에게 불이익이 될 수 있는 사항

이러한 과정을 통해 계약자 이해 여부를 확인한 결과, 계약자의 답변 내용이 틀리거나 소비자 불이익 사항을 제대로 이해하지 못한 것으로 판단될 경우 계약자가 충분히 이해할 수 있도록 관련 내용을 다시 설명하여야 한다. 보험회사 등은 통신수단 중 전화를 이용하여 보험을 모집하는 과정에서 상품을 설명하는 속도가 계약자가 이해할 수 있는 정도인지 여부를 확인하고, 계약자가 설명 속도가 빠르다고 의사표시를 하는 경우 상품설명 속도를 조정하여야 한다. 보험회사는 제1항 내지 제5항과 관련된 질의내용, 절차 등을 보험업감독규정 제4−36조 제3항에서 정하는 상품별 표준상품설명대본에 반영하여야 한다.

보험회사 등은 통신판매 과정에서 다음에서 정하는 행위를 하여서는 아니 된다.

가. 통화 또는 청약 의사가 없음을 명백히 밝히는 고객, 통화를 중단하고 가입설계서 등 보험안내자료를 우선 확인하고자 하는 고객 등에게 상품 소개, 계약체결 권유 등을 지속하는 행위
나. 보험계약 체결을 유도하기 위해 해당 상품이 이벤트 당첨고객 등 특정 고객에게만 제공된다거나, 특정 일자까지만 가입 가능하다고 안내하는 등 사실과 다르게 설명

하는 행위(절판 마케팅 행위)

다. 보험업감독규정 제4－36조 제3항에 따라 보험회사가 작성·마련한 표준상품설명대본을 통신판매종사자가 소비자의 오인 가능성이 있는 내용으로 임의로 수정하여 사용하는 행위

라. 보험약관상 상품명을 사용하지 않는 행위(예: “OOO통합보험/플랜”, “OOO적금” 등 소비자 오인 가능성이 있는 상품명을 사용하는 행위)

마. 주계약과 특약의 보장내용, 보험기간, 보험료 납입기간 등이 상이함에도, 이를 구분하여 안내하지 않는 행위

바. 갱신형 상품의 경우 갱신 시 보험료가 인상될 수 있음을 계약자가 인지할 수 있도록 충분히 안내하지 않는 행위

사. 계약자에게 음성녹음에 의해 청약이 완료된다는 사실과 보험료 결제 시기, 방법 등을 충분히 안내하지 않는 행위

자. 계약자 등으로 부터 당해 보험계약 심사 승인에 유리한 답변을 얻어내기 위해 유도질문을 하거나, 답변을 가로막는 등 계약자 등의 계약 전 알릴의무(고지의무) 이행을 방해하는 행위

불완전판매 시 소비자 권리사항을 안내해야 한다. 보험회사는 통신판매 과정에서 다음에 해당하는 사유가 발생한 경우 해당 계약자에게 3개월 이내에 계약취소(품질보증해지)가 가능하다는 사실과 관련 절차 등을 전화, 문자메시지 또는 전자우편 등을 통해 개별 안내하여야 한다. 사유 발생이 보험대리점의 과실로 인한 경우, 보험회사는 보험대리점으로 하여금 위의 안내를 실시하도록 할 수 있다.

가. 보험 광고 시 보험약관의 중요 내용을 설명하지 않거나, 사실과 다르게 설명한 것으로 판단될 경우(단, 음성녹음 과정에서 불충분한 설명 내용을 정정·보완한 경우는 제외)

나. 제7조 및 제8조에 의한 통화내용품질모니터링 및 완전판매모니터링 실시 결과, 보험약관의 중요 내용을 설명하지 않거나, 사실과 다르게 설명한 것으로 판단될 경우

보험회사는 통화내용품질모니터링 및 완전판매모니터링을 실시하는 자와 통신판매종사자의 소속 부서를 구분하여 운영하고, 양 부서 사이에 업무 공간 분리, 전산시스템 권한 분리, 보고라인 분리, 문서 분리 등 정보차단장치를 마련하여야 한다. 보험회사는 통화내용품질모니터링 및 완전판매모니터링이 충실히 이루어질 수 있도록 모니터링 인력을 철저히

교육하여야 한다. 보험회사의 준법감시부서는 청약철회 및 품질보증 해지된 계약 등을 중심으로 통화내용품질모니터링 및 완전판매모니터링의 적정성을 반기별로 평가하여야 하며, 문제 모니터링건이 발생된 경우 재발방지 대책을 마련하여야 한다.

4. 수수료 지급기준

보험회사는 보험대리점(보험중개사 포함)이 모집한 보험가입 고객(피보험자 포함)을 대상으로 자신이 새로운 보험계약을 모집한 경우 보험대리점에 별도의 대가를 지급하여서는 아니 된다. 보험회사는 보험대리점(보험중개사 포함)과 모집위탁 계약 체결 시 보험대리점 등이 모집한 보험가입 고객(피보험자 포함)을 대상으로 보험회사가 새로운 보험계약을 모집하는 것을 제한하는 내용을 포함하여서는 아니 된다. 보험회사는 보험대리점에 대하여 최저수수료를 보장하는 행위를 하여서는 아니 된다. 홈쇼핑회사의 판매방송은 보험 모집을 위한 일련의 과정이므로, 보험회사는 이에 대한 대가를 모집관련 수수료 형태로 지급하여야 하며, 광고비 형태의 수수료로 지급하여서는 아니 된다.

제 4 장 금융소비자와 증권거래

- 제 1 절 자본시장법 개요
- 제 2 절 금융투자상품의 정의
- 제 3 절 건전경영 유지
- 제 4 절 영업행위 규칙
- 제 5 절 금융투자의 불공정거래행위
- 제 6 절 집합투자기구

Chapter 04

금융소비자와 증권거래

제 1 절 자본시장법 개요

자본시장 및 금융투자업에 관한 법은 자본시장에서의 금융혁신과 공정한 경쟁을 촉진하고 투자자를 보호하며 금융투자업을 건전하게 육성함으로써 자본시장의 공정성·신뢰성 및 효율성을 높여 국민경제의 발전에 이바지함을 목적으로 한다. 동 법은 2007년 8월 3일에 제정되었고 2009년 2월 4일에 시행되었다.

기존 자본시장을 규율하는 「증권거래법」, 「선물거래법」, 「간접투자자산 운용업법」 등의 법률은 금융기관이 취급할 수 있는 상품의 종류를 제한적으로 열거하고 있어 창의적인 상품개발 등 금융혁신이 어렵고, 금융업의 겸영을 엄격하게 제한하고 있어 시너지 효과를 통한 경쟁력 향상에 한계가 있었다. 그리고 각 금융기관별로 상이한 규제체계로 되어 있어 규제차익문제 등 비효율성이 발생하고 있고, 투자자 보호 장치가 미흡하여 자본시장에 대한 신뢰를 저하시키는 등 제도적 요인이 자본시장의 발전에 장애가 되고 있었다.

이에 「증권거래법」 등 자본시장 관련 법률을 통합하여 금융투자상품의 개념을 포괄적으로 규정하고, 겸영 허용 등 금융투자회사의 업무범위를 확대하며, 금융업에 관한 제도적 틀을 금융기능 중심으로 재편하고, 투자자 보호 장치를 강화하는 한편, 자본시장에서의 불공정거래에 대한 규제를 강화하는 등 자본시장에 대한 법체계를 개선하여 금융투자회사가 대형화·전문화를 통하여 경쟁력을 갖출 수 있도록 하고, 투자자 보호를 통한 자본시장의 신뢰를 높이며, 자본시장의 혁신형 기업에 대한 자금공급 기능을 강화하는 등 자본시장의 활성화와 우리나라 금융산업의 발전을 위한 제도적 기반을 개선 · 정비하려는 취지를 가지고 있다.

이 법의 주요내용은 다음과 같다.

금융투자상품의 규정 방식을 열거주의에서 포괄주의로 전환하였다. 금융투자업자가 개발·판매할 수 있는 금융투자상품을 원본손실이 발생할 가능성(투자성)이 있는 금융상품으로 포괄적으로 정의하고, 금융투자상품을 증권 및 파생상품으로 구분하고 있다.

금융업의 제도적 틀을 금융기관 중심에서 금융기능 중심으로 재편하였다. 「증권거래법」, 「선물거래법」, 「간접투자자산 운용업법」, 「신탁업법」 등 현행 자본시장 관련 법률에서 규정하고 있는 금융업을 기능별로 재분류하여 금융투자업을 4개의 인가업무(투자매매업·투자중개업·집합투자업·신탁업)와 2개의 등록업무(투자일임업·투자자문업)로 나누어 총 6개의 금융투자업으로 구분하고, 모든 금융투자업에 공통으로 적용되는 규제와 각 금융투자업의 업종별 특성에 따른 규제로 나누어 규정하였다.

투자자 보호체계의 선진화를 하였다. 투자위험 감수능력을 기준으로 투자자를 일반투자자와 전문투자자로 구분하여 일반투자자에 대하여 투자권유를 하는 경우에는 설명의무, 적합성의무 등을 부과하여 투자자 보호를 강화하고, 전문투자자에 대하여는 보호수준을 완화하였다.

6개 금융투자업의 복수업무 영위를 허용하였다. 6개 금융투자업(투자매매업·투자중개업·집합투자업·신탁업·투자일임업·투자자문업)의 복수업무 영위를 허용하고, 금융투자업을 하려는 자는 원하는 업무를 선택하여 인가를 받거나 등록을 한 후 영업할 수 있도록 하되, 인가를 받거나 등록을 하고자 하는 자는 자기자본, 인력 및 물적 설비, 대주주의 재무상태 등에 관한 요건을 갖추도록 하였다.

금융투자업자의 업무범위에 자금이체업무를 추가하였다. 금융투자업자의 업무범위에 자금이체업무를 추가하여 투자자가 투자자예탁금으로 송금 또는 공과금납부 등을 할 수 있도록 하되, 한국은행이 금융투자업자의 자금이체업무에 대하여 자료제출요구, 금융감독원에 대한 검사요구 또는 공동검사요구를 할 수 있도록 하였다.

투자자 보호를 위한 이해상충 방지 제도를 도입하였다. 금융투자업자와 투자자 간 등의 이해상충을 방지하기 위한 내부통제장치의 설치를 의무화하고, 이해상충 가능성을 발견한 경우 그 사실을 투자자에게 알리도록 하며, 이해상충 가능성을 적정한 수준으로 해소하기 전까지는 그 상대방 투자자와 거래를 하지 못하도록 하고, 이해상충 가능성이 크다고 인정되는 금융투자업 간에 대해서는 매매에 관한 정보의 제공 금지, 일정한 임직원의 겸직 제한, 사무공간 등의 공동이용 제한 등 의무를 추가로 부과하고, 투자매매업·투자중개업과 집합투자업을 겸영함에 따라 발생한 이해상충으로 인한 손해배상과 관련된 입증책임은 금융투자업자가 부담하도록 하였다.

투자권유대행인 제도를 도입하였다. 금융투자업자는 그에 소속된 임직원이 아닌 자 중 금융투자상품에 대한 전문지식이 있는 자로서 일정한 요건을 갖춘 자(투자권유대행인)에게 투자권유를 위탁할 수 있도록 하되, 투자자 보호를 위하여 투자권유대행인에 대해서도 금융투자업자에게 적용되는 투자권유 관련 규제를 동일하게 적용하였다.

자본시장에서의 불공정 거래에 대한 규제를 강화하였다. 「증권거래법」은 임직원 또는 주요주주가 해당 법인이 발행한 증권의 매매와 관련하여 미공개 중요정보를 이용하는 것을 금지하고 있는데, 미공개 중요정보 이용금지 주체를 계열회사의 임직원 또는 주요주주로 확대하고, 미공개 중요정보 이용금지 대상에 해당 법인이 발행한 증권 외에 이를 기초자산으로 하는 금융투자상품을 추가하며, 증권의 매매를 통하여 부당한 이익을 얻을 목적으로 그 증권을 기초자산으로 하는 장내파생상품이나 그 증권과 연계된 증권의 시세를 변동 또는 고정시키는 행위를 금지하였다.

집합투자재산을 운용하는 법적 기구(집합투자기구)를 다양화하였다. 집합투자업자가 투자자로부터 모은 집합투자재산을 종전의 투자신탁 및 투자회사 외에 투자유한회사(상법상 유한회사)·투자합자회사(상법상 합자회사)·투자익명조합(상법상 익명조합) 및 투자조합(민법상 조합) 방식으로 운용할 수 있도록 허용하고, 그에 따른 설정·설립 및 해지·해산 절차, 집합투자자 총회, 집합투자증권의 환매, 집합투자재산의 보관 등에 관한 사항을 규정하였다.

자본시장 관련 제도를 합리적 정비하였다. 금융투자업에 관한 자율규제기관으로 기존의 한국증권업협회·선물협회 및 자산운용협회를 합병하여 단일의 한국금융투자협회를 설립하도록 하고, 직원의 고용관계를 포함하여 기존 협회의 모든 권리·의무를 포괄 승계하도록 하였다.

금융투자업 인가 등의 특례를 두었다. 시행시기를 공포 후 1년 6개월이 경과한 날로 규정하고, 기존에 증권업·선물업·자산운용업·신탁업·투자자문업·투자일임업 등을 영위하고 있는 자는 법 공포 후 1년이 경과한 날부터 금융투자업 영위를 위한 인가·등록 등을 할 수 있도록 하였다.

제 2 절 금융투자상품의 정의

"금융투자상품"이란 이익을 얻거나 손실을 회피할 목적으로 현재 또는 장래의 특정(特定) 시점에 금전, 그 밖의 재산적 가치가 있는 것(이하 "금전등"이라 한다)을 지급하기로 약정함으로써 취득하는 권리로서, 그 권리를 취득하기 위하여 지급하였거나 지급하여야 할 금전등의 총액(판매수수료 등 제외)이 그 권리로부터 회수하였거나 회수할 수 있는 금전등의 총액(해지수수료 등 포함)을 초과하게 될 위험(이하 "투자성")이 있는 것을 말한다.

원화로 표시된 양도성 예금증서, 수익증권발행신탁이 아닌 신탁으로 ① 위탁자의 지시에 따라서만 신탁재산의 처분이 이루어지는 신탁, ② 신탁계약에 따라 신탁재산에 대하여 보존행위 또는 그 신탁재산의 성질을 변경하지 아니하는 범위에서 이용개량행위만을 하는 신탁, ③ 그 밖에 해당 금융투자상품의 특성 등을 고려하여 금융투자상품에서 제외하더라도 투자자 보호 및 건전한 거래질서를 해할 우려가 없는 것으로서 대통령령으로 정하는 금융투자상품은 제외된다. 금융투자상품의 종류는 증권과 파생상품으로 나누어지며 파생상품의 장내파생상품과 장외파생상품으로 구분된다.

1. 금융투자상품의 종류

1) 증 권

증권이란, 내국인 또는 외국인이 발행한 금융투자상품으로서 투자자가 취득과 동시에 지급한 금전등 외에 어떠한 명목으로든지 추가로 지급의무(투자자가 기초자산에 대한 매매를 성립시킬 수 있는 권리를 행사하게 됨으로써 부담하게 되는 지급의무를 제외한다)를 부담하지 아니하는 것을 말한다. 다만, 투자계약증권, 그리고 지분증권, 수익증권 또는 증권예탁증권 중 해당 증권의 유통 가능성, 이 법 또는 금융관련 법령에서의 규제 여부 등을 종합적으로 고려하여 대통령령으로 정하는 증권은 제외된다.

증권의 종류는 채무증권, 지분증권, 수익증권, 투자계약증권, 파생결합증권으로 구분된다.

가. 채무증권: 채무증권이란 국채증권, 지방채증권, 특수채증권(법률에 의하여 직접 설립된 법인이 발행한 채권을 말한다. 이하 같다), 사채권(「상법」 제469조제2항 제3호에 따른 사채의 경우에는 제7항 제1호에 해당하는 것으로 한정한다. 이하 같다), 기업어음증권(기업이 사업에 필요한 자금을 조달하기 위하여 발행한 약속어음으로서 대통령령으로 정하는 요건을 갖춘 것을 말한다. 이하 같다), 그 밖에 이와 유사(類似)한 것으로서 지급청구권이 표시된 것을 말한다.

나. 지분증권: 지분증권이란 주권, 신주인수권이 표시된 것, 법률에 의하여 직접 설립된 법인이 발행한 출자증권, 「상법」에 따른 합자회사 · 유한책임회사 · 유한회사 · 합자

조합·익명조합의 출자지분, 그 밖에 이와 유사한 것으로서 출자지분 또는 출자지분을 취득할 권리가 표시된 것을 말한다.

다. 수익증권: 집합투자기구가 발행한 신탁계약 및 수익증권, 그 밖에 이와 유사한 것으로서 신탁의 수익권이 표시된 것을 말한다.

라. 투자계약증권: 투자계약증권이란 특정 투자자가 그 투자자와 타인(다른 투자자를 포함한다. 이하 이 항에서 같다) 간의 공동사업에 금전등을 투자하고 주로 타인이 수행한 공동사업의 결과에 따른 손익을 귀속 받는 계약상의 권리가 표시된 것을 말한다.

마. 파생결합증권: 파생결합증권이란 기초자산의 가격·이자율·지표·단위 또는 이를 기초로 하는 지수 등의 변동과 연계하여 미리 정하여진 방법에 따라 지급하거나 회수하는 금전등이 결정되는 권리가 표시된 것을 말한다. 여기서 기초자산이란, 금융투자상품, 통화(외국의 통화를 포함한다), 일반상품(농산물·축산물·수산물·임산물·광산물·에너지에 속하는 물품 및 이 물품을 원료로 하여 제조하거나 가공한 물품, 그 밖에 이와 유사한 것을 말한다), 신용위험(당사자 또는 제삼자의 신용등급의 변동, 파산 또는 채무재조정 등으로 인한 신용의 변동을 말한다), 그 밖에 자연적·환경적·경제적 현상 등에 속하는 위험으로서 합리적이고 적정한 방법에 의하여 가격·이자율·지표·단위의 산출이나 평가가 가능한 것을 포함한다.

파생결합증권에서 제외된 유형은 첫째, 발행과 동시에 투자자가 지급한 금전등에 대한 이자, 그 밖의 과실(果實)에 대하여만 해당 기초자산의 가격·이자율·지표·단위 또는 이를 기초로 하는 지수 등의 변동과 연계된 증권, 둘째, 당사자 어느 한쪽의 의사표시에 의하여 기초자산이나 기초자산의 가격·이자율·지표·단위 또는 이를 기초로 하는 지수 등에 의하여 산출된 금전등을 수수하는 거래를 성립시킬 수 있는 권리를 부여하는 것을 약정하는 계약에 따른 계약상의 권리, 셋째, 해당 사채의 발행 당시 객관적이고 합리적인 기준에 따라 미리 정하는 사유가 발생하는 경우 주식으로 전환되거나 그 사채의 상환과 이자지급 의무가 감면된다는 조건이 붙은 것으로서 주권상장법인이 발행하는 사채, 넷째, 사채, 다섯째, 금융투자상품과 유사한 것으로서 대통령령으로 정하는 금융투자상품이다.

바. 증권예탁증권: 증권예탁증권이란 위 증권을 예탁 받은 자가 그 증권이 발행된 국가 외의 국가에서 발행한 것으로서 그 예탁 받은 증권에 관련된 권리가 표시된 것

2) 파생상품

파생상품이란 다음에 해당하는 계약상의 권리를 말한다. 다만, 해당 금융투자상품의

유통 가능성, 계약당사자, 발행사유 등을 고려하여 증권으로 규제하는 것이 타당한 것으로서 대통령령으로 정하는 금융투자상품은 그러하지 아니하다.

가. 기초자산이나 기초자산의 가격 · 이자율 · 지표 · 단위 또는 이를 기초로 하는 지수 등에 의하여 산출된 금전등을 장래의 특정 시점에 인도할 것을 약정하는 계약

나. 당사자 어느 한쪽의 의사표시에 의하여 기초자산이나 기초자산의 가격 · 이자율 · 지표 · 단위 또는 이를 기초로 하는 지수 등에 의하여 산출된 금전등을 수수하는 거래를 성립시킬 수 있는 권리를 부여하는 것을 약정하는 계약

다. 장래의 일정기간 동안 미리 정한 가격으로 기초자산이나 기초자산의 가격 · 이자율 · 지표 · 단위 또는 이를 기초로 하는 지수 등에 의하여 산출된 금전등을 교환할 것을 약정하는 계약

라. 앞의 규정에 따른 계약과 유사한 것으로서 대통령령으로 정하는 계약

장내파생상품이란, 파생상품시장에서 거래되는 파생상품, 해외 파생상품시장에서 거래되는 파생상품, 그 밖에 금융투자상품시장을 개설하여 운영하는 자가 정하는 기준과 방법에 따라 금융투자상품시장에서 거래되는 파생상품을 포함하며, 장외파생상품 : 파생상품으로서 장내파생상품이 아닌 것을 말한다.

2. 금융투자업의 종류

"금융투자업"이란 이익을 얻을 목적으로 계속적이거나 반복적인 방법으로 행하는 행위로서 다음에 해당하는 업(業)을 말한다.

가. **투자매매업**: 투자매매업이란 누구의 명의로 하든지 자기의 계산으로 금융투자상품의 매도 · 매수, 증권의 발행 · 인수 또는 그 청약의 권유, 청약, 청약의 승낙을 영업으로 하는 것을 말한다.

나. **투자중개업**: 투자중개업이란 누구의 명의로 하든지 타인의 계산으로 금융투자상품의 매도 · 매수, 그 중개나 청약의 권유, 청약, 청약의 승낙 또는 증권의 발행 · 인수에 대한 청약의 권유, 청약, 청약의 승낙을 영업으로 하는 것을 말한다.

다. **집합투자업**: 집합투자업이란 집합투자를 영업으로 하는 것을 말한다. "집합투자"란 2인 이상에게 투자권유를 하여 모은 금전등 또는 「국가재정법」 제81조에 따른 여유자금을 투자자 또는 각 기금관리주체로부터 일상적인 운용지시를 받지 아니하면서 재산적 가치가 있는 투자대상자산을 취득·처분, 그 밖의 방법으로 운용하고 그

결과를 투자자 또는 각 기금관리주체에게 배분하여 귀속시키는 것을 말한다. 다음의 경우는 제외된다. 첫째, 대통령령으로 정하는 법률에 따라 사모(私募)의 방법으로 금전등을 모아 운용·배분하는 것으로서 대통령령으로 정하는 투자자의 총수가 대통령령으로 정하는 수 이하인 경우 둘째, 「자산유동화에 관한 법률」 제3조의 자산유동화계획에 따라 금전등을 모아 운용·배분하는 경우 셋째, 그 밖에 행위의 성격 및 투자자 보호의 필요성 등을 고려하여 대통령령으로 정하는 경우

라. 투자자문업: 투자자문업이란 금융투자상품, 그 밖에 대통령령으로 정하는 투자대상자산(이하 "금융투자상품등"이라 한다)의 가치 또는 금융투자상품등에 대한 투자판단(종류, 종목, 취득·처분, 취득·처분의 방법·수량·가격 및 시기 등에 대한 판단을 말한다. 이하 같다)에 관한 자문에 응하는 것을 영업으로 하는 것을 말한다.

마. 투자일임업: 투자일임업이란 투자자로부터 금융투자상품등에 대한 투자판단의 전부 또는 일부를 일임 받아 투자자별로 구분하여 그 투자자의 재산 상태나 투자목적 등을 고려하여 금융투자상품등을 취득·처분, 그 밖의 방법으로 운용하는 것을 영업으로 하는 것을 말한다.

바. 신탁업: 신탁을 영업으로 하는 것을 말한다.

사. 전담중개업무: 전담중개업무란 전문사모집합투자기구, 그 밖에 대통령령으로 정하는 투자자에 대하여 다음에 해당하는 업무를 효율적인 신용공여와 담보관리 등을 위하여 대통령령으로 정하는 방법에 따라 연계하여 제공하는 업무를 말한다. 1. 증권의 대여 또는 그 중개·주선이나 대리업무 2. 금전의 융자, 그 밖의 신용공여 3. 전문사모집합투자기구등의 재산의 보관 및 관리 4. 그 밖에 전문사모집합투자기구등의 효율적인 업무 수행을 지원하기 위하여 필요한 업무로서 대통령령으로 정하는 업무[1)]

1) [시행일 : 2015.1.1.]

제 3 절 건전경영 유지

1. 경영건전성 감독

금융투자업자는 자본금·준비금, 그 밖에 총리령으로 정하는 금액의 합계액에서 고정자산, 그 밖에 단기간 내에 유동화가 어려운 자산으로서 총리령으로 정하는 자산의 합계액을 뺀 금액(이하 "영업용순자본"이라 한다)을 금융투자업자의 자산 및 부채에 내재하거나 업무에 수반되는 위험을 금액으로 환산하여 합계한 금액(이하 "총위험액"이라 한다) 이상으로 유지하여야 한다.

금융투자업자는 매 분기의 말일을 기준으로 영업용순자본에서 총위험액을 뺀 금액을 기재한 서면을 해당 분기의 말일부터 45일 이내로서 대통령령으로 정하는 기간 이내에 금융위원회에 보고하여야 하며, 보고기간 종료일부터 3개월간 본점과 지점, 그 밖의 영업소에 비치하고, 인터넷 홈페이지 등을 이용하여 공시하여야 한다.

금융투자업자(겸영금융투자업자를 제외)는 경영의 건전성을 유지하기 위하여 자기자본비율, 그 밖의 자본의 적정성에 관한 사항, 자산의 건전성에 관한 사항, 유동성에 관한 사항, 그 밖에 경영의 건전성 확보를 위하여 필요한 사항으로서 대통령령으로 정하는 사항다음 각 호의 사항에 관하여 금융위원회가 정하여 고시하는 경영건전성기준을 준수하여야 하며, 이를 위한 적절한 체계를 구축·시행하여야 한다.

금융위원회는 경영건전성기준을 정함에 있어서 금융투자업자가 영위하는 금융투자업의 종류 등을 고려하여 금융투자업별로 그 내용을 달리 정할 수 있다. 금융위원회는 금융투자업자의 경영건전성 확보를 위한 경영실태 및 위험에 대한 평가를 할 수 있다. 다만, 자산규모 등을 고려하여 대통령령으로 정하는 금융투자업자에 대하여는 평가를 실시하여야 한다. 금융위원회는 금융투자업자가 제1항 및 제2항의 기준을 충족하지 못하거나 제30조제1항 및 제2항을 위반한 경우에는 금융투자업자에 대하여 자본금의 증액, 이익배당의 제한 등 경영건전성 확보를 위한 필요한 조치를 명할 수 있다.

금융투자업자는 다음에 따라 회계처리를 하여야 하며 금융투자업자의 고유재산의 회계처리에 관한 사항으로서 제1항에서 정하지 아니한 회계처리, 계정과목의 종류와 배열순서, 그 밖에 필요한 사항은 금융위원회가 정하여 고시한다.

가. 회계연도를 금융투자업별로 총리령으로 정하는 기간으로 할 것

나. 금융투자업자의 고유재산과 신탁재산, 그 밖에 총리령으로 정하는 투자자재산을

명확히 구분하여 회계 처리할 것

다. 증권선물위원회의 심의를 거쳐 금융위원회가 정하여 고시하는 금융투자업자 회계처리준칙 및 「주식회사의 외부감사에 관한 법률」 제13조에 따른 회계처리기준을 따를 것

표 4-1 개편 경영실태평가 제도의 부문별 평가지표

<table>
<tr><th colspan="3">평가부문(비중)</th><th>계량항목</th><th>비계량항목</th></tr>
<tr><td colspan="2" rowspan="3">공통
부문
(60%)</td><td>자본
적정성
(30%)</td><td>• 영업용순자본비율Ⅱ
• 자기자본비율</td><td>• 자본적정성 유지정책의 타당성
• 적정한 자본유지 가능성</td></tr>
<tr><td>수익성
(20%)</td><td>• 총자산순이익률
• 수시비율</td><td>• 손익구조 변동요인의 적정성
• 영업별수익·비용 배분의 적정성</td></tr>
<tr><td>내부
통제
(10%)</td><td>• 사고발생비율</td><td>• 내부통제기준 설정·운영의 적정성
• 내부통제 조직 및 활동의 적정성</td></tr>
<tr><td rowspan="6">업종
부문
(40%)</td><td rowspan="2">투자
매매
·
중개업</td><td>유동성
(20%)</td><td>• 유동성비율(3월)</td><td>• 자금 조달 및 운영의 적정성
• 유동성관리의 적정성</td></tr>
<tr><td>안정성
(20%)</td><td>• 고정이하자산비율
• 차입부채비율</td><td>• 위험관리정책 및 운영의 적정성
• 경영관리의 적정성</td></tr>
<tr><td rowspan="2">집합
투자업</td><td>유동성
(20%)</td><td>• 유동비율
• 자본의 고정화비율</td><td>• 자금조달 및 운영의 적정성
• 유동성관리의 적정성</td></tr>
<tr><td>집합투자
재산운용
(20%)</td><td>• 집합투자재산운용 성과율
• 수탁고증감율
• 보수율증감율</td><td>• 집합투자재산의 운용 관련 위험관리체제의 적정성
• 집합투자재산운용의 합리성</td></tr>
<tr><td rowspan="2">(부동산)
신탁업</td><td>유동성
(20%)</td><td>• 유동비율
• 고정장기적합률</td><td>• 자금조달 및 운영의 적정성
• 유동성관리의 적정성</td></tr>
<tr><td>자산
건전성
(20%)</td><td>• 손실위험도가중자산비율
• 고정이하자산비율</td><td>• 자산건전성 분류의 적정성
• 부실자산관리의 적정성</td></tr>
</table>

출처: 금융감독원(2009), 금융투자업자에 대한 경영실태평가 제도 전면 개편, 2009.4.2 보도자료

금융투자업자는 매 사업연도 개시일 부터 3개월간·6개월간·9개월간 및 12개월간의 업무보고서를 작성하여 그 기간 경과 후 45일 이내로서 대통령령으로 정하는 기간 이내에 금융위원회에 제출하여야 한다. 금융투자업자는 제1항에 따른 업무보고서를 금융위원회에 제출한 날부터 그 업무보고서 중 중요사항을 발췌한 공시서류를 1년간 본점과 지점, 그 밖의 영업소에 이를 비치하고, 인터넷 홈페이지 등을 이용하여 공시하여야 한다. 금융투자업자는 거액의 금융사고 또는 부실채권의 발생 등 금융투자업자의 경영상황에 중대한 영향을 미칠 사항으로서 금융투자업의 종류별로 대통령령으로 정하는 사항이 발생한 경우에는 금융위원회에 보고하고, 인터넷 홈페이지 등을 이용하여 공시하여야 한다. 금융투자업자는 업무보고서 외에 매월의 업무 내용을 적은 보고서를 다음 달 말일까지 금융위원회에 제출하여야 한다.

2. 금융투자업자의 금지행위

금융투자업자(겸영금융투자업자는 제외한다. 이하 이 절에서 같다)는 다음 각 호의 어느 하나에 해당하는 행위를 하여서는 아니 된다. 다만, 담보권의 실행 등 권리행사에 필요한 경우, 안정조작 또는 같은 항 제2호에 따른 시장조성을 하는 경우, 그 밖에 금융투자업자의 건전성을 해치지 아니하는 범위에서 금융투자업의 효율적 수행을 위하여 대통령령으로 정하는 경우에는 그러하지 아니하다. 금융투자업자는 대주주(그의 특수관계인을 포함)에 대하여 신용공여[2]를 하여서는 아니 되며, 대주주는 그 금융투자업자로부터 신용공여를 받아서는 아니 된다. 다만, 금융투자업자의 건전성을 해할 우려가 없는 신용공여로서 대통령령으로 정하는 신용공여의 경우에는 이를 할 수 있다. 금융투자업자는 앞의 단서에 해당하는 행위를 하고자 하는 경우에는 미리 이사회 결의를 거쳐야 한다. 이 경우 이사회 결의는 재적이사 전원의 찬성으로 한다.

금융투자업자는 위의 단서에 해당하는 행위를 한 경우에는 그 사실을 금융위원회에 지체 없이 보고하고, 인터넷 홈페이지 등을 이용하여 공시하여야 한다. 금융투자업자는 이의 보고사항 중 대통령령으로 정하는 사항을 종합하여 분기별로 금융위원회에 보고하고, 인터넷 홈페이지 등을 이용하여 공시하여야 한다. 금융위원회는 금융투자업자 또는 그의 대주주가 위의 규정을 위반한 혐의가 있다고 인정될 경우에는 금융투자업자 또는 그의 대주주에게 필요한 자료의 제출을 명할 수 있다. 금융위원회는 금융투자업자의 대주주(회사에 한

---

2) 금전·증권 등 경제적 가치가 있는 재산의 대여, 채무이행의 보증, 자금 지원적 성격의 증권의 매입, 그 밖에 거래상의 신용위험을 수반하는 직접적·간접적 거래로서 대통령령으로 정하는 거래를 말한다.

한다)의 부채가 자산을 초과하는 등 재무구조의 부실로 인하여 금융투자업자의 경영건전성을 현저히 해칠 우려가 있는 경우로서 대통령령으로 정하는 경우에는 금융투자업자에 대하여 대주주가 발행한 증권의 신규취득 및 신용공여를 제한할 수 있다.

금융투자업자의 대주주(그의 특수관계인을 포함)는 금융투자업자의 이익에 반하여 대주주 자신의 이익을 얻을 목적으로 다음의 행위를 하여서는 아니 된다.

가. 부당한 영향력을 행사하기 위하여 금융투자업자에 대하여 외부에 공개되지 아니한 자료 또는 정보의 제공을 요구하는 행위. 다만, 제29조제3항 또는 「상법」 제466조에 따른 권리의 행사에 해당하는 경우를 제외한다.

나. 경제적 이익 등 반대급부의 제공을 조건으로 다른 주주와 담합하여 금융투자업자의 인사 또는 경영에 부당한 영향력을 행사하는 행위

다. 그 밖에 제1호 및 제2호에 준하는 행위로서 대통령령으로 정하는 행위

금융위원회는 금융투자업자의 대주주가 '대주주 부당한 영향력 행사의 금지'규정을 위반한 혐의가 있다고 인정될 경우에는 금융투자업자 또는 그의 대주주에게 필요한 자료의 제출을 명할 수 있다.

제 4 절 영업행위 규칙

1. 공통영업행위 규칙

금융투자업자는 신의성실의 원칙에 따라 공정하게 금융투자업을 영위하여야 한다. 금융투자업자는 금융투자업을 영위함에 있어서 정당한 사유 없이 투자자의 이익을 해하면서 자기가 이익을 얻거나 제삼자가 이익을 얻도록 하여서는 아니 된다. 또 금융투자업자가 아닌 자, 증권을 대상으로 하여 투자매매업 또는 투자중개업을 영위하는 자가 아닌 자, 장내파생상품 또는 장외파생상품을 대상으로 하여 투자매매업 또는 투자중개업을 영위하는 자가 아닌 자, 집합투자업자가 아닌 자, 투자자문업자가 아닌 자, 투자일임업자가 아닌 자, 신탁업자는 그 상호 중에 "금융투자", "증권", "파생" 또는 "선물", "집합투자", "투자신탁" 또는 "자산운용", "투자자문", "투자일임", "신탁"이라는 문자 또는 이와 같은 의미를 가지는 외국어 문자로서 대통령령으로 정하는 문자를 사용하여서는 아니 된다. 금융투자업자는 자

기의 명의를 대여하여 타인에게 금융투자업을 영위하게 하여서는 아니 된다.

금융투자업자(겸영금융투자업자 등 제외)는 투자자 보호 및 건전한 거래질서를 해할 우려가 없는 금융업무로서 보험대리점의 업무 또는 보험중개사의 업무, 이 법 또는 대통령령으로 정하는 금융관련 법령에서 정하고 있는 금융업무로서 해당 법령에서 금융투자업자가 영위할 수 있도록 한 업무, 국가 또는 공공단체 업무의 대리, 투자자예탁금으로 수행하는 자금이체업무 등을 영위할 수 있다. 이 경우 금융투자업자는 그 업무를 영위하고자 하는 날의 7일 전까지 이를 금융위원회에 신고하여야 한다.

금융투자업자는 금융투자업에 부수하는 업무를 영위하고자 하는 경우에는 그 업무를 영위하고자 하는 날의 7일 전까지 이를 금융위원회에 신고하여야 한다. 금융투자업자는 금융투자업자가 영위하는 업무의 일부를 제삼자에게 위탁할 수 있다. 다만, 투자자 보호 또는 건전한 거래질서를 해할 우려가 있는 것으로서 대통령령으로 정하는 업무를 제삼자에게 위탁하여서는 아니 된다.

금융투자업자는 제삼자에게 업무를 위탁하는 경우에는 위탁하는 업무의 범위, 수탁자의 행위제한에 관한 사항, 위탁하는 업무의 처리에 대한 기록유지에 관한 사항, 그 밖에 투자자 보호 또는 건전한 거래질서를 위하여 필요한 사항으로서 대통령령으로 정하는 사항을 포함하는 위탁계약을 체결하여야 하며, 그 내용을 대통령령으로 정하는 방법 및 절차에 따라 금융위원회에 보고하여야 한다.

금융투자업자는 금융투자업의 영위와 관련하여 금융투자업자와 투자자 간, 특정 투자자와 다른 투자자 간의 이해상충을 방지하기 위하여 이해상충이 발생할 가능성을 파악·평가하고, 내부통제기준이 정하는 방법 및 절차에 따라 이를 적절히 관리하여야 한다. 금융투자업자는 이해상충이 발생할 가능성을 파악·평가한 결과 이해상충이 발생할 가능성이 있다고 인정되는 경우에는 그 사실을 미리 해당 투자자에게 알려야 하며, 그 이해상충이 발생할 가능성을 내부통제기준이 정하는 방법 및 절차에 따라 투자자 보호에 문제가 없는 수준으로 낮춘 후 매매, 그 밖의 거래를 하여야 한다. 금융투자업자는 그 이해상충이 발생할 가능성을 낮추는 것이 곤란하다고 판단되는 경우에는 매매, 그 밖의 거래를 하여서는 아니 된다.

금융투자업자는 그 영위하는 금융투자업(고유재산 운용업무를 포함한다. 이하 이 조에서 같다) 간에 이해상충이 발생할 가능성이 큰 경우로서 대통령령으로 정하는 경우에는 다음에 해당하는 행위를 하여서는 아니 된다.

가. 금융투자상품의 매매에 관한 정보, 그 밖에 대통령령으로 정하는 정보를 제공하는 행위

나. 임원(대표이사, 감사 및 사외이사가 아닌 감사위원회의 위원을 제외한다) 및 직원을 겸직하게 하는 행위
다. 사무공간 또는 전산설비를 대통령령으로 정하는 방법으로 공동으로 이용하는 행위
라. 그 밖에 이해상충이 발생할 가능성이 있는 행위로서 대통령령으로 정하는 행위

금융투자업자는 금융투자업의 영위와 관련하여 계열회사, 그 밖에 대통령령으로 정하는 회사와 이해상충이 발생할 가능성이 큰 경우로서 대통령령으로 정하는 경우에는 다음에 해당하는 행위를 하여서는 아니 된다.
가. 금융투자상품의 매매에 관한 정보, 그 밖에 대통령령으로 정하는 정보를 제공하는 행위
나. 임원(비상근감사를 제외한다) 및 직원을 겸직하게 하거나 파견하여 근무하게 하는 행위
다. 사무공간 또는 전산설비를 대통령령으로 정하는 방법으로 공동으로 이용하는 행위
라. 그 밖에 이해상충이 발생할 가능성이 있는 행위로서 대통령령으로 정하는 행위

2. 투자권유

투자권유의 적합성 원칙은 다음과 같다. 금융투자업자는 투자자가 일반투자자인지 전문투자자인지의 여부를 확인하여야 한다. 금융투자업자는 일반투자자에게 투자권유를 하기 전에 면담·질문 등을 통하여 일반투자자의 투자목적·재산상황 및 투자경험 등의 정보를 파악하고, 일반투자자로부터 서명(「전자서명법」 제2조 제2호에 따른 전자서명을 포함한다. 이하 같다), 기명날인, 녹취, 그 밖에 대통령령으로 정하는 방법으로 확인을 받아 이를 유지·관리하여야 하며, 확인받은 내용을 투자자에게 지체 없이 제공하여야 한다. 금융투자업자는 일반투자자에게 투자권유를 하는 경우에는 일반투자자의 투자목적·재산상황 및 투자경험 등에 비추어 그 일반투자자에게 적합하지 아니하다고 인정되는 투자권유를 하여서는 아니 된다.

투자권유의 적정성의 원칙은 다음과 같다. 금융투자업자는 일반투자자에게 투자권유를 하지 아니하고 파생상품, 그 밖에 대통령령으로 정하는 금융투자상품(이하 "파생상품등")을 판매하려는 경우에는 면담·질문 등을 통하여 그 일반투자자의 투자목적·재산상황 및 투자경험 등의 정보를 파악하여야 한다. 금융투자업자는 일반투자자의 투자목적·재산상황 및 투자경험 등에 비추어 해당 파생상품등이 그 일반투자자에게 적정하지 아니하다고 판단되는 경우에는 대통령령으로 정하는 바에 따라 그 사실을 알리고, 일반투자자로부터 서명, 기

명날인, 녹취, 그 밖에 대통령령으로 정하는 방법으로 확인을 받아야 한다.[3)]

투자권유 시 금융투자업자의 설명의무는 다음과 같다. 금융투자업자는 일반투자자를 상대로 투자권유를 하는 경우에는 금융투자상품의 내용, 투자에 따르는 위험, 그 밖에 대통령령으로 정하는 사항을 일반투자자가 이해할 수 있도록 설명하여야 한다. 금융투자업자는 제1항에 따라 설명한 내용을 일반투자자가 이해하였음을 서명, 기명날인, 녹취, 그 밖의 대통령령으로 정하는 방법 중 하나 이상의 방법으로 확인을 받아야 한다. 금융투자업자는 설명을 함에 있어서 투자자의 합리적인 투자판단 또는 해당 금융투자상품의 가치에 중대한 영향을 미칠 수 있는 사항(이하 “중요사항”)을 거짓 또는 왜곡(불확실한 사항에 대하여 단정적 판단을 제공하거나 확실하다고 오인하게 할 소지가 있는 내용을 알리는 행위를 말한다)하여 설명하거나 중요사항을 누락하여서는 아니 된다.

금융투자업자는 설명의무를 위반한 경우 이로 인하여 발생한 일반투자자의 손해를 배상할 책임이 있다. 금융투자상품의 취득으로 인하여 일반투자자가 지급하였거나 지급하여야 할 금전등의 총액(대통령령으로 정하는 금액을 제외)에서 그 금융투자상품의 처분, 그 밖의 방법으로 그 일반투자자가 회수하였거나 회수할 수 있는 금전등의 총액을 뺀 금액은 제1항에 따른 손해액으로 추정한다.

금융투자업자는 투자권유를 함에 있어서 다음에 해당하는 행위를 하여서는 아니 된다(부당권유의 금지).

가. 거짓의 내용을 알리는 행위

나. 불확실한 사항에 대하여 단정적 판단을 제공하거나 확실하다고 오인하게 할 소지가 있는 내용을 알리는 행위

다. 투자자로부터 투자권유의 요청을 받지 아니하고 방문·전화 등 실시간 대화의 방법을 이용하는 행위. 다만, 투자자 보호 및 건전한 거래질서를 해할 우려가 없는 행위로서 대통령령으로 정하는 행위를 제외한다.

라. 투자권유를 받은 투자자가 이를 거부하는 취지의 의사를 표시하였음에도 불구하고 투자권유를 계속하는 행위. 다만, 투자자 보호 및 건전한 거래질서를 해할 우려가 없는 행위로서 대통령령으로 정하는 행위를 제외한다.

마. 그 밖에 투자자 보호 또는 건전한 거래질서를 해할 우려가 있는 행위로서 대통령령으로 정하는 행위

금융투자업자는 투자권유를 함에 있어서 금융투자업자의 임직원이 준수하여야 할 구

3) 부록1 금융투자권유 준칙 참조

체적인 기준 및 절차(이하 "투자권유준칙")를 정하여야 한다. 다만, 파생상품등에 대하여는 일반투자자의 투자목적·재산상황 및 투자경험 등을 고려하여 투자자 등급별로 차등화 된 투자권유준칙을 마련하여야 한다. 금융투자업자는 투자권유준칙을 정한 경우 이를 인터넷 홈페이지 등을 이용하여 공시하여야 한다. 투자권유준칙을 변경한 경우에도 또한 같다. 협회는 투자권유준칙과 관련하여 금융투자업자가 공통으로 사용할 수 있는 표준투자권유준칙을 제정할 수 있다.

금융투자업자는 다음 요건을 모두 갖춘 자(개인에 한한다)에게 투자권유(파생상품등에 대한 투자권유를 제외한다)를 위탁할 수 있다. 투자권유를 위탁받은 자는 제3항에 따른 등록 전에는 투자권유를 하여서는 아니 된다. 금융투자업자는 투자권유를 위탁한 경우에는 위탁받은 자를 금융위원회에 등록하여야 한다. 이 경우 금융위원회는 그 등록업무를 대통령령으로 정하는 바에 따라 협회에 위탁할 수 있다. 금융투자업자는 투자권유대행인 외의 자에게 투자권유를 대행하게 하여서는 아니 된다.

가. 제3항에 따라 금융위원회에 등록된 자가 아닐 것

나. 금융투자상품에 관한 전문 지식이 있는 자로서 대통령령으로 정하는 자격을 갖출 것

다. 제53조 제2항에 따라 등록이 취소된 경우 그 등록이 취소된 날부터 3년이 경과하였을 것

투자권유대행인의 금지행위는 다음과 같다.

가. 위탁한 금융투자업자를 대리하여 계약을 체결하는 행위

나. 투자자로부터 금전·증권, 그 밖의 재산을 수취하는 행위

다. 금융투자업자로부터 위탁받은 투자권유대행업무를 제삼자에게 재위탁하는 행위

라. 그 밖에 투자자 보호 또는 건전한 거래질서를 해할 우려가 있는 행위로서 대통령령으로 정하는 행위

투자권유대행인은 투자권유를 위탁한 금융투자업자의 명칭, 투자권유를 위탁한 금융투자업자를 대리하여 계약을 체결할 권한이 없다는 사실, 투자권유대행인은 투자자로부터 금전·증권, 그 밖의 재산을 수취하지 못하며, 금융투자업자가 이를 직접 수취한다는 사실 등을 투자자에게 통보하여야 한다.

투자권유대행인은 투자권유의 대행과 관련하여 그 업무와 재산상황에 관하여 금융감독원장의 검사를 받아야 한다. 금융투자업자의 투자권유대행인 등록을 취소하거나 그 투자권유대행인에 대하여 6개월 이내의 투자권유대행업무 정지를 할 수 있다. 금융위원회는 투

자권유대행인 등록을 취소하거나 투자권유대행업무를 정지한 경우에는 그 사실을 인터넷 홈페이지 등에 공고하여야 한다.

금융투자업자는 직무상 알게 된 정보로서 외부에 공개되지 아니한 정보를 정당한 사유 없이 자기 또는 제삼자의 이익을 위하여 이용하여서는 아니 된다. 금융투자업자는 금융투자상품의 매매, 그 밖의 거래와 관련하여 손실의 보전 또는 이익의 보장을 하는 경우, 그 밖에 건전한 거래질서를 해할 우려가 없는 경우로서 정당한 사유가 있는 경우를 제외하고는 다음에 해당하는 행위를 하여서는 아니 된다. 금융투자업자의 임직원이 자기의 계산으로 하는 경우에도 또한 같다.

가. 투자자가 입을 손실의 전부 또는 일부를 보전하여 줄 것을 사전에 약속하는 행위
나. 투자자가 입은 손실의 전부 또는 일부를 사후에 보전하여 주는 행위
다. 투자자에게 일정한 이익을 보장할 것을 사전에 약속하는 행위
라. 투자자에게 일정한 이익을 사후에 제공하는 행위

3. 약 관

금융투자업자는 금융투자업의 영위와 관련하여 약관을 제정 또는 변경하고자 하는 경우에는 미리 금융위원회에 신고하여야 한다. 다만, 다음에 해당하는 경우에는 약관을 제정 또는 변경한 후 7일 이내에 금융위원회 및 협회에 보고하여야 한다.

가. 약관내용 중 투자자의 권리 또는 의무와 관련이 없는 사항을 변경하는 경우
나. 제3항의 표준약관을 그대로 사용하는 경우
다. 제정 또는 변경하고자 하는 약관의 내용이 다른 금융투자업자가 이미 금융위원회에 신고한 약관의 내용과 같은 경우
라. 전문투자자만을 대상으로 하는 약관을 제정 또는 변경하는 경우

금융투자업자는 약관을 제정 또는 변경한 경우에는 인터넷 홈페이지 등을 이용하여 공시하여야 한다. 협회는 건전한 거래질서를 확립하고 불공정한 내용의 약관이 통용되는 것을 방지하기 위하여 금융투자업 영위와 관련하여 표준이 되는 약관("표준약관")을 제정할 수 있다. 협회는 표준약관을 제정 또는 변경하고자 하는 경우에는 미리 금융위원회에 신고하여야 한다. 다만, 전문투자자만을 대상으로 하는 표준약관을 제정 또는 변경하는 경우에는 그 표준약관을 제정 또는 변경한 후 7일 이내에 금융위원회에 보고하여야 한다. 약관을 신고 또는 보고받거나 표준약관을 신고 또는 보고받은 금융위원회는 그 약관 또는 표준약관

을 공정거래위원회에 통보하여야 한다. 금융위원회는 약관 또는 표준약관이 이 법 또는 금융과 관련되는 법령에 위반되거나 그 밖에 투자자의 이익을 침해할 우려가 있다고 인정되는 경우에는 금융투자업자 또는 협회에 그 내용을 구체적으로 기재한 서면에 의하여 약관 또는 표준약관을 변경할 것을 명할 수 있다.

4. 광 고

금융투자업자가 아닌 자는 금융투자업자의 영위업무 또는 금융투자상품에 관한 광고(이하 "투자광고")를 하여서는 아니 된다. 다만, 협회와 금융투자업자를 자회사 또는 손자회사로 하는 「금융지주회사법」에 따른 금융지주회사는 투자광고를 할 수 있으며, 증권의 발행인 또는 매출인은 그 증권에 대하여 투자광고를 할 수 있다. 금융투자업자 투자광고(집합투자증권에 대한 투자광고를 제외)를 하는 경우에는 그 금융투자업자의 명칭, 금융투자상품의 내용, 투자에 따른 위험, 그 밖에 대통령령으로 정하는 사항이 포함되도록 하여야 한다. 금융투자업자는 집합투자증권에 대하여 투자광고를 하는 경우 다음 사항이 포함되도록 하여야 하며, 집합투자기구의 명칭, 집합투자기구의 종류에 관한 사항, 집합투자기구의 투자목적 및 운용전략에 관한 사항, 그 밖에 집합투자증권의 특성 등을 고려하여 대통령령으로 정하는 사항 외의 사항을 투자광고에 사용하여서는 아니 된다.

가. 집합투자증권을 취득하기 전에 투자설명서 또는 간이투자설명서를 읽어 볼 것을 권고하는 내용

나. 집합투자기구는 운용결과에 따라 투자원금의 손실이 발생할 수 있으며, 그 손실은 투자자에게 귀속된다는 사실

다. 집합투자기구의 운용실적을 포함하여 투자광고를 하는 경우에는 그 운용실적이 미래의 수익률을 보장하는 것은 아니라는 내용

금융투자업자는 투자광고를 함에 있어서 손실의 보전 또는 이익의 보장을 하는 경우를 제외하고는 손실보전 또는 이익보장으로 오인하게 하는 표시를 하여서는 아니 된다. 금융투자업자는 투자자로부터 받는 수수료의 부과기준 및 절차에 관한 사항을 정하고, 인터넷 홈페이지 등을 이용하여 공시하여야 한다. 금융투자업자는 수수료 부과기준을 정함에 있어서 투자자를 정당한 사유 없이 차별하여서는 아니 된다. 금융투자업자는 수수료 부과기준 및 절차에 관한 사항을 협회에 통보하여야 한다. 협회는 통보받은 사항을 금융투자업자별로 비교하여 공시하여야 한다.

5. 계 약

금융투자업자는 투자자와 계약을 체결한 경우 그 계약서류를 투자자에게 지체 없이 교부하여야 한다. 다만, 계약내용 등을 고려하여 투자자 보호를 해할 우려가 없는 경우로서 대통령령으로 정하는 경우에는 그 계약서류를 교부하지 아니할 수 있다. 금융투자업자와 계약을 체결한 투자자는 제1항에 따른 계약서류를 교부받은 날부터 7일 이내에 계약(해당 계약의 성질, 그 밖의 사정을 감안하여 대통령령으로 정하는 계약에 한한다)의 해제를 할 수 있다.

계약의 해제는 해당 계약의 해제를 하는 취지의 서면을 해당 금융투자업자에게 송부한 때에 그 효력이 발생한다. 금융투자업자는 계약이 해제된 경우 해당 계약의 해제까지의 기간에 상당하는 수수료, 보수, 그 밖에 해당 계약에 관하여 투자자가 지급하여야 하는 대가로서 대통령령으로 정하는 금액을 초과하여 해당 계약의 해제에 수반하는 손해배상금 또는 위약금의 지급을 청구할 수 없다. 금융투자업자는 계약이 해제된 경우 해당 계약과 관련한 대가를 미리 지급 받은 때에는 이를 투자자에게 반환하여야 한다. 다만, 대통령령으로 정하는 금액 이내의 경우에는 반환하지 아니할 수 있다. 위 규정에 반하는 특약으로서 투자자에게 불리한 것은 무효로 한다.

금융투자업자는 금융투자업 영위와 관련한 자료를 대통령령으로 정하는 자료의 종류별로 대통령령으로 정하는 기간 동안 기록·유지하여야 한다. 금융투자업자는 기록·유지하여야 하는 자료가 멸실되거나 위조 또는 변조가 되지 아니하도록 적절한 대책을 수립·시행하여야 한다.

금융투자업자(겸영금융투자업자를 제외)는 그 고유재산을 운용함에 따라 소유하게 되는 증권을 예탁결제원에 지체 없이 예탁하여야 한다. 다만, 해당 증권의 유통 가능성, 다른 법령에 따른 유통방법이 있는지 여부, 예탁의 실행 가능성 등을 고려하여 대통령령으로 정하는 경우에는 예탁결제원에 예탁하지 아니할 수 있다. 금융투자업자가 외화증권(「외국환거래법」 제3조 제1항 제8호의 외화증권을 말한다)을 예탁결제원에 예탁하는 경우에는 대통령령으로 정하는 방법에 따라 예탁하여야 한다. 금융투자업자는 금융투자업 또는 지점, 그 밖의 영업소의 영업을 폐지하고자 하는 경우에는 그 뜻을 폐지 30일 전에 전국을 보급지역으로 하는 둘 이상의 일간신문에 공고하여야 하며, 알고 있는 채권자에게는 각각 통지하여야 한다.

6. 임직원의 투자

금융투자업자의 임직원은 자기의 계산으로 대통령령으로 정하는 금융투자상품을 매매하는 경우에는 다음의 방법에 따라야 한다.

가. 자기의 명의로 매매할 것

나. 투자중개업자 중 하나의 회사(투자중개업자의 임직원의 경우에는 그가 소속된 투자중개업자에 한하되, 그 투자중개업자가 그 임직원이 매매하려는 금융투자상품을 취급하지 아니하는 경우에는 다른 투자중개업자를 이용할 수 있다)를 선택하여 하나의 계좌를 통하여 매매할 것. 다만, 금융투자상품의 종류, 계좌의 성격 등을 고려하여 대통령령으로 정하는 경우에는 둘 이상의 회사 또는 둘 이상의 계좌를 통하여 매매할 수 있다.

다. 매매명세를 분기별(투자권유자문인력, 조사분석인력 및 투자운용인력의 경우에는 월별로 한다.)로 소속 금융투자업자에게 통지할 것

라. 그 밖에 불공정행위의 방지 또는 투자자와의 이해상충의 방지를 위하여 대통령령으로 정하는 방법 및 절차를 준수할 것

금융투자업자는 그 임직원의 자기계산에 의한 금융투자상품 매매와 관련하여 불공정행위의 방지 또는 투자자와의 이해상충의 방지를 위하여 그 금융투자업자의 임직원이 따라야 할 적절한 기준 및 절차를 정하여야 한다. 금융투자업자는 분기별로 임직원의 금융투자상품의 매매명세를 제2항의 기준 및 절차에 따라 확인하여야 한다.

금융투자업자는 법령 · 약관 · 집합투자규약·투자설명서에 위반하는 행위를 하거나 그 업무를 소홀히 하여 투자자에게 손해를 발생시킨 경우에는 그 손해를 배상할 책임이 있다. 다만, 배상의 책임을 질 금융투자업자가 제37조 제2항(신의성실의무), 제44조(이해상충의 관리), 제45조(정보교류의 차단), 제71조(불건전 영업행위의 금지) 또는 제85조(집합투자기구의 불건전 영업행위의 금지)를 위반한 경우(투자매매업 또는 투자중개업과 집합투자업을 함께 영위함에 따라 발생하는 이해상충과 관련된 경우에 한한다)로서 그 금융투자업자가 상당한 주의를 하였음을 증명하거나 투자자가 금융투자상품의 매매, 그 밖의 거래를 할 때에 그 사실을 안 경우에는 배상의 책임을 지지 아니한다. 금융투자업자가 손해배상책임을 지는 경우로서 관련되는 임원에게도 귀책사유(歸責事由)가 있는 경우에는 그 금융투자업자와 관련되는 임원이 연대하여 그 손해를 배상할 책임이 있다.

제 5 절 금융투자의 불공정거래행위

1. 불공정거래행위

1) 내부자 거래

주권상장법인의 임원, 직원 또는 주요주주가 다음에 해당하는 금융투자상품("특정증권 등")을 매수한 후 6개월 이내에 매도하거나 특정증권 등을 매도한 후 6개월 이내에 매수하여 이익을 얻은 경우에는 그 법인은 그 임직원 또는 주요주주에게 그 이익("단기매매차익")을 그 법인에게 반환할 것을 청구할 수 있다. 이 경우 이익의 산정기준·반환절차 등에 관하여 필요한 사항은 대통령령으로 정한다.

가. 그 법인이 발행한 증권(대통령령으로 정하는 증권을 제외한다)

나. 제1호의 증권과 관련된 증권예탁증권

다. 그 법인 외의 자가 발행한 것으로서 증권과 교환을 청구할 수 있는 교환사채권

라. 위의 증권만을 기초자산으로 하는 금융투자상품

해당 법인의 주주는 그 법인으로 하여금 제1항에 따른 단기매매차익을 얻은 자에게 단기매매차익의 반환청구를 하도록 요구할 수 있으며, 그 법인이 그 요구를 받은 날부터 2개월 이내에 그 청구를 하지 아니하는 경우에는 그 주주는 그 법인을 대위(代位)[4]하여 그 청구를 할 수 있다. 증권선물위원회는 단기매매차익의 발생사실을 알게 된 경우에는 해당 법인에 이를 통보하여야 한다. 이 경우 그 법인은 통보받은 내용을 대통령령으로 정하는 방법에 따라 인터넷 홈페이지 등을 이용하여 공시하여야 한다. 청구에 관한 소를 제기한 주주가 승소한 경우에는 그 주주는 회사에 대하여 소송비용, 그 밖에 소송으로 인한 모든 비용의 지급을 청구할 수 있다. 이에 따른 권리는 이익을 취득한 날부터 2년 이내에 행사하지 아니한 경우에는 소멸한다. 임직원 또는 주요주주로서 행한 매도 또는 매수의 성격, 그 밖의 사정 등을 고려하여 대통령령으로 정하는 경우 및 주요주주가 매도·매수한 시기 중 어느 한 시기에 있어서 주요주주가 아닌 경우에는 적용하지 아니한다. 주권상장법인이 모집·사

4) 대위란 일정한 조건하에서 이루어지는 권리의 이전을 대위라고 하고 그러한 대위를 할 수 있는 권리를 대위권이라고 한다. 채권자대위는 대위자(채권자)가 피대위자의 지위에서 그 권리를 행사하는 것이고 변제자대위, 손해배상자의 대위, 공동저당권의 차순위자의 대위, 보험목적에 관한 보험자의 대위, 위부에 의한 대위 등 비대위자가 가지는 일정한 물건 또는 권리가 법률상 당연히 대위자에게 이전한다는 뜻이다.

모·매출하는 특정증권등을 인수한 투자매매업자에게 대통령령으로 정하는 기간 동안 준용한다.

2) 소유상황 보고

주권상장법인의 임원 또는 주요주주는 임원 또는 주요주주가 된 날부터 5일 이내에 누구의 명의로 하든지 자기의 계산으로 소유하고 있는 특정증권등의 소유상황을, 그 특정증권등의 소유상황에 변동이 있는 경우에는 그 변동이 있는 날부터 5일까지 그 내용을 대통령령으로 정하는 방법에 따라 각각 증권선물위원회와 거래소에 보고하여야 한다. 이 경우 대통령령으로 정하는 부득이한 사유에 따라 특정증권등의 소유상황에 변동이 있는 경우와 전문투자자 중 대통령령으로 정하는 자에 대하여는 그 보고 내용 및 시기를 대통령령으로 달리 정할 수 있다. 증권선물위원회와 거래소는 이 보고서를 3년간 갖추어 두고, 인터넷 홈페이지 등을 이용하여 공시하여야 한다.

동일 품목의 장내파생상품을 금융위원회가 정하여 고시하는 수량 이상 보유하게 된 자는 그 날부터 5일 이내에 그 보유 상황, 그 밖에 대통령령으로 정하는 사항을 대통령령으로 정하는 방법에 따라 금융위원회와 거래소에 보고하여야 하며, 그 보유 수량이 금융위원회가 정하여 고시하는 수량 이상으로 변동된 경우에는 그 변동된 날부터 5일 이내에 그 변동 내용을 대통령령으로 정하는 방법에 따라 금융위원회와 거래소에 보고하여야 한다. 다음에 해당하는 경우 파생상품시장에서의 시세에 영향을 미칠 수 있는 정보를 업무와 관련하여 알게 된 자와 그 자로부터 그 정보를 전달받은 자는 그 정보를 누설하거나, 장내파생상품 및 그 기초자산의 매매나 그 밖의 거래에 이용하거나, 타인으로 하여금 이용하게 하여서는 아니 된다.

가. 장내파생상품의 시세에 영향을 미칠 수 있는 정책을 입안·수립 또는 집행하는 자
나. 장내파생상품의 시세에 영향을 미칠 수 있는 정보를 생성·관리하는 자
다. 장내파생상품의 기초자산의 중개·유통 또는 검사와 관련된 업무에 종사하는 자

3) 미공개정보

다음에 해당하는 자(1년 미경과자 포함)가 상장법인의 업무 등과 관련된 미공개중요정보[5]를 특정증권등의 매매, 그 밖의 거래에 이용하거나 타인에게 이용하게 하여서는 아니 된다.

---

5) 투자자의 투자판단에 중대한 영향을 미칠 수 있는 정보로서 대통령령으로 정하는 방법에 따라 불특정 다수인이 알 수 있도록 공개되기 전의 것을 말한다.

가. 그 법인(그 계열회사를 포함) 및 그 법인의 임직원·대리인으로서 그 직무와 관련하여 미공개중요정보를 알게 된 자

나. 그 법인의 주요주주로서 그 권리를 행사하는 과정에서 미공개중요정보를 알게 된 자

다. 그 법인에 대하여 법령에 따른 허가·인가·지도·감독, 그 밖의 권한을 가지는 자로서 그 권한을 행사하는 과정에서 미공개중요정보를 알게 된 자

라. 그 법인과 계약을 체결하고 있거나 체결을 교섭하고 있는 자로서 그 계약을 체결·교섭 또는 이행하는 과정에서 미공개중요정보를 알게 된 자

마. 대리인(법인인 경우에는 그 임직원 및 대리인을 포함한다)·사용인, 그 밖의 종업원(제2호부터 제4호까지의 어느 하나에 해당하는 자가 법인인 경우에는 그 임직원 및 대리인)으로서 그 직무와 관련하여 미공개중요정보를 알게 된 자

바. 위에 해당하는 자로부터 미공개중요정보를 받은 자

다음에 해당하는 자(1년이 미경과자 포함)는 주식등에 대한 공개매수의 실시 또는 중지에 관한 미공개정보[6]를 그 주식등과 관련된 특정증권등의 매매, 그 밖의 거래에 이용하거나 타인에게 이용하게 하여서는 아니 된다. 다만, 공개매수를 하려는 자("공개매수예정자")가 공개매수공고 이후에도 상당한 기간 동안 주식등을 보유하는 등 주식등에 대한 공개매수의 실시 또는 중지에 관한 미공개정보를 그 주식등과 관련된 특정증권등의 매매, 그 밖의 거래에 이용할 의사가 없다고 인정되는 경우에는 그러하지 아니하다.

가. 공개매수예정자(그 계열회사를 포함한다. 이하 이 호 및 제2호에서 같다) 및 공개매수예정자의 임직원·대리인으로서 그 직무와 관련하여 공개매수의 실시 또는 중지에 관한 미공개정보를 알게 된 자

나. 공개매수예정자의 주요주주로서 그 권리를 행사하는 과정에서 공개매수의 실시 또는 중지에 관한 미공개정보를 알게 된 자

다. 공개매수예정자에 대하여 법령에 따른 허가·인가·지도·감독, 그 밖의 권한을 가지는 자로서 그 권한을 행사하는 과정에서 공개매수의 실시 또는 중지에 관한 미공개정보를 알게 된 자

라. 공개매수예정자와 계약을 체결하고 있거나 체결을 교섭하고 있는 자로서 그 계약을 체결·교섭 또는 이행하는 과정에서 공개매수의 실시 또는 중지에 관한 미공개정보를 알게 된 자

마. 제2호부터 제4호까지의 어느 하나에 해당하는 자의 대리인(이에 해당하는 자가 법인

6) 대통령령으로 정하는 방법에 따라 불특정 다수인이 알 수 있도록 공개되기 전의 것을 말한다.

인 경우에는 그 임직원 및 대리인을 포함한다) · 사용인, 그 밖의 종업원(제2호부터 제4호까지의 어느 하나에 해당하는 자가 법인인 경우에는 그 임직원 및 대리인)으로서 그 직무와 관련하여 공개매수의 실시 또는 중지에 관한 미공개정보를 알게 된 자

바. 공개매수예정자 또는 제1호부터 제5호까지의 어느 하나에 해당하는 자(제1호부터 제5호까지의 어느 하나의 자에 해당하지 아니하게 된 날부터 1년이 경과하지 아니한 자를 포함한다)로부터 공개매수의 실시 또는 중지에 관한 미공개정보를 받은 자

다음에 해당하는 자는 주식등의 대량취득·처분의 실시 또는 중지에 관한 미공개정보를 그 주식등과 관련된 특정증권등의 매매, 그 밖의 거래에 이용하거나 타인에게 이용하게 하여서는 아니 된다. 다만, 대량취득·처분을 하려는 자가 공시 이후에도 상당한 기간 동안 주식등을 보유하는 등 주식등에 대한 대량취득 · 처분의 실시 또는 중지에 관한 미공개정보를 그 주식등과 관련된 특정증권등의 매매, 그 밖의 거래에 이용할 의사가 없다고 인정되는 경우에는 그러하지 아니하다.

가. 대량취득 · 처분을 하려는 자 및 대량취득 · 처분을 하려는 자의 임직원 · 대리인으로서 그 직무와 관련하여 대량취득 · 처분의 실시 또는 중지에 관한 미공개정보를 알게 된 자

나. 대량취득 · 처분을 하려는 자의 주요주주로서 그 권리를 행사하는 과정에서 대량취득·처분의 실시 또는 중지에 관한 미공개정보를 알게 된 자

다. 대량취득 · 처분을 하려는 자에 대하여 법령에 따른 허가 · 인가 · 지도 · 감독, 그 밖의 권한을 가지는 자로서 그 권한을 행사하는 과정에서 대량취득·처분의 실시 또는 중지에 관한 미공개정보를 알게 된 자

라. 대량취득 · 처분을 하려는 자와 계약을 체결하고 있거나 체결을 교섭하고 있는 자로서 그 계약을 체결 · 교섭 또는 이행하는 과정에서 대량취득·처분의 실시 또는 중지에 관한 미공개정보를 알게 된 자

마. 제2호부터 제4호까지의 어느 하나에 해당하는 자의 대리인 · 사용인, 그 밖의 종업원으로서 그 직무와 관련하여 대량취득 · 처분의 실시 또는 중지에 관한 미공개정보를 알게 된 자

사. 대량취득 · 처분을 하려는 자 또는 제1호부터 제5호까지의 어느 하나에 해당하는 자로부터 대량취득 · 처분의 실시 또는 중지에 관한 미공개정보를 알게 된 자

이를 위반한 자는 해당 특정증권등의 매매, 그 밖의 거래를 한 자가 그 매매, 그 밖의

거래와 관련하여 입은 손해를 배상할 책임을 진다. 손해배상청구권은 청구권자가 이를 위반한 행위가 있었던 사실을 안 날부터 1년간 또는 그 행위가 있었던 날부터 3년간 이를 행사하지 아니한 경우에는 시효로 인하여 소멸한다.

2. 금지행위

1) 시세조종행위 등의 금지

누구든지 상장증권 또는 장내파생상품의 매매에 관하여 그 매매가 성황을 이루고 있는 듯이 잘못 알게 하거나, 그 밖에 타인에게 그릇된 판단을 하게 할 목적으로 다음에 해당하는 행위를 하여서는 아니 된다.

가. 자기가 매도하는 것과 같은 시기에 그와 같은 가격 또는 약정수치로 타인이 그 증권 또는 장내파생상품을 매수할 것을 사전에 그 자와 서로 짠 후 매도하는 행위

나. 자기가 매수하는 것과 같은 시기에 그와 같은 가격 또는 약정수치로 타인이 그 증권 또는 장내파생상품을 매도할 것을 사전에 그 자와 서로 짠 후 매수하는 행위

다. 그 증권 또는 장내파생상품의 매매를 함에 있어서 그 권리의 이전을 목적으로 하지 아니하는 거짓으로 꾸민 매매를 하는 행위

라. 위 행위를 위탁하거나 수탁하는 행위

누구든지 상장증권 또는 장내파생상품의 매매를 유인할 목적으로 다음에 해당하는 행위를 하여서는 아니 된다.

가. 그 증권 또는 장내파생상품의 매매가 성황을 이루고 있는 듯이 잘못 알게 하거나 그 시세(증권시장 또는 파생상품시장에서 형성된 시세, 다자간매매체결회사가 상장주권의 매매를 중개함에 있어서 형성된 시세, 그 밖에 대통령령으로 정하는 시세를 말한다. 이하 같다)를 변동시키는 매매 또는 그 위탁이나 수탁을 하는 행위

나. 그 증권 또는 장내파생상품의 시세가 자기 또는 타인의 시장 조작에 의하여 변동한다는 말을 유포하는 행위

다. 그 증권 또는 장내파생상품의 매매를 함에 있어서 중요한 사실에 관하여 거짓의 표시 또는 오해를 유발시키는 표시를 하는 행위

누구든지 상장증권 또는 장내파생상품의 시세를 고정시키거나 안정시킬 목적으로 그

증권 또는 장내파생상품에 관한 일련의 매매 또는 그 위탁이나 수탁을 하는 행위를 하여서는 아니 된다. 다만, 다음 경우에는 그러하지 아니하다.

가. 투자매매업자(모집 또는 매출되는 증권의 발행인 또는 소유자와 인수계약을 체결한 투자매매업자로서 대통령령으로 정하는 자에 한한다. 이하 이 조에서 같다)가 대통령령으로 정하는 방법에 따라 그 증권의 모집 또는 매출의 청약기간의 종료일 전 30일의 범위에서 대통령령으로 정하는 날부터 그 청약기간의 종료일까지의 기간 동안 증권의 가격을 안정시킴으로써 증권의 모집 또는 매출을 원활하도록 하기 위한 매매거래(이하 이 항에서 "안정조작"이라 한다)를 하는 경우

나. 투자매매업자가 대통령령으로 정하는 방법에 따라 모집 또는 매출한 증권의 수요·공급을 그 증권이 상장된 날부터 6개월의 범위에서 대통령령으로 정하는 기간 동안 조성하는 매매거래(이하 이 항에서 "시장조성"이라 한다)를 하는 경우

다. 모집 또는 매출되는 증권 발행인의 임원 등 대통령령으로 정하는 자가 투사매매업자에게 안정조작을 위탁하는 경우

라. 투자매매업자가 제3호에 따라 안정조작을 수탁하는 경우

마. 모집 또는 매출되는 증권의 인수인이 투자매매업자에게 시장조성을 위탁하는 경우

바. 투자매매업자가 제5호에 따라 시장조성을 수탁하는 경우

2) 증권 또는 파생상품에 관한 매매 금지 행위

누구든지 증권, 파생상품 또는 그 증권·파생상품의 기초자산 중 어느 하나가 거래소에 상장되거나 그 밖에 이에 준하는 경우로서 대통령령으로 정하는 경우에는 그 증권 또는 파생상품에 관한 매매 등과 관련하여 다음 행위를 하여서는 아니 된다.

가. 파생상품의 매매등에서 부당한 이익을 얻거나 제삼자에게 부당한 이익을 얻게 할 목적으로 그 파생상품의 기초자산의 시세를 변동 또는 고정시키는 행위

나. 파생상품의 기초자산의 매매등에서 부당한 이익을 얻거나 제삼자에게 부당한 이익을 얻게 할 목적으로 그 파생상품의 시세를 변동 또는 고정시키는 행위

다. 증권의 매매등에서 부당한 이익을 얻거나 제삼자에게 부당한 이익을 얻게 할 목적으로 그 증권과 연계된 증권으로서 대통령령으로 정하는 증권 또는 그 증권의 기초자산의 시세를 변동 또는 고정시키는 행위

라. 증권의 기초자산의 매매등에서 부당한 이익을 얻거나 제삼자에게 부당한 이익을 얻게 할 목적으로 그 증권의 시세를 변동 또는 고정시키는 행위

마. 파생상품의 매매등에서 부당한 이익을 얻거나 제삼자에게 부당한 이익을 얻게 할

목적으로 그 파생상품과 기초자산이 동일하거나 유사한 파생상품의 시세를 변동 또는 고정시키는 행위

손해배상청구권은 청구권자가 위 위반한 행위가 있었던 사실을 안 때부터 1년간, 그 행위가 있었던 때부터 3년간 이를 행사하지 아니한 경우에는 시효로 인하여 소멸한다.

가. 그 위반행위로 인하여 형성된 가격에 의하여 해당 증권 또는 파생상품에 관한 매매등을 하거나 그 위탁을 한 자가 그 매매등 또는 위탁으로 인하여 입은 손해

나. 제1호의 손해 외에 그 위반행위로 인하여 가격에 영향을 받은 다른 증권, 파생상품 또는 그 증권·파생상품의 기초자산에 대한 매매등을 하거나 그 위탁을 한 자가 그 매매등 또는 위탁으로 인하여 입은 손해

다. 위 손해 외에 그 위반행위로 인하여 특정 시점의 가격 또는 수치에 따라 권리행사 또는 조건성취 여부가 결정되거나 금전등이 결제되는 증권 또는 파생상품과 관련하여 그 증권 또는 파생상품을 보유한 자가 그 위반행위로 형성된 가격 또는 수치에 따라 결정되거나 결제됨으로써 입은 손해

3) 부정거래행위

누구든지 금융투자상품의 매매(증권의 경우 모집·사모·매출을 포함)와 그 밖의 거래와 관련하여 다음에 해당하는 행위를 하여서는 아니 된다.

가. 부정한 수단, 계획 또는 기교를 사용하는 행위

나. 중요사항에 관하여 거짓의 기재 또는 표시를 하거나 타인에게 오해를 유발시키지 아니하기 위하여 필요한 중요사항의 기재 또는 표시가 누락된 문서, 그 밖의 기재 또는 표시를 사용하여 금전, 그 밖의 재산상의 이익을 얻고자 하는 행위

다. 금융투자상품의 매매, 그 밖의 거래를 유인할 목적으로 거짓의 시세를 이용하는 행위

누구든지 금융투자상품의 매매, 그 밖의 거래를 할 목적이나 그 시세의 변동을 도모할 목적으로 풍문의 유포, 위계(僞計)의 사용, 폭행 또는 협박을 하여서는 아니 된다. 그 위반행위로 인하여 금융투자상품의 매매, 그 밖의 거래를 한 자가 그 매매, 그 밖의 거래와 관련하여 입은 손해를 배상할 책임을 진다. 손해배상청구권은 청구권자가 위반한 행위가 있었던 사실을 안 때부터 1년간, 그 행위가 있었던 때부터 3년간 이를 행사하지 아니한 경우에는 시효로 인하여 소멸한다. 누구든지 증권시장(다자간매매체결회사에서의 증권의 매매거래를 포함)에서 상장증권에 대하여 소유하지 아니한 상장증권의 매도, 차입한 상장증권으로 결제하

고자 하는 매도에 해당하는 매도("공매도")를 하거나 그 위탁 또는 수탁을 하여서는 아니 된다. 다만, 증권시장의 안정성 및 공정한 가격형성을 위하여 대통령령으로 정하는 방법에 따르는 경우에는 이를 할 수 있다.

공매도로 보지 않는 경우는 다음과 같다.

가. 증권시장에서 매수계약이 체결된 상장증권을 해당 수량의 범위에서 결제일 전에 매도하는 경우

나. 전환사채 · 교환사채 · 신주인수권부사채 등의 권리 행사, 유 · 무상증자, 주식배당 등으로 취득할 주식을 매도하는 경우로서 결제일 까지 그 주식이 상장되어 결제가 가능한 경우

다. 그 밖에 결제를 이행하지 아니할 우려가 없는 경우로서 대통령령으로 정하는 경우

제 6 절 집합투자기구

1. 집합투자기구의 설정과 명칭, 업무수행

집합투자기구는 이 법에서 특별히 정한 경우를 제외하고는 「상법」 및 「민법」의 적용을 받는다. 투자회사 등은 집합투자기구가 설정 · 설립된 경우 그 집합투자기구를 금융위원회에 등록하여야 한다. 투자신탁이나 투자익명조합의 집합투자업자 또는 투자회사등은 집합투자기구를 등록하려는 경우에는 금융위원회에 등록신청서를 제출하여야 한다. 금융위원회는 제3항의 등록신청서를 접수한 경우에는 그 내용을 검토하여 20일 이내에 등록 여부를 결정하고, 그 결과와 이유를 지체 없이 신청인에게 문서로 통지하여야 한다. 이 경우 등록신청서에 흠결이 있는 때에는 보완을 요구할 수 있다. 금융위원회는 제4항의 등록 여부를 결정함에 있어서 다음 각 호의 어느 하나에 해당하는 사유가 없는 한 그 등록을 거부하여서는 아니 된다.

가. 제2항의 등록요건을 갖추지 아니한 경우

나. 제3항의 등록신청서를 거짓으로 작성한 경우

다. 제4항 후단의 보완요구를 이행하지 아니한 경우

금융위원회는 제4항에 따라 등록을 결정한 경우 집합투자기구등록부에 필요한 사항을

기재하여야 하며, 등록내용을 인터넷 홈페이지 등에 공고하여야 한다. 투자신탁이나 투자익명조합의 집합투자업자 또는 투자회사등은 등록된 사항이 변경된 경우에는 투자자 보호를 해할 우려가 없는 경우로서 대통령령으로 정하는 경우를 제외하고는 2주 이내에 그 내용을 금융위원회에 변경 등록하여야 한다. 집합투자기구는 그 상호 또는 명칭 중에 집합투자기구의 종류를 표시하는 문자(증권 · 부동산 · 특별자산 · 혼합자산 및 단기금융을 말한다)를 사용하여야 한다.

투자신탁재산 또는 투자익명조합재산에 속하는 지분증권(그 지분증권과 관련된 증권예탁증권을 포함한다)의 의결권 행사는 그 투자신탁 또는 투자익명조합의 집합투자업자가 수행하여야 하며, 투자회사등의 집합투자재산에 속하는 지분증권의 의결권 행사는 그 투자회사등이 수행하여야 한다. 다만, 투자회사등은 그 투자회사등의 집합투자업자에게 그 투자회사등의 집합투자재산에 속하는 지분증권의 의결권 행사를 위탁할 수 있다. 투자신탁재산 또는 투자익명조합재산의 운용업무는 그 투자신탁 또는 투자익명조합의 집합투자업자가 이를 수행하며, 투자회사등의 집합투자재산 운용업무는 그 투자회사등의 법인이사·업무집행사원·업무집행자 또는 업무집행조합원인 집합투자업자가 이를 수행한다.

투자신탁이나 투자익명조합의 집합투자업자 또는 투자회사등은 집합투자재산의 보관·관리업무를 신탁업자에게 위탁하여야 한다. 집합투자업자는 자신이 운용하는 집합투자재산을 보관·관리하는 신탁업자가 되어서는 아니 된다. 투자신탁이나 투자익명조합의 집합투자업자 또는 투자회사등은 집합투자기구의 집합투자증권을 판매하고자 하는 경우 투자매매업자와 판매계약을 체결하거나 투자중개업자와 위탁판매계약을 체결하여야 한다. 다만, 투자신탁이나 투자익명조합의 집합투자업자가 투자매매업자 또는 투자중개업자로서 집합투자기구의 집합투자증권을 판매하는 경우에는 판매계약 또는 위탁판매계약을 체결하지 아니한다. 투자회사는 투자회사 주식의 발행 및 명의개서(名義改書), 투자회사재산의 계산, 법령 또는 정관에 의한 통지 및 공고, 이사회 및 주주총회의 소집 · 개최 · 의사록 작성 등에 관한 업무를 일반사무관리회사에 위탁하여야 한다. 투자회사등은 상근임원 또는 직원을 둘 수 없으며, 본점 외의 영업소를 설치할 수 없다.

집합투자업자 · 신탁업자 · 투자매매업자 · 투자중개업자 · 일반사무관리회사 · 집합투자기구평가회사 및 채권평가회사는 이 법에 따라 투자자에 대한 손해배상책임을 부담하는 경우 귀책사유가 있는 경우에는 연대하여 손해배상책임을 진다. 투자회사등은 자기의 계산으로 자기가 발행한 집합투자증권을 취득하거나 질권의 목적으로 받지 못한다. 담보권의 실행 등 권리 행사에 필요한 경우와 투자회사등의 집합투자증권을 환매하는 경우에는 자기의 계산으로 자기가 발행한 집합투자증권을 취득할 수 있다.

2. 집합투자기구의 구성

1) 투자신탁

투자신탁을 설정하고자 하는 집합투자업자는 다음 사항이 기재된 신탁계약서에 의하여 신탁업자와 신탁계약을 체결하여야 한다. 즉 집합투자업자 및 신탁업자의 상호, 신탁원본의 가액 및 수익증권의 총 좌수에 관한 사항, 투자신탁재산의 운용 및 관리에 관한 사항, 이익분배 및 환매에 관한 사항, 집합투자업자·신탁업자 등이 받는 보수, 그 밖의 수수료의 계산방법과 지급시기·방법에 관한 사항, 수익자총회에 관한 사항, 공시 및 보고서에 관한 사항이 포함되어야 한다. 다만, 집합투자업자가 기준가격 산정업무를 위탁하는 경우에는 그 수수료는 해당 투자신탁재산에서 부담한다는 내용을 포함하여야 한다.

투자신탁을 설정한 집합투자업자는 신탁계약을 변경하고자 하는 경우에는 신탁업자와 변경계약을 체결하여야 한다. 이 경우 신탁계약 중 다음 각 호의 어느 하나에 해당하는 사항을 변경하는 경우에는 미리 수익자총회의 결의를 거쳐야 한다.

가. 집합투자업자·신탁업자 등이 받는 보수, 그 밖의 수수료의 인상

나. 신탁업자의 변경(합병·분할·분할합병, 그 밖에 대통령령으로 정하는 사유로 변경되는 경우를 제외한다)

다. 신탁계약기간의 변경(투자신탁을 설정할 당시에 그 기간변경이 신탁계약서에 명시되어 있는 경우는 제외한다)

라. 그 밖에 수익자의 이익과 관련된 중요한 사항으로서 대통령령으로 정하는 사항

투자신탁을 설정한 집합투자업자는 신탁계약을 변경한 경우에는 인터넷 홈페이지 등을 이용하여 공시하여야 하며, 신탁계약을 변경한 경우에는 공시 외에 이를 수익자에게 통지하여야 한다. 집합투자업자는 투자신탁을 설정하는 경우 신탁업자에게 해당 신탁계약에서 정한 신탁원본 전액을 금전으로 납입하여야 한다.

투자신탁을 설정한 집합투자업자는 투자신탁의 수익권을 균등하게 분할하여 수익증권으로 표시하여야 한다. 수익자는 신탁원본의 상환 및 이익의 분배 등에 관하여 수익증권의 좌수에 따라 균등한 권리를 가진다. 투자신탁을 설정한 집합투자업자는 수익증권의 발행가액 전액이 납입된 경우 신탁업자의 확인을 받아 제309조 제5항에 따른 방법으로 수익증권을 발행하여야 한다. 수익증권은 무액면 기명식으로 한다. 투자신탁을 설정한 집합투자업자는 수익증권에 다음 사항을 기재하고 그 집합투자업자 및 그 투자신탁재산을 보관·관리하

는 신탁업자의 대표이사(집행임원 설치회사의 경우 대표집행임원을 말한다)가 기명날인 또는 서명하여야 한다.

가. 집합투자업자 및 신탁업자의 상호

나. 수익자의 성명 또는 명칭

다. 신탁계약을 체결할 당시의 신탁원본의 가액 및 수익증권의 총좌수

라. 수익증권의 발행일

마. 그 밖에 수익자 보호를 위하여 필요한 사항으로서 대통령령으로 정하는 사항

투자신탁을 설정한 집합투자업자는 수익자명부의 작성에 관한 업무를 예탁결제원에 위탁하여야 한다. 예탁결제원은 위탁을 받은 경우 수익자의 주소 및 성명, 수익자가 소유하는 수익증권의 좌수, 수익증권을 발행한 경우에는 그 번호를 기재한 수익자명부를 작성·비치하여야 한다.

투자신탁에는 전체 수익자로 구성되는 수익자총회를 두며, 수익자총회는 이 법 또는 신탁계약에서 정한 사항에 대하여만 결의할 수 있다. 수익자총회는 투자신탁을 설정한 집합투자업자가 소집한다. 투자신탁을 설정한 집합투자업자는 투자신탁재산을 보관·관리하는 신탁업자 또는 발행된 수익증권의 총좌수의 100분의 5 이상을 소유한 수익자가 수익자총회의 목적과 소집의 이유를 기재한 서면을 제출하여 수익자총회의 소집을 그 집합투자업자에 요청하는 경우 1개월 이내에 수익자총회를 소집하여야 한다. 이 경우 집합투자업자가 정당한 사유 없이 수익자총회를 소집하기 위한 절차를 거치지 아니하는 경우에는 그 신탁업자 또는 발행된 수익증권총좌수의 100분의 5 이상을 소유한 수익자는 금융위원회의 승인을 받아 수익자총회를 개최할 수 있다.

수익자총회는 출석한 수익자의 의결권의 과반수와 발행된 수익증권 총좌수의 4분의 1 이상의 수로 결의한다. 다만, 이 법에서 정한 수익자총회의 결의사항 외에 신탁계약으로 정한 수익자총회의 결의사항에 대하여는 출석한 수익자의 의결권의 과반수와 발행된 수익증권의 총좌수의 5분의 1 이상의 수로 결의할 수 있다. 수익자는 수익자총회에 출석하지 아니하고 서면에 의하여 의결권을 행사할 수 있다. 다만, 다음 요건을 모두 충족하는 경우에는 수익자총회에 출석한 수익자가 소유한 수익증권의 총좌수의 결의내용에 영향을 미치지 아니하도록 의결권을 행사(이하 "간주의결권행사")한 것으로 본다.

가. 수익자에게 대통령령으로 정하는 방법에 따라 의결권 행사에 관한 통지가 있었으나 의결권이 행사되지 아니하였을 것

나. 간주의결권행사의 방법이 집합투자규약에 기재되어 있을 것

다. 수익자총회에서 의결권을 행사한 수익증권의 총좌수가 발행된 수익증권의 총좌수의 10분의 1 이상일 것

라. 그 밖에 수익자를 보호하기 위하여 대통령령으로 정하는 방법 및 절차를 따를 것

투자신탁을 설정한 집합투자업자(수익자총회를 소집하는 신탁업자 또는 발행된 수익증권 총좌수의 100분의 5 이상을 소유한 수익자를 포함한다)는 수익자총회의 결의가 이루어지지 아니한 경우 그 날부터 2주 이내에 연기된 수익자총회(이하 "연기수익자총회"라 한다)를 소집하여야 한다. 연기수익자총회의 결의에 관하여는 제5항 및 제6항을 준용한다. 이 경우 "발행된 수익증권 총좌수의 4분의 1 이상"은 "발행된 수익증권 총좌수의 8분의 1 이상"으로 보고, "수익증권의 총좌수의 5분의 1 이상"은 "수익증권의 총좌수의 10분의 1 이상"으로 본다. 수익자총회 및 연기수익자총회의 소집 방법, 서면에 의한 의결권 행사 방법, 그 밖에 수익자총회에 관하여 필요한 사항은 대통령령으로 정한다.

투자신탁의 수익자는 신탁계약의 변경 또는 투자신탁의 합병에 대한 수익자총회의 결의에 반대(수익자총회 전에 해당 집합투자업자에게 서면으로 그 결의에 반대하는 의사를 통지한 경우로 한정한다)하는 수익자가 그 수익자총회의 결의일 부터 20일 이내에 수익증권의 매수를 청구하는 경우, 투자신탁의 합병에 반대하는 수익자가 대통령령으로 정하는 방법에 따라 수익증권의 매수를 청구하는 경우 집합투자업자에게 수익증권의 수를 기재한 서면으로 자기가 소유하고 있는 수익증권의 매수를 청구할 수 있다. 투자신탁을 설정한 집합투자업자는 청구가 있는 경우 해당 수익자에게 수익증권의 매수에 따른 수수료, 그 밖의 비용을 부담시켜서는 아니 된다. 투자신탁을 설정한 집합투자업자는 제1항에 따른 청구가 있는 경우에는 매수청구기간이 만료된 날부터 15일 이내에 그 투자신탁재산으로 대통령령으로 정하는 방법에 따라 그 수익증권을 매수하여야 한다. 다만, 매수자금이 부족하여 매수에 응할 수 없는 경우에는 금융위원회의 승인을 받아 수익증권의 매수를 연기할 수 있다. 투자신탁을 설정한 집합투자업자는 수익증권을 매수한 경우에는 지체 없이 그 수익증권을 소각(消却)하여야 한다.

투자신탁을 설정한 집합투자업자는 금융위원회의 승인을 받아 투자신탁을 해지할 수 있다. 다만, 수익자의 이익을 해할 우려가 없는 경우로서 대통령령으로 정하는 경우에는 금융위원회의 승인을 받지 아니하고 투자신탁을 해지할 수 있으며, 이 경우 집합투자업자는 그 해지사실을 지체 없이 금융위원회에 보고하여야 한다. 투자신탁을 설정한 집합투자업자는 다음에 해당하는 경우에는 지체 없이 투자신탁을 해지하여야 한다. 이 경우 집합투자업자는 그 해지사실을 지체 없이 금융위원회에 보고하여야 한다.

가. 신탁계약에서 정한 신탁계약기간의 종료
나. 수익자총회의 투자신탁 해지 결의
다. 투자신탁의 피흡수합병
라. 투자신탁의 등록 취소

투자신탁을 설정한 집합투자업자는 제1항 또는 제2항(제3호를 제외한다)에 따라 투자신탁을 해지하는 경우에는 신탁계약이 정하는 바에 따라 투자신탁재산에 속하는 자산을 해당 수익자에게 지급할 수 있다. 제1항에 따라 해지 승인을 신청하는 경우 신청서의 기재사항 및 첨부서류, 제1항·제2항에 따라 투자신탁이 해지되는 경우 미수금 및 미지급금 등의 처리방법, 그 밖에 투자신탁의 해지에 관하여 필요한 사항은 대통령령으로 정한다. 투자신탁을 설정한 집합투자업자는 수익자의 환매청구에 응하는 등 대통령령으로 정하는 경우에는 투자신탁의 일부를 해지할 수 있다.

투자신탁을 설정한 집합투자업자는 그 집합투자업자가 운용하는 다른 투자신탁을 흡수하는 방법으로 투자신탁을 합병할 수 있다. 투자신탁을 설정한 집합투자업자는 제1항에 따라 투자신탁을 합병하고자 하는 경우 다음 사항을 기재한 합병계획서를 작성하여 합병하는 각 투자신탁의 수익자총회의 결의를 거쳐야 한다. 다만, 건전한 거래질서를 해할 우려가 적은 소규모 투자신탁의 합병 등 대통령령으로 정하는 경우는 제외한다.

투자신탁을 설정한 집합투자업자는 수익자총회일의 2주 전부터 합병 후 6개월이 경과하는 날까지 합병하는 각 투자신탁의 최종의 결산서류, 합병으로 인하여 소멸하는 투자신탁의 수익자에게 발행하는 수익증권의 배정에 관한 사항 및 그 이유를 기재한 서면, 합병계획서 본점 및 투자매매업자 또는 투자중개업자의 영업소에 비치하여야 한다. 이 경우 그 투자신탁의 수익자 및 채권자는 영업시간 중 언제든지 그 서류를 열람할 수 있으며, 그 서류의 등본 또는 초본의 교부를 청구할 수 있다. 투자신탁을 설정한 집합투자업자는 투자신탁을 합병한 경우에는 그 사실을 지체 없이 금융위원회에 보고하여야 한다. 이 경우 합병되는 투자신탁의 수익증권이 증권시장에 상장되어 있는 때에는 거래소에도 보고하여야 한다.

2) 회사 형태의 집합투자기구

① 투자회사

투자회사의 설립 등에 있어서 제24조에 적합하지 아니한 자는 투자회사의 발기인이 될 수 없다. 발기인은 투자회사를 설립하는 경우 목적, 상호, 발행할 주식의 총수, 설립 시에 발행하는 주식의 총수 및 발행가액, 회사의 소재지, 투자회사재산의 운용 및 관리에 관한 사항, 그 투자회사가 유지하여야 하는 순자산액(자산에서 부채를 뺀 금액을 말한다)의 최저액(이하 "최저순자산액"이라 한다), 이익분배 및 환매에 관한 사항, 공시 및 보고서에 관한 사항, 공고방법, 그 밖에 주주를 보호하기 위하여 필요한 사항으로서 대통령령으로 정하는 사항을 기재한 정관을 작성하여 발기인 전원이 기명날인 또는 서명하여야 한다.

투자회사 설립시의 자본금은 주식 발행가액의 총액으로 한다. 투자회사가 설립 시에 발행하는 주식의 총수는 그 상한과 하한을 두는 방법으로 정할 수 있다. 투자회사의 최저순자산액은 10억 원을 초과하지 아니하는 범위에서 대통령령으로 정하는 금액 이상으로 하여야 한다. 투자회사의 발기인은 투자회사의 설립 시에 발행하는 주식의 총수를 인수하여야 한다. 주식을 인수한 발기인은 지체 없이 주식의 인수가액을 금전으로 납입하여야 한다. 발기인은 투자회사 설립 시에 발행하는 주식의 인수가액의 납입이 완료된 경우에는 지체 없이 의결권 과반수의 찬성으로 이사를 선임하여야 하며, 선임된 이사는 투자회사의 설립에 관하여 법령이나 투자회사의 정관을 위반한 사항이 있는지를 조사하여 그 결과를 이사회에 보고하여야 한다. 이사는 조사결과 법령 또는 투자회사의 정관을 위반한 사항을 발견한 경우에는 지체 없이 이를 발기인에게 보고하여야 한다. 투자회사의 발기인은 보고를 종료한 날부터 2주 이내에 대통령령으로 정하는 서류를 첨부하여 설립등기를 하여야 한다. 투자회사의 발기인은 투자회사재산의 100분의 70을 초과하여 부동산에 투자하는 투자회사, 투자회사재산을 선박에 투자하는 투자회사를 설립하여서는 아니 되며, 투자회사는 설립 후에도 그 투자회사의 정관을 다음 각 호의 어느 하나에 해당하도록 변경하여서는 아니 된다.

투자회사는 이사회 결의로 정관을 변경할 수 있다. 다만, 정관의 내용 중 다음 사항을 변경하고자 하는 경우에는 주주총회의 결의를 거쳐야 한다.

가. 집합투자업자 · 신탁업자 등이 받는 보수, 그 밖의 수수료의 인상
나. 집합투자업자 또는 신탁업자의 변경
다. 정관으로 투자회사의 존속기간 또는 해산사유를 정한 경우 존속기간 또는 해산사유의 변경
라. 그 밖에 주주의 이익과 관련된 중요한 사항으로서 대통령령으로 정하는 사항

투자회사는 합병·분할·분할합병, 그 밖에 대통령령으로 정하는 사유로 집합투자업자 또는 신탁입자가 변경된 경우에는 이사회 결의 및 주주총회의 결의 없이 정관을 변경할 수 있다. 투자회사는 정관을 변경한 경우에는 인터넷 홈페이지 등을 이용하여 공시하여야 하며, 제1항 단서에 따라 정관을 변경한 경우에는 공시 외에 이를 주주에게 통지하여야 한다.

투자회사의 주식은 무액면 기명식으로 한다. 투자회사는 회사 성립일 또는 신주(新株)

의 납입기일에 지체 없이 주식을 발행하여야 한다. 투자회사가 그 성립 후에 신주를 발행하는 경우 신주의 수, 발행가액 및 납입기일은 이사회가 결정한다. 다만, 정관에서 달리 정하고 있는 경우에는 그에 따른다. 주주의 청구가 있는 경우 그 주주의 주식을 매수할 수 있는 투자회사(이하 이 조에서 "개방형투자회사"라 한다)가 그 성립 후에 신주를 발행하는 경우 이사회는 신주의 발행기간, 발행기간 이내에 발행하는 신주수의 상한, 발행기간 동안 매일의 발행가액 및 주금납입기일을 정하는 방법을 결정할 수 있다. 이 경우 개방형투자회사는 매일의 발행가액을 그 투자회사의 주식을 판매하는 투자매매업자 또는 투자중개업자의 지점, 그 밖의 영업소에 게시하고, 인터넷 홈페이지 등을 이용하여 공시하여야 한다. 투자회사는 그 성립 후에 신주를 발행하는 경우 같은 날에 발행하는 신주의 발행가액, 그 밖의 발행조건은 균등하게 정하여야 한다. 이 경우 신주의 발행가액은 그 투자회사가 소유하는 자산의 순자산액에 기초하여 대통령령으로 정하는 방법에 따라 산정한다. 신주를 발행하는 경우의 주식인수인에게 준용한다. 주식인수인은 투자회사가 그 성립 후에 신주를 발행하는 경우 주금의 납입과 동시에 주주의 권리 · 의무를 가진다.

투자회사의 이사는 집합투자업자인 이사(이하 이 관에서 "법인이사"라 한다)와 감독이사로 구분한다. 투자회사는 법인이사 1인과 감독이사 2인 이상을 선임하여야 한다. 법인이사는 투자회사를 대표하고 투자회사의 업무를 집행한다. 법인이사는 다음에 해당하는 업무를 집행하고자 하는 경우에는 이사회 결의를 거쳐야 한다.

가. 집합투자업자 · 신탁업자 · 투자매매업자 · 투자중개업자 및 일반사무관리회사와의 업무위탁계약(변경계약을 포함한다)의 체결
나. 자산의 운용 또는 보관 등에 따르는 보수의 지급
다. 금전의 분배 및 주식의 배당에 관한 사항
라. 그 밖에 투자회사의 운영상 중요하다고 인정되는 사항으로서 정관이 정하는 사항

법인이사는 3개월마다 1회 이상 그 업무의 집행상황 및 자산의 운용 내용을 이사회에 보고하여야 한다. 법인이사는 법인이사의 직무를 정하여 그 직무를 수행할 자를 그 임직원 중에서 선임할 수 있다. 이 경우 집합투자업자는 이를 투자회사에 서면으로 통보하여야 한다. 투자회사에 통보된 자가 그 직무 범위에서 행한 행위는 법인이사의 행위로 본다. 감독이사는 법인이사의 업무집행을 감독하며, 투자회사의 업무 및 재산상황을 파악하기 위하여 필요한 경우에는 법인이사와 그 투자회사재산을 보관·관리하는 신탁업자, 그 투자회사의 주식을 판매하는 투자매매업자·투자중개업자 또는 그 투자회사로부터 제184조 제6항의 업무를 위탁받은 일반사무관리회사에 대하여 그 투자회사와 관련되는 업무 및 재산상황에 관한

보고를 요구할 수 있다. 다음에 해당하는 자는 감독이사가 될 수 없으며, 감독이사가 된 후 이에 해당하게 된 경우에는 그 직을 상실한다.

가. 제24조에 적합하지 아니한 자

나. 투자회사의 발기인(최초로 투자회사의 감독이사를 선임하는 경우에 한한다)

다. 투자회사의 대주주 및 그 특수관계인

라. 법인이사의 특수관계인 또는 법인이사로부터 계속적으로 보수를 지급받고 있는 자

마. 그 투자회사의 주식을 판매하는 투자매매업자 또는 투자중개업자의 특수관계인

바. 그 투자회사의 이사가 다른 법인의 이사로 있는 경우 그 법인의 상근 임직원인 자

사. 그 밖에 감독이사로서의 중립성을 해할 우려가 있는 자로서 대통령령으로 정하는 자

이사회는 각 이사가 소집한다. 이사는 이사회를 소집하고자 하는 경우에는 그 회의일 3일 전까지 각 이사에게 소집을 통지하여야 한다. 다만, 정관이 정하는 바에 따라 통지기간을 단축할 수 있다. 이사회는 이 법과 정관이 정하는 사항에 대하여만 결의한다. 이사회는 이사가 결원된 경우 이사를 선임하기 위한 주주총회를 즉시 소집하여야 한다. 이사회 결의는 이사 과반수의 출석과 출석한 이사 과반수의 찬성으로 한다.

투자회사의 주주총회는 이사회가 소집한다. 주주총회는 출석한 주주의 의결권의 과반수와 발행주식총수의 4분의 1 이상의 수로 결의한다. 다만, 이 법에서 정한 주주총회의 결의사항 외에 집합투자규약으로 정한 주주총회의 결의사항에 대하여는 출석한 주주의 의결권의 과반수와 발행주식총수의 5분의 1 이상의 수로 결의할 수 있다.

투자회사는 다음 각 호의 어느 하나에 해당하는 사유로 해산한다. 이 경우 청산인은 해산일 부터 30일 이내에 해산의 사유 및 연월일, 청산인 및 청산감독인의 성명·주민등록번호(청산인이 법인이사인 경우에는 상호·사업자등록번호)를 금융위원회에 보고하여야 한다. 투자회사는 해산한 경우 법인이사가 청산인이 되는 때에는 해산일 부터 2주 이내에, 청산인이 선임된 때에는 그 선임일 부터 2주 이내에 대통령령으로 정하는 서류를 첨부하여 등기하여야 한다. 투자회사는 해산한 경우 감독이사가 청산감독인이 되는 때에는 해산일 부터 2주 이내에, 청산감독인이 선임된 때에는 선임일 부터 2주 이내에 대통령령으로 정하는 서류를 첨부하여 청산감독인의 성명 및 주민등록번호를 등기하여야 한다. 투자회사가 해산한 경우에는 청산인 및 청산감독인으로 구성되는 청산인회를 둔다.

청산인은 취임 후 지체 없이 투자회사의 재산상황을 조사하여 총리령으로 정하는 기간 이내에 재산목록과 대차대조표를 작성하여 이를 청산인회에 제출하여 승인을 받아야 하며, 그 등본을 지체 없이 금융위원회에 제출하여야 한다. 청산감독인은 청산인이 업무수행과

관련하여 법령이나 정관을 위반하거나, 그 밖에 투자회사에 대하여 현저하게 손해를 끼칠 우려가 있는 사실을 발견한 경우에는 금융위원회에 이를 보고하여야 한다. 청산인은 취임한 날부터 1개월 이내에 투자회사의 채권자에 대하여 일정 기간 이내에 그 채권을 신고할 것과 그 기간 이내에 신고하지 아니하면 청산에서 제외된다는 뜻을 2회 이상 공고함으로써 최고하여야 한다. 이 경우 그 신고기간은 1개월 이상으로 하여야 한다. 청산인은 자금차입·채무보증 또는 담보제공이 제한되는 투자회사의 경우 제3항에 불구하고 대통령령으로 정하는 방법에 따라 채권자에 대한 최고절차를 생략할 수 있다. 다만, 장내파생상품 매매에 따른 계약이행책임이 있는 경우 등 대통령령으로 정하는 경우에는 그 절차를 생략하여서는 아니 된다. 청산인은 청산사무가 종결된 경우에는 지체 없이 결산보고서를 작성하여 주주총회의 승인을 받아야 한다. 이 경우 그 결산보고서를 공고하고, 이를 금융위원회 및 협회에 제출하여야 한다. 청산인 또는 청산감독인은 제202조 제5항에 따른 경우에는 정관 또는 주주총회가 정하는 바에 따라, 같은 조 제6항 및 제7항에 따라 선임된 경우에는 금융위원회가 정하는 바에 따라 투자회사로부터 보수를 지급받을 수 있다. 청산인은 제1항에 따라 승인을 얻은 재산목록과 대차대조표를 청산종결 시까지 투자회사에 비치하여야 하며, 이를 집합투자업자 및 투자매매업자·투자중개업자에게 송부하여 그 영업소에 비치하도록 하여야 한다.

투자회사는 그 투자회사와 법인이사가 같은 다른 투자회사를 흡수하는 방법으로 합병하는 경우가 아니면 다른 회사와 합병할 수 없다. 투자회사는 합병하고자 하는 경우에는 주주총회의 결의를 거쳐야 한다. 다만, 건전한 거래질서를 해할 우려가 적은 소규모 투자회사의 합병 등 대통령령으로 정하는 경우는 제외한다.

② 투자유한회사

집합투자업자는 투자유한회사를 설립하는 경우 목적, 상호, 법인이사의 상호·사업자등록번호, 회사의 소재지, 투자유한회사재산의 운용 및 관리에 관한 사항, 이익분배 및 환매에 관한 사항, 공시 및 보고서에 관한 사항, 그 밖에 사원을 보호하기 위하여 필요한 사항으로서 대통령령으로 정하는 사항을 기재한 정관을 작성하여 기명날인 또는 서명하여야 한다. 집합투자업자는 정관을 작성한 후 투자유한회사 설립 시에 출자금을 금전으로 납입하여야 한다. 집합투자업자는 다음 각 호의 사항을 출자금액이 납입된 날부터 2주 이내에 대통령령으로 정하는 서류를 첨부하여 설립등기를 하여야 한다. 투자유한회사 사원의 출자의 목적은 금전에 한한다. 투자유한회사는 등록하기 전에는 집합투자업자 외의 자를 사원으로 가입시켜서는 아니 된다.

투자유한회사의 사원은 출자금액의 반환 및 이익의 분배 등에 관하여 지분증권의 수에 따라 균등한 권리를 가진다. 투자유한회사의 지분증권에는 회사의 상호, 회사의 성립연월일, 지분증권의 발행일, 사원의 성명(법인인 경우에는 상호), 그 밖에 투자유한회사 사원의 보호에 필요한 사항으로서 대통령령으로 정하는 사항을 기재하고, 제209조제1항에 따른 법인이사가 기명날인 또는 서명하여야 한다. 투자유한회사에는 집합투자업자인 이사(이하 "법인이사") 1인을 둔다. 투자유한회사의 사원총회는 법인이사가 소집한다. 투자유한회사의 사원총회는 출석한 사원의 의결권의 과반수와 발행된 지분증권 총수의 4분의 1 이상의 수로 결의한다. 다만, 이 법에서 정한 사원총회의 결의사항 외에 정관으로 정한 사원총회의 결의사항에 대하여는 출석한 사원의 의결권의 과반수와 발행된 지분증권총수의 5분의 1 이상의 수로 결의할 수 있다.

③ 투자합자회사

집합투자업자는 투자합자회사를 설립하는 경우 목적, 상호, 업무집행사원의 상호·사업자등록번호, 회사의 소재지, 투자합자회사재산의 운용 및 관리에 관한 사항, 이익분배 및 환매에 관한 사항, 공시 및 보고서에 관한 사항, 그 밖에 사원을 보호하기 위하여 필요한 사항으로서 대통령령으로 정하는 사항을 기재한 정관을 작성하여 무한책임사원 1인과 유한책임사원 1인이 기명날인 또는 서명하여야 한다. 집합투자업자는 정관을 작성한 후 투자합자회사 설립 시에 출자금을 금전으로 납입하여야 한다. 집합투자업자는 출자금액이 납입된 날부터 2주 이내에 대통령령으로 정하는 서류를 첨부하여 설립등기를 하여야 한다. 투자합자회사 사원의 출자의 목적은 금전에 한한다. 투자합자회사는 제182조에 따라 등록하기 전에는 제1항에 따른 사원 외의 자를 사원으로 가입시켜서는 아니 된다.

투자합자회사는 업무집행사원 1인 외의 무한책임사원을 둘 수 없다. 이 경우 업무집행사원은 집합투자업자이어야 한다. 투자합자회사에 사원 전원으로 구성되는 사원총회를 두며, 사원총회는 이 법 또는 정관에서 정한 사항에 대하여만 결의할 수 있다. 투자합자회사의 사원총회는 업무집행사원이 소집한다. 투자합자회사의 사원총회는 출석한 사원의 의결권의 과반수와 발행된 지분증권 총수의 4분의 1 이상의 수로 결의한다. 다만, 이 법에서 정한 사원총회의 결의사항 외에 정관으로 정한 사원총회의 결의사항에 대하여는 출석한 사원의 의결권의 과반수와 발행된 지분증권총수의 5분의 1 이상의 수로 결의할 수 있다.

④ 투자유한책임회사

집합투자업자는 투자유한책임회사를 설립하는 경우 목적, 상호, 업무집행자의 상호·사업자등록번호, 회사의 소재지, 투자유한책임회사재산의 운용 및 관리에 관한 사항, 이익분배 및 환매에 관한 사항, 공시 및 보고서에 관한 사항, 그 밖에 사원을 보호하기 위하여 필요한 사항으로서 대통령령으로 정하는 사항을 기재한 정관을 작성하여 사원 1인이 기명날인 또는 서명하여야 한다. 투자유한책임회사의 사원은 정관을 작성한 후 설립등기를 할 때까지 출자금을 금전으로 납입하여야 한다. 집합투자업자는 다음 각 호의 사항을 출자금액이 납입된 날부터 2주 이내에 대통령령으로 정하는 서류를 첨부하여 설립등기를 하여야 한다. 투자유한책임회사 사원의 출자의 목적은 금전에 한한다. 투자유한책임회사는 등록하기 전에는 사원 외의 자를 사원으로 가입시켜서는 아니 된다.

투자유한책임회사의 사원은 출자금액의 반환 및 이익의 분배 등에 관하여 지분증권의 수에 따라 균등한 권리를 가진다. 투자유한책임회사의 지분증권에는 업무집행자가 기명날인 또는 서명하여야 한다. 투자유한책임회사는 사원 또는 사원이 아닌 자로 업무집행자(이하 "업무집행자") 1인을 두어야 한다. 이 경우 업무집행자는 집합투자업자이어야 한다. 이 경우 "법인이사"는 각각 "업무집행자"로, "투자회사"는 각각 "투자유한책임회사"로 본다.

투자유한책임회사의 사원 전원으로 구성되는 사원총회를 두며, 사원총회는 이 법 또는 정관에서 정한 사항에 대하여만 결의할 수 있다. 투자유한책임회사의 사원총회는 업무집행자가 소집한다. 투자유한책임회사의 사원총회는 출석한 사원의 의결권의 과반수와 발행된 지분증권 총수의 4분의 1 이상의 수로 결의한다. 다만, 이 법에서 정한 사원총회의 결의사항 외에 정관으로 정한 사원총회의 결의사항에 대하여는 출석한 사원의 의결권의 과반수와 발행된 지분증권총수의 5분의 1 이상의 수로 결의할 수 있다.

3) 조합 형태의 집합투자기구

① 투자합자조합

집합투자업자는 투자합자조합을 설립하는 경우 다음 사항 즉 목적, 투자합자조합의 명칭, 업무집행조합원의 상호·사업자등록번호, 투자합자조합의 소재지, 투자합자조합재산의 운용 및 관리에 관한 사항, 존속기간 또는 해산사유를 정한 경우에는 그 내용, 이익분배 및 환매에 관한 사항, 공시 및 보고서에 관한 사항, 그 밖에 조합원을 보호하기 위하여 필요한 사항으로서 대통령령으로 정하는 사항을 기재한 조합계약을 작성하여 업무집행조합원 1인과 유한책임조합원 1인이 기명날인 또는 서명하여야 한다. 조합원의 출자의 목적은 금전에 한한다. 투자합자조합은 등록하기 전에는 조합원 외의 자를 조합원으로 가입시켜서는 아니 된다. 투자합자조합은 설립 후 2주 이내에 대통령령으로 정하는 서류를 첨부하여 등기하여야 한다.

투자합자조합은 투자합자조합의 채무에 대하여 무한책임을 지는 집합투자업자인 업무집행조합원 1인과 출자액을 한도로 하여 유한책임을 지는 유한책임조합원으로 구성된다. 투자합자조합에 조합원 전원으로 구성되는 조합원총회를 두며, 조합원총회는 이 법 또는 조합계약에서 정한 사항에 대하여만 결의할 수 있다. 투자합자조합의 조합원총회는 업무집행조합원이 소집한다. 투자합자조합의 조합원총회는 출석한 조합원의 의결권의 과반수와 발행된 지분증권 총수의 4분의 1 이상의 수로 결의한다. 다만, 이 법에서 정한 조합원총회의 결의사항 외에 조합계약으로 정한 조합원총회의 결의사항에 대하여는 출석한 조합원의 의결권의 과반수와 발행된 지분증권 총수의 5분의 1 이상의 수로 결의할 수 있다.

투자합자조합은 다음 사유, 즉 조합계약에서 정한 존속기간의 만료, 그 밖의 해산사유의 발생, 조합원총회의 결의, 투자합자조합 등록의 취소로 로 해산한다. 이 경우 청산인은 대통령령으로 정하는 사항을 금융위원회에 보고하여야 한다. 투자합자조합이 해산하는 경우 조합계약 또는 조합원총회에서 달리 정한 경우를 제외하고는 업무집행조합원이 청산인이 된다. 금융위원회는 투자합자조합이 제2항에 따른 청산인이 없거나 없게 된 경우에는 직권으로 청산인을 선임한다. 금융위원회는 청산인이 업무를 집행함에 있어서 현저하게 부적합하거나 중대한 법령 위반사항이 있는 경우에는 직권으로 또는 이해관계인의 청구에 의하여 청산인을 해임할 수 있다. 이 경우 금융위원회는 직권으로 새로운 청산인을 선임할 수 있다. 청산인은 투자합자조합의 잔여재산을 조합원에게 분배함에 있어서 조합계약이 정하는 바에 따라 투자합자조합재산에 속하는 자산을 그 조합원에게 지급할 수 있다.

② 투자익명조합

집합투자업자는 투자익명조합을 설립하는 경우 다음 사항, 즉 목적, 투자익명조합의 명칭, 영업자의 상호·사업자등록번호, 투자익명조합의 소재지, 투자익명조합재산의 운용 및 관리에 관한 사항, 존속기간 또는 해산사유를 정한 경우에는 그 내용, 이익분배 및 환매에 관한 사항, 공시 및 보고서에 관한 사항, 그 밖에 익명조합원을 보호하기 위하여 필요한 사항으로서 대통령령으로 정하는 사항을 기재한 익명조합계약을 작성하여 영업자 1인과 익명조합원 1인이 기명날인 또는 서명하여야 한다. 익명조합원의 출자의 목적은 금전에 한한다. 투자익명조합의 영업자는 등록하기 전에는 익명조합원 외의 자를 익명조합원으로 가입시켜서는 아니 된다. 투자익명조합재산은 집합투자업자인 영업자 1인이 운용한다.

투자익명조합에 익명조합원 전원으로 구성되는 익명조합원총회를 두며, 익명조합원총회는 이 법 또는 익명조합계약에서 정한 사항에 대하여만 결의할 수 있다. 투자익명조합의 익명조합원총회는 영업자가 소집한다. 투자익명조합의 익명조합원총회는 출석한 익명조합원의 의결권의 과반수와 발행된 지분증권 총수의 4분의 1 이상의 수로 결의한다. 다만, 이 법에서 정한 익명조합원총회의 결의사항 외에 익명조합계약으로 정한 익명조합원총회의 결의사항에 대하여는 출석한 익명조합원의 의결권의 과반수와 발행된 지분증권 총수의 5분의 1 이상의 수로 결의할 수 있다.

3. 집합투자기구의 종류

1) 일반적 유형

① 증권집합투자기구

증권집합투자기구란 집합투자재산의 100분의 40 이상으로서 대통령령으로 정하는 비율을 초과하여 증권(대통령령으로 정하는 증권을 제외하며, 대통령령으로 정하는 증권 외의 증권을 기초자산으로 한 파생상품을 포함)에 투자하는 집합투자기구로서 부동산집합투자기구와 특별자산집합기구에 해당하지 아니하는 집합투자기구를 말한다.

② 부동산집합투자기구

부동산집합투자기구란 집합투자재산의 100분의 40 이상으로서 대통령령으로 정하는 비율을 초과하여 부동산(부동산을 기초자산으로 한 파생상품, 부동산 개발과 관련된 법인에 대한 대출, 그 밖에 대통령령으로 정하는 방법으로 부동산 및 대통령령으로 정하는 부동산과 관련된 증권에 투자하는 경우를 포함한다. 이하 이 조에서 같다)에 투자하는 집합투자기구를 말한다.

③ 특별자산집합투자기구

특별자산집합투자기구란 집합투자재산의 100분의 40 이상으로서 대통령령으로 정하는 비율을 초과하여 특별자산(증권 및 부동산을 제외한 투자대상자산을 말한다)에 투자하는 집합투자기구를 말한다.

④ 혼합자산집합투자기구

혼합자산집합투자기구란 집합투자재산을 운용함에 있어서 제1호부터 제3호까지의 규정의 제한을 받지 아니하는 집합투자기구를 말한다.

⑤ 단기금융집합투자기구

단기금융집합투자기구란 집합투자재산 전부를 대통령령으로 정하는 단기금융상품에 투자하는 집합투자기구로서 대통령령으로 정하는 방법으로 운용되는 집합투자기구를 말한다.

2) 특수한 형태의 집합투자기구

① 환매금지형집합투자기구

존속기간을 정한 집합투자기구에 대하여만 집합투자증권의 환매를 청구할 수 없는 집합투자기구("환매금지형집합투자기구")를 설정·설립할 수 있다. 투자신탁이나 투자익명조합의 집합투자업자 또는 투자회사등은 기존 투자자의 이익을 해할 우려가 없는 등 대통령령으로 정하는 때에만 환매금지형집합투자기구의 집합투자증권을 추가로 발행할 수 있다. 투자신탁의 집합투자업자 또는 투자회사는 신탁계약 또는 정관에 투자자의 환금성 보장 등을 위한 별도의 방법을 정하지 아니한 경우에는 환매금지형집합투자기구의 집합투자증권을 최초로 발행한 날부터 90일 이내에 그 집합투자증권을 증권시장에 상장하여야 한다.

② 종류형집합투자기구

집합투자업자등은 같은 집합투자기구에서 판매보수의 차이로 인하여 기준가격이 다르거나 판매수수료가 다른 여러 종류의 집합투자증권을 발행하는 집합투자기구("종류형집합투자기구")를 설정·설립할 수 있다. 종류형집합투자기구는 집합투자자총회의 결의가 필요한 경우로서 특정 종류의 집합투자증권의 투자자에 대하여만 이해관계가 있는 경우에는 그 종류의 투자자만으로 종류집합투자자총회를 개최할 수 있다. 종류형집합투자기구의 설정·설립, 집합투자증권의 발행·판매·환매, 그 밖에 종류형집합투자기구에 관하여 필요한 사항은 대통령령으로 정한다.

③ 전환형집합투자기구

집합투자업자등은 복수의 집합투자기구 간에 각 집합투자기구의 투자자가 소유하고 있는 집합투자증권을 다른 집합투자기구의 집합투자증권으로 전환할 수 있는 권리를 투자자에게 부여하는 구조의 집합투자기구("전환형집합투자기구")를 설정·설립하는 경우에는 복수의 집합투자기구 간에 공통으로 적용되는 집합투자규약이 있을 것과 집합투자규약에 집합투자기구 간의 전환이 금지되어 있을 것의 요건을 모두 충족하여야 한다.

④ 모자형집합투자기구

집합투자업자등은 다른 집합투자기구("모집합투자기구")가 발행하는 집합투자증권을 취득하는 구조의 집합투자기구("자집합투자기구")를 설정·설립하는 경우에는 다음의 요건을 모두 충족하여야 한다.

가. 자집합투자기구가 모집합투자기구의 집합투자증권 외의 다른 집합투자증권을 취득하는 것이 허용되지 아니할 것

나. 자집합투자기구 외의 자가 모집합투자기구의 집합투자증권을 취득하는 것이 허용되지 아니할 것

다. 자집합투자기구와 모집합투자기구의 집합투자재산을 운용하는 집합투자업자가 동일할 것

⑤ 상장지수집합투자기구

상장지수집합투자기구의 요건은 다음과 같다. 그리고 투자매매업자 또는 투자중개업자 중 대통령령으로 정하는 자가 상장지수집합투자기구의 설정·설립을 위하여 자기 또는 타인의 계산으로 증권을 매매하는 경우에는 투자일임업을 영위하는 것으로 보지 아니한다.

가. 기초자산의 가격 또는 기초자산의 종류에 따라 다수 종목의 가격수준을 종합적으로 표시하는 지수의 변화에 연동하여 운용하는 것을 목표로 할 것. 이 경우 기초자산의 가격 또는 지수는 대통령령으로 정하는 요건을 갖추어야 한다.

나. 수익증권 또는 투자회사 주식의 환매가 허용될 것

다. 수익증권 또는 투자회사 주식이 해당 투자신탁의 설정일 또는 투자회사의 설립일부터 30일 이내에 증권시장에 상장될 것

4. 사모집합투자기구 등에 대한 특례

사모집합투자기구에는 적용하지 아니한다. 투자매매업자 또는 투자중개업자 중 대통령령으로 정하는 자가 상장지수집합투자기구의 설정·설립을 위하여 자기 또는 타인의 계산으로 증권을 매매하는 경우에는 투자일임업을 영위하는 것으로 보지 아니한다.

사모집합투자기구의 투자자는 그 집합투자증권을 분할하는 방법으로 타인에게 양도하여서는 아니 된다. 다만, 양도의 결과 사모집합투자기구의 요건을 충족하는 범위에서는 분할하여 양도할 수 있다. 사모집합투자기구의 투자자(투자신탁의 경우 그 투자신탁재산을 운용하는 집합투자업자를 말한다)는 객관적인 가치평가가 가능하고 다른 투자자의 이익을 해할 우려가 없는 경우에는 대통령령으로 정하는 방법에 따라 증권, 부동산 또는 실물자산 등 금전 외의 자산으로 납입할 수 있다. 집합투자자총회 및 그와 관련된 사항은 사모집합투자기구에는 적용하지 아니한다.

사모집합투자기구인 투자신탁이나 투자익명조합의 집합투자업자 또는 투자회사등이 이 법 또는 「상법」에 따라 투자자에게 공시 또는 공고하여야 하는 사항에 대하여 집합투자규약에서 정한 방법으로 전체 투자자에게 통지한 경우에는 이 법 또는 「상법」에 따라 공시

또는 공고한 것으로 본다. 사모집합투자기구인 투자신탁이나 투자익명조합의 집합투자업자 또는 투자회사등은 대통령령으로 정하는 방법에 따라 사모집합투자기구의 집합투자재산 운용 현황, 파생상품 매매 현황 등을 금융위원회에 보고하여야 한다.

"전문사모집합투자기구"란 집합투자증권을 대통령령으로 정하는 적격투자자만을 대상으로 사모로만 발행하는 집합투자기구 중 사모투자전문회사를 제외한 집합투자기구를 말한다. 전문사모집합투자기구에 대한 특례로서 대부분의 집합투자기구에 대한 규제는 전문사모집합투자기구에 적용하지 않는다. 전문사모집합투자기구의 투자자는 그 집합투자증권을 제1항에 따른 적격투자자가 아닌 자에게 양도하여서는 아니 된다. 집합투자업자가 전문사모집합투자기구의 집합투자재산을 운용함에 있어서 집합투자기구의 계산으로 금전을 차입하는 경우 그 차입금의 총액은 차입 당시 집합투자재산 총액의 100분의 400 이내로서 대통령령으로 정하는 비율을 초과하여서는 아니 된다.

집합투자업자가 전문사모집합투자기구의 집합투자재산을 운용함에 있어서 집합투자재산으로 해당 집합투자기구 외의 자를 위하여 채무보증 또는 담보제공을 하는 경우 그 채무보증액 및 담보목적물의 가액의 총액은 채무보증 또는 담보제공 당시 집합투자재산 총액의 100분의 100 이내로서 대통령령으로 정하는 비율을 초과하여서는 아니 된다. 금전차입, 채무보증, 담보제공의 방법 및 그 밖에 필요한 사항은 대통령령으로 정한다. 전문사모집합투자기구인 투자신탁이나 투자익명조합의 집합투자업자 또는 전문사모집합투자기구인 투자회사 등은 전문사모집합투자기구가 설정·설립되거나 그 밖에 대통령령으로 정한 사유가 발생한 경우에는 그 날부터 1개월 이내에 대통령령으로 정하는 바에 따라 금융위원회에 보고하여야 한다. 집합투자업자는 대통령령으로 정하는 방법에 따라 전문사모집합투자기구의 금전차입 현황, 파생상품 매매 현황 등을 금융위원회에 보고하여야 한다. 전문사모집합투자기구인 투자회사는 집합투자업자인 법인이사 1명을 두며, 이사의 수를 1명 또는 2명으로 할 수 있다. 전문사모집합투자기구는 집합투자규약에 따라 투자자에 대한 손익의 분배 또는 손익의 순위 등에 관한 사항을 정할 수 있다.

은행으로서 집합투자업에 관한 금융투자업인가를 받은 자(이하 "집합투자업겸영은행")는 인가받은 범위에서 투자신탁의 설정·해지 및 투자신탁재산의 운용업무를 영위할 수 있다. 집합투자업겸영은행은 집합투자재산 운용업무와 관련한 의사결정을 위하여 임원 3인(사외이사 2인을 포함한다)으로 구성된 집합투자재산운용위원회를 설치하여야 한다. 이 경우 집합투자재산운용위원회의 운영 등에 관하여 필요한 사항은 대통령령으로 정한다. 집합투자업겸영은행은 투자신탁재산의 운용과 관련하여 다음에 해당하는 행위를 하여서는 아니 된다.

가. 자기가 발행한 투자신탁의 수익증권을 자기의 고유재산으로 취득하는 행위
나. 자기가 운용하는 투자신탁의 투자신탁재산에 관한 정보를 다른 집합투자증권의 판매에 이용하는 행위
다. 자기가 운용하는 투자신탁의 수익증권을 다른 은행을 통하여 판매하는 행위
라. 제229조 제5호의 단기금융집합투자기구를 설정하는 행위

집합투자재산의 보관·관리업무를 영위하는 은행은 그 집합투자기구의 집합투자재산에 관한 정보를 자기가 운용하는 투자신탁재산의 운용 또는 자기가 판매하는 집합투자증권의 판매를 위하여 이용하여서는 아니 된다. 일반사무관리회사의 업무를 영위하는 은행은 해당 집합투자기구의 집합투자재산에 관한 정보를 자기가 운용하는 투자신탁재산의 운용 또는 자기가 판매하는 집합투자증권의 판매를 위하여 이용하여서는 아니 된다. 투자매매업 또는 투자중개업 인가를 받아 집합투자증권의 판매를 영위하는 은행은 자기가 판매하는 집합투자증권의 집합투자재산에 관한 정보를 자기가 운용하는 투자신탁재산의 운용 또는 자기가 운용하는 투자신탁의 수익증권의 판매를 위하여 이용하는 행위와 집합투자증권의 판매업무와 「은행법」에 따른 업무를 연계하여 정당한 사유 없이 고객을 차별하는 행위를 하여서는 아니 된다.

은행이 이 법에 따라 집합투자업, 신탁업(집합투자재산의 보관·관리업무를 포함) 또는 일반사무관리회사의 업무를 영위하는 경우에는 임원(사실상 임원과 동등한 지위에 있는 자로서 대통령령으로 정하는 자를 포함)을 두어야 하고, 임직원에게 다음 각 호의 업무를 겸직하게 하여서는 아니 되며, 전산설비 또는 사무실 등의 공동사용 금지 및 다른 업무를 영위하는 임직원 간의 정보교류 제한 등 대통령령으로 정하는 이해상충방지체계를 갖추어야 한다. 다만, 임원의 경우「은행법」에 따른 업무 중 집합투자업, 신탁업, 일반사무관리회사의 업무와 이해상충이 적은 업무로서 대통령령으로 정하는 업무와 이들 업무를 겸직할 수 있으며,신탁업과 일반사무관리회사의 업무 간에는 겸직할 수 있다.

보험회사로서 집합투자업에 관한 금융투자업인가를 받은 자(이하 "집합투자업겸영보험회사")는 인가받은 범위에서 투자신탁의 설정·해지 및 투자신탁재산의 운용업무를 영위할 수 있다. 이 경우 투자신탁의 설정·해지 및 투자신탁재산의 운용업무는 「보험업법」 제108조제1항 제3호에 따른 특별계정(특별계정 내에 각각의 신탁계약에 의하여 설정된 다수의 투자신탁이 있는 경우 각각의 투자신탁을 말한다. 이하 이 항에서 같다)에 한하며, 그 특별계정은 이 법에 따른 투자신탁으로 본다.

보험회사는 이 법에 따라 집합투자업, 신탁업(집합투자재산의 보관·관리업무를 포함) 또는

일반사무관리회사의 업무를 영위하는 경우에는 임원(대통령령으로 정하는 방법으로 투자신탁재산을 운용하는 경우의 임원을 제외하며, 사실상 임원과 동등한 지위에 있는 자로서 대통령령으로 정하는 자를 포함)을 두어야 하고, 임직원에게 다음 각 호의 업무를 겸직하게 하여서는 아니되며, 전산설비 또는 사무실 등의 공동사용 금지 및 다른 업무를 영위하는 임직원 간의 정보교류 제한 등 대통령령으로 정하는 이해상충방지체계를 갖추어야 한다. 다만, 임원의 경우「보험업법」에 따른 업무 중 집합투자업, 신탁업, 일반사무관리회사의 업무와 이해상충이 적은 업무로서 대통령령으로 정하는 집합투자업, 신탁업, 일반사무관리회사까지의 업무를 겸직할 수 있으며, 신탁업, 일반사무관리회사 업무 간에는 겸직할 수 있다. 집합투자업겸영보험회사는 투자신탁재산에 속하는 자산을「보험업법」에서 정하는 방법에 따라 그 보험에 가입한 자에게 대출하는 방법으로 운용할 수 있다.

제 5 장 금융소비자와 신탁거래

Chapter 05

금융소비자와 신탁거래

제 1 절 신탁의 정의와 거래원칙

신탁이란 신탁을 설정하는 자(이하 "위탁자"라 한다)와 신탁을 인수하는 자(이하 "수탁자"라 한다) 간의 신임관계에 기하여 위탁자가 수탁자에게 특정의 재산(영업이나 저작재산권의 일부를 포함한다)을 이전하거나 담보권의 설정 또는 그 밖의 처분을 하고 수탁자로 하여금 일정한 자(이하 "수익자"라 한다)의 이익 또는 특정의 목적을 위하여 그 재산의 관리, 처분, 운용, 개발, 그 밖에 신탁 목적의 달성을 위하여 필요한 행위를 하게 하는 법률관계를 말한다.

신탁의 설정방법은 다음의 세 가지 방법으로 할 수 있다. 첫째, 위탁자와 수탁자 간의 계약, 둘째, 위탁자의 유언, 셋째, 신탁의 목적, 신탁재산, 수익자(공익신탁의 경우에는 제67조 제1항의 신탁관리인을 말한다) 등을 특정하고 자신을 수탁자로 정한 위탁자의 선언이다. 세 번째 방법에 의한 신탁의 설정은 공익신탁을 제외하고는 공정증서(公正證書)를 작성하는 방법으로 하여야 하며, 신탁을 해지할 수 있는 권한을 유보(留保)할 수 없다. 다만 수익자가 없는 특정의 목적을 위한 신탁(이하 "목적신탁"이라 한다)은 「공익신탁법」에 따른 공익신탁을 제외하고는 제3호의 방법으로 설정할 수 없다.[1)]

1) 신탁법 제3조(신탁의 설정) ① 신탁은 다음 각 호의 어느 하나에 해당하는 방법으로 설정할 수 있다. 다만, 수익자가 없는 특정의 목적을 위한 신탁(이하 "목적신탁"이라 한다)은 「공익신탁법」에 따른 공익신탁을 제외하고는 제3호의 방법으로 설정할 수 없다. <개정 2014.3.18.>
   1. 위탁자와 수탁자 간의 계약
   2. 위탁자의 유언
   3. 신탁의 목적, 신탁재산, 수익자(「공익신탁법」에 따른 공익신탁의 경우에는 제67조제1항의 신탁관리인을 말한다) 등을 특정하고 자신을 수탁자로 정한 위탁자의 선언

   ② 제1항 제3호에 따른 신탁의 설정은 「공익신탁법」에 따른 공익신탁을 제외하고는 공정증서(公正證書)를 작성하는 방법으로 하여야 하며, 신탁을 해지할 수 있는 권한을 유보(留保)할 수 없다. <개정 2014.3.18.>

   ③ 위탁자가 집행의 면탈이나 그 밖의 부정한 목적으로 제1항제3호에 따라 신탁을 설정한 경우 이해

신탁의 목적은 제한된다. 선량한 풍속이나 그 밖의 사회질서에 위반하는 사항을 목적으로 하는 신탁은 무효로 한다. 목적이 위법하거나 불능인 신탁은 무효로 한다. 목적의 일부가 제1항 또는 제2항에 해당하는 경우 그 신탁은 제1항 또는 제2항에 해당하지 아니한 나머지 목적을 위하여 유효하게 성립한다. 다만, 제1항 또는 제2항에 해당하는 목적과 그렇지 아니한 목적을 분리하는 것이 불가능하거나 분리할 수 있더라도 위 목적이외에 나머지 목적만을 위하여 신탁을 유지하는 것이 위탁자의 의사에 명백히 반하는 경우에는 그 전부를 무효로 한다. 수탁자로 하여금 소송행위를 하게 하는 것을 주된 목적으로 하는 신탁은 무효로 한다. 법령에 따라 일정한 재산권을 향유할 수 없는 자는 수익자로서 그 권리를 가지는 것과 동일한 이익을 누릴 수 없다.

1. 위탁자의 권리와 의무

위탁자의 권리로서 신탁행위로 위탁자의 전부 또는 일부가 이 법에 따른 위탁자의 권리의 전부 또는 일부를 갖지 아니한다는 뜻을 정할 수 있다. 목적신탁의 경우에는 신탁행위로 이 법에 따른 위탁자의 권리를 제한할 수 없다. 위탁자의 지위는 신탁행위로 정한 방법에 따라 제3자에게 이전할 수 있다. 이전 방법이 정하여지지 아니한 경우 위탁자의 지위는 수탁자와 수익자의 동의를 받아 제3자에게 이전할 수 있다. 이 경우 위탁자가 여럿일 때에는 다른 위탁자의 동의도 받아야 한다. 신탁이 설정된 경우 위탁자의 상속인은 위탁자의 지위를 승계하지 아니한다. 다만, 신탁행위로 달리 정한 경우에는 그에 따른다.

위탁자가 집행의 면탈이나 그 밖의 부정한 목적으로 신탁을 설정한 경우 이해관계인은 법원에 신탁의 종료를 청구할 수 있다. 위탁자는 신탁행위로 수탁자나 수익자에게 신탁재산을 지정할 수 있는 권한을 부여하는 방법으로 신탁재산을 특정할 수 있다. 수탁자는 신탁행위로 달리 정한 바가 없으면 신탁 목적의 달성을 위하여 필요한 경우에는 수익자의 동의를 받아 타인에게 신탁재산에 대하여 신탁을 설정할 수 있다. 위탁자나 수익자는 수탁자나 신탁재산관리인에게 신탁사무의 처리와 계산에 관한 장부 및 그 밖의 서류의 열람 또는 복사를 청구하거나 신탁사무의 처리와 계산에 관하여 설명을 요구할 수 있다. 위탁자와 수익자를 제외한 이해관계인은 수탁자나 신탁재산관리인에게 신탁의 재산목록 등 신탁사무의

관계인은 법원에 신탁의 종료를 청구할 수 있다.
④ 위탁자는 신탁행위로 수탁자나 수익자에게 신탁재산을 지정할 수 있는 권한을 부여하는 방법으로 신탁재산을 특정할 수 있다.
⑤ 수탁자는 신탁행위로 달리 정한 바가 없으면 신탁 목적의 달성을 위하여 필요한 경우에는 수익자의 동의를 받아 타인에게 신탁재산에 대하여 신탁을 설정할 수 있다.
[시행일 : 2015.3.19.] 제3조

계산에 관한 장부 및 그 밖의 서류의 열람 또는 복사를 청구할 수 있다.

2. 수탁자의 권리와 의무

미성년자, 금치산자, 한정치산자 및 파산선고를 받은 자는 수탁자가 될 수 없다.

1) 수탁자의 권리

신탁재산에 대한 권리와 의무의 귀속주체로서 신탁재산의 관리, 처분 등을 하고 신탁목적의 달성을 위하여 필요한 모든 행위를 할 권한이 있다. 다만, 신탁행위로 이를 제한할 수 있다.

가. 보수청구권이다. 수탁자는 신탁행위에 정함이 있는 경우에만 보수를 받을 수 있다. 다만, 신탁을 영업으로 하는 수탁자의 경우에는 신탁행위에 정함이 없는 경우에도 보수를 받을 수 있다. 보수의 금액 또는 산정방법을 정하지 아니한 경우 수탁자는 신탁사무의 성질과 내용에 비추어 적당한 금액의 보수를 지급받을 수 있다. 제1항의 보수가 사정의 변경으로 신탁사무의 성질 및 내용에 비추어 적당하지 아니하게 된 경우 법원은 위탁자, 수익자 또는 수탁자의 청구에 의하여 수탁자의 보수를 증액하거나 감액할 수 있다.

나. 비용상환청구권의 우선변제권 등이다. 수탁자는 신탁재산에 대한 민사집행절차 또는 「국세징수법」에 따른 공매절차에서 수익자나 그 밖의 채권자보다 우선하여 신탁의 목적에 따라 신탁재산의 보존, 개량을 위하여 지출한 필요비 또는 유익비(有益費)의 우선변제를 받을 권리가 있다. 수탁자는 신탁재산을 매각하여 제46조에 따른 비용상환청구권 또는 제47조에 따른 보수청구권에 기한 채권의 변제에 충당할 수 있다. 다만, 그 신탁재산의 매각으로 신탁의 목적을 달성할 수 없게 되거나 그 밖의 상당한 이유가 있는 경우에는 그러하지 아니하다.

2) 수탁자의 의무

가. 선관의무이다. 수탁자는 선량한 관리자의 주의(注意)로 신탁사무를 처리하여야 한다. 다만, 신탁행위로 달리 정한 경우에는 그에 따른다.

나. 충실의무이다. 수탁자는 수익자의 이익을 위하여 신탁사무를 처리하여야 한다.

다. 이익에 반하는 행위의 금지이다. 수탁자는 누구의 명의(名義)로도 다음의 행위를 하지 못한다. 즉, 신탁재산을 고유재산으로 하거나 신탁재산에 관한 권리를 고유재산에 귀속시키는 행위, 고유재산을 신탁재산으로 하거나 고유재산에 관한 권리를 신탁재산에 귀속시키는 행위, 여러 개의 신탁을 인수한 경우 하나의 신탁재산 또는 그에 관한 권리를 다른 신탁의 신탁재산에 귀속시키는 행위, 제3자의 신탁재산에 대한 행위에서 제3자를 대리하는 행위 등이다.

라. 공평의무이다. 수익자가 여럿인 경우 수탁자는 각 수익자를 위하여 공평하게 신탁사무를 처리하여야 한다. 다만, 신탁행위로 달리 정한 경우에는 그에 따른다.

마. 수탁자의 이익향수금지: 수탁자는 누구의 명의로도 신탁의 이익을 누리지 못한다. 다만, 수탁자가 공동수익자의 1인인 경우에는 그러하지 아니하다.

바. 수탁자의 분별관리의무: 수탁자는 신탁재산을 수탁자의 고유재산과 분별하여 관리하고 신탁재산임을 표시하여야 한다. 여러 개의 신탁을 인수한 수탁자는 각 신탁재산을 분별하여 관리하고 서로 다른 신탁재산임을 표시하여야 한다. 신탁재산이 금전이나 그 밖의 대체물인 경우에는 그 계산을 명확히 하는 방법으로 분별하여 관리할 수 있다.

사. 유한책임: 수탁자는 신탁행위로 인하여 수익자에게 부담하는 채무에 대하여는 신탁재산만으로 책임을 진다.

아. 장부 등 서류의 작성·보존 및 비치 의무: 수탁자는 신탁사무와 관련된 장부 및 그 밖의 서류를 갖추어 두고 각 신탁에 관하여 그 사무의 처리와 계산을 명백히 하여야 한다. 수탁자는 신탁을 인수한 때와 매년 1회 일정한 시기에 각 신탁의 재산목록을 작성하여야 한다. 다만, 재산목록의 작성 시기에 관하여 신탁행위로 달리 정한 경우에는 그에 따른다. 수탁자는 장부, 재산목록 및 그 밖의 서류를 대통령령으로 정하는 기간 동안 보존하여야 한다.

3. 신탁재산

신탁재산에 대하여는 강제집행, 담보권 실행 등을 위한 경매, 보전처분(이하 "강제집행 등"이라 한다) 또는 국세 등 체납처분을 할 수 없다. 다만, 신탁 전의 원인으로 발생한 권리 또는 신탁사무의 처리상 발생한 권리에 기한 경우에는 그러하지 아니하다. 신탁재산은 수탁자의 상속재산에 속하지 아니하며, 수탁자의 이혼에 따른 재산분할의 대상이 되지 아니한다. 신탁재산은 수탁자의 파산재단, 회생절차의 관리인이 관리 및 처분 권한을 갖고 있는 채무자의 재산이나 개인회생재단을 구성하지 아니한다.

신탁재산에 속하는 채권과 신탁재산에 속하지 아니하는 채무는 상계(相計)하지 못한다.

다만, 양 채권·채무가 동일한 재산에 속하지 아니함에 대하여 제3자가 선의이며 과실이 없을 때에는 그러하지 아니하다. 신탁재산에 속하는 채무에 대한 책임이 신탁재산만으로 한정되는 경우에는 신탁재산에 속하지 아니하는 채권과 신탁재산에 속하는 채무는 상계하지 못한다. 다만, 양 채권·채무가 동일한 재산에 속하지 아니함에 대하여 제3자가 선의이며 과실이 없을 때에는 그러하지 아니하다.

다음의 경우 혼동(混同)으로 인하여 권리가 소멸하지 아니한다. 첫째, 동일한 물건에 대한 소유권과 그 밖의 물권이 각각 신탁재산과 고유재산 또는 서로 다른 신탁재산에 귀속하는 경우, 둘째, 소유권 외의 물권과 이를 목적으로 하는 권리가 각각 신탁재산과 고유재산 또는 서로 다른 신탁재산에 귀속하는 경우, 셋째, 신탁재산에 대한 채무가 수탁자에게 귀속하거나 수탁자에 대한 채권이 신탁재산에 귀속하는 경우이다. 신탁재산의 범위로서 신탁재산의 관리, 처분, 운용, 개발, 멸실, 훼손, 그 밖의 사유로 수탁자가 얻은 재산은 신탁재산에 속한다.

신탁재산과 고유재산 또는 서로 다른 신탁재산에 속한 물건 간의 부합(附合), 혼화(混和) 또는 가공(加工)에 관하여는 각각 다른 소유자에게 속하는 것으로 본다. 다만, 가공자가 악의인 경우에는 가공으로 인한 가액의 증가가 원재료의 가액보다 많을 때에도 법원은 가공으로 인하여 생긴 물건을 원재료 소유자에게 귀속시킬 수 있다. 신탁재산과 고유재산 간에 귀속관계를 구분할 수 없는 경우 그 재산은 신탁재산에 속한 것으로 추정한다. 서로 다른 신탁재산 간에 귀속관계를 구분할 수 없는 경우 그 재산은 각 신탁재산 간에 균등하게 귀속된 것으로 추정한다.

4. 수익자

수익권의 취득으로서 신탁행위로 정한 바에 따라 수익자로 지정된 자(수익자로 지정된 자를 포함)는 당연히 수익권을 취득한다. 다만, 신탁행위로 달리 정한 경우에는 그에 따른다. 수탁자는 지체 없이 제1항에 따라 수익자로 지정된 자에게 그 사실을 통지하여야 한다. 다만, 수익권에 부담이 있는 경우를 제외하고는 신탁행위로 통지시기를 달리 정할 수 있다. 수익권의 포기에 관하여 수익자는 수탁자에게 수익권을 포기하는 취지의 의사표시를 할 수 있다. 수익자가 제1항에 따른 포기의 의사표시를 한 경우에는 처음부터 수익권을 가지지 아니하였던 것으로 본다. 다만, 제3자의 권리를 해치지 못한다.

신탁행위로 수익자를 지정하거나 변경할 수 있는 권한(이하 "수익자지정권등"이라 한다)을 갖는 자를 정할 수 있다. 수익자지정권등을 갖는 자는 수탁자에 대한 의사표시 또는 유언으로 그 권한을 행사할 수 있다. 수익자지정권등이 유언으로 행사되어 수탁자가 그 사실을 알지 못한 경우 이로 인하여 수익자로 된 자는 그 사실로써 수탁자에게 대항하지 못한다. 수익자를 변경하는 권한이 행사되어 수익자가 그 수익권을 상실한 경우 수탁자는 지체 없이 수익권을 상실한 자에게 그 사실을 통지하여야 한다. 다만, 신탁행위로 달리 정한 경우에는 그에 따른다. 수익자지정권등은 신탁행위로 달리 정한 바가 없으면 상속되지 아니한다.

수익자가 될 자로 지정된 자가 위탁자의 사망 시에 수익권을 취득하는 신탁과 수익자가 위탁자의 사망 이후에 신탁재산에 기한 급부를 받는 신탁에 해당하는 경우에는 위탁자가 수익자를 변경할 권리를 갖는다. 다만, 신탁행위로 달리 정한 경우에는 그에 따른다. 수익자가 위탁자의 사망 이후에 신탁재산에 기한 급부를 받는 신탁의 수익자는 위탁자가 사망할 때까지 수익자로서의 권리를 행사하지 못한다. 다만, 신탁행위로 달리 정한 경우에는 그에 따른다. 신탁행위로 수익자가 사망한 경우 그 수익자가 갖는 수익권이 소멸하고 타인이 새로 수익권을 취득하도록 하는 뜻을 정할 수 있다. 이 경우 수익자의 사망에 의하여 차례로 타인이 수익권을 취득하는 경우(수익자연속신탁)를 포함한다.

5. 수익권의 행사

법원에 청구할 수 있는 권리, 강제집행등 또는 국세 등 체납처분에 대하여 이의를 제기할 수 있는 권리, 장부 등의 열람 또는 복사를 청구할 수 있는 권리, 원상회복 또는 손해배상 등을 청구할 수 있는 권리, 수익권을 포기할 수 있는 권리, 신탁위반의 법률행위를 취소할 수 있는 권리, 유지를 청구할 수 있는 권리, 수익권의 매수를 청구할 수 있는 권리 등 수익자의 권리는 신탁행위로도 제한할 수 없다. 신탁채권은 수익자가 수탁자에게 신탁재산에 속한 재산의 인도와 그 밖에 신탁재산에 기한 급부를 요구하는 청구권(이하 "수익채권"이라 한다)보다 우선한다. 수익채권의 소멸시효는 채권의 예에 따른다. 수익채권의 소멸시효는 수익자가 수익자로 된 사실을 알게 된 때부터 진행한다. 신탁이 종료한 때부터 6개월 내에는 수익채권의 소멸시효가 완성되지 아니한다.

수익자는 수익권을 양도할 수 있다. 다만, 수익권의 성질이 양도를 허용하지 아니하는 경우에는 그러하지 아니하다. 수익권의 양도에 대하여 신탁행위로 달리 정한 경우에는 그에 따른다. 다만, 그 정함으로써 선의의 제3자에게 대항하지 못한다. 수익권의 양도는 양도인이 수탁자에게 통지한 경우나 수탁자가 승낙한 경우 어느 하나에 해당하는 경우에만 수탁자와 제3자에게 대항할 수 있다. 통지 및 승낙은 확정일자가 있는 증서로 하지 아니하면 수탁자 외의 제3자에게 대항할 수 없다. 수탁자는 통지 또는 승낙이 있는 때까지 양도인에 대하여 발생한 사유로 양수인에게 대항할 수 있다. 수탁자가 이의를 보류하지 아니하고 위 승낙을 한 경우에는 양도인에게 대항할 수 있는 사유로써 양수인에게 대항하지 못한다. 다만, 수탁자가 채무를 소멸하게 하기 위하여 양도인에게 급여한 것이 있으면 이를 회수할 수 있고, 양도인에 대하여 부담한 채무가 있으면 그 성립되지 아니함을 주장할 수 있다.

수익자는 수익권을 질권의 목적으로 할 수 있다. 다만, 수익권의 성질이 질권의 설정을 허용하지 아니하는 경우에는 그러하지 아니하다. 수익권을 목적으로 하는 질권의 설정에 대하여 신탁행위로 달리 정한 경우에는 그에 따른다. 다만, 그 정함으로써 선의의 제3자에게 대항하지 못한다. 수익권을 목적으로 하는 질권의 설정에 관하여는 수익권 양도의 대항요건과 수탁자의 항변사유에 관한 수탁자의 대항요건 규정을 준용한다. 수익권을 목적으로 하는 질권은 그 수익권에 기한 수익채권과 이 법 또는 신탁행위에 따라 그 수익권을 갈음하여 수익자가 받을 금전이나 그 밖의 재산에도 존재한다. 수익권의 질권자는 직접 수탁자로부터 금전을 지급받아 다른 채권자에 우선하여 자기 채권의 변제에 충당할 수 있다. 질권자의 채권이 변제기에 이르지 아니한 경우 질권자는 수탁자에게 그 변제금액의 공탁을 청구할 수 있다. 이 경우 질권은 그 공탁금에 존재한다.

6. 신탁관리인

수익자가 특정되어 있지 아니하거나 존재하지 아니하는 경우 법원은 위탁자나 그 밖의 이해관계인의 청구에 의하여 또는 직권으로 신탁관리인을 선임할 수 있다. 다만, 신탁행위로 신탁관리인을 지정한 경우에는 그에 따른다. 수익자가 미성년자, 한정치산자 또는 금치산자이거나 그 밖의 사유로 수탁자에 대한 감독을 적절히 할 수 없는 경우 법원은 이해관계인의 청구에 의하여 또는 직권으로 신탁관리인을 선임할 수 있다. 다만, 신탁행위로 달리 정한 경우에는 그에 따른다. 수익자가 여럿인 경우 수익자는 신탁관리인을 선임할 수 있다. 수익권의 내용이 다른 여러 종류의 수익권이 있고 같은 종류의 수익권을 가진 수익자(이하 "종류수익자"라 한다)가 여럿인 경우에도 또한 같다.

신탁관리인은 수익자의 이익이나 목적신탁의 목적 달성을 위하여 자기의 명의로 수익자의 권리에 관한 재판상 또는 재판 외의 모든 행위를 할 권한이 있다. 다만, 신탁관리인의 선임을 수탁자에게 통지하지 아니한 경우에는 수탁자에게 대항하지 못한다. 신탁관리인은 신탁에 관하여 수익자와 동일한 지위를 가지는 것으로 본다. 선임된 신탁관리인이 여럿인 경우 신탁행위로 달리 정한 바가 없으면 공동으로 사무를 처리한다. 신탁관리인이 개별 수익자를 위하여 각각 선임된 경우에는 각 신탁관리인은 해당 수익자를 위하여 단독으로 사무를 처리한다. 이 경우 개별 수익자를 위하여 선임된 여럿의 신탁관리인들은 해당 수익자를 위하여 공동으로 사무를 처리한다. 선임된 신탁관리인이 여럿인 경우에는 선임 시 달리 정하지 아니하면 공동으로 사무를 처리한다. 선임된 신탁관리인은 자신을 선임한 종류수익자만을 위하여 단독으로 사무를 처리한다. 이 경우 하나의 종류수익자를 위하여 선임된 여럿의 신탁관리인들은 그 종류수익자를 위하여 공동으로 사무를 처리한다.

선임된 신탁관리인은 수익자가 특정되거나 존재하게 되면 임무가 종료된다. 선임된 신탁관리인은 미성년자인 수익자가 성년에 도달한 경우, 수익자가 한정치산선고·금치산선고의 취소심판을 받은 경우, 그 밖에 수익자가 수탁자에 대한 감독능력을 회복한 경우 임무가 종료된다. 신탁관리인의 임무가 종료된 경우 수익자 또는 신탁관리인은 수탁자에게 신탁관리인의 임무 종료 사실을 통지하지 아니하면 수탁자에게 대항하지 못한다. 신탁관리인은 선임 시에 달리 정하지 아니하면 신탁관리인을 선임한 법원 또는 수익자의 승낙 없이 사임하지 못한다. 신탁관리인을 선임한 법원 또는 수익자는 언제든지 그 신탁관리인을 해임할 수 있다. 다만, 수익자가 정당한 이유 없이 신탁관리인에게 불리한 시기에 해임한 경우 수익자는 그 손해를 배상하여야 한다. 법원은 신탁관리인의 사임허가결정이나 임무 위반을 이유로 해임결정을 함과 동시에 새로운 신탁관리인을 선임하여야 한다. 이 경우 새로 선임된 신탁관리인은 즉시 수익자에게 그 사실을 통지하여야 한다. 수익자, 신탁관리인, 그 밖의 이해관계인은 기존 신탁관리인의 사임 또는 해임, 새로운 신탁관리인의 선임 사실을 수탁자에게 통지하지 아니하면 그 사실로써 수탁자에게 대항하지 못한다.

수탁자가 신탁의 목적을 위반하여 신탁재산에 관한 법률행위를 한 경우 수익자는 상대방이나 전득자(轉得者)가 그 법률행위 당시 수탁자의 신탁목적의 위반 사실을 알았거나 중대한 과실로 알지 못하였을 때에만 그 법률행위를 취소할 수 있다. 수익자가 여럿인 경우 그 1인이 제1항에 따라 한 취소는 다른 수익자를 위하여도 효력이 있다. 취소권은 수익자가 취소의 원인이 있음을 안 날부터 3개월, 법률행위가 있은 날부터 1년 내에 행사하여야 한다. 수탁자가 법령 또는 신탁행위로 정한 사항을 위반하거나 위반할 우려가 있고 해당 행위로 신탁재산에 회복할 수 없는 손해가 발생할 우려가 있는 경우 수익자는 그 수탁자에게 그 행위를 유지(留止)할 것을 청구할 수 있다. 수익자가 여럿인 신탁에서 수탁자가 법령 또는 신탁행위로 정한 사항을 위반하거나 위반할 우려가 있고 해당 행위로 일부 수익자에게 회복할 수 없는 손해가 발생할 우려가 있는 경우에도 같다.

제 2 절 수익증권

1. 수익증권의 발행

신탁행위로 수익권을 표시하는 수익증권을 발행하는 뜻을 정할 수 있다. 이 경우 각 수익권의 내용이 동일하지 아니할 때에는 특정 내용의 수익권에 대하여 수익증권을 발행하지 아니한다는 뜻을 정할 수 있다. 수익증권발행신탁의 수탁자는 신탁행위로 정한 바에 따라 지체 없이 해당 수익권에 관한 수익증권을 발행하여야 한다. 수익증권은 기명식(記名式) 또는 무기명식(無記名式)으로 한다. 다만, 담보권을 신탁재산으로 하여 설정된 신탁의 경우에는 기명식으로만 하여야 한다. 신탁행위로 달리 정한 바가 없으면 수익증권이 발행된 수익권의 수익자는 수탁자에게 기명수익증권을 무기명식으로 하거나 무기명수익증권을 기명식으로 할 것을 청구할 수 있다.

수익증권에는 다음 사항과 번호를 적고 수탁자(수탁자가 법인인 경우에는 그 대표자를 말한다)가 기명날인 또는 서명하여야 한다. 수탁자는 신탁행위로 정한 바에 따라 수익증권을 발행하는 대신 전자등록기관[2]의 전자등록부에 수익증권을 등록할 수 있다. 이 경우 전자등록의 절차·방법 및 효과, 전자등록기관의 지정 · 감독 등 수익증권의 전자등록 등에 관하여 필요한 사항은 따로 법률로 정한다. 수익증권발행신탁에서 수익증권발행신탁이 아닌 신탁으로, 수익증권발행신탁이 아닌 신탁에서 수익증권발행신탁으로 변경할 수 없다. 수익증권발행신탁의 수탁자는 지체 없이 수익자명부를 작성하고 각 수익권에 관한 수익채권의 내용과 그 밖의 수익권의 내용, 각 수익권에 관한 수익증권의 번호 및 발행일, 각 수익권에 관한 수익증권이 기명식인지 무기명식인지의 구별, 기명수익증권의 경우에는 해당 수익자의 성명 또는 명칭 및 주소, 무기명수익증권의 경우에는 수익증권의 수, 기명수익증권의 수익자의 각 수익권 취득일 등의 사항을 적어야 한다. 수익증권발행신탁의 수탁자가 수익자나 질권자에게 하는 통지 또는 최고(催告)는 수익자명부에 적혀 있는 주소나 그 자로부터 수탁자에게 통지된 주소로 하면 된다. 다만, 무기명수익증권의 수익자나 그 질권자에게는 일반일간신문에의 공고, 수탁자가 알고 있는 자에 대한 개별적인 통지 또는 최고를 이행하여 통지하거나 최고하여야 한다. 통지 또는 최고는 보통 그 도달할 시기에 도달한 것으로 본다.

수익권에 대하여 기명수익증권을 발행하기로 한 경우 해당 수익자는 그 기명수익증권에 대하여 증권을 소지하지 아니하겠다는 뜻을 수탁자에게 신고할 수 있다. 다만, 신탁행위

2) 유가증권 등의 전자등록 업무를 취급하는 것으로 지정된 기관을 말한다.

로 달리 정한 경우에는 그에 따른다. 수탁자는 지체 없이 수익증권을 발행하지 아니한다는 뜻을 수익자명부에 적고, 수익자에게 그 사실을 통지하여야 한다. 이 경우 수탁자는 수익증권을 발행할 수 없다. 이미 발행된 수익증권이 있으면 수탁자에게 제출하여야 하고, 수탁자에게 제출된 수익증권은 제2항의 기재를 한 때에 무효가 된다. 신고를 한 수익자라도 언제든지 수탁자에게 수익증권의 발행을 청구할 수 있다.

수익증권발행신탁의 경우 수익권을 표시하는 수익증권을 발행하는 정함이 있는 수익권을 양도할 때에는 해당 수익권을 표시하는 수익증권을 교부하여야 한다. 기명수익증권으로 표시되는 수익권의 이전은 취득자의 성명 또는 명칭과 주소를 수익자명부에 적지 아니하면 수탁자에게 대항하지 못한다. 특정 수익권에 대하여 수익증권을 발행하지 아니한다는 뜻을 정한 수익증권발행신탁의 경우 해당 수익권의 이전은 취득자의 성명 또는 명칭과 주소를 수익자명부에 적지 아니하면 수탁자 및 제3자에게 대항하지 못한다. 수익증권발행신탁에서 수익권을 표시하는 수익증권을 발행하는 정함이 있는 수익권의 경우 수익증권의 발행 전에 한 수익권의 양도는 수탁자에 대하여 효력이 없다. 다만, 수익증권을 발행하여야 하는 날부터 6개월이 경과한 경우에는 그러하지 아니하다.

2. 수익증권의 소유권

수익증권의 점유자는 적법한 소지인으로 추정한다. 수익증권에 관하여는 「수표법」 제21조를 준용한다. 수익증권발행신탁의 경우 수익권을 질권의 목적으로 할 때에는 그 수익권을 표시하는 수익증권을 질권자에게 교부하여야 한다. 수익증권을 교부받은 질권자는 계속하여 수익증권을 점유하지 아니하면 그 질권으로써 수탁자 및 제3자에게 대항하지 못한다. 수익증권을 발행하지 아니한다는 뜻을 정한 수익증권발행신탁의 경우 해당 수익권에 대한 질권은 그 질권자의 성명 또는 명칭과 주소를 수익자명부에 적지 아니하면 수탁자 및 제3자에게 대항하지 못한다. 수익증권발행신탁에서 수익권을 표시하는 수익증권을 발행하는 정함이 있는 수익권의 경우 수익증권 발행 전에 한 수익권에 대한 질권의 설정은 수탁자에 대하여 효력이 없다. 다만, 수익증권을 발행하여야 하는 날부터 6개월이 경과한 경우에는 그러하지 아니하다.

수익증권발행신탁의 수탁자는 기명수익증권에 대한 수익자로서 일정한 권리를 행사할 자를 정하기 위하여 일정한 날(이하 "기준일"이라 한다)에 수익자명부에 적혀 있는 수익자를 그 권리를 행사할 수익자로 볼 수 있다. 기준일은 수익자로서 권리를 행사할 날에 앞선 3개월 내의 날로 정하여야 한다. 기준일을 정한 수탁자는 그 날의 2주 전에 이를 일반일간신문에 공고하여야 한다. 다만, 수탁자가 법인인 경우에는 그 법인의 공고방법에 따른다. 무기명 수익증권을 가진 자는 그 수익증권을 제시하지 아니하면 수탁자 및 제3자에게 수익자의 권리를 행사하지 못한다.

수익증권발행신탁의 수익권을 여러 명이 공유하는 경우 공유자는 그 수익권에 대하여 권리(수탁자로부터 통지 또는 최고를 받을 권한을 포함한다)를 행사할 1인을 정하여 수탁자에게 통지하여야 한다. 통지가 없는 경우 공유자는 수탁자가 동의하지 아니하면 해당 수익권에 대한 권리를 행사할 수 없고, 공유자에 대한 수탁자의 통지나 최고는 공유자 중 1인에게 하면 된다. 수익증권발행신탁의 수익자가 여럿인 경우 수익자의 의사결정은 수익자집회에서 결정한다. 수익증권발행신탁의 경우 위탁자는 해임권 또는 선임권, 열람·복사 청구권 또는 설명요구권, 열람 또는 복사 청구권 등의 권리를 행사할 수 없다.

수익증권발행신탁의 경우 신탁행위로 다음에 해당하는 뜻을 정할 수 있다. 첫째, 다음 각 목의 권리의 전부 또는 일부에 대하여 총수익자 의결권의 100분의 3(신탁행위로 100분의 3보다 낮은 비율을 정한 경우에는 그 비율을 말한다) 이상 비율의 수익권을 가진 수익자만 해당 권리를 행사할 수 있다는 뜻, 열람·복사 청구권 또는 설명요구권, 취소권, 신탁의 변경청구권, 신탁의 종료명령청구권, 6개월(신탁행위로 이보다 짧은 기간을 정한 경우에는 그 기간을 말한다) 전부터 계속하여 수익권을 가진 수익자만 유지청구권을 행사할 수 있다는 뜻 등이다. 수익증권은 공시최고(公示催告)의 절차를 거쳐 무효로 할 수 있다. 수익증권을 상실한 자는 제권판결(除權判決)을 받지 아니하면 수탁자에게 수익증권의 재발행을 청구하지 못한다.

3. 신탁사채

신탁행위로 수탁자가 신탁을 위하여 사채(社債)를 발행할 수 있도록 정할 수 있다. 즉 수익증권발행신탁일 것, 유한책임신탁일 것, 수탁자가 「상법」상 주식회사나 그 밖의 법률에 따라 사채를 발행할 수 있는 자일 것, 서채를 발행하는 수탁자는 사채청약서, 채권(債券) 및 사채원부에 채가 신탁을 위하여 발행되는 것이라는 뜻, 신탁을 특정하는 데에 필요한 사항, 해당 사채에 대하여는 신탁재산만으로 이행책임을 진다는 뜻의 사항을 적어야 한다.

담보부사채(擔保附社債)란 물적 담보가 있는 사채를 의미한다. 사채의 모집·상환 등을 원활하게 하기 위하여 담보부사채가 이용된다. 담보부사채와 보증사채는 담보가 있다는 점에서 같지만, 담보부사채에는 물적 담보가, 보증사채에는 인적 담보가 있다는 점에서 차이가 있다. 사채를 발행하는 경우 각 사채권자에 대하여 개별적으로 담보를 제공하는 것은 어렵기 때문에 영국의 신탁법리(信託法理)를 이용한 담보부사채신탁법을 마련하여 모든 사채권자가 공동의 담보권을 가질 수 있도록 하고 있다. 담보부사채에 관한 신탁업을 하려는 자는 금융위원회에 등록하여야 한다. 이에 따른 등록을 할 수 있는 자는 「자본시장과 금융투자업에 관한 법률」에 따른 신탁업자 또는 「은행법」에 따른 은행으로 한정한다.

제 3 절 신탁의 변경과 종료

신탁은 위탁자, 수탁자 및 수익자의 합의로 변경할 수 있다. 다만, 신탁행위로 달리 정한 경우에는 그에 따른다. 신탁의 변경은 제3자의 정당한 이익을 해치지 못한다. 신탁행위 당시에 예견하지 못한 특별한 사정이 발생한 경우 위탁자, 수익자 또는 수탁자는 신탁의 변경을 법원에 청구할 수 있다. 목적신탁에서 수익자의 이익을 위한 신탁으로, 수익자의 이익을 위한 신탁에서 목적신탁으로 변경할 수 없다. 신탁의 목적, 수익채권의 내용, 신탁행위로 수익권매수청구권을 인정한 사항에 관한 변경에 반대하는 수익자는 신탁변경이 있은 날부터 20일 내에 수탁자에게 수익권의 매수를 서면으로 청구할 수 있다. 수탁자는 변경의 청구를 받은 날부터 2개월 내에 매수한 수익권의 대금을 지급하여야 한다. 수익권의 매수가액은 수탁자와 수익자 간의 협의로 결정한다. 청구를 받은 날부터 30일 내에 제3항에 따른 협의가 이루어지지 아니한 경우 수탁자나 수익권의 매수를 청구한 수익자는 법원에 매수가액의 결정을 청구할 수 있다. 법원이 수익권의 매수가액을 결정하는 경우에는 신탁의 재산상태나 그 밖의 사정을 고려하여 공정한 가액으로 산정하여야 한다. 수탁자는 법원이 결정한 매수가액에 대한 이자를 기간만료일 다음 날부터 지급하여야 한다. 수탁자는 수익권매수청구에 대한 채무의 경우 신탁재산만으로 책임을 진다. 다만, 신탁행위 또는 신탁변경의 합의로 달리 정한 경우에는 그에 따른다. 청구에 의하여 수탁자가 수익권을 취득한 경우 그 수익권은 소멸한다. 다만, 신탁행위 또는 신탁변경의 합의로 달리 정한 경우에는 그에 따른다.

신탁을 합병하려는 경우 수탁자는 합병계획서를 작성하여야 한다. 수탁자는 각 신탁별로 위탁자와 수익자로부터 합병계획서의 승인을 받아야 한다. 다만, 신탁행위로 달리 정한 경우에는 그에 따른다. 합병계획서를 승인하지 아니하는 수익자는 합병계획서의 승인이 있은 날부터 20일 내에 수탁자에게 수익권의 매수를 서면으로 청구할 수 있다. 수탁자는 신탁의 합병계획서의 승인을 받은 날부터 2주 내에 다음 각 호의 사항을 일반일간신문에 공고하고(수탁자가 법인인 경우에는 해당 법인의 공고방법에 따른다) 알고 있는 신탁재산의 채권자에게는 개별적으로 이를 최고하여야 한다. 일정한 기간은 1개월 이상이어야 한다. 채권자가 기간 내에 이의를 제출하지 아니한 경우에는 합병을 승인한 것으로 본다. 이의를 제출한 채권자가 있는 경우 수탁자는 그 채권자에게 변제하거나 적당한 담보를 제공하거나 이를 목적으로 하여 적당한 담보를 신탁회사에 신탁하여야 한다. 다만, 신탁의 합병으로 채권자를 해칠 우려가 없는 경우에는 그러하지 아니하다.

합병 전의 신탁재산에 속한 권리·의무는 합병 후의 신탁재산에 존속한다. 신탁재산 중 일부를 분할하여 수탁자가 동일한 새로운 신탁의 신탁재산으로 할 수 있다. 신탁재산 중 일부를 분할하여 수탁자가 동일한 다른 신탁과 합병(이하 "분할합병"이라 한다)할 수 있다. 신탁을 분할하거나 분할합병하려는 경우 수탁자는 분할계획서 또는 분할합병계획서를 작성하여야 한다. 수탁자는 각 신탁별로 위탁자와 수익자로부터 제1항의 분할계획서 또는 분할합병계획서의 승인을 받아야 한다. 다만, 신탁행위로 달리 정한 경우에는 그에 따른다. 분할계획서 또는 분할합병계획서를 승인하지 아니한 수익자는 분할계획서 또는 분할합병계획서의 승인이 있은 날부터 20일 내에 수탁자에게 수익권의 매수를 서면으로 청구할 수 있다. 수탁자는 신탁의 분할계획서 또는 분할합병계획서의 승인을 받은 날부터 2주 내에 다음 각 호의 사항을 일반일간신문에 공고하고(수탁자가 법인인 경우에는 그 법인의 공고방법에 따른다) 알고 있는 신탁재산의 채권자에게는 개별적으로 최고하여야 한다. 일정한 기간은 1개월 이상이어야 한다. 채권자가 기간 내에 이의를 제출하지 아니한 경우에는 신탁의 분할 또는 분할합병을 승인한 것으로 본다. 이의를 제출한 채권자가 있는 경우 수탁자는 그 채권자에게 변제하거나 적당한 담보를 제공하거나 이를 목적으로 하여 적당한 담보를 신탁회사에 신탁하여야 한다. 다만, 신탁을 분할하거나 분할합병하는 것이 채권자를 해칠 우려가 없는 경우에는 그러하지 아니하다. 분할되는 신탁재산에 속한 권리·의무는 분할계획서 또는 분할합병계획서가 정하는 바에 따라 분할 후 신설신탁 또는 분할합병신탁에 존속한다. 수탁자는 분할하는 신탁재산의 채권자에게 분할된 신탁과 분할 후의 신설신탁 또는 분할합병신탁의 신탁재산으로 변제할 책임이 있다.

신탁은 신탁의 목적을 달성하였거나 달성할 수 없게 된 경우, 신탁이 합병된 경우, 유한책임신탁에서 신탁재산에 대한 파산선고가 있은 경우, 수탁자의 임무가 종료된 후 신수탁자가 취임하지 아니한 상태가 1년간 계속된 경우, 목적신탁에서 신탁관리인이 취임하지 아니한 상태가 1년간 계속된 경우, 신탁행위로 정한 종료사유가 발생한 경우에 해당하는 경우 종료한다.

위탁자와 수익자는 합의하여 언제든지 신탁을 종료할 수 있다. 다만, 위탁자가 존재하지 아니하는 경우에는 그러하지 아니하다. 위탁자가 신탁이익의 전부를 누리는 신탁은 위탁자나 그 상속인이 언제든지 종료할 수 있다. 위탁자, 수익자 또는 위탁자의 상속인이 정당한 이유 없이 수탁자에게 불리한 시기에 신탁을 종료한 경우 위탁자, 수익자 또는 위탁자의 상속인은 그 손해를 배상하여야 한다. 신탁행위 당시에 예측하지 못한 특별한 사정으로 신탁을 종료하는 것이 수익자의 이익에 적합함이 명백한 경우에는 위탁자, 수탁자 또는 수익자는 법원에 신탁의 종료를 청구할 수 있다.

신탁이 종료된 경우 신탁재산은 수익자(잔여재산수익자를 정한 경우에는 그 잔여재산수익자를 말한다)에게 귀속한다. 다만, 신탁행위로 신탁재산의 잔여재산이 귀속될 자(이하 "귀속권리자"라 한다)를 정한 경우에는 그 귀속권리자에게 귀속한다. 수익자와 귀속권리자로 지정된 자가 신탁의 잔여재산에 대한 권리를 포기한 경우 잔여재산은 위탁자와 그 상속인에게 귀속한다. 신탁이 종료된 경우 신탁재산은 위탁자에게 귀속한다. 신탁이 종료된 경우 신탁재산이 귀속될 자에게 이전될 때까지 그 신탁은 존속하는 것으로 본다. 이 경우 신탁재산이 귀속될 자를 수익자로 본다. 잔여재산의 귀속이 정하여지지 아니하는 경우 잔여재산은 국가에 귀속된다.

신탁이 종료한 경우 수탁자는 지체 없이 신탁사무에 관한 최종의 계산을 하고, 수익자 및 귀속권리자의 승인을 받아야 한다. 수익자와 귀속권리자가 제1항의 계산을 승인한 경우 수탁자의 수익자와 귀속권리자에 대한 책임은 면제된 것으로 본다. 다만, 수탁자의 직무수행에 부정행위가 있었던 경우에는 그러하지 아니하다. 수익자와 귀속권리자가 수탁자로부터 제1항의 계산승인을 요구받은 때부터 1개월 내에 이의를 제기하지 아니한 경우 수익자와 귀속권리자는 계산을 승인한 것으로 본다.

신탁사무는 법원이 감독한다. 다만, 신탁의 인수를 업으로 하는 경우는 그러하지 아니하다. 법원은 이해관계인의 청구에 의하여 또는 직권으로 신탁사무 처리의 검사, 검사인의 선임, 그 밖에 필요한 처분을 명할 수 있다.

제 4 절 신탁의 현황[3)]

2013년 말 현재 57개 신탁회사 총 수탁고는 전년 말 대비 58.2조원(13.3%) 증가한 496.7조원 수준이다. 은행은 245.4조원으로 전년 말 대비 43.0조원(21.2%) 증가하였으며, 증권사도 16.8조원(14.7%) 증가한 130.2조원을 시현하였다. 부동산신탁회사는 118.8조원으로 전년 말

3) 금감원 보도자료(2014), 13년 신탁회사 영업실적'참조한 것임(http://www.fss.or.kr)

대비 소폭 감소하였으며, 보험사는 판매채널 부족 등으로 수탁고가 미미한 수준이었다. 신탁재산 유형별로 보면 금전신탁이 247.2조원, 재산신탁이 249.2조원이다. 특정금전신탁은 233.6조원으로 전년 말에 비해 16.9% 증가하였다. 이에는 은행, 증권사를 중심으로 정기예금형, ELT, 채권형, MMT 수탁고 증가한데 기인한다.

표 5-1 신탁회사 수탁고 추이 (단위 : 조원, %, %p)

구 분		'12년말 (A)	점유율(a)	'13년말 (B)	점유율(b)	증감 수탁고 (B-A)	증감 점유율 (b-a)
겸영사	은 행	202.4	46.1	245.4	49.4	43.0	3.3
	증 권	113.4	25.9	130.2	26.2	16.8	0.3
	보 험	1.8	0.4	2.3	0.5	0.5	0.1
	소 계	317.6	72.4	377.9	76.1	60.3	3.7
부동산신탁회사		120.9	27.6	118.8	23.9	△2.1	△3.7
합 계		438.5	100.0	496.7	100.0	58.2	–

표 5-2 신탁재산별 수탁고 추이 (단위 : 조원, %)

신탁재산		'12년말 (A)	'13년말 (B)	비중	증감 (B-A)
금전신탁	불특정*	13.2	13.6	2.7	0.4
	특 정	199.8	233.6	47.0	33.8
	(퇴직연금)	(44.5)	(55.8)	(11.2)	(11.3)
	소 계	213.0	247.2	49.7	34.2
재산신탁	금전채권신탁	66.6	92.5	18.6	25.9
	유가증권신탁	7.0	9.4	1.9	2.4
	부동산신탁	151.9	147.3	29.7	△4.6
	소 계	225.5	249.2	50.2	23.7
기타	담보부사채 등	0.0	0.3	0.1	0.3
총 계		438.5	496.7	100.0	58.2

* '04.1월 간접투자자산운용업법 시행 이후 신규 취급 금지

표 5-3 **특정금전신탁(퇴직연금신탁 제외) 수탁 현황** (단위 : 조원, %)

구 분	'12년말 (A)	'13.6말	'13년말 (B)	비중	증감률
CP 등 채권	77.1	85.8	86.7	48.8	12.4
MMT	39.1	49.3	43.3	24.4	11.0
정기예금	20.8	16.8	25.5	14.3	22.7
ELT(주가연계신탁)	9.8	11.2	14.1	7.9	43.6
기타(자사주, 주식, 외화증권 등)	8.5	8.0	8.1	4.6	△5.7
계	155.3	171.1	177.7	100.0	14.4

그림 5-1 **연도별 특정금전신탁 증감추이** (단위 : 조원)

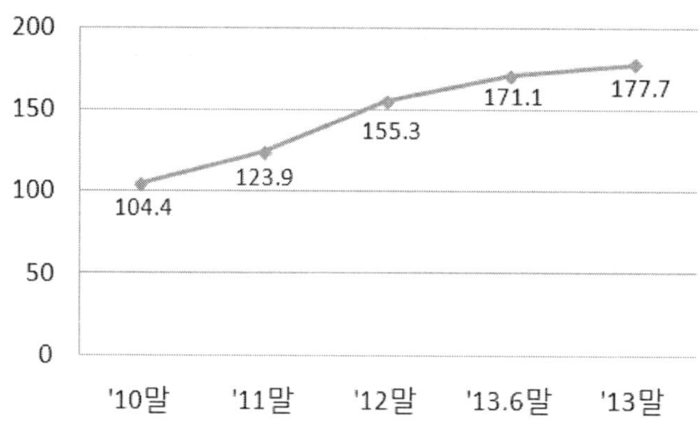

그림 5-2 금전채권신탁 자산유동화 구조도

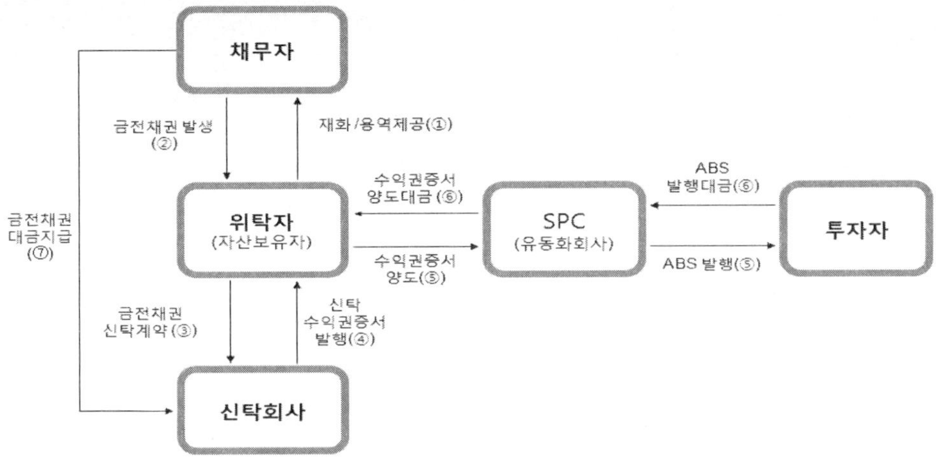

재산신탁의 증가는 주로 기업들의 자산유동화를 위한 은행권 금전채권신탁 수탁고가 증가한데 기인한다. 주로 기업들이 자금조달을 목적으로 신탁업자에게 매출채권 등을 신탁하고 그 수익권증서를 기초로 유동화증권(ABS 등)을 발행하였다. 2013년 중 신탁보수는 8,177억 원으로 전년 동기(7,646억 원) 대비 531억 원(6.9%) 증가하였다. 2013년 중 겸영신탁회사(은행, 증권사, 보험사)의 수탁고는 특정금전신탁 및 금전채권신탁 증가에 따라 증가한 반면, 전업신탁회사인 부동산신탁회사는 전년 말 대비 소폭 감소하였다. 업권별 점유율은 은행, 증권사 , 부동산신탁회사, 보험사는 순이었다. 특히, 부동산신탁회사의 경우 토지신탁보수의 증가로 전년 대비 16.5%증가하였다.

표 5-4 신탁보수 추이 (단위 : 억 원, %)

구 분		'12년 (A)	'13년 (B)	증감액 (B-A)	증감률 (B-A)/A
겸영	은 행	4,551	4,531	△20	△0.4
	증 권 사*	1,033	1,236	203	19.6
	보 험 사*	7	16	9	137.8
소 계		5,591	5,783	192	3.4
부동산신탁회사		2,055	2,394	339	16.5
계		7,646	8,177	531	6.9

제 6 장 금융소비자와 신용거래

Chapter 06

금융소비자와 신용거래

금융소비자의 신용거래에서는 여신전문금융업법과 대부업법, 이자제한법이 관련된다. 여신전문금융업법의 목적은 이 법은 신용카드업, 시설대여업(施設貸與業), 할부금융업(割賦金融業) 및 신기술사업금융업(新技術事業金融業)을 하는 자의 건전하고 창의적인 발전을 지원함으로써 국민의 금융편의를 도모하고 국민경제의 발전에 이바지함을 목적으로 한다. "여신전문금융업(與信專門金融業)"이란 신용카드업, 시설대여업, 할부금융업 또는 신기술사업금융업을 말한다.

제 1 절 신용카드거래

1. 신용카드회사 설립과 업무

신용카드란 이를 제시함으로써 반복하여 신용카드가맹점에서 금전채무의 상환, 금융투자상품 등, 사행성게임물의 이용 대가 및 이용에 따른 금전의 지급을 제외한 사항을 결제할 수 있는 증표(證票)로서 신용카드업자(외국에서 신용카드업에 상당하는 영업을 영위하는 자를 포함한다)가 발행한 것을 말한다. "신용카드업"이란 신용카드의 발행 및 관리, 신용카드 이용과 관련된 대금(代金)의 결제, 신용카드가맹점의 모집 및 관리 업무를 포함한 둘 이상의 업무를 업(業)으로 하는 것을 말한다.

"신용카드업자"란 신용카드업의 허가를 받거나 등록을 한 자를 말한다. 신용카드회원이란 신용카드업자와의 계약에 따라 그로부터 신용카드를 발급받은 자를 말한다. 신용카드가맹점이란 신용카드업자와의 계약에 따라 신용카드회원·직불카드회원 또는 선불카드소지자(이하 "신용카드회원등"이라 한다)에게 신용카드 · 직불(直拂)카드 또는 선불(先拂)카드(이하 "신용카드등"이라 한다)를 사용한 거래에 의하여 물품의 판매 또는 용역의 제공 등을 하는 자, 그리고 신용카드업자와의 계약에 따라 신용카드회원등에게 물품의 판매 또는 용역의 제공 등을 하는 자를 위하여 신용카드등에 의한 거래를 대행(代行)하는 자(이하 "결제대행업체"라 한다)를 말한다.

직불카드란 직불카드회원과 신용카드가맹점 간에 전자적(電子的) 또는 자기적(磁氣的) 방법으로 금융거래계좌에 이체(移替)하는 등의 방법으로 결제가 이루어질 수 있도록 신용카드업자가 발행한 증표{자금(資金)을 융통받을 수 있는 증표는 제외한다}를 말한다. 직불카드회원이란 신용카드업자와의 계약에 따라 그로부터 직불카드를 발급받은 자를 말한다. 선불카드란 신용카드업자가 대금을 미리 받고 이에 해당하는 금액을 기록(전자적 또는 자기적 방법에 따른 기록을 말한다)하여 발행한 증표로서 선불카드소지자가 신용카드가맹점에 제시하여 그 카드에 기록된 금액의 범위에서 결제할 수 있게 한 증표를 말한다.

신용카드업을 하려는 자는 금융위원회의 허가를 받아야 한다. 다만, 제3항 제2호에 해당하는 자는 금융위원회에 등록하면 신용카드업을 할 수 있다. 허가를 받거나 등록을 하려는 자는 상호(商號) 및 주된 사무소의 소재지, 자본금 및 출자자(총리령으로 정하는 소액출자자는 제외한다)의 성명 또는 명칭과 그 지분율(持分率), 임원의 성명, 경영하려는 여신전문금융업, 여신전문금융회사가 되려는 자는 그 취지, 겸영여신업자가 되려는 자는 경영하고 있는 사업의 내용을 적은 허가신청서나 등록신청서에 대통령령으로 정하는 서류를 첨부하여 금융위원회에 제출하여야 한다.

여신전문금융업의 허가를 받거나 등록을 하여 여신전문금융회사가 될 수 있는 자는 주식회사로서 자본금이 다음 하나에 따른 금액 이상인 자로 제한한다. 2개 이하의 여신전문금융업을 하려는 경우는 200억 원, 3개 이상의 여신전문금융업을 하려는 경우는 400억 원, 겸영여신업자로서 신용카드업의 등록을 할 수 있는 자는 주식회사로서 자본금과 자기자본이 20억 원 이상인 자로 제한한다. 허가를 받거나 등록을 할 수 없는 요건은 첫째, 등록 · 허가가 말소(抹消)되거나 취소된 날부터 3년이 지나지 아니한 법인 및 그 말소 또는 취소 당시 그 법인의 대통령령으로 정하는 출자자이었던 자로서 말소되거나 취소된 날부터 3년이 지나지 아니한 자, 둘째, 「채무자 회생 및 파산에 관한 법률」에 따른 회생절차 중에 있는 회사 및 그 회사의 출자자 중 대통령령으로 정하는 출자자, 셋째, 금융거래 등 상거래에서 약정한 날까지 채무(債務)를 변제(辨濟)하지 아니한 자로서 대통령령으로 정하는 자, 넷째, 허가신청일 및 등록신청일을 기준으로 최근 3년 동안 대통령령으로 정하는 금융 관계 법령을 위반하여 벌금형 이상의 처벌을 받은 사실이 있는 자, 다섯째, 대통령령으로 정하는 재무건전성기준에 미치지 못하는 자(허가의 경우만 해당한다), 여섯째, 해당하는 자가 출자자인 법인으로서 대통령령으로 정하는 법인, 일곱째, 신기술사업금융업자와 투자자 간, 특정 투자자와 다른 투자자 간의 이해관계의 충돌을 방지하기 위한 체계를 갖추지 아니한 자 등이다.

신용카드업의 허가를 받으려는 자는 다음 요건을 갖추어야 한다. 첫째, 자본금을 보유할 것, 둘째, 거래자를 보호하고 취급하려는 업무를 하기에 충분한 전문인력과 전산설비 등 물적(物的) 시설을 갖추고 있을 것, 셋째, 사업계획이 타당하고 건전할 것, 넷째, 대주주(최대주주의 특수관계인인 주주를 포함하며, 최대주주가 법인인 경우에는 그 법인의 주요 경영사항에 대하여 사실상의 영향력을 행사하고 있는 주주로서 대통령령으로 정하는 자를 포함한다)가 충분한 출자능력, 건전한 재무상태 및 사회적 신용을 갖추고 있을 것이다.

신용카드업자는 대통령령으로 정하는 기준에 따라 신용카드회원에 대한 자금의 융통(融通), 직불카드의 발행 및 대금의 결제, 선불카드의 발행·판매 및 대금의 결제등의 부대업무를 할 수 있다. 신용카드업자는 발급신청이 본인이 신청할 것, 신용카드 한도액이 신용카드업자가 정하는 신용한도 산정(算定) 기준(소득과 재산에 관한 사항, 타인에 대한 지급 보증(保證)에 관한 사항, 신용카드이용대금을 결제할 수 있는 능력에 관한 사항, 신청인이 신용카드 발급 당시 다른 금융기관으로부터 받은 신용공여액(信用供與額)에 관한 사항)에 따른 개인신용한도를 넘지 아니할 것의 요건을 갖추고 있는지를 확인하여야 한다. 대통령령으로 정하는 연령 이상인 자에게만 신용카드 발급이 가능한데 이는 민법 제4조에 따른 성년 연령 이상인 사람(발급 신청일 현재 재직(在職)을 증명할 수 있는 경우에는 만 18세 이상인 사람)을 말한다. 신용카드업자는 신용카드나 직불카드를 발급하는 경우 그 약관(約款)과 함께 신용카드회원이나 직불카드회원의 권익(權益)을 보호하기 위하여 필요한 사항으로서 대통령령으로 정하는 사항을 신청자에게 서면(書面)으로 내주어야 한다. 다만, 신청자가 동의하면 팩스나 전자문서(「전자문서 및 전자거래 기본법」 제2조 제1호에 따른 전자문서를 말한다)로 보낼 수 있다.

2. 회원 모집

신용카드회원을 모집할 수 있는 자는 해당 신용카드업자의 임직원, 신용카드 발급계약의 체결을 중개(仲介)하는 자(이하 "모집인"이라 한다), 신용카드업자와 신용카드회원의 모집에 관하여 업무 제휴(提携) 계약을 체결한 자에 해당하는 자이어야 한다. 신용카드업자는 소속 모집인이 되고자 하는 자를 금융위원회에 등록하여야 한다.[1)] 금치산자 또는 한정치산자,

---

1) 동법 시행령 제6조의8(모집자의 준수사항 등) ①법 제14조의2 제2항에 따라 신용카드회원을 모집하는 자(이하 "모집자"라 한다)는 신용카드회원을 모집할 때 다음 각 호의 사항을 지켜야 한다.

파산선고를 받고 복권(復權)되지 아니한 자, 벌금 이상의 실형(實刑)을 선고받고 그 집행이 끝나거나 집행이 면제된 날부터 2년이 지나지 아니한 자, 모집인의 등록이 취소된 후 2년이 지나지 아니한 자, 미성년자 등에 해당하는 자는 모집인이 될 수 없다.

신용카드업자는 모집인 이외의 자에게 신용카드회원의 모집을 하게 하거나 모집에 관하여 수수료·보수, 그 밖의 대가를 지급하지 못한다. 모집인은 자신이 소속된 신용카드업자 외의 자를 위하여 신용카드회원을 모집하는 행위, 타인에게 신용카드회원의 모집을 하게 하거나 그 위탁을 하는 행위, 모집에 관하여 수수료·보수, 그 밖의 대가를 지급하는 행위를 하지 못한다. 금융위원회는 건전한 모집질서의 확립을 위하여 필요하다고 인정되는 경우에는 신용카드회원을 모집하는 자에 대하여 대통령령으로 정하는 바에 따라 조사를 할 수 있다. 신용카드업자는 모집인의 행위가 이 법 또는 이 법에 따른 명령이나 조치에 위반된 사실을 알게 된 경우에는 이를 금융위원회에 신고하여야 한다. 신용카드업자는 모집인에게 모집인이 신용카드회원을 모집할 때 지켜야 하는 사항을 교육하여야 한다. 신용카드는 양도(讓渡)·양수(讓受)하거나 질권(質權)을 설정(設定)할 수 없다.

---

1. 신청인에게 자신이 법 제14조의2 제1항에 따라 신용카드회원을 모집할 수 있는 사람임을 알릴 것
2. 신청인에게 신용카드에 대한 약관과 연회비 등 신용카드의 거래조건 및 제6조의7 제7항 제4호의 사항을 설명할 것
3. 신청인이 본인임을 확인하고, 신청인이 직접 신청서 및 신용카드 발급에 따른 관련 서류 등을 작성하도록 할 것. 이 경우 「장애인차별금지 및 권리구제 등에 관한 법률」 제2조에 따른 장애인에 대한 본인 확인 및 신용카드 발급신청 서류 등의 작성을 할 때에는 같은 법 제4조제2항에 따른 정당한 편의를 제공하여야 한다.
4. 신청인이 작성한 신용카드 발급신청서에 모집자의 성명과 등록번호(모집자임을 표시하는 다른 징표를 포함한다)를 적을 것
5. 신용카드업자 외의 자를 위하여 신용카드 발급계약의 체결을 중개하지 아니할 것
6. 신용카드회원을 모집할 때 법 제14조 제4항 및 이 영 제6조의7 제5항에 따른 방법으로 할 것
7. 신용카드회원을 모집할 때 알게 된 신청인의 신용정보(「신용정보의 이용 및 보호에 관한 법률」 제2조제1호에 따른 신용정보를 말한다) 및 사생활 등 개인적 비밀을 업무 목적 외의 목적으로 누설하거나 이용하지 아니할 것
8. 신용카드회원을 모집할 때 법 제13조 제1항 제1호에 따른 자금의 융통을 권유하는 경우에는 대출금리, 연체료율 및 취급수수료 등의 거래조건을 감추거나 왜곡하지 아니하고, 이해할 수 있도록 설명할 것

② 금융위원회는 법 제14조의5 제4항에 따른 조사를 위하여 필요하다고 인정되는 경우에는 모집자에 대하여 다음 각 호의 사항을 요구할 수 있다.
1. 조사사항에 대한 사실과 상황에 대한 진술서의 제출
2. 조사에 필요한 장부·서류와 그 밖의 물건의 제출

③ 제2항에 따라 조사를 하는 사람은 그 권한을 표시하는 증표를 지니고 관계인에게 보여 주어야 한다.

3. 권리의무관계

1) 신용카드회원의 책임

신용카드회원등에 대한 책임은 다음과 같다. 첫째, 신용카드업자는 신용카드회원이나 직불카드회원으로부터 그 카드의 분실·도난 등의 통지를 받은 때부터 그 회원에 대하여 그 카드의 사용에 따른 책임을 진다. 둘째, 신용카드업자는 제1항에 따른 통지 전에 생긴 신용카드의 사용에 대하여 대통령령으로 정하는 기간의 범위에서 책임을 진다. 셋째, 신용카드업자는 신용카드의 분실·도난 등에 대하여 그 책임의 전부 또는 일부를 신용카드회원이 지도록 할 수 있다는 취지의 계약을 체결한 경우에는 그 신용카드회원에 대하여 그 계약내용에 따른 책임을 지도록 할 수 있다. 다만, 저항할 수 없는 폭력이나 자기 또는 친족의 생명·신체에 대한 위해(危害) 때문에 비밀번호를 누설(漏泄)한 경우 등 신용카드회원의 고의(故意) 또는 과실(過失)이 없는 경우에는 그러하지 아니하다. 넷째, 신용카드업자는 카드의 분실과 도난에 따른 통지를 받은 경우에는 즉시 통지의 접수자, 접수번호, 그 밖에 접수사실을 확인할 수 있는 사항을 그 통지인에게 알려야 한다.

2) 신용카드업자의 책임

신용카드업자는 첫째, 위조(僞造)되거나 변조(變造)된 신용카드등의 사용, 둘째, 해킹, 전산장애, 내부자정보유출 등 부정한 방법으로 얻은 신용카드등의 정보를 이용한 신용카드등의 사용, 셋째, 다른 사람의 명의를 도용(盜用)하여 발급받은 신용카드등의 사용(신용카드회원등의 고의 또는 중대한 과실이 있는 경우는 제외한다), 넷째, 신용카드업자가 부정한 방법으로 얻은 신용카드 등의 정보를 이용한 신용카드등의 사용에 대하여 그 신용카드회원등의 고의 또는 중대한 과실을 증명하면 그 책임의 전부 또는 일부를 신용카드회원등이 지도록 할 수 있다는 취지의 계약을 신용카드회원등과 체결한 경우에는 그 신용카드회원등이 그 계약내용에 따른 책임을 지도록 할 수 있다. 이 계약은 서면으로 한 경우에만 효력이 있으며, 신용카드회원등의 중대한 과실은 계약서에 적혀 있는 것만 해당한다.

신용카드업자는 위에 따른 책임을 이행하기 위하여 보험이나 공제(共濟)에 가입하거나 준비금을 적립하는 등 필요한 조치를 하여야 한다. 신용카드회원이 서면으로 신용카드의 이용금액에 대하여 이의를 제기할 경우 신용카드업자는 이에 대한 조사를 마칠 때까지 그 신용카드회원으로부터 그 금액을 받을 수 없다. 신용카드업자는 신용카드회원이 신용카드업자와의 계약을 해지하는 경우 연회비를 반환하여야 한다. 신용카드업자는 잃어버리거나 도난당한 신용카드를 사용한 거래, 위조되거나 변조된 신용카드를 사용한 거래, 해킹, 전산 장애, 내부자정보유출 등 부정한 방법으로 얻은 신용카드등의 정보를 이용하여 신용카드등을 사용한 거래, 다른 사람의 명의를 도용하여 발급받은 신용카드등을 사용한 거래다음 각 호의 어느 하나에 해당하는 거래에 따른 손실을 신용카드가맹점이 부담하도록 할 수 없다. 다만, 신용카드업자가 그 거래에 대한 그 신용카드가맹점의 고의 또는 중대한 과실을 증명하면 그 손실의 전부 또는 일부를 신용카드가맹점이 부담하도록 할 수 있다는 취지의 계약을 신용카드가맹점과 체결한 경우에는 그러하지 아니하다. 이 계약은 서면으로 한 경우에만 효력이 있으며, 신용카드가맹점의 중대한 과실은 계약서에 적혀 있는 사항만 해당한다.

신용카드업자는 신용카드업자가 정하는 이자율·할인율·연체료율·가맹점수수료율 등 각종 요율(料率), 신용카드·직불카드 이용금액의 결제방법, 신용카드회원등에 대한 책임, 신용카드가맹점에 대한 책임과 신용카드가맹점의 준수 사항을 총리령으로 정하는 방법에 따라 신용카드회원등과 신용카드가맹점에 알려야 한다. 신용카드업자는 신용카드가맹점과의 가맹점수수료율을 정함에 있어서 공정하고 합리적으로 정하여야 하며 부당하게 가맹점수수료율을 차별하여서는 아니 된다. 금융위원회는 신용카드업자가 가맹점수수료율을 정함에 있어서 준수하여야 할 사항을 정하여야 한다. 신용카드업자는 대통령령으로 정하는 규모 이하의 영세한 중소신용카드가맹점에 대하여 금융위원회가 정하는 우대수수료율을 적용하여야 한다. 대통령령으로 정하는 규모 이상의 대형 신용카드가맹점은 거래상의 우월적 지위를 이용하여 신용카드업자에게 부당하게 낮은 가맹점수수료율을 정할 것을 요구하는 행위, 신용카드가맹점 수수료 부담을 경감할 목적으로 보상금, 사례금 등 명칭 또는 방식 여하를 불문하고 대가를 지급할 것을 요구하는 행위를 하여서는 아니 된다.

3) 가맹점의 책임

가맹점의 준수사항은 다음과 같다. 첫째, 신용카드가맹점은 신용카드로 거래한다는 이유로 신용카드 결제를 거절하거나 신용카드회원을 불리하게 대우하지 못한다. 둘째, 신용카드가맹점은 신용카드로 거래를 할 때마다 그 신용카드를 본인이 정당하게 사용하고 있는지를 확인하여야 한다. 셋째, 신용카드가맹점은 가맹점수수료를 신용카드회원이 부담하게 하여서는 아니 된다. 넷째, 신용카드가맹점은 물품의 판매 또는 용역의 제공 등이 없이 신용카드로 거래한 것처럼 꾸미는 행위, 신용카드로 실제 매출금액 이상의 거래를 하는 행위, 다른 신용카드가맹점의 명의(名義)를 사용하여 신용카드로 거래하는 행위, 신용카드가맹점의 명의를 타인에게 빌려주는 행위, 신용카드에 의한 거래를 대행하는 행위를 하여서는 아니 된다.

신용카드업자는 소비자 보호 목적과 건전한 영업질서를 해칠 우려가 있는 신용카드 상품에 관한 충분한 정보를 제공하지 아니하거나, 과장되거나 거짓된 설명 등으로 신용카드회원등의 권익을 부당하게 침해하는 행위와 신용카드업자의 경영상태를 부실하게 할 수 있는 모집행위 또는 서비스 제공 등으로 신용카드등의 건전한 영업질서를 해치는 행위를 하여서는 아니 된다. 금융위원회는 선불카드를 발행한 신용카드업자에게 선불카드 발행총액의 100분의 10의 범위에서 대통령령으로 정하는 금액을 공탁할 것을 명할 수 있다.

제 2 절 시설대여 및 할부금융 거래

시설대여업이란 시설대여를 업으로 하는 것을 말한다. 시설대여란 대통령령으로 정하는 물건(이하 "특정물건"이라 한다)을 새로 취득하거나 대여 받아 거래상대방에게 대통령령으로 정하는 일정 기간 이상 사용하게 하고, 그 사용 기간 동안 일정한 대가를 정기적으로 나누어 지급받으며, 그 사용 기간이 끝난 후의 물건의 처분에 관하여는 당사자 간의 약정(約定)으로 정하는 방식의 금융을 말한다. 연불판매(延拂販賣)란 특정물건을 새로 취득하여 거래상대방에게 넘겨주고, 그 물건의 대금·이자 등을 대통령령으로 정하는 일정한 기간 이상 동안 정기적으로 나누어 지급받으며, 그 물건의 소유권 이전 시기와 그 밖의 조건에 관하여는 당사자 간의 약정으로 정하는 방식의 금융을 말한다.

할부금융업이란 할부금융을 업으로 하는 것을 말한다. 할부금융이란 재화(財貨)와 용역의 매매계약(賣買契約)에 대하여 매도인(賣渡人) 및 매수인(買受人)과 각각 약정을 체결하여 매수인에게 융자한 재화와 용역의 구매자금을 매도인에게 지급하고 매수인으로부터 그 원리금(元利金)을 나누어 상환(償還)받는 방식의 금융을 말한다. 신기술사업금융업이란 신기술사업자에 대한 투자, 신기술사업자에 대한 융자, 신기술사업자에 대한 경영 및 기술의 지도, 신기술사업투자조합의 설립, 신기술사업투자조합 자금의 관리·운용에 따른 업무를 종합적으로 업으로서 하는 것을 말한다. 시설대여업·할부금융업 또는 신기술사업금융업을 하고 있거나 하려는 자로서 이 법을 적용받으려는 자는 업별(業別)로 금융위원회에 등록하여야 한다.

할부금융업자는 할부금융계약을 체결한 재화와 용역의 매수인(이하 "할부금융이용자"라 한다)에게 할부금융업자가 정하는 이자율, 연체이자율 및 각종 요율과 할부금융에 의한 대출액(이하 "할부금융자금"이라 한다)의 변제방법이 적힌 서면을 내주어야 한다. 다만, 할부금융이용자의 동의가 있으면 팩스나 전자문서(「전자문서 및 전자거래 기본법」 제2조 제1호에 따른 전자문서를 말한다)로 보낼 수 있다. 할부금융업자는 할부금융이용자에게 할부금융의 대상이 되는 재화 및 용역의 구매액(그 구매에 필요한 부대비용을 포함한다) 이상으로 할부금융자금을 대출할 수 없다. 할부금융업자는 할부금융자금을 할부금융의 대상이 되는 재화 및 용역의 매도인에게 직접 지급하여야 한다.

여신전문금융회사와 겸영여신업자(이하 "여신전문금융회사등"이라 한다)는 취급하는 금융상품(이하 "여신금융상품"이라 한다)을 광고하는 경우 여신전문금융회사등의 명칭, 이자율 등 상품의 주요 내용, 과도한 채무 또는 신용카드 남용의 위험성을 알리는 경고문구(개인을 대상으로 하는 상품에 한정한다) 사항이 포함되도록 하여야 한다. 여신전문금융회사등은 여신금융상품을 광고하는 경우 다음에 해당하는 행위를 하여서는 아니 된다.

가. 사실과 다르게 광고하거나 사실을 지나치게 부풀리는 방법으로 광고하는 행위
나. 사실을 숨기거나 축소하는 방법으로 광고하는 행위
다. 구체적인 근거와 내용을 제시하지 아니하고 다른 금융회사의 금융상품보다 우위에 있음을 표시하여 광고하는 행위
라. 그 밖에 금융이용자를 보호하기 위하여 대통령령으로 정하는 광고 행위

금융소비자와의 거래에서 중요한 약관관련 규정을 살펴보면, 여신전문금융회사등은 금융이용자의 권익을 보호하여야 하며, 금융거래와 관련된 약관(이하 "금융약관"이라 한다)을 제정하거나 개정하려는 경우에는 미리 금융위원회에 신고하여야 한다. 다만, 다음에 해당하는 경우에는 금융약관을 제정하거나 개정한 후 10일 안에 금융위원회에 보고하여야 한다.

가. 금융약관의 내용 중 금융이용자의 권리·의무와 관련이 없는 사항을 개정하는 경우
나. 제3항에 따른 표준약관을 그대로 사용하는 경우
다. 제정하거나 개정하려는 금융약관의 내용이 다른 여신전문금융회사등이 금융위원회에 신고한 금융약관의 내용과 같은 경우
라. 제7항의 변경명령에 따라 금융약관 또는 표준약관을 변경한 경우

여신전문금융회사등은 금융약관을 제정하거나 개정한 경우에는 인터넷 홈페이지 등을 이용하여 공시하여야 한다. 여신전문금융업협회는 건전한 거래질서를 확립하고 불공정한 내용의 금융약관이 통용되는 것을 막기 위하여 여신전문금융업 금융거래와 관련하여 표준이 되는 약관(이하 "표준약관"이라 한다)을 제정하거나 개정할 수 있다.

여신전문금융업협회는 표준약관을 제정하거나 개정하려는 경우에는 금융위원회에 미

리 신고하여야 한다. 금융약관의 신고 또는 보고를 받거나 표준약관을 신고 받은 금융위원회는 그 금융약관 또는 표준약관의 내용을 공정거래위원회에 통보하여야 한다. 공정거래위원회는 통보받은 금융약관 또는 표준약관의 내용이 「약관의 규제에 관한 법률」 제6조부터 제14조까지의 규정에 위반된다고 인정하면 금융위원회에 그 사실을 통보하고 그 시정에 필요한 조치를 하도록 요청할 수 있으며, 금융위원회는 특별한 사유가 없으면 이에 따라야 한다. 금융위원회는 금융약관 또는 표준약관이 이 법 또는 금융 관련 법령에 위반되거나 그 밖에 금융이용자의 이익을 해칠 우려가 있다고 인정하면 여신전문금융회사등 또는 여신전문금융업협회에 그 내용을 구체적으로 적은 서면으로 금융약관 또는 표준약관을 변경할 것을 명령할 수 있다. 금융위원회는 이 변경명령을 하기 전에 공정거래위원회와 협의하여야 한다.

제 3 절 대부업체와의 거래

1. 대부업체

대부업법은 대부업·대부중개업의 등록 및 감독에 필요한 사항을 정하고 대부업자와 여신금융기관의 불법적 채권추심행위 및 이자율 등을 규제함으로써 대부업의 건전한 발전을 도모하는 한편, 금융이용자를 보호하고 국민의 경제생활 안정에 이바지함을 목적으로 한다. 대부업이란 금전의 대부(어음할인·양도담보, 그 밖에 이와 비슷한 방법을 통한 금전의 교부를 포함한다. 이하 "대부"라 한다)를 업(業)으로 하거나 대부업의 등록을 한 자와 여신금융기관에 해당하는 자로부터 대부계약에 따른 채권을 양도받아 이를 추심하는 것을 업으로 하는 것을 말한다. 다만, 대부의 성격 등을 고려하여 대통령령으로 정하는 경우는 제외한다. 대부중개업이란 대부중개를 업으로 하는 것을 말한다. 대부중개업자란 대부중개업의 등록을 한 자를 말한다. 여신금융기관이란 다른 법령에 따라 인가 또는 허가 등을 받아 대부업을 하는 금융기관을 말한다.

대부업 또는 대부중개업("대부업등" 이라 한다)을 하려는 자(여신금융기관은 제외한다)는 영업소별로 해당 영업소를 관할하는 특별시장·광역시장·특별자치시장·도지사 또는 특별자치도지사(이하 "시·도지사"라 한다)에게 등록하여야 한다. 다만, 여신금융기관과 위탁계약 등을 맺고 대부중개업을 하는 자("대출모집인")는 해당 위탁계약 범위에서는 그러하지 아니하다. 등록을 하려는 자는 명칭 또는 성명과 주소, 등록신청인이 법인인 경우에는 출자자(대통령령으로 정하는 기준 이하의 주식 또는 출자지분을 소유하는 자는 제외한다)의 명칭 또는 성명, 주소와 그 지분율 및 임원의 성명과 주소, 등록신청인이 영업소의 업무를 총괄하는 사용인("업무총괄 사용인"이라 한다)을 두는 경우에는 업무총괄 사용인의 성명과 주소, 영업소의 명칭 및 소재지, 영업소의 소재지 증명 서류, 경영하려는 대부업등의 구체적 내용 및 방법, 표시 또는 광고에 사용되는 전화번호를 적은 신청서와 증명 서류를 시·도지사에게 제출하여야 한다.

다음 각 호의 어느 하나에 해당하는 자(등록신청인이 법인인 경우에는 그 임원 또는 업무총괄 사용인이, 개인인 경우에는 대표자 또는 업무총괄 사용인이 다음 각 호의 어느 하나에 해당하는 자)는 대부업등의 등록을 할 수 없다. 다만, 업무총괄 사용인의 경우에는 다음에 해당하는 경우로 한정한다.

가. 미성년자 · 금치산자 또는 한정치산자

나. 파산선고를 받고 복권되지 아니한 자

다. 금고 이상의 실형을 선고받고 그 집행이 끝나거나(집행이 끝난 것으로 보는 경우를 포함한다) 면제된 날부터 5년이 지나지 아니한 자

라. 금고 이상의 형의 집행유예를 선고받고 그 유예기간 중에 있는 자

마. 금고 이상의 형의 선고유예를 받고 그 유예기간 중에 있는 자

바. 벌금형을 선고받고 2년이 지나지 아니한 자

사. 폐업한 날부터 1년이 지나지 아니한 자

아. 등록취소 처분을 받은 후 5년이 지나지 아니한 자 또는 제5조제2항에 따라 폐업하지 아니하였다면 등록취소 처분을 받았을 상당한 사유가 있는 경우에는 폐업 후 5년이 지나지 아니한 자

자. 대부업등을 위하여 대통령령으로 정하는 고정사업장을 보유하고 있지 아니한 자

2. 거래원칙

대부업자(대부중개업을 겸영하는 대부업자를 포함한다)는 그 상호 중에 "대부"라는 문자를 사용하여야 한다. 대부중개업만을 하는 대부중개업자는 그 상호 중에 "대부중개"라는 문자를 사용하여야 한다. 대부업등 외의 다른 영업을 겸영하는 대부업자등으로서 총영업수익 중 대부업등에서 생기는 영업수익의 비율 등을 고려하여 대통령령으로 정하는 기준에 해당하는 자는 그 상호 중에 "대부" 및 "대부중개"라는 문자를 사용하지 아니할 수 있다. 대부업

자등은 타인에게 자기의 명의로 대부업등을 하게 하거나 그 등록증을 대여하여서는 아니 된다.

대부업자가 그의 거래상대방과 대부계약을 체결하는 경우에는 거래상대방이 본인임을 확인하고 대부업자(그 영업소를 포함한다) 및 거래상대방의 명칭 또는 성명 및 주소 또는 소재지, 계약일자, 대부금액, 최고이자율, 대부이자율, 변제기간 및 변제방법, 대부업자 명의의 계좌번호, 부대비용, 손해배상액 또는 강제집행에 관한 약정이 있는 경우에는 그 내용, 보증계약을 체결한 경우에는 그 내용, 채무의 조기상환 조건, 연체이자율 등이 적힌 대부계약서를 거래상대방에게 교부하여야 한다. 대부업자는 대부계약을 체결하는 경우에는 거래상대방에게 모두 설명하여야 한다. 대부업자가 대부계약과 관련하여 보증계약을 체결하는 경우에는 보증계약서 및 대부계약서 사본을 보증인에게 교부하여야 한다.

대부업자는 대부계약과 관련하여 보증계약을 체결하는 경우에는 보증인에게 모두 설명하여야 한다. 대부업자는 대부계약을 체결하거나 보증계약을 체결한 경우에는 그 계약서와 대통령령으로 정하는 계약관계서류(대부업자의 거래상대방 또는 보증인이 채무를 변제하고 계약서 및 계약관계서류의 반환을 서면으로 요구함에 따라 이를 반환한 경우에는 그 사본 및 반환요구서를 말한다. 이하 같다)를 대부계약 또는 보증계약을 체결한 날부터 채무변제일 이후 2년이 되는 날까지 보관하여야 한다. 대부계약 또는 그와 관련된 보증계약을 체결한 자는 대부업자에게 그 계약서와 계약관계서류의 열람을 요구하거나 채무 및 보증채무와 관련된 증명서의 발급을 요구할 수 있다. 이 경우 대부업자는 정당한 사유 없이 이를 거부하여서는 아니 된다.

대부업자는 그의 거래상대방과 대부계약을 체결하는 경우에는 대부금액, 대부이자율, 변제기간 등의 사항을 그 거래상대방이 자필로 기재하게 하여야 한다. 대부업자는 대부계약과 관련하여 보증계약을 체결하는 경우에는 보증기간, 피보증채무의 금액, 보증의 범위 등의 사항을 그 보증인이 자필로 기재하게 하여야 한다. 대부계약 또는 이와 관련된 보증계약을 체결할 때 전자서명법」 제2조제8호에 따른 공인인증서를 이용하여 거래상대방 또는 보증인이 본인인지 여부를 확인하고, 인터넷을 이용하여 거래상대방 또는 보증인이 직접 입력하게 하는 경우에 해당하는 경우와 거래상대방 또는 보증인이 본인인지 여부 및 제1항 각 호의 사항 또는 제2항 각 호의 사항에 대한 거래상대방 또는 보증인의 동의 의사를 음성 녹음 등 대통령령으로 정하는 방법으로 확인하는 경우에는 대부업자를 거래상대방 또는 보증인이 자필로 기재하게 한 것으로 본다.

대부업자는 대부계약을 체결하려는 경우에는 미리 거래상대방으로부터 그 소득·재산 및 부채상황에 관한 것으로서 대통령령으로 정하는 증명서류를 제출받아 그 거래상대방의 소득·재산 및 부채상황을 파악하여야 한다. 다만, 대부금액이 대통령령으로 정하는 금액 이하인 경우에는 그러하지 아니하다. 대부업자는 거래상대방의 소득·재산·부채상황·신용 및 변제계획 등을 고려하여 객관적인 변제능력을 초과하는 대부계약을 체결하여서는 아니 된다. 대부업자는 제1항에 따른 서류를 거래상대방의 소득·재산 및 부채상황을 파악하기 위한 용도 외의 목적으로 사용하여서는 아니 된다. 대부업자는 대부계약을 체결하고자 하는 자가 제3자의 명의로 된 담보를 제공하는 경우 그 제3자에게 담보제공 여부를 확인하여야 한다.

대부업자가 개인이나 대통령령으로 정하는 소규모 법인에 대부를 하는 경우 그 이자율은 연 100분의 40의 범위에서 대통령령으로 정하는 율을 초과할 수 없다. 이자율을 산정할 때 사례금, 할인금, 수수료, 공제금, 연체이자, 체당금(替當金) 등 그 명칭이 무엇이든 대부와 관련하여 대부업자가 받는 것은 모두 이자로 본다. 다만, 해당 거래의 체결과 변제에 관한 부대비용으로서 대통령령으로 정한 사항은 그러하지 아니하다. 대부업자가 이를 위반하여 대부계약을 체결한 경우 이자율을 초과하는 부분에 대한 이자계약은 무효로 한다. 채무자가 대부업자에게 제1항에 따른 이자율을 초과하는 이자를 지급한 경우 그 초과 지급된 이자 상당금액은 원본(元本)에 충당되고, 원본에 충당되고 남은 금액이 있으면 그 반환을 청구할 수 있다. 대부업자가 선이자를 사전에 공제하는 경우에는 그 공제액을 제외하고 채무자가 실제로 받은 금액을 원본으로 하여 제1항에 따른 이자율을 산정한다.

대부업자는 등록증, 대부이자율, 이자계산방법, 변제방법, 연체이자율, 그 밖에 대통령령으로 정하는 중요 사항을 일반인이 알 수 있도록 영업소마다 게시하여야 한다. 대부업자가 대부조건 등에 관하여 표시 또는 광고(「표시·광고의 공정화에 관한 법률」에 따른 표시 또는 광고를 말한다. 이하 "광고"라 한다)를 하는 경우에는 명칭 또는 대표자 성명, 대부업 등록번호, 대부이자율(연 이자율로 환산한 것을 포함한다) 및 연체이자율, 이자 외에 추가비용이 있는 경우 그 내용, 도한 채무의 위험성을 알리는 경고문구 및 그 밖에 대부업자의 거래상대방을 보호하기 위하여 필요한 사항으로서 대통령령으로 정하는 사항을 포함하여야 한다. 대부중개업자가 대부조건 등에 관하여 광고를 하는 경우도 마찬가지이다. 이 사항을 쉽게 알 수 있도록 대통령령으로 정하는 방식에 따라 광고의 문안과 표기를 하여야 한다. 대부업자 또는 여신금융기관이 아니면 대부업에 관한 광고를 하여서는 아니 된다. 대부중개업자 또는 대출모집인이 아니면 대부중개업에 관한 광고를 하여서는 아니 된다.

3. 광 고

대부업자등은 다음과 같은 허위과장광고를 해서는 아니 된다.

가. 대부이자율, 대부 또는 대부중개를 받을 수 있는 거래상대방, 대부중개를 통하여 대부할 대부업자, 그 밖에 대부 또는 대부중개의 내용에 관하여 사실과 다르게 광고하거나 사실을 지나치게 부풀리는 방법, 사실을 숨기거나 축소하는 방법, 비교의 대상 및 기준을 명시하지 아니하거나, 객관적인 근거 없이 자기의 대부 또는 대부중개가 다른 대부업자등의 대부 또는 대부중개보다 유리하다고 주장하는 방법으로 광고하는 행위

나. 대부 또는 대부중개를 받을 수 있는 것으로 오인하게 하거나 유인하여 이 법 또는 다른 법률을 위반하는 방법, 타인의 재산권을 침해하는 방법으로 광고하는 행위

다. 그 밖에 대부업자등의 거래상대방을 보호하거나 불법 거래를 방지하기 위하여 필요한 경우로서 대통령령으로 정하는 광고 행위

대부업자는 대부업의 등록 또는 등록갱신을 하지 아니하고 사실상 대부업을 하는 자("미등록대부업자")로부터 대부계약에 따른 채권을 양도받아 이를 추심하는 행위를 하여서는 아니 된다. 대부업자는 제3조에 따른 대부중개업의 등록 또는 등록갱신을 하지 아니하고 사실상 대부중개업을 하는 자("미등록대부중개업자")로부터 대부중개를 받은 거래상대방에게 대부하여서는 아니 된다.

시·도지사 등 대통령령으로 정하는 자는 관련규정을 위반한 광고를 발견한 때에는 미래창조과학부장관에게 해당 광고에 사용된 전화번호에 대한 전기통신역무 제공의 중지를 요청할 수 있다. 시·도지사는 법을 위반한 광고를 발견한 경우 광고를 한 자에게 기한을 정하여 해당 광고의 중단을 명할 수 있으며, 그 명을 따르지 아니하는 경우에는 미래창조과학부장관에게 광고에 사용된 전화번호에 대한 전기통신역무 제공의 중지를 요청할 수 있다. 전기통신역무 제공이 중지된 이용자는 전기통신역무 제공의 중지를 요청한 기관에 이의신청을 할 수 있다. 대부계약에 따른 채권의 추심을 하는 자는 채무자 또는 그의 관계인에게 그 소속과 성명을 밝혀야 한다.

미등록대부업자가 대부를 하는 경우의 이자율에 관하여는 「이자제한법」 제2조 제1항 및 이 법 제8조 제2항부터 제5항까지의 규정을 준용한다.[2] 대부중개업자는 미등록대부업자에게 대부중개를 하여서는 아니 된다. 대부중개업자 및 대출모집인("대부중개업자등")과 미

---

2) 부록2 참조

등록대부중개업자는 수수료, 사례금, 착수금 등 그 명칭이 무엇이든 대부중개와 관련하여 받는 대가("중개수수료")를 대부를 받는 거래상대방으로부터 받아서는 아니 된다. 대부업자가 개인이나 대통령령으로 정하는 소규모 법인에 대부하는 경우 대부중개업자등에게 지급하는 중개수수료는 해당 대부금액의 100분의 5의 범위에서 대통령령으로 정하는 율에 해당하는 금액을 초과할 수 없다. 여신금융기관이 대부중개업자등에게 중개수수료를 지급하는 경우의 중개수수료 상한에 관하여는 제3항을 준용한다. 금융위원회는 법을 위반하여 중개수수료를 지급한 여신금융기관에 대하여 그 시정을 명할 수 있다. 대부중개업자등은 대부업자 또는 여신금융기관으로부터 금액을 초과하는 중개수수료를 지급받아서는 아니 된다.

대부업자 또는 여신금융기관은 대부중개업자등이 그 위탁받은 대부중개를 하면서 이 법을 위반하여 거래상대방에게 손해를 발생시킨 경우에는 그 손해를 배상할 책임이 있다. 다만, 대부업자 또는 여신금융기관이 대부중개업자등에게 대부중개를 위탁하면서 상당한 주의를 하였고 이들이 대부중개를 하면서 거래상대방에게 손해를 입히는 것을 막기 위하여 노력한 경우에는 그러하지 아니하다. 이 조항은 해당 대부중개업자등에 대한 대부업자 또는 여신금융기관의 구상권 행사를 방해하지 아니한다.

여신금융기관은 연 100분의 40의 범위에서 대통령령으로 정하는 율을 초과하여 대부금에 대한 이자를 받을 수 없다. 여신금융기관은 대부자금의 조달비용, 연체금의 관리비용, 연체금액, 연체기간, 금융업의 특성 등을 고려하여 대통령령으로 정하는 율을 초과하여 대부금에 대한 연체이자를 받을 수 없다. 금융위원회는 이를 위반하여 이자 및 연체이자를 받는 여신금융기관에 대하여 그 시정을 명할 수 있다.

4. 분쟁조정

대부업자등과 거래상대방 간의 분쟁을 해결하기 위하여 해당 영업소를 관할하는 시·도지사 소속으로 분쟁조정위원회를 둔다. 대부업자등과 거래상대방은 제1항에 따른 분쟁조정위원회에서 분쟁이 해결되지 아니하는 경우에는「소비자기본법」제60조에 따른 소비자분쟁조정위원회에 분쟁 조정을 신청할 수 있다. 분쟁조정위원회의 구성·운영과 분쟁 조정의 절차·방법 등 분쟁 조정에 관하여 필요한 사항은 대통령령으로 정한다.

다음에 해당하는 자는 5년 이하의 징역 또는 5천만 원 이하의 벌금에 처한다.

가. 관련 규정을 위반하여 등록 또는 등록갱신을 하지 아니하고 대부업등을 한 자

나. 속임수나 그 밖의 부정한 방법으로 등록 또는 등록갱신을 한 자

다. 관련 규정을 위반하여 대부업 또는 대부중개업 광고를 한 자

다음에 해당하는 자는 3년 이하의 징역 또는 3천만 원 이하의 벌금에 처한다.

가. 관련 규정을 위반하여 타인에게 자기의 명의로 대부업등을 하게 하거나 등록증을 대여한 자

나. 관련 규정을 위반하여 서류를 해당 용도외의 목적으로 사용한 자

다. 관련 규정에 따른 이자율을 초과하여 이자를 받은 자

라. 관련 규정을 위반하여 미등록대부업자로부터 대부계약에 따른 채권을 양도받아 이를 추심하는 행위를 한 자 또는 미등록대부중개업자로부터 대부중개를 받은 거래상대방에게 대부행위를 한 자

마. 관련 규정을 위반하여 대부중개를 하거나 중개수수료를 받은 자

사. 관련 규정을 중개수수료를 초과하여 지급한 자

아. 관련 규정을 시정명령을 이행하지 아니한 자

자. 관련 규정을 중개수수료를 지급받은 자

차. 관련 규정을 시정명령을 이행하지 아니한 자

법인의 대표자나 법인 또는 개인의 대리인, 사용인, 그 밖의 종업원이 그 법인 또는 개인의 업무에 관하여 관련 규정 위반행위를 하면 그 행위자를 벌하는 외에 그 법인 또는 개인에게도 해당 조문의 벌금형을 과(科)한다. 다만, 법인 또는 개인이 그 위반행위를 방지하기 위하여 해당 업무에 관하여 상당한 주의와 감독을 게을리 하지 아니한 경우에는 그러하지 아니하다.

제 7 장 금융소비자의 보호

Chapter 07

금융소비자의 보호

제 1 절 한국 금융소비자 보호제도 개괄

보험, 은행, 증권 등 금융관련 상대적인 약자인 대국민의 권익 보호를 위해 우리나라에서는 금융감독원에서 관련 금융기관에 대한 감독, 감시 권한을 가지고 금융소비자 보호에 노력을 하고 있다. 금융소비자 보호제도란 금융소비자가 금융회사를 이용 시 발생하는 불편사항을 해소하기 위한 금융상담 및 민원처리뿐만 아니라 민원 발생평가, 금융 분쟁조정 등 다양한 제도를 포괄하는 것으로서 금융소비자의 권익을 보호하는데 그 목적을 두고 있다. 또한 민원발생 소지를 예방하기위해 불합리한 관행이나 제도의 개선뿐만 아니라 금융소비자에 대한 교육 등도 금융소비자 보호를 위한 중요한 수단이 되고 있다. 이러한 금융소비자 보호 업무를 수행하기위해 1999년 금융 감독기구의 설치 등에 관한 법률에 따라 금융감독원 출범 시 소비자보호실, 분쟁조정국 등을 설치하였으며 금융 상담을 전담하기 위한 금융소비자 보호센터를 소비자 보호실내에 설치하였다.

그 후 2008년 2월 금융위원회의 설치 등에 관한 법률에 의해 금융위원회와 금융감독원이 분리되면서 금융 민원 창구도 이원화 되자 이에 따른 민원인의 불편을 최소화하고 원스톱 민원 서비스를 제공하기 위해 2008년 7월에 금융소비자 보호센터를 금융민원센터로 확대, 개편 하였다. 금융감독원에서는 이와 같이 소비자 보호 전담 기구를 통하여 금융상담, 민원처리, 상속인 금융거래 조회서비스 등 다양한 민원 서비스를 제공하고 있으며, 금융에 관한 교육자료를 제작, 배포하고 인터넷 홈페이지를 통해 금융정보 제공기회를 확대하는 등 금융 소비자의 합리적인 판단과 금융상품 선택능력을 제고 하기위한 교육을 진행하고 있다.

상속인이 피상속인의 갑작스러운 사망 시 등에 피상속인의 금융 거래 내용을 확인하기 위해서는 은행, 증권, 보험 등 모든 금융회사를 일일이 방문하여 조회해야 하는 번거로움이 있었다. 금융감독원은 상속인의 이러한 불편을 덜어주기 위해 상속인으로부터 피상속인의 금융거래 내역조회 신청을 받아 일괄적으로 처리해주는 서비스를 제공하여왔다.[1)]

1. 금융상담 및 민원처리 절차 및 현황

금융감독원은 금융상담의 전문성을 확보하고 신속한 상담을 위하여 금융민원센터에 금융권역별 상담전문요원이 배치되어 금융회사 이용자의 피해 또는 불만에 대해 전화 및 내방 상담서비스를 제공하고 있다. 금융상담의 통화 적체를 해소하고 전화 상담의 질적 서비스 수준을 제고하기 위하여 2002년 6월에 전국 어디서나 국번 없이 1332만 누르면 상담원과 연결되는 콜 센터를 설치하였다. 콜 센터는 기업공시상담, 금융 범죄 및 비리신고, 사금융피해 및 불법, 부당채권추심신고 등과 연계하여 다양한 금융상담 서비스의 통합적 창구역할을 수행하고 있다.

금융민원접수처리 분야를 보면 금융감독원은 효율적이고 투명한 민원 처리를 위하여 민원사무처리 규정을 재정, 운영하고 있는데 동 규정에 따라 소비자 보호 센터 내에 민원안내실의 역할을 수행하는 금융민원센터를 설치하고 인터넷, 우편, 팩스, 내방 등을 통하여 금융민원을 접수, 처리하고 있다. 금융민원 중 금융회사에 대한 불만사항이나 권리 구제를 요청하는 민원은 소비자 보호센터 민원 처리 팀이나 분쟁조정국에서, 금융회사의 부당행위에 대한 고발성 민원은 감독, 검사 업무를 담당하는 서비스 국에서 처리하고 있으며 단순, 경미한 민원에 대하여는 해당 금융회사에 이첩 처리하고 있다. 한편 신속한 민원처리를 위해 권리구제를 요청하는 민원 중 금융회사를 경유하지 않는 금융민원에 대해 민원인과 금융회사에 자율조정기회를 부여하고 조정이 성립되지 않을 경우 금융감독원이 직접 처리하는 민원자율조정제도를 2005년 10월에 도입하였다.

2001년 11월에는 인터넷으로 접수된 민원에 대해 소관부서에서 수시 조회 및 인터넷으로 회신하는 인터넷민원 즉시 처리시스템을 개발하여 민원처리 과정의 신속성을 제고하였는데 동 시스템은 2003년에 홈페이지의 민원접수 시스템과 내부 민원처리 시스템 및 사무

1) 이 서비스는 금융감독원 출범 이전인 1999년 8월부터 은행감독원에서 예금 및 대출거래에 한해 조회서비스를 제공하였으나 2001년 7월 이후에는 조회 대상을 보증, 증권, 보험계약, 신용카드, 가계당좌거래 및 해지계좌까지 확대 하였으며, 조회대상 금융회사의 범위도 은행, 증권, 보험, 종합금융회사, 상호저축은행에서 2000년 8월에는 농·수협, 파산 금융회사, 외국계은행, 여신전문금융회사, 2004년 9월에는 신용협동조합, 새마을 금고, 우체국, 2005년 4월에는 산림조합 및 증권 예탁결제 원을 포함한 모든 금융회사로 확대하는 한편, 처리기간도 30일에서 10일 내외로 대폭 단축하였다.

자동화 시스템을 연계한 원 클릭민원시스템으로 확장되어 민원 업무처리의 효율성을 크게 제고 하였다. 2005년에는 금융소비자의 편익 증진을 위해 홈페이지에 자주하는 질문코너를 대폭확충하고 단순 질의 성 상담에 대한 즉답시스템을 구축하는 등 전자민원창구를 개편하였다. 아울러 2008년에는 금융감독원소관 금융상담, 민원업무 이외에도 금융회사 설립 등에 대한 인, 허가 신청 및 상담, 법규 유권해석 등 금융위원회와 연계된 민원업무를 접수하여 처리하는 e-금융민원센터도 개통하였다.

금융감독원은 금융회사 자율적인 민원예방 노력을 유도하고, 금융소비자에게 금융회사에 대한 선택정보를 제공하기 위하여 금융회사에 대한 민원발생 평가를 실시하고 있다. 2002년 4월 처음 실시된 금융회사 민원발생 평가 시에는 은행, 증권, 보험회사만이 평가대상이었으나 같은 해 8월의 제2차 금융회사 민원발생 평가 시에는 신용카드 회사가 포함되었으며 2006년 상반기부터는 상호저축은행도 평가 대상에 추가되었다. 평가주기는 최초 도입 시 반시별로 연 2회 실시하다가 금융회사의 평가부남을 감안하어 2007년부터 연1회로 변경하였으며 평가대상은 금융감독원에 접수된 모든 민원으로 하되 중복, 반복민원, 법규, 제도관련 질의 등 단순 질의 성 민원 등은 평가대상에서 제외하고 있다. 평가 방식의 경우 최초에는 각 권역 내에서 금융회사를 순위로 평가하는 순위산정방식에서 2006년 하반기 평가부터는 5개의 등급으로 평가하는 등급산정방식으로 변경하였다. 금융소비자에게 금융회사에 대한 선택정보를 제공함으로써 금융회사의 자발적인 민원감축 및 발생된 민원의 신속한 해결을 촉진하기 위하여 민원발생 평가 결과는 언론매체 및 금융감독원 홈페이지에 공표하고 있다.

2008년에는 급변하는 금융환경으로 인한 새로운 유형의 민원이나 빈발민원을 체계적으로 분석하여 민원이상 징후를 조기에 파악함으로써 민원확산을 차단하고 민원예방 및 민원제도개선에 활용하기 위하여 민원주의보 시스템을 구축하였고 신속한 민원처리를 유도하기 위해 민원서류 수, 발신 등 행정업무를 전산화하여 민원처리에 소요되는 기간을 단축시키고 민원 내용을 금융회사가 실시간으로 확인할 수 있는 민원 공유 시스템을 개발하여 활용하고 있다.

금융감독원의 2013년 상반기 금융민원 및 상담통계(2013.9.6. 보도자료)를 살펴보면 금융상담은 금융소비자가 금융감독원 민원상담센터(전화 1332)로 상담한 실적을 의미하는'13년 상반기 중 금융상담은 192,701건으로 전년 동기에 비해 6.6%(△13,512건) 감소한 것으로 나타났다. 2012년 4월 18일부터 불법 사금융 신고센터 분리, 제도개선 및 홍보강화로 상속인 조회, 금융사기 및 사금융 관련 상담, 단순안내 등이 감소된 것으로 분석되었다.

표 7-1 금융민원, 상담 및 상속인조회 건수 (단위 : 건, %)

구 분	'12년		'12년 상반기		'13년 상반기	
	건 수	구성비	건 수	구성비	건 수	구성비
금 융 민 원 (분 쟁 민 원)	77,132 (28,740)	14.4 (5.4)	38,661 (14,558)	14.0 (5.3)	42,582 (15,512)	15.8 (5.8)
은 행	11,106	2.1	5,498	2.0	6,319	2.3
비은행	24,319	4.5	12,790	4.6	12,955	4.8
보 험	39,005	7.3	18,918	6.9	21,231	7.9
금융투자	2,702	0.5	1,455	0.5	2,077	0.8
금융상담	397,446※	74.1	206,213※	74.8	192,701	71.7
은 행·비은행	117,032	21.8	60,421	21.9	56,928	21.2
보 험	112,557	21.0	56,333	20.4	57,213	21.3
금융투자	10,966	2.0	5,924	2.2	4,875	1.8
기 타	156,891	29.2	83,535	30.3	73,685	27.4
단순안내주)	52,706	9.8	26,827	9.7	24,455	9.1
금융사기	14,669	2.7	8,798	3.2	6,336	2.4
신용정보	7,112	1.3	4,492	1.6	5,498	2.0
사금융	9,449	1.8	3,645	1.3	3,054	1.1
상속인 조회	61,972	11.6	30,654	11.1	33,636	12.5
총 계	536,550	100	275,528	100	268,919	100

주) 상속인조회 신청 및 민원접수 방법 안내, 원내 담당자 연결 등

※ '12.1.1.~4.17. 기간 중 「불법사금융 피해신고센터」를 통한 상담·신고건수 8,692건 포함

출처: 금융감독원(2013) 2013년 상반기 금융민원 및 상담통계(2013.9.6. 보도자료)

표 7-2 발생건수 기준 상위 10대 민원 유형('13. 상반기 중) (단위 : 건, %)

순 위	민원 유형	권 역	민원건수	전년 동기 대비증감	증감률
①	보험금 산정 및 지급	보 험	5,702	610	12.0
②	보험모집	보 험	5,457	239	4.6
③	여신	은행 · 비은행	4,468	△84	△1.8
④	신용카드	은행 · 비은행	3,899	351	9.9
⑤	후순위채권	은행 · 비은행	3,368	153	4.8
⑥	면책 · 부책 결정	보 험	2,069	458	28.4
⑦	계약의성립 및 실효	보 험	1,933	283	17.2
⑧	신용정보	은행 · 비은행	1,274	△59	△4.4
⑨	예금 · 적금	은행 · 비은행	943	56	6.3
⑩	고지 및 통지의무위반	보 험	702	△100	△12.5

출처: 금융감독원(2013) 2013년 상반기 금융민원 및 상담통계(2013.9.6. 보도자료)

그림 7-1 권역별 · 분기별 민원발생 추이

출처: 금융감독원(2013) 2013년 상반기 금융민원 및 상담통계(2013.9.6. 보도자료)

은행분야에서 2013년 상반기 중 부동산 경기 침체에 따른 중도금대출 관련 민원과 근저당 설정비 반환 관련 민원이 증가하여 "여신" 민원이 증가 건수가 가장 많았으며 2013년 2분기에는 대출금리 인하요구 등 금리 관련 민원이 직전분기에 비해 45.4%(+59건) 증가하였으며, 보이스피싱·파밍 등 금융사기 피해구제를 요청하는 민원도 다수 발생한 것으로 분석되었다. 비은행 분야에서 2013년 상반기 중 "신용카드" 민원이 전년 동기대비 11.5%로 증가하였는데, 이는 신용카드 관련 혜택 축소 및 발급심사 강화 등으로 소비자 불만이 늘어난 데 기인하는 것으로 분석되었다. 또 채권추심" 및 "개인신용정보" 민원은 감소하는 경향을 나타냈다. 2013년 2분기에 저축은행 "후순위채" 및 "여신" 민원이 직전분기 대비 감소하였는데, 이는 '11년부터 진행된 저축은행 상시 구조조정이 마무리된 것에 기인한 것으로 분석되었다. 보험 분야에서 2013년 상반기 중에도 보험민원의 70% 이상을 차지하는 보험모집 등 주요 4개 유형(보험모집, 보험금 산정·지급, 면책·부책 결정, 계약의 성립·실효)의 민원이 증가된 반면 고지 및 통지의무 위반 및 대출 민원은 감소하였다.

표 7-3 금융민원 유형별 건수 (단위 : 건, %)

권 역		'12년 상반기		'13년 상반기		증 감	
		건 수	구성비	건 수	구성비	건 수	증감률
은 행	여 신	1,828	33.2	2,200	34.8	372	20.4
	예적금	744	13.5	813	12.9	69	9.3
	신용카드	295	5.4	270	4.3	△25	△8.5
	담 보	221	4.0	260	4.1	39	17.6
	신용정보	160	2.9	226	3.6	66	41.3
	방카·펀드	214	3.9	195	3.1	△19	△8.9
	보증	86	1.6	116	1.8	30	34.9
	기 타[1)]	1,950	35.5	2,239	35.4	289	14.8
	소 계	5,498	100	6,319	100	821	14.9
비은행	신용카드	3,254	25.4	3,629	28.0	375	11.5
	후순위채권	3,215	25.1	3,368	26.0	153	4.8
	여 신	2,724	21.3	2,268	17.5	△456	△16.7
	신용정보	1,173	9.2	1,048	8.1	△125	△10.7
	보 증	124	1.0	138	1.1	14	11.3
	예적금	143	1.1	130	1.0	△13	△9.1
	담 보	76	0.6	94	0.7	18	23.7
	기 타[2)]	2,081	16.3	2,280	17.6	199	9.6
	소 계	12,790	100	12,955	100	165	1.3

보 험	보험금 산정 및 지급	5,092	26.9	5,702	26.9	610	12.0
	보험모집	5,218	27.6	5,457	25.7	239	4.6
	면책·부책 결정	1,611	8.5	2,069	9.7	458	28.4
	계약의 성립 및 실효	1,650	8.7	1,933	9.1	283	17.2
	고지 및 통지의무위반	802	4.2	702	3.3	△100	△12.5
	보험질서	396	2.1	428	2.0	32	8.1
	기 타[3]	4,149	21.9	4,940	23.3	791	19.1
	소계	18,918	100	21,231	100	2,313	12.2
금융투자	주식매매	288	19.8	403	19.4	115	39.9
	수익증권	87	6.0	219	10.5	132	151.7
	회계	40	2.7	107	5.2	67	167.5
	회사경영 관련	100	6.9	93	4.5	△7	△7.0
	발행시장 및 유통시장	136	9.3	88	4.2	△48	△35.3
	선물·옵션매매	58	4.0	67	3.2	9	15.5
	기 타[4]	746	51.3	1,100	53.0	354	47.5
	소계	1,455	100	2,077	100	622	42.7
	총 계	38,661	100	42,582	100	3,921	10.1

주: 1) 수출입(외국환), 인터넷, 폰뱅킹 민원 및 제도 관련 질의 등(처리중인 민원 포함)
2) 내부통제, 개인정보보호 등의 민원 및 제도 관련 질의 등(처리중인 민원 포함)
3) 재산운용, 보험질서, 여신 등의 민원 및 제도 관련 질의 등(처리중인 민원 포함)
4) 유관기관, 개인정보 이용 및 관리 등의 민원 및 제도 관련 질의 등(처리중인 민원 포함)

2. 민원발생평가제도

민원발생평가제도는 민원예방을 위한 금융회사의 자율적인 경쟁을 유도하고 금융회사 선택정보를 제공함으로써 소비자의 권익향상에 기여할 목적으로 도입하였으며 금융감독원에서 매년 처리한 민원을 대상으로 민원건수, 금융회사의 해결노력 및 영업규모 등을 반영하여 회사별 등급(1~5등급)을 산정하고 있다. 2013년도 평가과정을 설명하면 다음과 같다. 금융회사와 면담을 통해 중복·반복민원, 단순질의 등 금융회사에 책임을 물을 수 없는 민원을 제외하여 평가대상 민원 확정하고 평가대상 민원으로 확정된 개별민원 건에 대하여 민원처리결과별 가중치를 적용, 회사별 가중치 조정 민원건수 산출한다. 가중치는 민원의 수용성, 처리기간 등을 감안하여 차등 적용한다.[2] 가중치 조정 민원건수에 대하여 금융권역별 영업규모 지표(자산, 고객수 등)를 반영하여 지표 당 민원건수를 산출하였다.

---

2) 예) 자율조정 성립 0.1점, 요청수용 또는 사실판단 곤란 등 0.3점, 분쟁조정위원회 결정 수용 1.5점, 불수용 2.0점, 민원 지연처리 1.0점, 합의취하 기간에 따라 0.05~0.3점 등

표 7-4 금융권역별 영업규모 지표

권 역	영업규모 지표1	영업규모 지표2
은 행	총자산 십조 원당	고객수 백만 명당
신용카드	카드이용액 일조원당	전체 회원수 백만 명당
생명보험	보유보험료 천억 원당	보유계약건수 백만 건당
손해보험	원수보험료 천억 원당	보유계약건수 백만 건당
증 권	고객예탁자산 십조 원당	활동계좌수 백만 건당
저축은행	총자산 일조원당	고객수 만 명당

지표당 민원발생건수가 제일 적은 회사가 100점, 상위 65% 회사가 70점에 해당되도록 배점기준표 작성(배점간격 0.25점)하고 각 영업지표 점수를 가중평균한 점수에 해당하는 등급 부여하였다. 90점 이상은 1등급, 90점 미만에서 80점 이상은 2등급, 80점 미만에서 70점 이상은 3등급, 70점 미만에서 60점 이상은 4등급, 60점미만은 5등급이다.

그림 7-2 민원발생평가제도 평가과정

① 회사별 처리 민원 확정 ⇨ ② 평가대상 민원 확정 ⇨ ③ 가중치반영 민원 확정 ⇨ ④ 회사별 영업규모 반영한 지수산출 ⇨ ⑤ 민원 지수 점수 환산 ⇨ ⑥ 점수별 등급 부여

(예) ㅇㅇ은행의 총자산 십조 원당 점수는 93.75점, 고객수 백만 명당 점수는 71.25점으로 평균점수는 82.5이며, 등급구간이 80점 이상에 해당되어 2등급 부여

* 소비자보호 소홀로 기관경고 또는 대표이사 문책경고 이상의 제재를 받은 경우 평가등급 1등급 하향조정

2014년부터 시행되는 민원발생평가제도는 개선될 예정이다. 우선 시장질서 교란행위 및 금융사고 등에 대한 평가 불이익 부과한다. 금융상품의 불완전판매, 꺾기, 리베이트 등 시장질서 교란행위와 관련하여 금융회사의 책임이 인정되는 경우 평가시 불이익을 부과한다. 대규모 금융사고가 발생한 금융회사에 대해 평가시 불이익을 줌으로써 금융사고에 대한 내부통제 강화를 유도한다. 담합행위로 공정위의 과징금 부과 처분을 받은 금융회사도

소비자의 선택권을 제한하여 소비자 피해를 초래하였으므로 평가시 불이익 부과한다.

둘째, 당일철회 민원을 평가대상에 포함한다. 금융회사는 민원과 관련한 사실관계를 면밀히 파악하여 합리적으로 대응하여야 함에도 민원인에게 당일철회를 요구하는 경우가 많아 금융회사의 소비자보호 역량 강화를 통한 민원의 예방이라는 제도취지에 충실하도록 당일철회 민원을 평가대상에 포함한다.

셋째, 악성·억지성 민원에 대한 평가하여 불이익을 완화한다. 금융회사가 명백히 적정하게 처리한 사항에 대해서는 평가시 불이익을 입지 않도록 조정하여 억지성 민원 등에 대한 금융회사의 탄력적 대응이 가능하도록 개선한다. 민원이 민원으로서의 요건을 갖추지 못하여 처리할 수 없거나(각하), 민원인의 주장이 명백히 이유 없는 것(기각)으로 판명되는 경우가 이에 해당한다. 악성민원은 업무의 효율성 저하 및 행정비용의 낭비를 유발하여 선량한 민원인의 피해 구제를 방해하므로 향후에도 평가에서 제외한다.

넷째, 신속한 민원해결을 유도한다. 신속한 민원처리 및 취하에 대해 부여되는 평가상 인센티브를 강화하고, 사실조사를 위한 자료 요청시 기한 내에 제출하지 않거나, 부실 제출하는 회사에 대한 패널티를 강화한다.

민원발생평가의 결과는 민원발생평가 최우수등급회사 마크로 활용할 수 있다.민원발생평가 결과 발표일로부터 다음 평가결과 발표일 까지 1년간 유효하며 금융회사의 합병, 파산 등 마크 부여를 지속할 수 없는 사유 발생 시에는 그 효력이 정지된다. 금융이용자의 불필요한 오해를 유발하지 않도록 인증이라는 용어는 사용 금지하며, 개별상품, 건전성 등에 대한 우수마크로 오인되는 행위 금지하며 금지행위 위반 시, 소비자보호 소홀로 인한 기관경고 등 중징계 또는 개인정보 유출 등 발생 시 마크 이용권한을 상실한다.

[참고] 민원발생 비교공시

금융회사의 자발적인 민원발생 예방 및 신속한 민원해결 노력을 유도하기 위해 민원 발생건수를 비교공시(Name & Shame제도)

① 동일권역내 민원 발생건수(중복·반복* 민원 제외) 비중이 2%이상인 금융회사를 대상으로 영업규모에 따른 민원발생 차이를 감안하여 고객수 등 영업규모 대비 민원 발생건수 기준으로 순위 공개한다.

* 중복민원: 2개 이상의 행정기관에 제출한 민원을 이송 받은 경우
반복민원: 동일한 내용의 민원을 정당한 사유 없이 3회 이상 반복하여 제출한 경우

② 금융회사별 민원에는 단순 질의성 민원 또는 금융회사에 책임을 묻기 어려운 민원(예: 정당한 내부기준에 따른 여신이나 신용카드 발급 거절 등)도 포함되어 있으므로 통계자료 이용 시 유의해야 한다.

3. 금융소비자피해구제와 분쟁조정제도

금융감독원은 상대적으로 우월한 지위에 있는 금융회사로부터 금융소비자를 보호하고 건전한 금융거래 관행을 정착시키기 위하여 금융회사와 금융소비자 또는 이해관계인사이에 금융관련 분쟁이 발생하는 경우 이를 당사자간 합의 등을 통해 원만하게 해결할 수 있도록 금융분쟁조정제도를 운영하고 있다. 금융분쟁조정은 감독당국이 금융회사, 예금자 등 금융수요자 및 기타 이해관계인으로부터 금융회사의 업무와 관련하여 발생하는 권리, 의무 또는 이해관계로 인한 분쟁에 대해 조정신청을 받아 당사자의 주장과 사실관계를 확인하고 이에 대한 합리적인 분쟁해결방안이나 조정의견을 제시하여 당사자 간의 합의를 통하여 자주적으로 분쟁을 원만하게 해결하도록 하는 것이다.

이처럼 금융분쟁조정은 소송제기 및 이에 따른 법적절차를 거치지 않고 당사자 간의 자유로운 대화와 합의를 기초로 하고 있어 감독당국의 조정 결정에도 불구하고 당사자중 일방이 이를 수용하지 않을 경우 분쟁을 종국적으로 해결할 수 없다는 한계가 있다. 그러나 소송보다는 진행이 신속하며 금융이용자들의 접근이 용이하고 법관이 아닌 금융전문가가 분쟁을 해결하는 것이므로 금융 분야의 전문성을 살릴 수 있다는 장점을 갖고 있다.

1) 금융분쟁조정 절차

금융회사, 예금자 등 금융수요자 및 기타 이해관계인은 금융회사와의 금융거래나 기타 금융업무와 관련하여 분쟁이 발생한 때에는 당사자의 성명, 주소, 분쟁조정 신청의 취지 및 이유를 기재한 분쟁조정신청서를 금융감독원에 제출하여 금융분쟁조정을 신청할 수 있다. 신청이 접수되면 금융감독원은 신청서를 검토한 후 필요한 경우에는 해당 금융회사에 조정신청에 대한 의견서 또는 답변서와 관련 자료의 제출을 요구한다.

신청인에게 상당한 기간을 정하여 조정신청사안에 대한 보완을 요구할 수 있으며, 필요 시 사건에 대한 검사, 사실조사 및 조회 또는 관계자의 출석요구 등의 방법으로 조사할 수 있다. 아울러 당사자에 대하여 사실의 확인 또는 자료제출을 요구하거나 관계기관에 감정, 조회 기타 필요한 검사를 의뢰 할 수 있다. 금융감독원은 분쟁의 원만한 해결을 위하여 당사자에게 합의권고가 바람직하다고 판단되는 경우 당사자에게 합의안을 제시하여 합의할 것을 권고할 수 있다. 금융감독원은 조정신청을 접수한 날로부터 30일 이내에 당사자 간 합의가 이루어지지 아니하거나 또는 금융감독원의 직접 처리, 해당 금융회사에 대한 이첩 처리 또는 합의권고가 부적당하다고 판단되는 경우에는 금융분쟁조정위원회에 회부하여 처리한다.

금융분쟁조정위원회에 회부되면 당사자는 위원회 위원 중 공정성을 기대하기 어려운 사유가 있는 위원에 대해 기피 신청을 할 수 있다. 금융분쟁조정위원회는 안건이 회부된 날로부터 60일 이내에 이를 심의하여 조정결정을 하며, 당사자의 주장이 상이하거나 증거채택이 어려워 사실관계의 확정이 곤란한 경우 또는 조정의 실익이 없다고 인정되는 경우 등에는 각자 결정을 할 수 있다. 금융분쟁조정위원회에서 심의, 의결된 조정결정을 양 당사자가 수락하여 조정이 성립되면 동 결정은 재판상 화해와 동일한 효력을 갖게 되고 어느 일방이 조정결정의 내용을 이행하지 않을 경우에는 별도의 소송절차 없이 조정서를 근거로 강제집행을 할 수 있다.

2) 금융분쟁의 처리실적

2010년 금융감독원에 접수된 금융분쟁은 총 25,888건으로 전년(28,988건)보다 3,100건 감소(10.7%)하였다. 금융권역별로는 국내 경기회복 기조로 인한 펀드 관련 분쟁신청 건수의 감소로 금융투자의 경우 전년 대비 57.9%(1,084건↓), 은행·중소서민의 경우 전년 대비 21.9%(1,223건↓) 대폭 감소하였으며 보험의 경우 생명보험은 전년 대비 9.1%(904건↓) 감소하였고, 손해보험의 경우에는 보험모집 및 보험금산정관련 분쟁이 증가하여 전년 대비 1.1%(111건↑) 소폭 증가하였다. 금융권역별 구성비를 보면, 손해보험이 10,460건(40.4%)으로 가장 많았고, 생명보험 10,289건(39.7%), 은행·중소서민금융 4,351건(16.8%), 금융투자 788건(3.0%)순이다.

표 7-5 금융분쟁 접수현황 추이 (단위 : 건)

구 분	2006	2007	2008	2009	2010
은행·중소서민금융	2,154	2,020	5,200	5,574	4,351
금융투자	470	561	1,163	1,872	788
생명보험	8,681	7,603	7,393	11,193	10,289
손해보험	7,084	6,895	7,269	10,349	10,460
합 계	18,389	17,079	21,025	28,988	25,888

그림 7-3 금융분쟁 접수 추이

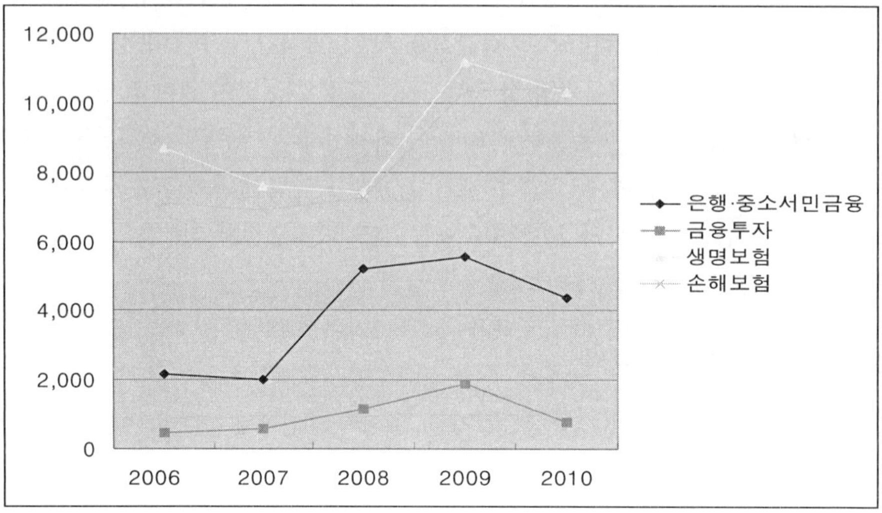

2010년 금감원에서 처리한 금융분쟁은 총 26,108건으로 전년대비 3,966건 감소(13.2%)하였다. 은행·중소서민금융 4,281건, 금융투자 861건, 생명보험 10,596건, 손해보험 10,370건이었다. 은행·중소서민금융의 경우 여신관련 분쟁이 1,105건(25.8%)으로 가장 많았고, 신용카드 867건(20.3%) 등의 順이었다. 금융투자의 경우 펀드 등 수익률 관련 분쟁이 365건(42.4%)으로 가장 많았고, 일임/임의매매 관련 분쟁 149건(17.3%) 등의 순이었다. 생명보험은 보험모집 관련 분쟁이 3,252건(30.7%)으로 가장 많았고, 보험금산정 관련 분쟁 2,945건(27.8%) 등의 순이었다. 손해보험은 보험사고로 실제발생한 손해를 보상하는 특성상 보험금산정 관련 분쟁이 3,204건(30.9%)으로 가장 많았고, 상품설명 불충분 등 보험모집관련 분쟁 2,220건(21.4%) 등의 順이었다. 신청인이 금감원에 신청한 분쟁사건의 해결정도를 수치로 나타내는 인용률(피해구제율)[3]은 45.4%로 전년 대비 0.7%p증가하였고 처리기간[4]의 경우에도 건당 평균 27.0일로 전년 보다 1.5일 감소하였다.

금융분쟁사례를 토대로 불합리한 금융제도나 관행 등을 적극적으로 개선함으로써 금융분쟁의 발생을 예방하는 데에 활용하고 있다. 금융분쟁 처리과정에서 드러난 불합리한 약관, 금융거래관행 등을 발굴하여 개선하고, 금융이용자의 건의와 불만을 적극적으로 수렴

3) 인용률=[금감원이 금융회사에게 신청인의 주장을 수용하도록 권고한 건수/총처리건수(임의철회, 이첩 제외)]

4) 조정위원회 회부 전 처리건은 접수일로부터 30일 이내(사실조사 등에 필요한 기간 제외), 조정위원회 회부 건은 60일 이내 처리하도록 규정

하여 금융제도 개선에 반영하였다. 또한 인터넷 홈페이지와 언론매체를 통한 주요 분쟁조정사례 제공, 빈발 분쟁사례에 대한 안내 자료의 금융회사 점포 비치, 금융분쟁 관련 판례집 발간, 금융회사 및 일반금융소비자 대상 분쟁조정사례 교육실시 등 다양한 경로를 통하여 금융분쟁 관련 정보를 제공함으로써 금융분쟁의 사전예방을 도모하고 있다.

제 2 절 금융소비자보호 모범규준

2014년 3월에 마련된 금융소비자보호 모범규준의 목적은 금융소비자의 권익을 증진하는 한편, 금융소비자의 불만예방 및 발생한 피해의 신속한 사후구제를 위한 기본지침을 제공함으로써, 금융회사들이 적극 도입·실천하여 궁극적으로 금융소비자 신뢰를 얻고 금융회사의 가치를 제고하여 경쟁력의 향상을 도모하는데 있다. 금융소비자·투자자보호를 강화하는 방향으로 금융의 패러다임이 변화하고 있어 금융소비자 보호를 위한 내부통제의 강화 필요성이 발생하여 2006년 9월에 기제정되었던 모범규준을 개정하였다.

금융소비자보호 강화를 위한 금융소비자보호 총괄책임자 및 전담부서 설치 및 금융상품 개발·판매단계의 금융소비자 보호 절차 강화 등의 내용으로 금융소비자 보호 모범규준을 개정함으로써 금융소비자의 요구, 불만 등을 경영개선 활동에 적극 반영하여 상품, 서비스를 개선하고 궁극적으로 금융소비자 불만사항의 근원적 해소를 통해 금융회사의 신뢰도 및 경쟁력을 제고할 필요성이 있다.

1. 금융소비자보호를 위한 조직 및 제도

1) 금융소비자 중심 경영방침 및 조직구조 마련

금융회사는 금융소비자 보호를 위한 경영방침을 정하고, 이를 공식적인 문서로 표명하여야 한다. 경영방침은 구체적으로 다음과 같은 내용을 포함할 수 있다.

가. 금융소비자 요구사항을 경영활동 등에 반영

나. 금융소비자보호를 위한 구체적인 프로세스 정립

다. 교육훈련 등을 통한 금융소비자보호 역량 및 전문성 강화

금융회사는 금융소비자 보호 업무가 효과적으로 이루어질 수 있도록 금융소비자보호에 필요한 인적, 물적 자원을 적극 확보하여야 한다.

2) 금융소비자보호 업무전담조직의 설치, 업무 및 보상

금융회사는 업무집행책임자(선임 임원급) 중에서 준법감시인에 준하는 독립적 지위의 금융소비자보호 총괄책임자(CCO: Chief Consumer Officer, 이하 CCO)를 1인 이상을 지정하여야 한다. 다만 자산규모, 영위하는 금융업무의 성질상 업무집행책임자(선임 임원급)로 지정하기에 적합하지 아니한 경우에는 준법감시인으로 하여금 금융소비자보호 총괄책임자(CCO)의 직무를 수행하게 할 수 있다. 소비자보호 총괄책임자(CCO)는 최근 5년간 금융관계법령을 위반하여 금융위원회 또는 금융감독원의 원장으로부터 문책경고 또는 감봉요구 이상에 해당하는 조치를 받은 사실이 없어야 한다.

금융회사는 금융소비자보호 총괄책임자에게 당해 금융회사의 금융소비자 보호관련 제도 기획, 교육, 평가, 보상 및 모니터링 등을 위하여 금융소비자보호 총괄부서를 총괄하는 권한을 부여하고, 독립적으로 그 직무를 수행할 수 있도록 하여야 한다.

가. 금융소비자보호에 필요한 절차 및 기준의 수립
나. 금융상품 각 단계(개발, 판매, 사후관리) 별 소비자보호 체계에 관한 관리·감독 업무
다. 민원접수 및 처리에 관한 관리·감독 업무
라. 금융소비자보호 관련 관계부서 간 피드백 업무 총괄
마. 대·내외 금융소비자보호 관련 교육 프로그램 개발 및 운영 업무 총괄
바. 민원발생과 연계한 관련 부서·직원 평가 기준의 수립 및 평가 총괄

금융소비자보호 총괄책임자는 당해 금융회사의 금융소비자보호 업무를 총괄하면서 금융소비자권익이 침해 혹은 침해될 현저한 우려가 발생한 경우 지체 없이 대표이사에게 보고하여야 하며, 대표이사는 보고받은 사항을 확인하여 신속히 금융소비자권익 침해 리스크가 해소되는 데 필요한 제반사항을 수행·지원하여야 한다. 금융회사는 금융소비자보호 총괄책임자에 대하여 회사의 재무적 경영성과와 연동하지 아니하는 별도의 공정한 업무평가기준 및 급여지급기준을 마련하여 운영하여야 하며, 민원발생건수 및 민원발생 평가등급 등은 금융소비자보호 총괄책임자의 급여 등 보상에 연계하지 아니하고, 민원발생 및 민원처리과정의 부적정 등의 원인을 직접 제공한 부서 및 담당자의 급여 등 보상에 반영하여야 한다. 금융회사는 금융소비자보호 총괄책임자에 대한 근무 평가시 징계 등 특별한 경우를 제외하고, 타업무 담당자 등 타 직군 등에 비해 직군차별, 승진 누락 등 인사평가의 불이익

이 발생하지 않도록 해야 한다.

3) 금융소비자보호 업무전담자에 대한 인사 및 보상

금융소비자보호 업무전담자는 회사별 특성을 고려하여 민원예방 및 처리, 제도개선, 민원평가, 전산시스템 운영, 금융소비자보호 교육, 홍보, 민원 감사업무 등을 원활히 수행할 수 있는 적정규모 이상을 선발, 운영하여야 한다. 금융소비자보호 업무전담자는 입사 5년 이상 경력자로, 상품개발/지원, 영업/서비스기획, 법무, 시스템, 통계, 감사 등 분야의 2년 이상 근무자중 직전 2년간 근무평가 평균 이상자로 사내 공모 또는 추천, 파견 등으로 운영토록 한다. 다만, 회사의 규모 상 분야별 전담자를 충원하기 어려운 경우 민원의 사전예방, 업무개선 및 처리가 신속하게 이루어 질 수 있도록 권한 부여 및 관련부서와의 협조체계 구축 등 체계적인 지원을 한다. 금융소비자보호 업무전담자는 금융소비자보호 전담부서의 업무특성, 전문성 등을 고려하여 특별한 경우를 제외하고 3년 이상 금융소비자보호 입무를 진담토록 한다. 단, 승진전보 및 금융소비자보호업무 관리책임자의 승인시에는 예외로 한다.

금융회사는 금융소비자보호 업무전담자에 대하여 회사의 재무적 경영성과와 연동하지 아니하는 별도의 공정한 업무평가기준 및 급여지급기준을 마련하여 운영하여야 하며, 민원발생건수 및 민원발생 평가등급 등은 금융소비자보호 업무전담자의 급여 등 보상에 연계하지 아니하고, 민원발생 및 민원처리과정의 부적정 등의 원인을 직접 제공한 부서 및 담당자의 급여 등 보상에 반영하여야 한다. 회사는 금융소비자 보호 업무 전담자가 소비자보호와 관련된 고객불만사항에 대해 신속히 조치할 수 있도록 충분한 권한을 부여하여야 한다.

금융회사는 금융소비자보호 업무전담자에 대한 근무평가시 징계 등 특별한 경우를 제외하고, 소비자보호 관련 실적이 우수한 업무전담자에게 인사상 가점을 부여하며, 타업무담당자 등 타 직군 등에 비해 직군차별, 승진 누락 등 인사평가의 불이익이 발생하지 않도록 해야 한다. 3년 이상 근무한 자에 대해서는 인사 이동시 본인의 의사를 반영하여 원하는 부서에 배치토록 하여야 한다.

금융회사는 금융소비자보호 업무전담자에 대하여 대내·외 소비자 보호 관련 교육 참여 기회를 제공하고 금융소비자보호 전문역량 개발을 위한 자격증 취득 기회의 적극 제공하는 등 직무향상을 위한 제도적 장치를 마련, 실시하여야 하며, 금융소비자보호 우수 직원 등에 대한 포상(표창, 해외연수) 제도를 시행하여야 한다.

가. 정기적 대내·외 금융소비자보호 관련 교육 참여 기회 제공

나. 금융소비자보호 전문역량 개발을 위한 자격증 취득 적극 지원

다. 소비자 보호 우수 직원에 대한 포상(표창, 해외연수 등) 시행

라. 기타 휴가, 건강검진 등 각종 우대 제도를 마련

4) 금융소비자보호 총괄부서의 업무 및 권한

금융회사는 책임과 권한을 가지고 금융소비자보호업무를 수행할 금융소비자보호 총괄부서를 최고경영진 직속의 독립전담조직으로 운영한다. 다만, 회사구조상 최고경영진 직속의 전담조직 구성이 어려운 경우 상기 취지를 훼손하지 않고 최대한 독립성을 확보할 수 있는 범위 내에서 신속한 의사결정 구조로 운영한다. 금융소비자보호 총괄부서는 금융소비자보호 및 민원예방 등을 위해 상품판매의 모든 프로세스(개발·기획 및 판매 그리고 민원처리과정)상에서 필요하다고 인정되는 제도개선(금융소비자 보호업무와 관련된 부서 간 업무조정 및 역할분담 등을 포함)을 관련 부서에 요구할 수 있다.

가. 업무개선 제도운영 및 방법의 명확화

나. 개선(안) 및 결과 내역관리

다. 제도개선 운영성과의 평가

라. 민원분석 결과를 토대로 현장 영업프로세스 실태 분석 및 개선안 도출

회사의 다양한 금융소비자보호 이슈를 금융소비자보호 관계부서 간 업무협의의 원활화를 통해 전사적인 시각에서 신속하고 효과적으로 조정할 수 있도록 금융소비자보호 총괄책임자(CCO)의 산하에 금융소비자보호협의회를 설치하여 정기적으로 운영하고, 동 협의회의 원활한 운영을 위해 금융소비자보호 총괄부서에서 보좌한다.

금융소비자보호협의회는 회사의 금융소비자보호 정책 방향 및 기본 계획 등에 관한 사항, 금융소비자보호를 위한 제도개선 사항, 민원분석 결과 금융소비자보호 총괄부서와 상품개발·영업 등 관련 부서와 환류가 필요한 사항 등 금융소비자보호 관련 다양한 이슈에 대해 관련 임원 및 부서장이 참여하여 정기적으로 논의하고 회사의 입장을 정립하는 협의체로서 기능한다.

금융소비자보호 총괄부서는 금융소비자의 권리를 존중하고 민원예방을 위한 시스템을 개발·운영한다.

가. 금융소비자보호를 위한 민원예방 프로그램의 개발 및 시행

나. 금융소비자보호와 관련된 임직원 교육 및 평가, 대내외 홍보

다. 유사민원의 재발 방지를 위한 교육 프로그램 및 제도개선 방안의 개발 및 활용

금융소비자보호 총괄부서는 발생 민원에 대해서는 즉각적으로 고객불만 내용을 파악

하고 대응해야 하며 접수된 민원의 신속한 처리를 위해 처리방법, 과정관리 등을 포함한 업무처리 규정을 마련 및 시행하여야 한다. 금융소비자보호 총괄부서는 민원처리와 관련하여 자료제출 요구, 관련 임직원에 대한 출석요청, 임점조사 등을 할 수 있으며, 자료제출 등을 요청받은 자는 이에 성실히 응하여야 한다. 다만, 신속한 조치가 곤란한 경우 그 사유를 서면으로 작성하여 금융소비자보호 총괄부서에 통보하여야 한다.

금융소비자보호 총괄부서는 민원접수, 처리결과 및 제도개선 현황 등을 분석하고 민원예방 및 해소방안을 수립하여 정기적으로 경영진에게 보고하여야 한다.

가. 민원발생 및 처리 현황, 민원처리 소요시간

나. 주요 빈발민원에 대한 원인 및 대책

다. 민원평가 결과, 민원관련 경영성과지표(계약 유지율, 갱신율 등)

라. 계획대비 실적 및 제도개선 실적, 교육훈련 실시 결과 등

금융소비자보호 총괄부서는 민원평가를 실시하여 민원발생에 책임이 있는 부서, 업무프로세스 및 담당자 등을 규명하고 관련 부서에 피드백하여 개선방안을 강구하여야 한다.

금융회사는 전 임직원(모집, 판매조직 포함)을 대상으로 민원사례, 상담화법, 응대요령, 금융소비자보호제도 및 민원예방 등에 대한 교육을 온/오프라인을 통해 정기적으로 실시한다. 금융소비자보호 총괄부서는 금융소비자보호제도와 관련하여 임직원(모집, 판매조직 포함)에 대한 교육 및 특정한 조치가 필요하다고 판단되는 경우 관련 부서에 협조를 요청할 수 있으며, 협조 요청을 받은 관련 부서는 특별한 사정이 없는 한 이에 최대한 협조하여야 한다. 교육훈련 실시에 대한 자체 만족도, 참여율, 민원발생 관련 교육효과를 분석하고 교육훈련 프로그램에 반영한다.

2. 금융상품 기획·개발 과정의 금융소비자 보호

1) 상품기획·개발 과정의 금융소비자 보호 체계 구축

금융회사는 금융소비자불만을 조기에 발견하고 신속히 개선하기 위한 내부시스템을 구축하고 신제품 출시나 새로운 제도 시행 시 사전에 검토할 수 있는 절차를 마련하여야 한다. 신상품 개발 및 마케팅 정책 수립 시 금융소비자보호 총괄부서는 금융소비자보호의 시각에서 사전 점검 후 문제점을 시정할 수 있도록 관련부서와 사전 협의 절차를 구축, 운영한다. 사전협의 절차 운영사항은 다음과 같다.

가. 사전협의 프로세스 진행이력 및 실적관리
나. 사전협의 누락 및 재발 방지대책 수립

이때 관련부서는 상품 또는 마케팅 정책에 소비자에게 불리한 사항이 존재한다고 판단될 경우 해당사항을 금융소비자보호 총괄부서와 협의하여야 한다. 금융소비자보호 총괄부서는 신상품 및 마케팅 정책, 약관 등에 금융소비자보호상의 문제가 있다고 판단되는 경우 관련부서에 신상품 출시 및 마케팅 중단, 개선방안 제출 등을 요구할 수 있다. 또한 사전협의 누락 시에는 성과평가 및 민원평가에 반영한다. 사전협의대상 업무는 다음과 같다.

가. 신상품/서비스 개발·변경 시 사전협의 운영
나. 상품 개발·판매중단에 대한 검토
다. 상품 안내장(설명서)/약관/가입청약서(설계서) 등에 대한 검토
라. 판매프로세스 개발·변경 시
  - DM(Direct Mail)/TM(Telemarketing) 시행 시
  - 영업추진 사업(영업점 캠페인/프로모션, 대고객 이벤트 등) 시행 시
  - 영업점(소) 평가기준 수립, 변경 시 민원유발 요소 반영 및 업적평가에 민원발생 평가 반영 검토
라. 상기 내용 외 고객 관련 주요 마케팅 정책 수립 및 변경 시

2) 상품개발관련 체크리스트 및 자체 내부준칙 운영

금융소비자보호 총괄부서는 새로운 금융상품을 개발 시 금융상품에 소비자에게 불리한 점은 없는지 약관 등을 진단하기 위한 체크리스트를 마련한다. 한편 금융회사는 금융관련법규 등에서 정한 바에 따른 금융상품 개발과정에서 금융소비자의 시각을 반영하기 위한 자체 내부준칙(또는 매뉴얼 등)을 수립하여 운영하여야 한다. 해당 준칙은 다음과 같은 사항을 포함할 수 있다.

가. 금융상품 개발자의 이름·연락처를 상품 설명 자료에 명기하는 등 책임성 강화
나. 상품 개발부서의 해당 상품 판매자에 대한 충분한 금융상품 정보 공유 책임 강화 (판매 회사/부서/담당직원 뿐 아니라 판매사가 금융상품 판매를 재위탁한 경우 위탁회사의 직원까지 포함)

3) 상품기획·개발 과정의 금융소비자 보호 채널 구축

상품 개발·기획 시 초기 단계에서부터 금융소비자의 불만예방 및 피해의 신속한 구제

를 위해 그간에 발생된 민원 등 금융소비자의 의견이 적극 반영될 수 있도록 업무 프로세스를 구축·운영하여야 한다.

가. 민원의 근본원인을 제거하는데 도움이 되도록 민원의 체계성, 재발가능성 여부, 경향을 파악하여 상품기획 및 개발에 활용하여야 한다.

나. 금융소비자 요구 반영 여부 등 판매 리스크를 종합적으로 고려하여 보완 후 상품이 출시되어야 한다.

금융소비자보호 총괄부서는 구축된 업무 프로세스가 원활히 운영될 수 있도록 모니터링 및 실적관리를 하여야 한다.

금융회사는 금융소비자보호를 강화하기 위해 상품 및 서비스의 기획/개발단계에서 외부 전문가의 의견을 반영하거나 또는 고객참여제도(CS패널, 사이버동호회 등) 등 금융소비자들의 요구를 경영에 반영할 수 있는 채널을 적극 활용하며, 제안건수 대비 활용실석 분석 등을 정기적으로 실시한다. 금융회사는 금융소비자보호를 실천하고 금융소비자불만 및 불편사항 해결을 위하여 상품 판매 및 마케팅 전개 후 금융소비자의 의견이나 요청을 듣는 등 모니터링을 실시하여 이를 상품 개발 및 업무개선 등 회사의 경영활동을 개선시키는데 활용하고, 민원 감축활동을 수시로 전개하여야 한다.

가. 모니터링 기준을 마련·운영

나. 신상품 또는 서비스 등의 출시 후 금융소비자 만족도 및 민원발생 사항 등의 모니터링 의무화(사후검증시스템)

다. 모니터링 결과 제도개선이 필요한 사안은 즉시 관련부서에 통보하여 적시에 반영될 수 있는 피드백시스템(feed-back system)을 구축·운영

3. 금융상품 판매과정의 금융소비자 보호

1) 상품판매 과정의 소비자 보호 체계 구축

금융회사는 금융소비자를 보호하기 위하여 판매담당 직원이 직무를 수행할 때 준수하여야 할 기본적인 절차와 기준을 정하여야 한다. 각 금융업권별 협회는 공동 내부준칙을 마련할 수 있으며, 각 금융회사는 자율적으로 또는 협회 공동 내부준칙을 바탕으로 자체 내부준칙을 마련할 수 있다. 협회 공동 내부준칙과 금융회사의 자체 내부준칙 모두 다음과 같은 판매 원칙을 준수할 것을 명시한다.

가. 신의성실의 원칙

금융회사는 금융소비자에 대해 금융상품을 판매하는 과정에서 신의성실의 원칙을 준수한다.

① 금융상품 판매종사자의 도입·양성·교육·관리 등에 있어서 법령을 준수하고 건전한 금융거래질서가 유지될 수 있도록 최선의 노력을 다한다.

② 금융소비자에 대하여 금융상품에 대한 충분한 선택정보를 제공하여 불완전 판매가 발생하지 않도록 최선의 노력을 다한다.

③ 금융상품 판매과정에서 금융소비자에게 피해가 생긴 경우에는 신속한 피해구제를 위해 최선의 노력을 다한다.

나. 적합성 원칙

금융소비자보호 총괄부서는 금융소비자에게 금융상품을 구매권유할 때 금융소비자의 성향, 재무상태, 금융상품에 대한 이해수준, 연령, 금융상품 구매목적, 구매경험 등에 대한 충분한 정보를 파악하여 당해 금융소비자에게 적합하지 아니한 상품을 구매권유하지 아니하도록 판매준칙을 정하고, 수집된 정보를 고려하여 취약한 금융소비자(65세 이상 고령층, 은퇴자, 주부 등)로 판단되는 경우 구매권유에 관한 사항을 판매준칙에 별도로 정한다. 다만, 구체적인 내용은 각 회사의 상황에 맞게 금융소비자보호 총괄부서가 정할 수 있다.

다. 정보보호의 원칙

금융회사는 금융상품 판매와 관련하여 개인정보의 수집 및 활용이 필요할 경우 명확한 동의절차를 밟아서 그 목적에 부합하는 최소한의 정보만 수집·활용하고, 당해정보를 선량한 관리자의 주의로서 관리하며, 당해 목적이외에는 사용하지 아니한다. 아울러 금융회사는 수집된 개인정보를 관리하는 개인정보 관리책임자를 운영한다.

라. 권한남용 금지의 원칙

금융회사는 우월적 지위를 남용하거나 금융소비자의 권익을 침해하는 행위를 하지 아니한다. 특히 다음의 행위는 금융회사가 그 권한을 남용한 것으로 본다.

① 금융회사의 대출, 용역 등 서비스제공과 관련하여 금융소비자의 의사에 반하는 다른 금융상품의 구매를 강요하는 행위

② 금융회사의 대출 등과 관련하여 부당하거나 과다한 담보 및 보증을 요구하는 행위

③ 금융회사 또는 그 임직원에게 부당한 금품, 편익 등의 제공을 요구하는 행위

④ 금융회사 및 금융상품 모집인 등의 실적을 위해 금융소비자에게 가장 유리한 계약조건의 금융상품을 추천하지 않고 다른 금융상품을 추천하는 행위

2) 판매 프로세스 관리

금융소비자보호 총괄부서는 금융상품 판매 과정에서 불완전판매가 발생하지 않도록 상품 판매 및 마케팅 담당 부서를 대상으로 금융소비자보호 관점에서 판매프로세스를 구축하고, 이를 매뉴얼화 하여야 한다.

가. 상품판매 전 프로세스

① 금융상품 판매자에 대해 상품별 교육훈련 체계를 갖추고, 상품별 판매자격기준을 마련하여 운영한다.

② 판매과정별 SMS문자서비스, e-mail 서비스 등을 활용한 관리프로세스, 피드백시스템(반드시 지켜야 할 사항에 대한 체크리스트 제공 및 이행 여부)등을 구축·운영하여, 불완전판매 여부에 대한 통제기능을 강화한다.

③ 금융상품의 중요내용(금융상품 선택과정에서 금융소비자가 반드시 알아야 할 사항) 및 금융상품의 중요위험요인(원금손실, 금리변동 등 금융소비자의 피해유발사항) 등에 대한 금융소비자 확인절차(서명 등)를 마련한다.

나. 상품판매 후 프로세스

① 금융소비자의 구매내용 및 금융상품에 대한 이해의 정확성 등 불완전판매 여부를 확인(모니터링, SMS문자, e-mail 서비스 등)한다.

② 불완전판매 및 불완전 판매 개연성이 높은 상품에 대해서는 당해 금융상품의 유형을 고려하여 재설명 및 청약철회, 손해배상 등의 소비자보호절차를 마련한다.

또한 상품 및 서비스와 관련한 금융소비자의 불만이 빈발하는 경우 금융소비자의 불만내용과 피해에 대한 면밀한 분석을 통하여 금융소비자불만의 주요원인을 파악하고 이를 관련부서와 협의하여 개선되도록 하여야 한다. 금융소비자보호 총괄부서는 구축된 판매 프로세스가 원활히 운영될 수 있도록 모니터링 및 실적관리를 하여야 한다.

3) 금융상품 판매 이후 과정의 금융소비자 보호

가. 효율적인 민원관리시스템(VOC*시스템[5]) 포함) 구축

금융회사는 독립적이고 공정한 민원처리와 구제절차를 마련하여 운영하여야 하며, 금융소비자가 시의적절하고 효율적이며 저렴한 비용으로 이용할 수 있도록 하여야 한다. 금

5) Voice of customers(고객의 소리): 금융이용자가 상품, 서비스 등의 구매, 이용과 관련하여 금융회사에 제기하는 불만, 개선사항 등을 의미

융회사는 금융소비자가 다양한 민원접수 채널(방문, 전화, 서신, FAX, E-mail, 인터넷)을 통해 언제 어디서나 민원을 제기할 수 있도록 하여야 하고, 해당 민원을 One-Stop으로 처리할 수 있는 시스템을 구축하여야 한다.

금융회사는 민원처리 시스템을 통하여 민원처리시 접수사실 및 사실관계 조사현황 등을 정기적으로 금융소비자에게 고지하여야 한다. 또한 민원인의 의견을 회사 경영에 반영하여 민원예방에 노력하여야 한다. 금융회사는 민원처리 결과를 금융소비자가 수긍할 수 있도록 법규, 사실관계 조사결과 등 명시적인 근거를 제시하고 금융소비자가 이해하기 쉬운 용어를 사용하여 가능한 자세히 기재하여야 하며, 민원처리 후에는 처리결과를 문서, 팩스, 전자우편, 문자메시지, 전화 등의 방법으로 금융소비자에게 통지하여야 한다.

금융회사는 민원의 다발성, 변동추이 등을 모니터링할 수 있어야 하며, 이를 활용하여 조기경보 등을 통하여 민원 예방이 실현될 수 있는 시스템을 구축하여야 한다. 또한 신상품 출시 후 상품별 고객불만 및 민원발생 모니터링을 수행할 수 있어야 한다.

나. 신속성, 투명성 확보

금융회사는 금융소비자의 불만을 다양한 접수채널(방문, 전화, 서신, 팩스, e-mail, 인터넷 등)을 통해 접수하고, 금융소비자불만이 접수되는 즉시 민원 접수사실, 민원처리 담당자 성명, 전화번호 등을 민원인에게 문서, 팩스, e-mail, 문자메시지, 전화 등의 방법으로 통지하여야 한다. 민원의 접수, 처리 과정은 총괄부서 및 유관부서(영업점 포함)에서 실시간 조회가 가능하도록 운영하여야 한다. 금융소비자불만의 처리기한은 접수시간부터 처리결과에 대한 안내시점까지 관리하여야 하며, 상품별 금융소비자불만의 유형에 따라 구분·처리하여야 한다.

다. 전과정 전산화

금융회사는 민원의 접수단계에서 종결까지 전 과정에 대하여 전산시스템(음성녹취, 이미지 스캐닝, E-mail, SMS서비스 등)을 개발, 운영함으로써 업무처리의 효율성을 높여야 한다(단, 민원건수가 적어 수작업 분석이 가능한 경우에는 제외가능).

라. 모든 처리결과 Data Base화

민원처리 시스템 내에는 유형별, 원인별, 상품별, 부서별, 영업조직별 통계 Data를 제공할 수 있어야 하며, 문제영역에 대해서는 조기대응 및 분석이 가능하여야 한다.

4) 효과적인 민원피드백(feedback) 시스템 구축

가. 민원업무 규정 및 매뉴얼

민원관리 프로세스가 효율적으로 실행되도록 명확한 행동기준을 제시하고 민원을 적극적으로 처리하려는 회사방침과 시행내용을 전달하기 위해 민원사무처리지침 표준안을 반영하여 「민원업무처리 규정 및 매뉴얼」을 작성, 운영토록 한다.

민원업무 규정, 매뉴얼, 전산시스템 등에는 대고객 응대요령, 민원/분쟁 사례 및 판례, 민원사례별 응대요령, 민원예방 체크리스트, 업무자료집 접속방법, 주요업무 Q&A, 본점 업무담당자 문의연락처 등이 포함되어야 한다.

나. 금융소비자보호 총괄부서 주관 하에 제도개선 시스템 구축

금융소비자보호 총괄부서는 민원 관련부서에 실시간으로 민원 접수 내용을 제공하고, 제도개선 시스템을 구축하여 소비지불만을 근본적으로 해소하고자 노력해야 한다. 금융소비자보호 총괄책임자(CCO)는 민원(VOC포함)처리 관련 민원유형에 대한 심층 분석 결과에 따라 제도개선사항을 도출하여 일정한 절차에 의거 관련부서장에게 제도개선 조치를 요청하고, 개선여부를 관리하여야 한다. 제도개선을 요구받은 관련 부서는 신속하게 개선계획 및 결과를 보고하여야 하며, 금융소비자보호 총괄부서는 그 제도개선 진행사항 및 결과를 관리하여야 한다. 제도개선 요구 미수용건은 사유와 요인을 분석하여 재검증 절차(임원회의 부의, 경영진 별도보고 등)를 통해 미수용 결정이 타당한 지 여부를 재검증 받고, 타당하지 않은 경우 제도개선을 요구받은 관련 부서는 지체 없이 개선 계획을 마련하고, 사후 결과를 금융소비자보호 총괄책임자(CCO)에게 보고하여야 한다.

다. 평가도구 마련

금융소비자보호 총괄부서는 금융소비자, 내부직원 등 제도개선 사안 발굴을 위한 다양한 접수채널을 개발하고, 이를 활성화하기 위하여 평가 제도를 구축, 운영한다. 특히, 민원의 발생 또는 예방을 포함하여 각 부서 및 임직원이 업무를 수행함에 있어 소비자보호에 충실하였는지를 조직 및 개인성과평가에 반영하는 평가도구를 마련한다. 금융소비자보호 총괄책임자(CCO)는 평가도구에 기반한 모니터링 및 실제 평가를 총괄하는 권한을 갖는다.

- 민원발생 원인분석을 위한 현장 영업프로세스 실태 분석 및 개선방안 마련을 위한 조사방법, 실시주기, 개선안 이행을 관리
- 신속한 민원처리를 위한 부서별, 유형별 처리기간 관리, 목표설정, 평가, 보고체계 및 피드백 실시 등

금융소비자보호 총괄부서는 효율적인 민원처리 및 제도개선을 위하여 시스템을 개발하고, 국내외 사례연구, 벤치마킹 등의 개선활동을 지속적으로 전개한다.

라. 민원발생 평가결과 공시

금융회사는 금융소비자가 민원발생평가 등급을 금융회사 선택 시 활용할 수 있도록 경영공시항목에 반영하며, 금융감독원은 민원발생평가 결과를 홈페이지에 게시하여야 한다. 금융회사는 자체에서 발생·처리한 민원건수와 금융감독원, 한국소비자원 등에서 이이 첩된 민원건수를 유형별로 분류하여 반기별로 경영공시에 반영하고, 각 금융협회도 해당 업권의 금융회사의 경영공시를 홈페이지에 게시하여야 한다. 금융회사는 당해 금융회사의 상품개발·판매행위준칙의 마련 여부 및 운영현황, 민원처리 및 해당 민원의 환류시스템 운영현황 등 금융소비자 보호체제에 관한 요약정보를 홈페이지 등에 게시하여야 한다.

3. 금융상품 정보제공 강화를 통한 금융 소비자 보호

1) 정보제공 관련규정의 준수

가. 정보 내용의 적정성

금융회사는 상품안내장, 약관, 광고, 홈페이지 등 금융소비자에게 정보를 제공하는 수단에 대하여 부정확한 정보나 과대광고로 금융소비자가 피해를 입지 않도록 글자크기, 폰트, 글자색, 배치 등에 대한 기준을 마련·운영한다. 금융소비자에게 제공하는 정보는 금융소비자가 알아보기 쉽도록 글자는 크고 읽기 쉽게 제작하고, 전문용어의 사용은 가급적 피하고 일상적인 어휘를 사용하며, 그림, 기호 등 시각적인 요소를 적극 활용하여 금융소비자의 이해도를 제고할 수 있도록 접근성 및 용이성 확보를 위한 운영기준을 마련한다.

① 금융소비자가 알기 쉽도록 간단·명료하게 작성하여야 한다.

② 객관적인 사실에 근거해서 작성하고, 금융소비자가 오해할 우려가 있는 정보를 작성하여서는 아니 된다.

③ 금융회사 상호간 공정경쟁을 해치거나 사실을 왜곡하는 내용을 포함하여서는 아니 된다.

④ 공시내용에 대한 담당부서, 담당자 지정 및 표시하여야 한다.

나. 정보의 시의성

금융소비자에 대한 정보제공은 제공시기 및 내용을 금융소비자의 관점에서 고려하고 정보제공이 시의적절하게 이루어질 수 있도록 내부지침을 마련하여 운영한다.

금융회사는 공시자료 내용에 변경이 생긴 경우 특별한 사유가 없는 한 지체 없이 자료를 수정함으로써 금융소비자에게 정확한 정보를 제공하여야 한다.

다. 금융상품 구매권유 및 정보제공의 원칙

금융회사는 금융소비자에게 금융상품을 구매권유할 때 금융소비자가 당해 금융상품의 종류 및 성격, 금융소비자에게 불리한 내용 등을 이해하지 못하거나 오인하지 않도록 충분히 설명하고, 상품설명서 등에도 관련 정보를 제공하여야 한다. 특히 금융회사가 당해 금융상품의 가치에 중대한 영향을 미치는 사항을 미리 알고 있는 경우 그 내용은 반드시 설명하고 이해여부를 확인한다. 금융회사는 다음 사항에 대해서는 반드시 설명하고, 상품설명서 등 관련 정보를 금융소비자에게 제공한다.

① 금융소비자의 불이익 사항 : 원금 손실 가능성, 손실가능 범위, 중도해지시의 불이익, 금융소비자에게 추가부담이 발생할 수 있는 사항, 기한이익 상실 사유, 보장이 제한되거나 되지 않는 경우 등

② 기타 금융소비자의 권익에 관한 중요사항

특히, 취약한 금융소비자(65세 이상 고령층, 은퇴자, 주부 등)에 대해서는 금융소비자의 불이익 사항을 다른 정보보다 우선적으로 설명하고 반드시 그 이해여부를 확인한다. 금융회사는 자신이 알고 있는 내용을 금융소비자에게 고의적으로 숨기거나 사실과 다르게 알리는 행위를 하지 못한다.

2) 금융상품정보제공 관리

가. 결산공시자료 및 상품정보 제공

금융회사는 정기공시 자료 중 결산공시자료 및 상품정보를 금융소비자가 쉽게 열람할 수 있도록 당해 금융회사 홈페이지 초기화면에 배치하고, 금융회사의 본점, 지역본부 및 지점객장의 지정장소에 비치하여야 한다. 금융회사가 신문, 방송 등 언론매체를 통해 상품 및 서비스를 홍보하는 경우, 그 내용에 대한 책임을 명확하게 함과 동시에, 금융소비자가 이해하기 쉽고 오인하지 않도록 내용을 쉽게 구성하여 전달하여야 한다.

나. 금융상품 설명의 충실성 확보

금융소비자보호 총괄부서는 금융회사 또는 직원의 금융상품 구매권유시, 당해 금융상품 설명의 충실성을 확보하기 위하여, 제공되는 정보에 대한 관리를 할 수 있다. 민원유발 요인을 사전에 점검하여 상품별 주요사항 및 필수 안내사항을 선정하고 이를 상품설명서

등에 반영한다. 선정된 금융상품 주요사항 및 필수안내사항에 관한 정보가 상품 권유 시 제공될 것을 권장한다.

다. 모니터링

금융회사는 상품 및 경영정보 공시자료가 적정하게 작성되었는지 여부를 수시 점검, 확인 등을 위한 시스템을 구축하여야 한다. 금융소비자보호 총괄부서는 금융소비자에게 제공된 정보내용의 적정성 여부, 이해가능성 등을 모니터링하고 제공시기 및 방법, 접근의 용이성 등에 대해 공시주관부서와 협의하여 이를 개선·관리하여야 한다.

3) 소비자보호 관련 자율공시

가. 소비자보호 우수사례 공시

금융회사는 제도개선, 업무프로세스 개선 등을 통해 민원발생 감축효과가 가시적으로 나타났거나, 모범적인 사례 혹은 예상되는 혁신 우수사례 등을 홈페이지 등에 공시함으로써 다른 금융회사에서도 소비자보호 업무에 참고할 수 있도록 하여야 한다.

나. 소비자보호 전략 공시

금융회사는 최고 경영자의 소비자보호에 대한 의지가 포함된 내용(행동강령, 헌장 등)과 금융회사의 소비자 보호전략에 대한 내용(행동강령, 헌장 등)을 홈페이지 등을 통해 자율적으로 공시할 수 있다.

다. 금융소비자 보호체계 정보 공시

금융회사는 당해 금융회사의 상품개발·판매행위준칙의 마련 여부 및 운영현황, 민원처리 및 해당 민원의 환류시스템 운영현황 등 금융소비자 보호 체계에 관한 요약정보를 홈페이지 등에 게시하여야 한다.

4) 소비자 인식 강화

금융소비자보호 총괄부서는 금융상품 판매부서 뿐 아니라 소비자에게도 기본적인판매프로세스에 대해 안내하여 고객의 서비스 만족도를 높일 수 있다. 투자성 상품 구매 시 투자성향 진단 등 금융회사의 조력을 받을 수 있음을 안내해야 한다.

제3절 금융소비자보호법(안)

금융업의 겸영화 추세에 따라 다양한 금융상품을 연계·결합한 복합금융상품이 등장하고 있으나 동일한 금융상품에 대한 판매규제가 금융업별로 상이하거나 판매행위 규제를 적용받지 아니하는 금융상품이 발생하는 등 현행 금융업에 대한 규제체계가 금융소비자의 보호에 미흡하다는 지적이 제기되어 왔다. 이에 따라 이 법은 금융상품 및 판매행위를 그 기능 및 유형별로 각각 재분류·체계화하여 동일한 기능을 가진 금융상품의 판매행위에 대해서는 동일한 규제를 하도록 하고, 금융 관련 분쟁 발생 시 소송 중지 제도 등을 도입하였다. 그리고 금융소비자의 사전 구제 절차를 강화하는 등 개별 금융 관련 법령에 산재한 판매행위 규제, 분쟁조정 등 금융소비자 보호에 관한 내용을 이 법에 규정하여 금융소비자의 권익 증진과 금융상품판매업 등의 건전한 육성을 위한 제도적 기반을 마련하려는 것이다.

1. 주요내용

1) 새로운 금융상품판매업 및 금융상품자문업의 등록제 마련

개별 금융 관련 법령에 근거 없이 운영되고 있는 대출모집인에 대하여 금융상품판매업으로 등록할 수 있는 근거를 마련하는 한편, 금융상품자문업을 신설하여 금융소비자가 개인의 자산운용에 관한 종합적인 자문을 제공받을 수 있도록 하였다. 실질적으로 금융상품판매업을 영위하고 있는 자에 대한 규제체계를 마련함으로써 금융소비자 보호의 사각지대를 제거하고, 금융상품자문업자의 전문적인 서비스를 통하여 금융소비자의 금융상품 선택 및 구매의 합리성을 제고할 수 있을 것으로 기대된다.

금융상품판매업"이란 이익을 얻을 목적으로 계속적이거나 반복적인 방법으로 금융상품을 직접 판매하거나 대리·중개하는 것을 말하며, 다음 각 목에 따라 구분한다. 다만, 해당 행위의 성격 및 금융소비자 보호의 필요성을 고려하여 금융상품판매업에서 제외할 필요가 있는 것으로서 대통령령으로 정하는 것은 제외한다. 금융상품직접판매업이란 금융상품에 관한 계약의 체결 또는 계약 체결의 권유를 하거나 청약을 받는 것(이하 "금융상품계약체결등"이라 한다)을 영업으로 하는 것을 말한다. 금융상품판매대리·중개업: 금융상품계약체결등을 대리하거나 중개하는 것을 영업으로 하는 것을 말한다. "금융상품자문업"이란 이익을 얻을 목적으로 계속적이거나 반복적인 방법으로 금융상품의 가치 또는 금융상품 구매 결정에 관한 자문(이하 “금융상품자문”이라 한다)에 응하는 것을 말한다. 다만, 불특정 다수인을 대상으로 발행 또는 송신되고, 불특정 다수인이 수시로 구입 또는 수신할 수 있는 간행물·출판물·통신물 또는 방송 등을 통하여 조언을 하는 것과 그 밖에 해당 행위의 성격 및 금융소비자 보호의 필요성을 고려하여 금융상품자문업에서 제외할 필요가 있는 것으로서 대통령령으로 정하는 것은 제외한다.

2) 금융상품 및 금융상품판매업자의 재분류 및 체계화

금융상품을 그 기능에 따라 보장성 상품, 투자성 상품, 예금성 상품 및 대출성 상품으로 분류하고, 개별 금융 관련 법령에 따른 금융회사 및 금융상품 판매를 대리·중개하는 자(보험대리점, 보험설계사 및 보험중개사 등)를 판매행위 유형에 따라 금융상품직접판매업자, 금융상품판매대리·중개업자 및 금융상품자문업자로 구분하였다. 금융상품 및 그 판매행위를 금융소비자 입장에서 재분류·체계화함으로써 동일한 기능을 가진 금융상품의 판매에 대해서는 동일한 규제를 할 수 있을 것으로 기대된다.

“금융상품판매업자”란 금융상품판매업을 영위하는 자로서 다른 금융 관련 법률에서 금융상품판매업과 관련하여 인·허가 또는 등록을 하도록 규정한 경우에 해당 법률에 따른 인·허가를 받거나 등록을 한 자 및 금융상품판매업의 등록을 한 자를 말하며, 다음에 따라 구분한다. 첫째, 금융상품직접판매업자: 금융상품판매업자 중 금융상품직접판매업을 영위하는 자 둘째, 금융상품판매대리·중개업자: 금융상품판매업자 중 금융상품판매대리·중개업을 영위하는 자, 셋째, “금융상품자문업자”란 금융상품자문업을 영위하는 자로서 다른 금융 관련 법률에서 금융상품자문업과 관련하여 인·허가 또는 등록을 하도록 규정한 경우에 해당 법률에 따른 인·허가를 받거나 등록을 한 자 및 금융상품자문업의 등록을 한 자를 말한다.

3) 금융상품직접판매업자의 손해배상책임 확대

금융상품판매대리·중개업자가 금융상품 판매과정에서 위법행위로 금융소비자에게 손해를 발생시킨 경우 상대적으로 배상능력이 충분한 금융상품직접판매업자가 손해배상책임을 부담하도록 함으로써 금융소비자 보호가 강화될 것으로 기대된다.

4) 금융상품판매업자 등의 영업행위 준수사항 마련

금융상품의 중요 사항(보장성 상품의 위험보장범위, 대출성 상품의 금리 및 중도상환수수료 등)에 대한 설명의무, 금융상품 광고 규제 및 금융상품판매대리·중개업자의 고지의무 등 금융상품의 유형 및 금융상품판매업의 종류에 따른 금융상품 판매행위 준수사항을 마련하였다. 금융상품에 대한 충분한 설명을 통하여 금융소비자가 자신의 연령, 재산상황 및 투자성향에 맞는 금융상품을 구매할 수 있게 됨으로써 금융소비자의 피해를 최소화할 수 있을 것으로 기대된다.

5) 금융분쟁조정제도의 개선

현행 「금융위원회의 설치 등에 관한 법률」에 규정된 금융분쟁 조정제도를 이 법으로 이관하여 규정하고, 분쟁조정절차와 소송이 경합하는 경우에는 법원의 결정에 따라 소송이 중지될 수 있도록 하며, 일반금융소비자가 제기한 500만 원 이하의 소액분쟁사건은 분쟁조정절차가 완료되기 전까지는 금융회사가 법원에 소송을 제기할 수 없도록 하였다. 소송중지절차와 소액분쟁사건에 대한 소제기의 한시적 제한 제도를 마련함으로써 경제적 약자인 일반금융소비자들의 시간·비용 부담을 경감할 수 있을 것으로 기대된다.

6) 과징금 제도의 도입

금융상품판매업자 등이 설명의무, 부당권유 등 영업행위 준수사항을 위반한 경우 해당 위반행위로 인한 수입에 100분의 30을 곱하여 산정한 금액의 범위에서 과징금을 부과할 수 있도록 하였다. 과징금 제도의 도입을 통해 영업행위규제 위반으로 형성한 부당이득에 상응하는 금액을 환수함으로써 법 위반행위에 대한 제재의 실효성이 제고될 수 있을 것으로 기대된다.

2. 금융상품판매업자등의 등록

누구든지 이 법에 따른 금융상품판매업자등을 제외하고는 금융상품판매업등을 영위하여서는 아니 된다. 금융상품판매업등 중 다른 금융 관련 법률에서 금융상품판매업등의 인·허가 또는 등록을 하도록 규정하지 아니한 금융상품판매업등을 영위하려는 자는 금융상품직접판매업, 금융상품판매대리·중개업 또는 금융상품자문업업무 단위의 전부 또는 일부를 선택하여 금융위원회에 등록하여야 한다.

금융상품직접판매업자 또는 금융상품자문업자로 등록하려는 자는 다음 요건을 갖추어야 한다. 금융소비자 보호 및 업무 수행이 가능하도록 대통령령으로 정하는 인력과 전산설비, 그 밖의 물적 설비를 갖출 것, 등록업무 단위별로 대통령령으로 정하는 금액 이상의 자기자본을 갖출 것, 대통령령으로 정하는 건전한 재무상태와 사회적 신용을 갖출 것, 금융소비자와의 이해상충을 방지하기 위한 체계를 갖출 것 등이다. 또한 미성년자, 금치산자 또는 한정치산자, 파산선고를 받고 복권되지 아니한 사람, 금고 이상의 실형을 선고받고 그 집행이 끝나거나(집행이 끝난 것으로 보는 경우를 포함한다) 면제된 날부터 1년이 지나지 아니한 사람, 금고 이상의 형의 집행유예를 선고받고 그 유예기간 중에 있는 사람, 이 법, 대통령령으로 정하는 금융 관련 법령 또는 외국 금융 관련 법령에 따라 벌금 이상의 형을 선고받고 그 집행이 끝나거나(집행이 끝난 것으로 보는 경우를 포함한다) 면제된 날부터 1년이 지나지 아니한 사람, 그 밖에 금융소비자 보호 및 건전한 거래질서를 해칠 우려가 있는 사람으로서 대통령령으로 정하는 사람에 해당하지 않아야 한다.

금융상품판매대리·중개업자로 등록하려는 자는 위와 같은 요건을 갖추어야 한다. 등록한 금융상품판매업자등은 등록요건에 대한 변동사항이 발생한 경우 사유발생일 부터 1개월 이내에 그 변동사항을 금융위원회에 보고하여야 한다. 금융위원회는 제1항에서 정한 등록업무의 일부를 대통령령으로 정하는 바에 따라 금융감독원장 또는 한국금융투자협회, 보험협회, 여신전문금융업협, 상호저축은행중앙회 등 각 금융협회(이하 "금융협회")에 위탁할 수 있다. 금융위원회의 권한의 일부를 위탁받아 수행하는 금융협회의 임직원은 「형법」 제129조부터 제132조까지의 규정을 적용할 때에는 공무원으로 본다. 금융상품판매업자등으로 등록을 신청하려는 자는 대통령령으로 정하는 바에 따라 수수료를 내야 한다. 금융상품판매업자등은 대통령령으로 정하는 바에 따라 등록업무 단위 중 금융소비자의 이익과 상충될 우려가 있는 업무를 겸영(兼營)하지 못한다.

3. 금융상품판매업자등의 영업행위 준수사항

1) 영업행위 일반원칙

금융상품판매업자등의 영업행위 준수사항에 관한 규정을 해석·적용할 때에는 금융소비자의 권익을 우선적으로 고려하여야 하며, 금융상품 또는 계약관계의 특성, 다른 금융 관련 법령에 따른 금융소비자 보호 규제가 이루어지는지 등에 따라 금융상품 유형별 또는 금융상품판매업자등의 업종별로 형평에 맞게 해석·적용되도록 하여야 한다. 금융상품판매업자등은 금융상품에 관한 계약의 체결, 권리의 행사 및 의무의 이행을 신의성실의 원칙에 따라 하여야 한다. 금융상품판매업자등은 금융상품판매업등을 영위할 때 그 업무의 내용과 절차를 공정히 하여야 하며, 정당한 사유 없이 금융소비자의 이익을 해치면서 자기가 이익을 얻거나 제3자가 이익을 얻도록 하여서는 아니 된다.

금융상품판매업자등은 그 업무를 영위할 때 임직원 및 금융상품계약체결등의 업무를 위탁한 금융상품판매대리·중개업자가 법령을 준수하고 건전한 거래질서를 해치는 일이 없도록 성실히 관리하여야 한다. 금융상품판매업자등은 그 임직원 및 금융상품계약체결등의 업무를 위탁한 금융상품판매대리·중개업자가 직무를 수행할 때 준수하여야 할 적절한 기준 및 절차(이하 "내부통제기준")에 반영하여야 한다.

금융상품직접판매업자는 금융상품계약체결등의 업무를 위탁한 금융상품판매대리·중개업자(위탁받은 금융상품판매대리·중개업자를 포함)가 위탁받은 업무를 영위할 때 금융소비자에게 손해를 발생시킨 경우에는 그 손해를 배상할 책임이 있다. 다만, 금융상품직접판매업자가 금융상품계약체결등의 업무를 위탁할 때 상당한 주의를 하였고 손해를 방지하기 위하여 노력한 경우에는 그러하지 아니하다. 위 조항은 금융상품판매대리·중개업자에 대한 금융상품직접판매업자의 구상권 행사를 방해하지 아니한다. 금융상품판매업자등이 일반금융소비자를 대상으로 투자성 상품을 구매권유(금융상품자문업자가 자문에 응하는 경우를 포함한다)할 때 동법 제16조 제1항 또는 제3항의 설명의무를 위반하여 일반금융소비자에게 손해를 입힌 경우에는 그 손해를 배상할 책임이 있다. 이 경우 해당 금융상품의 취득으로 인하여 일반금융소비자가 지급하였거나 지급하여야 할 금전 등의 총액(대통령령으로 정하는 금액은 제외한다)에서 그 금융상품의 처분, 그 밖의 방법으로 그 일반금융소비자가 회수하였거나 회수할 수 있는 금전 등의 총액(대통령령으로 정하는 금액을 포함한다)을 뺀 금액을 금융상품판매업자등의 설명의무 위반으로 인한 손해액으로 추정한다.

2) 금융상품 유형별 영업행위 준수사항

금융상품판매업자등은 금융소비자가 일반금융소비자인지 전문금융소비자인지를 확인하여야 한다. 금융상품판매업자등은 일반금융소비자에게 대통령령으로 정하는 보장성 상품, 투자성 상품(운용 실적에 따라 그 수익률 등의 변동 가능성이 있는 예금성 상품으로서 대통령령으로 정하는 상품을 포함한다. 이하 이 조에서 같다), 대출성 상품을 구매권유(금융상품자문업자가 자문에 응하는 경우를 포함한다. 이하 이 조에서 같다)하는 경우에는 면담·질문 등을 통하여 다음 각 호의 구분에 따른 정보를 파악하고, 일반금융소비자로부터 서명(「전자서명법」 제2조 제2호에 따른 전자서명을 포함한다. 이하 같다), 기명날인, 녹취, 그 밖에 대통령령으로 정하는 방법으로 확인을 받아 이를 유지·관리하여야 하며, 확인받은 내용을 일반금융소비자에게 지체 없이 제공하여야 한다.

금융상품판매업자등은 그 일반금융소비자에게 적합하지 아니하다고 인정되는 구매권유를 하여서는 아니 된다. 금융상품판매업자등이 금융상품의 유형별로 파악하여야 하는 정보의 세부적인 내용, 그 밖에 필요한 사항은 대통령령으로 정한다.

가. 보장성 상품: 일반금융소비자의 연령, 재산상황(자산 및 소득수준에 관한 사항을 말한다. 이하 같다), 위험보장 수요 등

나. 투자성 상품: 일반금융소비자의 투자목적, 재산상황 및 투자경험 등

다. 대출성 상품: 일반금융소비자의 소득·재산, 부채상황, 신용 및 변제계획 등

금융상품판매업자는 대통령령으로 정하는 보장성 상품 및 투자성 상품에 대하여 일반금융소비자에게 구매권유를 하지 아니하고 금융상품과 관련한 계약을 체결하려는 경우에는 미리 면담·질문 등을 통하여 다음 구분에 따른 정보를 파악하여야 한다.

가. 보장성 상품: 일반금융소비자의 연령, 재산상황, 위험보장 수요 등

나. 투자성 상품: 일반금융소비자의 투자목적, 재산상황 및 투자경험 등

금융상품판매업자는 확인한 사항에 비추어 해당 금융상품이 그 일반금융소비자에게 적정하지 아니하다고 판단되는 경우에는 대통령령으로 정하는 바에 따라 그 사실을 알리고, 해당 일반금융소비자로부터 서명, 기명날인, 녹취, 그 밖에 대통령령으로 정하는 방법으로 확인을 받아야 한다. 금융상품판매업자가 금융상품의 유형별로 파악하여야 하는 정보의 세부적인 내용, 그 밖에 필요한 사항은 대통령령으로 정한다.

금융상품판매업자등은 일반금융소비자에게 구매권유[6](금융상품자문업자가 자문에 응하는 경우를 포함한다)를 하는 경우에는 다음에서 정하는 금융상품에 관한 중요한 사항을 일반금융소비자가 이해할 수 있도록 설명하여야 한다.

[참고] 설명의무 기준

1. 보장성 상품의 경우 다음 각 목의 사항
   가. 보장성 상품의 내용
   나. 위험보장을 위하여 일반금융소비자가 지급하는 금전 및 권리 등
   다. 위험보장의 범위
   라. 그 밖에 대통령령으로 정하는 사항
2. 투자성 상품의 경우 다음 각 목의 사항
   가. 투자성 상품의 내용

6) "구매권유"란 특정 금융소비자를 상대로 금융상품에 관한 계약의 체결을 권유하는 것을 말한다.

나. 투자에 따른 위험
다. 그 밖에 대통령령으로 정하는 사항
3. 예금성 상품의 경우 다음 각 목의 사항
가. 예금성 상품의 내용
나. 이자율, 수익률 및 중도해지수수료
다. 그 밖에 대통령령으로 정하는 사항
4. 대출성 상품의 경우 다음 각 목의 사항
가. 금리 및 중도상환 수수료 등 대출성 상품의 내용
나. 그 밖에 대통령령으로 정하는 사항
5. 연계 또는 제휴된 금융상품 또는 서비스 등이 있는 경우 그 금융상품 또는 서비스 등의 내용 및 이행책임에 관한 사항
6. 그 밖에 금융소비자 보호를 위하여 대통령령으로 정하는 사항

금융상품판매업자등은 설명에 필요한 설명서를 일반금융소비자에게 발급하여야 하며, 설명한 내용을 일반금융소비자가 이해하였음을 서명, 기명날인, 녹취, 그 밖에 대통령령으로 정하는 방법으로 확인을 받아야 한다. 다만, 금융소비자 보호 및 건전한 거래질서를 해칠 우려가 없는 경우로서 대통령령으로 정하는 경우에는 설명서를 발급하지 아니할 수 있다. 금융상품판매업자등은 제1항에 따른 설명을 할 때 일반금융소비자의 합리적인 판단 또는 해당 금융상품의 가치에 중대한 영향을 미칠 수 있는 사항을 거짓으로 또는 왜곡(불확실한 사항에 대하여 단정적 판단을 제공하거나 확실하다고 오인하게 할 소지가 있는 내용을 알리는 행위를 말한다)하여 설명하거나 중요한 사항을 빠뜨려서는 아니 된다. 설명서의 내용, 발급 방법 등 세부내용은 대통령령으로 정한다.

금융상품판매업자는 대출성 상품 등 대통령령으로 정하는 금융상품과 관련된 계약을 체결할 때 다른 금융상품의 계약 체결을 강요하는 등 금융상품판매업자의 우월적 지위를 이용하여 금융소비자의 의사에 반하는 부당한 금융상품계약의 체결(구속성 금융상품계약 체결)을 요구하여서는 아니 된다. 부당한 금융상품계약의 범위 및 판단 기준 등에 관한 세부사항은 대통령령으로 정한다.

금융상품판매업자등의 구매권유(금융상품자문업자가 자문에 응하는 경우를 포함)시 금지행위는 다음과 같다.

① 불확실한 사항에 대하여 단정적 판단을 제공하거나 확실하다고 오인하게 할 소지가 있는 내용을 알리는 행위
② 금융상품의 내용을 사실과 다르게 알리는 행위
③ 금융상품의 가치에 중대한 영향을 미치는 사항을 미리 알고 있으면서 이를 금융소

비자에게 알리지 아니하는 행위

④ 금융상품 내용의 일부에 대하여 비교대상 및 기준을 명시하지 아니하거나 객관적인 근거 없이 다른 금융상품과 비교하여 해당 금융상품이 우수하거나 유리하다고 알리는 행위(금융소비자 보호 및 건전한 거래질서를 해칠 우려가 없는 행위로서 대통령령으로 정하는 행위는 제외한다)

⑤ 보장성 상품의 경우 다음 각 목의 어느 하나에 해당하는 행위

가. 금융소비자(이해관계자로서 대통령령으로 정하는 자를 포함한다. 이하 이 호에서 같다)가 보장성 상품 계약의 중요한 사항을 금융상품직접판매업자에게 알리는 것을 방해하거나 알리지 아니할 것을 권유하는 행위

나. 금융소비자가 보장성 상품 계약의 중요한 사항에 대하여 부실한 사항을 금융상품직접판매업자에게 알릴 것을 권유하는 행위

⑥ 투자성 상품의 경우 다음 각 목의 어느 하나에 해당하는 행위

가. 금융소비자로부터 구매권유의 요청을 받지 아니하고 방문·전화 등 실시간 대화의 방법을 이용하는 행위(금융소비자 보호 및 건전한 거래질서를 해칠 우려가 없는 행위로서 대통령령으로 정하는 행위는 제외한다)

나. 구매권유를 받은 금융소비자가 이를 거부하는 취지의 의사를 표시하였는데도 구매권유를 계속하는 행위(금융소비자 보호 및 건전한 거래질서를 해칠 우려가 없는 행위로서 대통령령으로 정하는 행위는 제외한다)

⑦ 그 밖에 금융소비자 보호 또는 건전한 거래질서를 해칠 우려가 있는 행위로서 대통령령으로 정하는 행위

금융상품의 광고 관련 준수사항은 다음과 같다.

첫째, 금융협회 등 금융상품판매업자등이 아닌 자로서 대통령령으로 정하는 자는 금융상품등에 관한 광고를 할 수 있다.

둘째, 금융상품판매업자등이 금융상품등에 관한 광고를 하는 경우에는 금융소비자가 금융상품의 내용을 오해하지 아니하도록 명확하고 공정하게 전달하여야 한다.

셋째, 금융상품판매업자등이 하는 금융상품등에 관한 광고에는 다음 각 호의 내용이 포함되어야 한다.

가. 금융상품에 관한 계약을 체결하기 전에 금융상품 설명서 및 약관을 읽어 볼 것을 권유하는 내용

나. 금융상품판매업자등의 명칭, 금융상품의 내용

다. 보장성 상품의 경우 기존에 체결했던 계약을 해지하고 다른 계약을 체결하는 경우에는 계약체결이 거부되거나 보험료 등 금융소비자의 지급비용이 인상되거나 보장내용이 변경될 수 있다는 사항과 그 밖에 대통령령으로 정하는 사항

라. 투자성 상품의 경우 투자에 따른 위험과 과거 운용실적을 포함하여 광고를 하는 경우에는 그 운용실적이 미래의 수익률을 보장하는 것이 아니라는 사항, 그 밖에 대통령령으로 정하는 사항

마. 예금성 상품의 경우 거래조건, 만기지급금 등을 예시하여 광고하는 경우에는 해당 예시된 지급금 등이 미래의 수익을 보장하는 것이 아니라는 사항(만기 시 지급금이 변동하는 예금성 상품으로서 대통령령으로 정하는 금융상품의 경우로 한정한다), 그 밖에 대통령령으로 정하는 사항

바. 대출성 상품의 경우 거래조건과 그 밖에 대통령령으로 정하는 사항

사. 그 밖에 금융소비자 보호를 위하여 대통령령으로 정하는 사항

넷째, 금융상품판매업자등이 금융상품등에 관한 광고를 하는 경우 금지행위는 다음과 같다.

① 보장성 상품의 경우

가. 보장한도, 보장 제한 조건, 면책사항, 감액보장 사항 등을 빠트리거나 충분히 고지하지 아니하여 제한 없이 보장을 받을 수 있는 것으로 오인하게 하는 행위

나. 보장금액이 큰 특정 내용만을 강조하거나 고액 보장 사례 등을 소개하여 부당하게 보장내용이 큰 것으로 오인하게 하는 행위

다. 보험료, 수수료 등을 일할(日割) 등으로 표시하거나 보험료, 수수료 등의 산출기준을 불충분하게 설명하여 보험료, 수수료 등이 저렴한 것으로 오인하게 하는 행위

라. 만기 시 자동 갱신되는 보장성 상품의 경우 갱신 시 보험료 등이 인상될 수 있음을 금융소비자가 인지할 수 있도록 충분히 고지하지 아니하는 행위

마. 금리 및 투자실적에 따라 만기환급금이 변동될 수 있는 보장성 상품의 경우 만기환급금이 보장만기일에 확정적으로 지급되는 것으로 오인하게 하는 행위

바. 그 밖에 대통령령으로 정하는 행위

② 투자성 상품의 경우 다음 각 목의 사항

가. 손실보전(補塡) 또는 이익보장이 되는 것으로 오인하게 하는 행위. 다만, 금융소비자를 오인하게 할 우려가 없는 경우로서 대통령령으로 정하는 경우는 제외한다.

나. 대통령령으로 정하는 투자성 상품에 대하여 해당 투자성 상품의 특성을 고려하여 대통령령으로 정하는 사항 외의 사항을 광고에 사용하는 행위

다. 수익률이나 운용실적을 표시하는 경우 수익률이나 운용실적이 좋은 기간의 수익률이나 운용실적만을 표시하는 행위

③ 예금성 상품의 경우 다음 각 목의 사항

가. 이자율의 범위 및 산정방법, 이자의 지급 및 부과 시기, 부수적 혜택 및 비용을 명확히 표시하지 아니하여 금융소비자가 오인하게 하는 행위

나. 수익률이나 운용실적을 표시하는 경우 수익률이나 운용실적이 좋은 기간의 수익률이나 운용실적만을 표시하는 행위

④ 대출성 상품의 경우 다음 각 목의 사항

가. 대출이자율의 범위 및 산정방법, 대출이자의 지급 및 부과 시기, 부수적 혜택 및 비용을 명확히 표시하지 아니하여 금융소비자가 오인하게 하는 행위

나. 대출이자, 수수료 등을 일할 등으로 표시하여 대출이자 등이 저렴한 것으로 오인하게 하는 행위

⑤ 그 밖에 금융소비자 보호를 위하여 대통령령으로 정하는 행위

다섯째, 금융상품등에 관한 광고의 경우 「표시·광고의 공정화에 관한 법률」 제4조 제1항에 따른 표시·광고사항이 있을 때에는 같은 법에서 정하는 바에 따른다.

여섯째, 금융협회는 금융상품판매업자등의 금융상품등에 관한 광고와 관련하여 대통령령으로 정하는 바에 따라 제1항부터 제4항까지의 광고 관련 기준을 준수하는지를 확인하고 그 결과에 대한 의견을 해당 금융상품판매업자등에게 통보할 수 있다.

일곱째, 광고와 관련된 구체적인 내용 및 광고의 방법과 절차, 그 밖에 필요한 사항은 대통령령으로 정한다.

금융상품직접판매업자는 금융소비자와 금융상품에 관한 계약을 체결하는 경우 금융상품의 유형별로 대통령령으로 정하는 계약서류를 금융소비자에게 지체 없이 발급하여야 한다. 다만, 계약내용 등을 고려하여 금융소비자 보호를 해칠 우려가 없는 경우로서 대통령령으로 정하는 경우에는 그 계약서류를 발급하지 아니할 수 있다.제1항에 따른 계약서류 발급의 방법 및 절차 등은 대통령령으로 정한다.

3) 금융상품판매업자등의 업종별 영업행위 준수사항

금융상품판매업자는 등록을 한 금융상품판매대리·중개업자 및 다른 금융 관련 법률에 따라 금융상품판매대리·중개업의 인·허가를 받거나 등록을 한 자가 아닌 자에게 금융상품계약체결등을 위탁하여서는 아니 된다. 금융상품판매대리·중개업자의 금지 행위는 다음과 같다. 첫째, 금융소비자로부터 투자금, 보험료 등 계약의 이행으로서 급부를 받는 행위. 다

만, 금융상품직접판매업자로부터 급부 수령에 관한 업무를 위탁받은 경우로서 대통령령으로 정하는 행위는 제외한다. 둘째, 금융상품직접판매업자로부터 위탁받은 업무를 제3자에게 재위탁하는 행위. 다만, 금융상품직접판매업자의 이익과 상충되지 아니하고 금융소비자 보호를 해치지 아니하는 경우로서 대통령령으로 정하는 행위는 제외한다. 셋째, 그 밖에 금융소비자 보호 또는 건전한 거래질서를 해칠 우려가 있는 행위로서 대통령령으로 정하는 행위.

금융상품판매대리·중개업자는 금융상품판매대리·중개 업무를 수행할 때 대통령령으로 정하는 바에 따라 금융상품직접판매업자로부터 정해진 수수료 외의 금품, 그 밖의 재산상 이익을 요구하거나 받아서는 아니 된다. 수수료의 범위, 재산상 이익의 내용, 그 밖에 필요한 사항은 대통령령으로 정한다.

금융상품판매대리·중개업자는 금융상품을 판매하는 경우 금융소비자에게 다음 사항을 미리 알려야 하며, 자신이 금융상품판매대리·중개업자라는 사실을 나타내는 표지를 게시하거나 증표를 금융소비자에게 내보여야 한다. 첫째, 금융상품직접판매업자로부터 금융상품 계약체결등의 업무를 위탁받은 경우 금융상품직접판매업자의 명칭 및 위탁 내용 둘째, 하나의 금융상품직접판매업자만을 대리하거나 중개하는 금융상품판매대리·중개업자인지 여부 셋째, 금융상품직접판매업자로부터 금융상품 계약체결권을 위탁받지 아니한 금융상품판매대리·중개업자의 경우 자신이 금융상품계약을 체결할 권한이 없다는 사실 넷째, 손해배상책임에 관한 사항, 다섯째, 그 밖에 금융소비자 보호 또는 건전한 거래질서를 위하여 대통령령으로 정하는 사항이다. 표지 게시, 증표 제시의 방법, 그 밖에 필요한 사항은 대통령령으로 정한다.

금융상품자문업자는 금융소비자에 대하여 선량한 관리자로서의 주의로 자문에 응하여야 하며, 금융소비자의 이익을 보호하기 위하여 금융상품판매업자로부터 독립하여 자문업무를 수행하여야 한다. 금융상품자문업자는 금융상품자문에 응하는 경우 금융소비자가 최선의 선택을 할 수 있도록 대통령령으로 정하는 기준에 따라 자문업무를 수행하여야 한다. 금융상품자문업자의 금지행위는 다음과 같다.

첫째, 금융상품자문업자와 금융소비자 간에 이해상충이 발생할 가능성이 큰 경우로서 금융상품판매업을 겸영하는 경우 금융상품자문업과 금융상품판매업 간에 임원(대표이사, 감사 및 사외이사가 아닌 감사위원회의 위원은 제외한다) 및 직원을 겸직하게 하는 행위. 다만, 금융상품자문과 관련하여 금융소비자와 이해상충이 없는 경우로서 대통령령으로 정하는 경우는 제외한다. 그 밖에 이해상충이 발생할 가능성이 있는 행위로서 대통령령으로 정하는 행위는 금한다.

둘째, 금융상품자문과 관련하여 이해상충이 없는 경우로서 대통령령으로 정하는 경우를 제외하고 금융상품판매업자로부터 수수료 등 어떠한 명목으로든지 금품이나 그 밖의 재산상 이익을 수취하는 행위는 금한다.

셋째, 그 밖에 금융소비자 보호 또는 건전한 거래질서를 해칠 우려가 있는 행위로서 대통령령으로 정하는 행위는 금한다.

금융상품자문업자는 자문업무를 하는 경우 금융소비자에게 금융상품자문업자로서 어느 금융상품판매업자와도 이해관계를 갖지 아니하며 독립적으로 자문에 응한다는 사실, 금융상품판매업을 겸영하는 경우 자신과 금융상품계약체결등 업무의 위탁관계에 있는 금융상품판매업자의 명칭 및 위탁 내용, 그 밖에 금융소비자 보호 또는 건전한 거래질서를 위하여 대통령령으로 정하는 사항을 미리 알려야 하며, 자신이 금융상품자문업자라는 사실을 나타내는 표지를 게시하거나 증표를 금융소비자에게 내보여야 한다.

금융상품판매업자등은 금융상품판매업등의 업무와 관련한 자료로서 대통령령으로 정하는 자료를 기록하여야 하며, 자료의 종류별로 대통령령으로 정하는 기간 동안 유지·관리하여야 한다. 금융상품판매업자등은 기록 및 유지·관리하여야 하는 자료가 멸실되거나 위조 또는 변조되지 아니하도록 적절한 대책을 수립·시행하여야 한다.

4. 금융소비자 보호

1) 금융소비자정책 수립 등

금융위원회는 금융소비자의 권익 보호와 금융상품판매업등의 건전한 육성을 위하여 금융소비자정책을 수립하여야 한다. 금융위원회는 금융소비자의 권익을 증진하고 건전한 금융생활을 지원하기 위하여 금융소비자의 능력 향상을 위하여 노력하여야 한다. 금융위원회는 제1항에 따라 수립된 금융소비자정책의 시행에 필요한 사항을 대통령령으로 정하는 바에 따라 금융소비자보호원(「금융위원회의 설치 등에 관한 법률」에 따라 설립된 금융소비자보호원을 말한다. 이하 같다)의 원장(이하 "금융소비자보호원장"이라 한다)에게 위탁할 수 있다.

금융위원회는 금융소비자정책에 관한 종합계획(이하 "종합계획"이라 한다)을 3년마다 수립하여야 한다. 종합계획에는 금융소비자정책과 관련된 경제·사회 환경의 변화, 금융소비자정책의 기본방향, 금융소비자정책의 목표, 그 밖에 금융소비자정책의 수립과 추진에 필요한 사항을 포함해야 한다. 금융위원회는 제1항에 따른 종합계획을 수립하는 경우 「소비자기본법」 제23조에 따른 소비자정책위원회에 제출하여야 한다. 종합계획의 수립·시행 및 변경절차 등에 관하여 필요한 사항은 대통령령으로 정한다.

금융위원회는 금융소비자의 권익 보호를 위하여 금융소비자의 올바른 권리 행사를 이끌고 금융상품과 관련된 판단능력을 높이며, 금융소비자가 자신의 선택에 책임을 지는 금융생활을 할 수 있도록 필요한 교육을 하여야 한다. 금융위원회는 금융환경 변화에 따라 금융소비자의 능력 향상을 위한 교육프로그램을 개발하여야 한다. 이 경우 기획재정부장관, 공정거래위원회 등 관계 행정기관의 장과 협의하여야 한다. 금융위원회는 프로그램의 개발 등에 필요한 사항을 금융소비자보호원장 또는 금융교육 관련 단체에게 위탁할 수 있다.

금융위원회는 금융소비자가 금융상품의 주요 내용을 알기 쉽게 비교할 수 있도록 금융상품의 유형별로 금융상품의 주요 내용을 비교하여 공시할 수 있다. 금융소비자보호원장은 대통령령으로 정하는 금융회사등에 대한 민원(이하 "금융민원"이라 한다)에 관하여 그 발생 규모 및 처리 결과를 평가하고 그 결과를 공표할 수 있다. 금융회사등은 금융소비자 불만 예방 및 신속한 사후구제를 통하여 금융소비자를 보호하기 위하여 그 임직원이 직무를 수행할 때 준수하여야 할 기본적인 절차와 기준(이하 "금융소비자보호규준"이라 한다)을 정하여야 한다. 비교공시 대상 금융상품의 범위, 내용 및 절차, 제2항에 따른 평가 및 공표 대상 금융민원의 내용 및 평가·공표 절차, 제3항에 따른 금융소비자보호규준에 포함될 내용 등에 관하여 필요한 사항은 대통령령으로 정한다. 금융위원회는 비교공시 업무를 대통령령으로 정하는 바에 따라 금융소비자보호원장 또는 금융협회에 위탁할 수 있다.

2) 금융분쟁의 조정

「금융위원회의 설치 등에 관한 법률」 제38조 각 호의 기관(이하 "금융기관"이라 한다), 금융소비자와 그 밖의 이해관계자 사이에 발생하는 금융 관련 분쟁의 조정에 관한 사항을 심의·의결하기 위하여 금융소비자보호원에 금융분쟁조정위원회를 둔다. 조정위원회는 위원장 1명을 포함한 30명 이내의 위원으로 구성한다. 조정위원회 위원장은 금융소비자보호원장이 되며, 조정위원회 위원은 금융소비자보호원의 부원장 및 다음에 해당하는 사람 중에서 성별을 고려하여 금융소비자보호원장이 위촉한다. 즉 판사·검사 또는 변호사 자격이 있는 사람, 「소비자기본법」에 따른 한국소비자원 및 소비자단체의 임원 또는 그 임원으로 재직하였던 사람, 금융기관 또는 금융 관계 기관·단체에서 15년 이상 근무한 경력이 있는 사람, 금융에 관한 학식과 경험이 있는 사람, 전문의(專門醫) 자격이 있는 의사, 그 밖에 분쟁조정과 관련하여 금융소비자보호원장이 필요하다고 인정하는 사람 등이 해당된다. 분쟁조정위원회 위원의 임기는 2년으로 한다. 조정위원회 위원장이 부득이한 사유로 직무를 수행할 수 없을 때에는 금융소비자보호원의 부원장이 조정위원회 위원장의 직무를 대행한다. 조정위원회의 위원 중 공무원이 아닌 위원은 「형법」 제129조부터 제132조까지의 규정을 적용할 때에는 공무원으로 본다.

금융기관, 금융소비자와 그 밖의 이해관계자는 금융과 관련하여 분쟁이 있을 때에는 금융소비자보호원장에게 분쟁조정을 신청할 수 있다. 금융소비자보호원장은 제1항에 따른 분쟁조정의 신청을 받았을 때에는 관계 당사자에게 그 내 용을 통지하고 합의를 권고할 수 있다. 다만, 분쟁조정의 신청내용이 신청한 내용이 분쟁조정대상으로서 적합하지 아니하다고 인정되는 경우나 신청한 내용이 관련 법령 또는 객관적인 증명자료 등에 의하여 합의권고절차 및 조정절차를 진행할 실익이 없는 경우, 그 밖에 대통령령으로 정하는 경우에 해당하는 경우에는 합의를 권고하지 아니하거나 제3항에 따라 조정위원회에 회부하지 아니할 수 있다. 금융소비자보호원장은 분쟁조정의 신청을 받은 날부터 30일 이내에 제2항에 따른 합의가 이루어지지 아니할 때에는 지체 없이 이를 조정위원회에 회부하여야 한다. 조정위원회는 제3항에 따라 조정을 회부 받았을 때에는 60일 이내에 이를 심의하여 조정안을 작성하여야 한다. 금융소비자보호원장은 조정위원회가 조정안을 작성하였을 때에는 신청인과 관계 당사자에게 이를 제시하고 수락을 권고할 수 있다. 신청인과 관계 당사자가 제5항에 따른 조정안을 받은 날부터 20일 이내에 조정안을 수락하지 아니한 경우에는 조정안을 수락하지 아니한 것으로 본다.

조정위원회의 회의는 조정위원회 위원장 1명을 포함하여 조정위원회 위원장이 회의마다 지명하는 7명 이상 11명 이하의 조정위원회 위원으로 구성하며, 조정위원회 위원장이 소집한다. 조정위원회는 구성원 과반수의 출석과 출석위원 과반수의 찬성으로 의결한다. 조정위원회 위원은 위원 또는 그 배우자나 배우자이었던 사람이 해당 사건의 당사자가 되거나 해당 사건에 관하여 공동권리자 또는 공동의무자인 경우, 위원이 해당 사건의 당사자와 친족이거나 친족이었던 경우, 위원이 해당 사건에 관하여 증언·법률자문 또는 손해사정 등을 한 경우, 위원이 해당 사건에 관하여 당사자의 대리인으로서 관여하거나 관여하였던 경우에는 그 분쟁조정신청사건의 심의·의결에서 제척(除斥)된다.

당사자는 위원에게 공정한 심의·의결을 기대하기 어려운 사정이 있는 경우에는 조정위원회 위원장에게 기피신청을 할 수 있으며, 위원장은 기피신청이 타당하다고 인정할 때에는 기피의 결정을 한다. 위원이 제1항 각 호에 따른 제척 사유에 해당하는 경우에는 스스로 그 사건의 심의 · 의결에서 회피하여야 한다. 금융소비자원장은 위원회 위원이 심신장애로 인하여 직무를 수행할 수 없게 된 경우, 직무태만, 품위손상이나 그 밖의 사유로 인하여 위원으로 적합하지 아니하다고 인정되는 경우, 이에 해당하는 데에도 불구하고 회피하지 아니한 경우해당 위원을 해촉(解囑)할 수 있다.

양 당사자가 조정안을 수락한 경우 해당 조정안은 재판상의 화해와 동일한 효력을 갖는다. 당사자가 조정에 불복하여 1개월 이내에 소송을 제기한 경우 시효의 중단 및 제소기간의 계산에서는 조정신청을 재판상의 청구로 본다. 조정이 신청된 사건에 대하여 소송이 진행 중일 때에는 수소법원(受訴法院)은 조정이 있을 때까지 소송절차를 중지할 수 있다. 조정위원회는 소송절차의 중지가 없는 경우에는 해당 사건의 조정절차를 중지하여야 한다. 조정위원회는 조정이 신청된 사건과 동일한 원인으로 다수인이 관련되는 동종·유사 사건에 대한 소송이 진행 중인 경우에는 조정위원회의 결정으로 조정절차를 중지할 수 있다. 금융기관은 일반금융소비자가 신청한 사건일 것, 조정을 통하여 주장하는 권리나 이익의 가액이 500만원의 범위에서 대통령령으로 정하는 금액 이하일 것에 해당하는 분쟁사건(이하 "소액분쟁사건"이라 한다)에 대하여 조정절차가 개시된 경우에는 제32조 제5항에 따른 조정안을 제시받기 전에는 소를 제기하지 못한다. 다만, 정한 기간 내에 조정안을 제시받지 못한 경우에는 그러하지 아니하다. 조정위원회의 운영 및 분쟁조정 절차 등에 관하여 필요한 사항은 대통령령으로 정한다.

5. 감독 및 처분

금융위원회는 금융소비자를 보호하고 건전한 거래질서를 유지하기 위하여 금융상품판매업자등이 이 법 또는 이 법에 따른 명령이나 처분을 적절히 준수하는지를 감독하여야 한다. 금융위원회는 금융소비자의 권익 보호 및 건전한 거래질서 유지를 위하여 필요하다고 인정하는 경우에는 금융상품판매업자등에게 금융상품판매업자등의 경영 및 업무개선에 관한 사항, 영업의 질서유지에 관한 사항, 영업방법에 관한 사항, 그 밖에 금융소비자의 보호 또는 건전한 거래질서를 위하여 필요한 사항으로서 대통령령으로 정하는 사항에 해당하는 사항에 관한 조치를 명할 수 있다.

금융상품판매업자등은 그 업무와 재산상황에 관하여 원장의 검사를 받아야 한다. 원장은 제1항에 따른 검사를 할 때 필요하다고 인정하는 경우에는 금융상품판매업자등에게 업무 또는 재산에 관한 보고, 자료의 제출, 관계인의 출석 및 의견의 진술을 요구하거나 그 소속 직원으로 하여금 금융상품판매업자등의 사무소나 사업장에 출입하여 업무상황, 서류 또는 시설 등을 검사하게 할 수 있다. 검사를 하는 자는 그 권한을 표시하는 증표를 지니고 이를 관계인에게 내보여야 한다. 원장은 검사를 실시한 경우에는 그 결과를 금융위원회에 보고하여야 한다. 이 경우 이 법 또는 이 법에 따른 명령이나 처분을 위반한 사실이 있는 때에는 그 처리에 관한 의견서를 첨부하여야 한다. 원장은 「주식회사의 외부감사에 관한 법률」에 따라 금융상품판매업자등이 선임한 외부감사인에게 해당 금융상품판매업자등을 감사한 결과 알게 된 정보, 그 밖에 영업행위와 관련되는 자료의 제출을 사용목적에 필요한 최소한의 범위에서 서면으로 요구할 수 있다. 원장은 검사업무의 일부를 대통령령으로 정하는 바에 따라 금융소비자보호원장 또는 금융협회에 위탁할 수 있다. 원장의 권한의 일부를 위탁받아 수행하는 금융협회의 임직원은 「형법」 제129조부터 제132조까지의 규정을 적용할 때에는 공무원으로 본다. 금융위원회는 검사의 방법·절차, 검사결과에 대한 조치기준, 그 밖에 검사업무와 관련하여 필요한 사항을 정하여 고시할 수 있다.

금융위원회는 금융상품판매업자등 중 등록을 한 금융상품판매업자등이 다음에 해당하는 경우에는 금융상품판매업등의 등록을 취소할 수 있다. 거짓이나 그 밖에 부정한 방법으로 등록을 한 경우로 그 등록을 취소하여야 한다. 등록 요건을 유지하지 아니하는 경우에도 등록을 취소할 수 있다. 다만, 금융위원회가 인정하는 사유로 대통령령으로 정하는 기간 내에 일시적으로 등록요건을 유지하지 못한 경우는 제외한다. 업무의 정지기간 중에 업무를 한 경우, 금융위원회의 시정명령 또는 중지명령을 받고도 금융위원회가 정한 기간 내에 시정하거나 중지하지 아니한 경우, 그 밖에 금융소비자의 이익을 현저히 해칠 우려가 있거나 해당 금융상품판매업등을 영위하기 곤란하다고 인정되는 경우로서 대통령령으로 정하는 경우에 등록을 취소할 수 있다.

금융위원회는 금융상품판매업자등이 등록취소 요건에 해당하거나 이 법을 위반하여 건전한 금융상품판매업등을 운영하지 못할 우려가 있다고 인정되는 경우로서 대통령령으로 정하는 경우에는 6개월 이내의 업무의 전부 또는 일부의 정지, 위법행위에 대한 시정명령, 위법행위에 대한 중지명령, 위법행위로 인하여 조치를 받았다는 사실의 공표명령 또는 게시명령, 기관주의 또는 기관경고, 그 밖에 위법행위를 시정하거나 방지하기 위하여 필요한 조치로서 대통령령으로 정하는 조치를 할 수 있다.

금융위원회는 금융상품판매업자등의 임원이 이 법 또는 이 법에 따른 명령에 위반하여 건전한 금융상품판매업등을 영위하지 못할 우려가 있다고 인정되는 경우로서 대통령령으로 정하는 경우에는 해임요구, 6개월 이내의 직무정지, 문책경고, 주의적 경고, 주의에 해당하는 조치를 할 수 있다. 금융위원회는 금융상품판매업자등의 직원이 이 법 또는 이 법에 따른 명령에 위반하여 건전한 금융상품판매업등을 영위하지 못할 우려가 있다고 인정되는 경우로서 대통령령으로 정하는 경우에는 면직, 6개월 이내의 정직, 감봉, 견책, 주의에 해당하는 조치를 할 것을 그 금융상품판매업자등에게 요구할 수 있다.

금융위원회는 금융상품판매업자등 중 등록을 한 금융상품판매업자등에 대하여 업무정지처분을 부과할 수 있는 경우에는 이를 갈음하여 업무정지기간의 이익의 범위에서 과징금을 부과할 수 있다. 금융위원회는 해당 금융상품직접판매업자 또는 금융상품자문업자에 대하여 그 위반행위로 인한 수입 또는 이에 준하는 금액의 100분의 30을 곱한 금액의 범위에서 과징금을 부과할 수 있다. 다만, 그 위반행위를 한 자가 수입이 없거나 수입의 산정이 곤란한 경우로서 대통령령으로 정하는 경우에는 10억 원을 초과하지 아니하는 범위에서 과징금을 부과할 수 있다.

금융상품직접판매업자로부터 금융상품계약체결등의 업무를 위탁받은 금융상품판매대리·중개업자(이 법 또는 다른 금융 관련 법령의 규정에 따라 하나의 금융상품직접판매업자만을 대리하는 금융상품판매대리·중개업자로 한정한다) 또는 금융상품직접판매업자의 소속 임직원이 그 금융상품직접판매업자에게 과징금을 부과할 수 있다. 다만, 금융상품직접판매업자가 그 위반행위를 막기 위하여 해당 업무에 관하여 상당한 주의와 감독을 게을리 하지 아니한 경우에는 그 금액을 감경하거나 면제할 수 있다. 이에 해당하는 경우는 설명서를 발급하지 아니하거나 확인을 받지 아니한 경우, 부당한 금융상품계약의 체결을 요구한 경우, 금융상품등에 관한 광고관련 위반행위를 한 경우 등이다. 위반행위로 인한 수입 또는 이에 준하는 금액의 산정에 관한 사항은 금융시장 환경변화로 인한 변동요인, 금융상품 유형별 특성, 금융상품계약체결등의 방식 및 금융상품판매업자등의 사업규모 등을 고려하여 대통령령으로 정한다.

다음에 해당하는 자는 5년 이하의 징역 또는 2억 원 이하의 벌금에 처한다. 첫째, 제7조를 위반하여 금융상품판매업등의 등록을 하지 아니하고 금융상품판매업등을 영위한 자, 둘째, 거짓이나 그 밖의 부정한 방법으로 제7조에 따른 등록을 한 자, 셋째, 제21조를 위반하여 제7조에 따른 등록을 하여야 하는 업무에 관하여 제7조제3항에 따른 등록을 한 자가 아닌 자에게 금융상품계약체결등을 위탁한 자이다. 법인(단체를 포함)의 대표자나 법인 또는 개인의 대리인, 사용인, 그 밖의 종업원이 그 법인 또는 개인의 업무에 관하여 제58조에 해당하는 위반행위를 하면 그 행위자를 벌하는 외에 그 법인 또는 개인에게도 해당 조문의 벌금형을 과(科)한다. 다만, 법인 또는 개인이 그 위반행위를 방지하기 위하여 해당 업무에 관하여 상당한 주의와 감독을 게을리 하지 아니한 경우에는 그러하지 아니하다.

제 4 절 국제 금융소비자보호 지표

외국의 경우 금융소비자보호지표라기 보다는 좀 더 기본적인 금융소비자보호 원칙을 규정하기 위한 노력들이 이루어져 왔다. 특히 세계은행과 OECD의 금융소비자 모범규준과 금융소비자보호 원칙을 개괄적으로 살펴본다.

1. 세계은행의 금융소비자보호 모범규준[7)]

2007~09년 금융위기 이후 글로벌 금융 시스템의 장기적 안정을 위해 금융소비자 보호의 중요성이 부각되었다. 금융서비스 이용자의 급속한 증가는 소비자 보호 및 역량 강화를 위해 금융규제와 소비자교육을 강화해야 함을 시사한다. 강력한 금융소비자 보호가 없다면 금융통합 확대에 따른 혜택들이 사라지고 심각하게 침해당할 것으로 전망되었다. 국가 차원의 경험과 국제적 모범 규준들에 근거해 세계은행에서는 금융소비자 보호 증진을 위한 효과적인 접근을 위해 금융 규제당국, 금융 상품 및 서비스 제공자, 소비자 단체 등에 유용한 국제 원칙을 개발하는데 도움을 주기 위해 2011년 3월 금융소비자보호 모범규준을 제안하였다.

모든 금융 서비스 분야에 적용되는 8개 범주의 39개의 공통적인 모범규준과 더불어 각 금융서비스업권별로 즉, 은행, 증권, 보험, 비은행 여신 부분의 모범 규준을 제안하였다.[8)] 공통 모범규준은 금융소비자 보호를 위해 공통적으로 적용될 수 있는 규준들로 다음의 39가지 기본 모범 규준이 제안되었다. 39개의 모범규준은 소비자보호제도(6항목), 공시·판매관행(12항목), 프라이버시·데이터보호(6항목), 분쟁해결절차(4항목), 구제기금(3항목), 금융교육(5항목), 공정거래분야(3항목)로 구분하여 제시되었다.

표 7-6 금융소비자 보호를 위한 공통 모범규준

범 주	세 부 항 목
소비자보호 제도 (Consumer Protection Institutions)	1. 법 – 소비자보호를 위한 분명한 규율을 제공함. 철저하고, 객관적이며, 시기적절하고 공정한 규율의 실행 및 집행을 위해 제도적 준비가 필요함.
	2. 각 금융 분야별 행동 강령 – (가능하면 금융감독기구와 소비자기구의 자문을 얻어)각 분야의 협회에 의해 개발됨. 법정 기구 혹은 효과적인 자기규율기구에 의해 모니터 되도록 하여 행동강령을 공식적으로 모든 금융기관들이 지켜야 함.
	3. 건전성 감독과 소비자 보호 감독기구의 설립 – 별도의 기구로 설립되거나 단일 기구 안에 자리 잡을 수 있는데, 건전성 감독과 소비자 보호에 대한 자원 분배가 소비자 보호 규제의 효과적인 실행이 가능할 만큼 충분해야 함.
	4. 금융기관에 대한 규제와 감독 – 소비자들에게 금융서비스를 제공하는 모든 법인들은 적절한 규제 기구에 의해 시장 활동을 감독받고, 허가받아야 함.

7) The World Bank(2011). Good Practices for Financial Consumer Practices.
8) 자세한 내용은 부록 참조.

	5. 사법 시스템을 통해 금융소비자 보호 문제에 관한 모든 분쟁의 최종적 해결이 가능해야 하며, 시기적절하게 전문적으로 이루어져야 함.
	6. 언론과 소비자 단체들은 적극적으로 금융소비자 보호를 독려함.
공시 및 판매 관행 (Disclosure and Sales Practices)	7. 금융기관이 특정 금융 상품이나 서비스에 관해 소비자에게 추천하기 전에, 해당 상품이나 서비스가 소비자의 요구와 능력에 충족하는지 확인하기 위해 충분한 정보를 수집함.
	8. 모든 금융 상품과 서비스에서, 소비자는 1쪽 분량의(전자 문서는 그에 상응하는) 주요 사실 명세서를 받는데, 이 명세서는 평이한 단어로 씌여지고, 주요 조건과 용어를 설명하고 있으며, 각 금융 상품이나 서비스에 있어 하한선으로 업계에서 용인된 정보에 기초하고 있음.
	9. 소비자가 금융 상품이나 서비스를 구매하기 전에, 금융기관은 일반적 계약 조건에 관한 사본을 제공함.
	10. 장기 저축 성향을 지닌 금융 상품이나 서비스—혹은 강한 판매 압박을 받는 상품이나 서비스—는 소비자들이 위약금 없이 계약을 취소할 수 있는 철회 기간(cooling off period)이 필요함.
	11. 개인 대출자가 사전 조건으로 다른 금융 상품이나 서비스를 구매하도록 강요당하면, 대출자는 상품이나 서비스 제공업체를 자유롭게 선택할 수 있음.
	12. 금융기관은 광고에서 정부의 규제를 받고 있음을 공시해야 하며, 관련 규제 당국을 알려 줌.
	13. 소비자들을 직접적으로 다루는 금융 기관 직원들은, 판매하는 상품이나 서비스의 복잡성에 맞게 적절한 훈련을 받음.
고객 계좌의 관리 및 유지 (Customer Account Handling and Maintenance)	14. 금융기관들은 각 고객의 거래조건에 대해 서면 혹은 전자 확인서, 각 고객 계좌의 주요 거래 사항에 대한 정기적 명세서를 준비해야 함.
	15. 고객들은 개별적으로 금리, 수수료, 부과요금의 변화에 대해 가능한 빨리 서면(혹은 전자 문서로)으로 개별적으로 공지 받음.
	16. 금융기관들은 최근까지 고객 기록을 유지하고 고객들이 무료 혹은 합리적 수준의 수수료를 내고 자신들의 기록에 대해 바로 접근할 수 있도록 해야 함.
	17. 고객 거래 청산은 분명하게 서면 상으로, 규제적 규칙이나 효과적인 자기규제 조약에 근거해야 함.
	18. 금융기관들은 고객들에 대한 채권추심, 개인회생이 금지됨.
개인정보와 자료의 보호	19. 신용평가 시스템 참가자들(신용등록자, 평가기관, 신용평가 이용자) 사이의 정보공유에 대해 기본 규칙에 관한 법률이 있어야 함.

(Privacy and Data Protection)	20. 신용등록자는, 법을 통해 정보 접근, 수정, 차단, 오류 및 오래된 개인 정보 삭제 등에 대한 권한이 제공됨.
	21. 법을 통해 신용등록자의 고객 정보 업데이트 정도와 시기를 명확히 해야 하며, 고객들에게 자신들의 신용 평가에 대한 무료 접근(적어도 1년에 한 번)을 제공하고 신용평가에 오류를 수정하는 절차를 제공함.
	22. 금융기관들은 고객 데이터의 비밀과 기술적인 안전을 보호해야 함. 법을 통해 고객 기록을 정부기관에 제공하는 구체적인 규정과 절차를 명시함.
	23. 모든 금융기관은 각 고객들에게 고객의 개인 정보사용과 공유에 관한 정책을 알림.
	24. 신용기관은 적절한 정부(혹은 비정부)기관의 감시 하에 있음.
분쟁해결절차 (Dispute Resolution Mechanism)	25. 금융기관들은 소비자 불평을 다룰 연락지점을 지명하고 명확한 절차를 지니고 있음. 또한 금융기관에 접수된 모든 불평의 최신 기록까지 유지하고 있으며, 불평 처리 소요시간, 불평에 대한 대응, 소비자의 불평처리절차 이용 방법이 포함된 내부 분쟁해결 정책 및 관행을 개발함.
	26. 소비자들은 독립적 금융 옴부즈만, 혹은 그에 상응하는 기관과 같이 효율적이며, 전문적인 분쟁해결절차를 이용할 수 있음. 분쟁해결절차를 담당하는 기관은 규제당국, 산업과 독립적으로 공정하게 활동해야 하며, 금융 옴부즈만 혹은 그에 상응하는 기관이 내린 결정은 금융 기관에 구속력이 있음.
	27. 소비자 불만에 대한 통계는 주기적으로 축적되고 옴부즈만이나 금융감독당국에 의해 공개됨.
	28. 규제 기관은 소비자 보호와 관련된 활동에 대한 통계와 분석을 의무적으로 공개하고 체계적인 소비자 불만의 근원을 차단하기 위한 규제 변경이나 금융교육 방법을 제안함. 관련 업계의 협회는 불만 통계 분석에 역할을 담당하고 체계적인 소비자 불만 재발을 막기 위한 조치들을 제안함.
보장 및 보상체계 (Guarantee and Compensation Schemes)	29. 규제당국은 금융기관의 재무적 어려움이 발생할 경우 적절한 조치를 취하도록 법제화함.
	30. 금융보험 혹은 보증기금에 관한 법은 보험업자, 보험가입자의 업종, 보험보장 한도, 자금 납입자, 지급을 발생시키는 모든 사건, 모든 보험 가입자에게 적절한 지급을 보장하는 메커니즘을 명시함.
	31. 관련 금융 기관이 청산 절차에 있을 때 예금자, 생명보험 가입자, 연금펀드 가입자는 다른 무담보 채권자들보다 우선권을 가짐.
소비자 역량강화 (Consumer	32. 국민들의 금융역량을 키우기 위한 금융교육과 정보에 관한 광범위한 프로그램이 개발됨.

Empowerment)	33. 정부, 공공기관, 비정부단체 등 다양한 조직들이 금융 역량 프로그램을 개발하고 실행하는데 관련돼 있음. 정부는 부처, 중앙은행 혹은 금융 규제당국을 지명하여 이 프로그램의 개발 및 실행을 주도하고 조정하도록 함.
	34. 국민의 금융 역량을 제고하기 위한 발의(initiatives)가 이루어지며, 여기에는 대중매체로 하여금 금융교육, 정보, 가이드를 제공하도록 독려하는 것도 포함됨.
	35. 정부와 국가 기관은 소비자, 협회, 금융기관들에게 소비자들의 욕구와 기대를 맞추는 제안서를 개발하기 위해 자문을 구함. 또한 제안된 발의안과 정보공시, 분쟁해결이 의도된 결과를 가져오는지 보기 위해 테스트를 실시함.
	36. 소비자의 금융역량과 소비자역량강화 조치의 영향은 대규모 가계 조사를 통해 측정되며, 이 조사는 시간을 두고 반복적으로 이루어짐.
경쟁 (Competition)	37. 금융 규제당국과 경쟁 당국은 서로 협력함.
	38. 금융 서비스의 경쟁 정책은 경쟁 이슈가 소비자의 복지에 미치는 영향, 특히 소비자 선택에 대한 제한을 고려함.
	39. 경쟁 당국은 소매 금융 기관들의 경쟁을 주기적으로 평가하고 소매 금융 기관들의 경쟁이 최적화될 수 있는 방법을 권고함.

은행부문에는 소비자보호제도, 공시·판매관행, 고객계좌관리·유지, 개인정보와 자료의 보호, 분쟁해결기구, 예금자보호, 소비자역량강화, 공정거래로 구분하여 제시하였다. 증권부문에는 투자자보호제도, 공시·판매관행, 소비자계좌취급·관리, 개인정보와 자료의 보호, 분쟁해결기구, 소비자역량강화로 구분하여 제시하였다. 보험부문에는 소비자보호제도, 공시·판매관행, 뷴쟁해결기구, 보험소비자보호기구, 소비자역량강화로 구분하여 제시하였다. 비은행신용기관(소액금융기관. 신용카드회사, 리스회사, 전당포 등을 포함)에는 소비자보호기구, 공시·판매관행, 소비자계좌취급·관리, 개인정보와 자료의 보호, 분쟁해결기구, 소비자역량강화로 구분하여 제시하였다.

2. OECD의 금융소비자보호 10대 원칙[9)]

금융위기 이후 전 세계적으로 금융규제 및 감독체제를 강화하는 추세로 2011년 OECD는 G20 정상회의에서 '금융소비자보호에 관한 10대 원칙'을 발표하여 현행금융소비자보후 수준을 평가하고 향후 적용 국가의 금융안정성 강화에 기여하고자 하였다. OECD 금융소비

9) 한국소비자원(2011), OECD금융소비자 보호 원칙 내용과 특징, 소비자정책동향 제 29호. 1-12.

자 보호 원칙의 주요 내용은 다음과 같다.

표 7-7 OECD 금융소비자 보호 원칙의 주요 내용

10대원칙	내 용
1. 강력한 규제 및 감독 체제	강력한 규제 및 감독 체제를 마련하여 금융상품 및 서비스를 제공하는 사업자와 중개인을 규제하도록 촉구.
2. 감독기구에 강력한 권한을 부여	금융소비자 보호를 위한 감독기구의 설립 및 해당기구의 책임과 통제권 명시.
3. 소비자에게 평등하고 공정한 대우	모든 소비자의 권리이며 특히 취약계층의 필요사항을 고려해야 함.
4. 투명한 정보 공개	금융상품 및 서비스 계약 체결 전 사업자와 소비자 간에 투명하고 표준화된 정보 공개 관행이 정착될 필요가 있으며, 금융서비스 사업자는 적시에 금융소비자에게 명확하며 신뢰할 수 있는 정보를 제공해야 함.
5. 금융소비자의 지식과 역량 강화를 위한 교육메커니즘 개발	금융소비자의 현명한 금융소비생활을 도모하기 위해 모든 연령의 소비자를 대상으로 금융교육이 필요하며 취약계층을 고려한 특별 프로그램이 필요함.
6. 책임있는 기업 활동	금융서비스 사업자와 중개인은 금융소비자의 이익의 최대화를 목표로 활동해야 함. 금융서비스 사업자와 중개인은 금융 상품, 자문이나 서비스 제공 전에 금융소비자의 환경이나 필요수준, 역량 등을 평가해야함. 금융서비스 사업자는 중개인과의 사이에서 발생가능한 이해 충돌을 미연에 방지할 책임이 있음.
7. 금융사기 및 사고로부터 소비자의 자산 보호	금융사기, 횡령 등으로부터 금융소비자의 자산을 안전하게 보호하는 통제 및 보호 메커니즘을 구축해야 함.
8. 소비자피해구제	불필요한 비용없이 적시에 효율적인 피해구제를 금융소비자에게 제공하는 공정하고 독립적인 피해구제 메커니즘 마련.
9. 금융소비자의 정보 및 사생활 보호	금융서비스사업자는 금융소비자의 개인 및 금융정보의 수집, 처리, 보관에 관한 목적과 이행 내용을 공개할 의무가 있으며, 금융소비자는 개인 및 금융정보가 공유될 경우 해당 사실에 대해 고지 받을 권리, 잘못된 정보 및 불법으로 수집되거나 처리된 정보에 대해 삭제 및 즉각적 수정을 요구할 권리가 있음.
10. 경쟁적 환경 조성을 통한 소비자의 선택권 보장	경쟁적 금융시장을 조성하여 금융소비자의 폭넓은 선택권을 보장하고 시장 내 금융 상품 및 서비스의 수준을 향상할 수 있음.

제 8 장

개인 신용정보의 평가와 보호

Chapter 08

개인 신용정보의 평가와 보호

제 1 절 신용정보의 이용과 보호

신용정보란 금융거래 등 상거래에 있어서 거래 상대방의 신용을 판단할 때 필요한 정보로서 다음과 같다. 첫째, 특정 신용정보주체를 식별할 수 있는 정보, 둘째, 신용정보주체의 거래내용을 판단할 수 있는 정보, 셋째, 신용정보주체의 신용도를 판단할 수 있는 정보, 넷째, 신용정보주체의 신용거래능력을 판단할 수 있는 정보, 다섯째, 이와 유사한 정보를 의미한다. 개인신용정보란 신용정보 중 개인의 신용도와 신용거래능력 등을 판단할 때 필요한 정보로서 대통령령으로 정하는 정보를 말한다.

1. 신용정보의 수집·조사

신용정보회사, 신용정보집중기관 및 신용정보제공·이용자(이하 "신용정보회사등"이라 한다.[1])는 신용정보를 수집·조사하는 경우에는 이 법 또는 정관으로 정한 업무 범위에서 수집·조사의 목적을 명확하게 하고 그 목적 달성에 필요한 범위에서 합리적이고 공정한 수단을 사용하여야 한다. 신용정보회사등은 다음 정보를 수집·조사하여서는 아니 된다. 첫째, 국가의 안보 및 기밀에 관한 정보, 둘째, 기업의 영업비밀 또는 독창적인 연구개발 정보, 셋째, 개인의 정치적 사상, 종교적 신념, 그 밖에 신용정보와 관계없는 사생활에 관한 정보, 넷째, 확실하지 아니한 개인신용정보, 다섯째, 다른 법률에 따라 수집이 금지된 정보 등이다.

1) "신용정보회사"란 신용정보업을 할 목적으로 제4조에 따라 금융위원회의 허가를 받은 자를 말한다. "신용정보집중기관"이란 신용정보를 집중하여 관리·활용하는 자로서 제25조 제1항에 따라 금융위원회에 등록한 자를 말한다.

신용정보회사등이 개인의 질병에 관한 정보를 수집·조사하거나 타인에게 제공하려면 미리 해당 개인의 동의를 받아야 하며 대통령령으로 정하는 목적으로만 그 정보를 이용하여야 한다. 신용정보회사등은 그 업무 범위에서 의뢰인의 동의를 받아 다른 신용정보회사등에 신용정보의 수집·조사를 위탁할 수 있다. 신용정보회사등은 수집된 신용정보의 처리를 일정한 금액 이상의 자본금 등 대통령령으로 정하는 일정한 요건을 갖춘 자에게 위탁할 수 있다. 신용정보의 처리를 위탁하려는 신용정보회사등으로서 대통령령으로 정하는 자는 제공하는 신용정보의 범위 등을 대통령령으로 정하는 바에 따라 금융위원회에 알려야 한다.

2. 신용정보의 유통 및 관리

신용정보회사등은 신용정보의 정확성과 최신성이 유지될 수 있도록 대통령령으로 정하는 바에 따라 신용정보의 등록·변경 및 관리 등을 하여야 한다. 신용정보회사등은 신용정보주체에게 불이익을 줄 수 있는 신용정보를 그 불이익을 초래하게 된 사유가 해소된 날부터 최장 5년 이내에 등록·관리 대상에서 삭제하여야 한다. 해당 신용정보의 구체적인 종류, 기록보존 및 활용기간 등은 대통령령으로 정한다. 신용정보회사등은 신용정보전산시스템(제25조 제6항에 따른 신용정보공동전산망을 포함한다. 이하 같다)에 대한 제3자의 불법적인 접근, 입력된 정보의 변경·훼손 및 파괴, 그 밖의 위험에 대하여 대통령령으로 정하는 바에 따라 기술적·물리적·관리적 보안대책을 세워야 한다. 신용정보제공·이용자가 다른 신용정보제공·이용자 또는 신용조회회사와 서로 이 법에 따라 신용정보를 제공하는 경우에는 금융위원회가 정하여 고시하는 바에 따라 신용정보 보안관리 대책을 포함한 계약을 체결하여야 한다.

신용정보회사등은 신용정보의 수집·처리 및 이용 등에 대하여 금융위원회가 정하는 바에 따라 내부관리규정을 마련하여야 한다. 신용정보회사등은 의뢰인의 주소와 성명 또는 정보제공·교환기관의 주소와 이름, 의뢰받은 업무 내용 및 의뢰받은 날짜, 의뢰받은 업무의 처리 내용 또는 제공한 신용정보의 내용과 제공한 날짜다음 등에 대한 기록을 3년간 보존하여야 한다. 신용정보회사, 신용정보집중기관 및 대통령령으로 정하는 신용정보제공·이용자는 신용정보를 보호하고 신용정보와 관련된 신용정보주체의 고충을 처리하는 등 대통령령으로 정하는 업무를 하는 신용정보관리·보호인을 1명 이상 지정하여야 한다. 신용정보회사나 신용정보집중기관이 폐업하려는 경우에는 금융위원회가 정하여 고시하는 바에 따라 보유정보를 처분하거나 폐기하여야 한다.

3. 신용정보주체의 보호

신용정보주체란 처리된 신용정보로 식별되는 자로서 그 신용정보의 주체가 되는 자를 말한다. 신용정보회사, 신용정보집중기관 및 대통령령으로 정하는 신용정보제공·이용자는 관리하는 신용정보의 종류, 이용 목적, 제공 대상 및 신용정보주체의 권리 등에 관한 사항을 대통령령으로 정하는 바에 따라 공시하여야 한다. 신용정보제공·이용자가 대출, 보증에 관한 정보 등 대통령령으로 정하는 개인신용정보를 타인에게 제공하려는 경우에는 대통령령으로 정하는 바에 따라 해당 개인으로부터 서면, 전자문서, 정보 제공 동의의 안정성과 신뢰성이 확보될 수 있는 유무선 통신으로 개인비밀번호를 입력하는 방식, 유무선 통신으로 동의 내용을 해당 개인에게 알리고 동의를 받는 방법에 해당하는 방식으로 미리 동의를 받아야 한다.

4. 개인신용정보의 제공

신용조회회사 또는 신용정보집중기관으로부터 대통령령으로 정하는 개인신용정보를 제공받으려는 자는 대통령령으로 정하는 바에 따라 해당 개인으로부터 동의를 받아야 한다. 이 때 개인신용정보를 제공받으려는 자는 해당 개인에게 개인신용정보의 조회 시 신용등급이 하락할 수 있음을 고지하여야 한다. 신용조회회사 또는 신용정보집중기관이 개인신용정보를 제공받으려는 자가 동의를 받았는지를 대통령령으로 정하는 바에 따라 확인하여야 한다. 신용정보회사등이 개인신용정보를 제공하는 경우로서 다음에 해당하는 경우에는 적용하지 아니한다.

첫째, 신용정보회사가 다른 신용정보회사 또는 신용정보집중기관과 서로 집중관리·활용하기 위하여 제공하는 경우

둘째, 계약의 이행에 필요한 경우로서 제17조 제2항에 따라 신용정보의 처리를 위탁하기 위하여 제공하는 경우

셋째, 영업양도 · 분할 · 합병 등의 이유로 권리 · 의무의 전부 또는 일부를 이전하면서 그와 관련된 개인신용정보를 제공하는 경우

넷째, 채권추심(추심채권을 추심하는 경우만 해당한다), 인가 · 허가의 목적, 기업의 신용도 판단, 유가증권의 양수 등 대통령령으로 정하는 목적으로 사용하는 자에게 제공하는 경우

다섯째, 법원의 제출명령 또는 법관이 발부한 영장에 따라 제공하는 경우

여섯째, 범죄 때문에 피해자의 생명이나 신체에 심각한 위험 발생이 예상되는 등 긴급

한 상황에서 위 규정에 따른 법관의 영장을 발부받을 시간적 여유가 없는 경우로서 검사 또는 사법경찰관의 요구에 따라 제공하는 경우. 이 경우 개인신용정보를 제공받은 검사는 지체 없이 법관에게 영장을 청구하여야 하고, 사법경찰관은 검사에게 신청하여 검사의 청구로 영장을 청구하여야 하며, 개인신용정보를 제공받은 때부터 36시간 이내에 영장을 발부받지 못하면 지체 없이 제공받은 개인신용정보를 폐기하여야 한다.

일곱째, 조세에 관한 법률에 따른 질문·검사 또는 조사를 위하여 관할관서의 장이 서면으로 요구하거나 조세에 관한 법률에 따라 제출의무가 있는 과세자료의 제공을 요구함에 따라 제공하는 경우

여덟째, 국제협약 등에 따라 외국의 금융감독기구에 금융회사가 가지고 있는 개인신용정보를 제공하는 경우

아홉째, 그 밖에 다른 법률에 따라 제공하는 경우

개인신용정보를 타인에게 제공하려는 자 또는 제공받은 자는 대통령령으로 정하는 바에 따라 개인신용정보의 제공 사실 및 이유 등을 해당 신용정보주체에게 알려야 한다. 다만, 대통령령으로 정하는 경우에는 인터넷 홈페이지 게재 등 이와 유사한 방법을 통하여 공시할 수 있다. 개인신용정보를 타인에게 제공하는 신용정보제공·이용자로서 대통령령으로 정하는 자는 제공하는 신용정보의 범위 등 대통령령으로 정하는 사항에 관하여 금융위원회의 승인을 받아야 한다. 신용정보회사등이 개인신용정보를 제공하는 경우에는 금융위원회가 정하여 고시하는 바에 따라 개인신용정보를 제공받는 자의 신원(身元)과 이용 목적을 확인하여야 한다. 개인신용정보를 제공한 신용정보제공·이용자는 미리 동의를 받았는지 여부 등에 대한 다툼이 있는 경우 이를 증명하여야 한다.

5. 개인신용정보의 이용

개인신용정보는 해당 신용정보주체가 신청한 금융거래 등 상거래관계(고용관계는 제외한다. 이하 같다)의 설정 및 유지 여부 등을 판단하기 위한 목적으로만 이용하여야 한다. 다만 다음의 경우에는 이용할 수 있다. 첫째, 개인이 제32조 제1항 각 호의 방식으로 이 조 각 호 외의 부분 본문에서 정한 목적 외의 다른 목적에의 이용에 동의한 경우, 둘째, 개인이 직접 제공한 개인신용정보(그 개인과의 상거래에서 생긴 신용정보를 포함한다)를 제공받은 목적으로 이용하는 경우(상품과 서비스를 소개하거나 그 구매를 권유할 목적으로 이용하는 경우는 제외한다), 셋째, 개인신용정보에 대한 동의를 받은 경우, 넷째, 대통령령으로 정하는 경우이다.

신용정보제공·이용자가 개인을 식별하기 위하여 필요로 하는 정보로서 대통령령으로 정하는 정보인 "개인식별정보"를 신용정보회사등에 제공하려는 경우에는 해당 개인의 동의를 받아야 한다. 개인식별정보는 해당 개인이 동의한 목적 또는 해당 개인으로부터 직접 제공받은 경우에는 그 제공받은 목적의 범위에서만 이용되어야 한다. 개인식별정보가 이 법에 따라 개인신용정보를 제공받기 위하여 신용정보주체를 특정할 목적으로 제공·이용되는 경우에는 이를 적용하지 아니한다. 이 경우 개인식별정보를 제공받은 자는 제공 요구에 따르기 위한 목적 외의 용도로 그 정보를 이용하거나 제3자에게 제공하여서는 아니 된다. 개인식별정보가 정해당 개인의 동의에 따라 제공·이용되는 경우에는 이를 적용하지 아니한다.

신용정보주체는 신용정보회사등이 본인에 관한 신용정보를 제공하는 경우에는 대통령령으로 정하는 바에 따라 제공받은 자, 그 이용 목적, 제공한 날짜, 제공한 본인정보의 주요 내용 등을 알리도록 요구하거나 인터넷 홈페이지를 통하여 조회할 수 있도록 하여 줄 것을 요구할 수 있다. 이 경우 신용정보회사등은 특별한 사유가 없으면 그 요구에 따라야 한다. 그리고 신용정보제공·이용자가 신용조회회사 및 신용정보집중기관으로부터 제공받은 개인신용정보로서 대통령령으로 정하는 정보에 근거하여 상대방과의 상거래관계 설정을 거절하거나 중지한 경우에는 해당 신용정보주체의 요구가 있으면 그 거절 또는 중지의 근거가 된 정보 등 대통령령으로 정하는 사항을 본인에게 고지하여야 한다. 신용정보주체는 고지받은 본인정보의 내용에 이의가 있으면 고지를 받은 날부터 60일 이내에 해당 신용정보를 수집·제공한 신용조회회사 및 신용정보집중기관에게 그 신용정보의 정확성을 확인하도록 요청할 수 있다.

개인인 신용정보주체는 동의를 받은 신용정보제공·이용자에게 신용조회회사 또는 신용정보집중기관에 제공하여 개인의 신용도 등을 평가하기 위한 목적 외의 목적으로 행한 개인신용정보 제공 동의를 대통령령으로 정하는 바에 따라 철회할 수 있다. 다만, 동의를 받은 신용정보제공·이용자 외의 신용정보제공·이용자에게 해당 개인신용정보를 제공하지 아니하면 해당 신용정보주체와 약정한 용역의 제공을 하지 못하게 되는 등 계약 이행이 어려워지거나 제33조 각 호 외의 부분 본문에 따른 목적을 달성할 수 없는 경우에는 고객이 동의를 철회하려면 그 용역의 제공을 받지 아니할 의사를 명확하게 밝혀야 한다.

개인인 신용정보주체는 대통령령으로 정하는 바에 따라 신용정보제공·이용자에 대하여 상품이나 용역을 소개하거나 구매를 권유할 목적으로 본인에게 연락하는 것을 중지하도록 청구할 수 있다. 신용정보제공·이용자는 서면, 전자문서 또는 구두에 의한 방법으로 권리의 내용, 행사방법 등을 거래 상대방인 개인에게 고지하고, 거래 상대방이 요구를 하면 즉시 이에 따라야 한다. 이 때 구두에 의한 방법으로 이를 고지한 경우 대통령령으로 정하는 바에 따른 추가적인 사후 고지절차를 거쳐야 한다.

신용정보주체는 신용정보회사등에 본인의 신분을 나타내는 증표를 내보이거나 전화, 인터넷 홈페이지의 이용 등 대통령령으로 정하는 방법으로 본인임을 확인받아 신용정보회사등이 가지고 있는 본인정보의 제공 또는 열람을 청구할 수 있으며, 본인정보가 사실과 다른 경우에는 금융위원회가 정하여 고시하는 바에 따라 정정을 청구할 수 있다. 정정청구를 받은 신용정보회사등은 정정청구에 정당한 사유가 있다고 인정하면 즉시 문제가 된 신용정보에 대하여 정정청구 중 또는 사실조회 중임을 기입하고, 지체 없이 해당 신용정보의 제공·이용을 중단한 후 사실인지를 조사하여 사실과 다르거나 확인할 수 없는 신용정보는 삭제하거나 정정하여야 한다. 신용정보를 삭제하거나 정정한 신용정보회사등은 해당 신용정보를 최근 6개월 이내에 제공받은 자와 해당 신용정보주체가 요구하는 자에게 해당 신용정보에서 삭제하거나 정정한 내용을 알려야 한다. 신용정보회사등은 처리결과를 7일 이내에 해당 신용정보주체에게 알려야 하며, 해당 신용정보주체는 처리결과에 이의가 있으면 대통령령으로 정하는 바에 따라 금융위원회에 그 시정을 요청할 수 있다. 신용조회회사는 1년 이내로서 대통령령으로 정하는 일정한 기간마다 개인인 신용정보주체가 본인정보를 1회 이상 무료로 제공받거나 열람할 수 있도록 하여야 한다.

신용정보회사등의 금지사항은 다음과 같다. 첫째, 의뢰인에게 허위 사실을 알리는 일, 둘째, 신용정보에 관한 조사 의뢰를 강요하는 일, 셋째, 신용정보 조사 대상자에게 조사자료 제공과 답변을 강요하는 일, 넷째, 특정인의 소재 및 연락처(이하 "소재등"이라 한다)를 알아내거나 금융거래 등 상거래관계 외의 사생활 등을 조사하는 일. 다만, 채권추심업을 허가받은 신용정보회사가 그 업무를 하기 위하여 특정인의 소재등을 알아내는 경우 또는 다른 법령에 따라 특정인의 소재등을 알아내는 것이 허용되는 경우에는 예외, 다섯째, 정보원, 탐정, 그 밖에 이와 비슷한 명칭을 사용하는 일이 이에 해당한다.

[참고] 개인신용평가 모범규준

제1조(목적) 이 규준은 CB가 2011.4.15. 금융위원회가 발표한 「서민금융 기반강화 종합대책」중 개인신용평가제도의 합리적 개선방안(이하 '개인신용평가 개선방안')을 시행하는데 있어 모범이 되는 업무를 규정함으로써 개인신용평가 개선방안의 실효성을 제고하는 것을 목적으로 한다.

제2조(용어의 정의) 이 규준에서 사용하는 용어의 정의는 아래 각 호에서 별도로 정한 사항을 제외하고는 「신용정보의이용및보호에관한법률」, 동법 시행령 및 동법 시행규칙, 「신용정보업감독규정」, 「신용정보업감독업무시행세칙」 등 관련규정에 따른다.

1. "CB"란 「신용정보의이용및보호에관한법률」 제2조 제8호에 따른 신용조회업무를 수행하는 자 중에서 개인신용정보 조회업무를 수행하는 NICE신용평가정보(주), 코리아크레딧뷰로(주), 서울신용평가정보(주)를 말한다.
2. "신용정보주체"란 개인, 개인사업자, 법인의 대표자를 말한다.
3. "무등급자"란 신용조회기록정보 또는 신용카드 발급·해지정보 이외의 신용정보가 존재하지 않는 자를 말한다.

제3조(신용평가시 신용조회기록정보 미반영) CB는 신용정보주체의 신용조회기록정보를 신용평가에 반영하지 않고 동 신용조회기록정보를 신용정보제공·이용자 등에게 제공하지 않는다. 다만, 무등급자에 대한 신용등급 부여목적인 경우에는 CB의 신용평가에 반영할 수 있으며 금융사기 방지목적인 경우 조회요청일로부터 3년 이내의 신용조회기록정보를 제공할 수 있다.

제4조(신용평가시 소액 연체정보 반영 축소) CB는 신용평가시 신용정보제공·이용자 등으로부터 수집한 신용정보주체의 신용정보 중 계좌별 연체금액 10만원 미만인 연체정보는 신용평가에 반영하지 않고 신용정보제공·이용자 등에게 제공하지 않는다.

제5조(신용평가시 단기 연체정보 반영 축소) CB는 신용평가시 신용정보제공·이용자 등으로부터 수집한 신용정보주체의 신용정보 중 연체기간이 90일 미만인 연체정보에 대하여 신용평가 반영기간 및 신용정보제공·이용자 등에 대한 제공기간을 연체해제 후 3년 이내로 한다.

제6조(신용평가시 개인워크아웃 성실이행정보 반영) CB는 신용평가시 신용회복위원회 및 자산관리공사로부터 수집한 신용정보주체의 납입회차, 채무완제 정보, 소액대출 상환정보 등 개인워크아웃 성실이행 정보를 신용평가시 긍정적 요인으로 반영한다.

제7조(우량정보 집중 및 신용평가시 반영) CB는 신용정보제공·이용자 등으로부터 신용정보주체의 대출금 상환정보, 건강보험 및 국민연금 보험료 납부정보, 전기요금 납부정보 등 우량정보를 집중하고 신용평가시 반영할 수 있도록 노력한다.

출처: 금융감독원 홈페이지

제 2 절 채권추심

1. 채권추심업무 규정

신용정보보호 및 이용에 관한 법률에 따르면 신용조사회사(신용조사업 허가를 받은 자) 또는 채권추심회사(채권추심업 허가를 받은 자)는 미성년자, 한정치산자 또는 금치산자, 파산선고를 받고 복권되지 아니한 자, 금고 이상의 실형을 선고받고 그 집행이 끝나거나(집행이 끝난 것으로 보는 경우를 포함한다) 집행이 면제된 날부터 3년이 지나지 아니한 자, 금고 이상의 형의 집행유예를 선고받고 그 유예기간 중에 있는 자, 이 법 또는 그 밖의 법령에 따라 해임되거나 면직된 후 5년이 지나지 아니한 자, 이 법 또는 그 밖의 법령에 따라 영업의 허가·인가 등이 취소된 법인이나 회사의 임직원이었던 자(그 취소사유의 발생에 직접 또는 이에 상응하는 책임이 있는 자로서 대통령령으로 정하는 자만 해당한다)로서 그 법인 또는 회사에 대한 취소가 있은 날부터 5년이 지나지 아니한 자, 위임직채권추심인이었던 자로서 등록이 취소된 지 5년이 지나지 아니한 자에 해당하는 경우 임직원으로 채용하거나 고용하여서는 아니 되며, 위임 또는 그에 준하는 방법으로 채권추심업무를 하여서는 아니 된다.

추심업무를 할 수 있는 자는 채권추심회사의 임직원, 채권추심회사가 위임 또는 그에 준하는 방법으로 채권추심업무를 하도록 한 자(이하 "위임직채권추심인"이라 한다)이어야 한다. 채권추심회사는 그 소속 위임직채권추심인이 되려는 자를 금융위원회에 등록하여야 한다. 위임직채권추심인은 소속 채권추심회사 외의 자를 위하여 채권추심업무를 할 수 없다. 채권추심회사는 추심채권이 아닌 채권을 추심할 수 없으며 등록되지 아니한 위임직채권추심인, 다른 채권추심회사의 소속으로 등록된 위임직채권추심인, 업무정지 중에 있는 위임직채권추심인을 통하여 채권추심업무를 하여서는 아니 된다.

금융위원회는 위임직채권추심인이 거짓이나 그 밖의 부정한 방법으로 제3항에 따른 등록을 한 경우, 업무정지명령을 위반하거나 업무정지에 해당하는 행위를 한 자가 그 사유발생일 전 1년 이내에 업무정지처분을 받은 사실이 있는 경우, 신용정보회사의 금지행위(동법 제40조)[2)]를 위반한 경우, 「채권의 공정한 추심에 관한 법률」 제9조 각 호의 어느 하나를 위반하여 채권추심행위를 한 경우, 등록의 내용이나 조건을 위반한 경우, 정당한 사유 없이 1년 이상 계속하여 등록한 영업을 하지 아니한 경우에는 그 등록을 취소할 수 있다.

채권추심회사의 금지 사항은 다음과 같다. 첫째, 채권추심회사는 자기의 명의를 빌려주어 타인으로 하여금 채권추심업을 하게 하여서는 아니 된다. 둘째, 채권추심회사는 다른 법령에서 허용된 경우 외에는 상호 중에 "신용정보"라는 표현이 포함된 명칭 이외의 명칭을 사용하여서는 아니 된다. 다만, 채권추심회사가 신용조회업 또는 「자본시장과 금융투자업에 관한 법률」 제335조의3 제1항에 따라 신용평가업인가를 받아 신용평가업을 함께하는 경우에는 해당하지 않는다.

---

2) 제40조(신용정보회사등의 금지사항) 신용정보회사등은 다음 각 호의 행위를 하여서는 아니 되며, 신용정보회사등이 아니면 제4호 본문의 행위를 업으로 하거나 제5호의 행위를 하여서는 아니 된다.
1. 의뢰인에게 허위 사실을 알리는 일
2. 신용정보에 관한 조사 의뢰를 강요하는 일
3. 신용정보 조사 대상자에게 조사자료 제공과 답변을 강요하는 일
4. 특정인의 소재 및 연락처(이하 "소재등"이라 한다)를 알아내거나 금융거래 등 상거래관계 외의 사생활 등을 조사하는 일. 다만, 채권추심업을 허가받은 신용정보회사가 그 업무를 하기 위하여 특정인의 소재등을 알아내는 경우 또는 다른 법령에 따라 특정인의 소재등을 알아내는 것이 허용되는 경우에는 그러하지 아니하다.
5. 정보원, 탐정, 그 밖에 이와 비슷한 명칭을 사용하는 일

신용정보회사등과 신용정보의 처리를 위탁받은 자의 임직원이거나 임직원이었던 자(이하 "신용정보업관련자"라 한다)는 업무상 알게 된 타인의 신용정보 및 사생활 등 개인적 비밀(이하 "개인비밀"이라 한다)을 업무 목적 외에 누설하거나 이용하여서는 아니 된다. 신용정보회사등과 신용정보업관련자가 이 법에 따라 신용정보회사등에 신용정보를 제공하는 행위는 업무 목적 외의 누설이나 이용으로 보지 아니한다. 누설된 개인비밀을 취득한 자(그로부터 누설된 개인비밀을 다시 취득한 자를 포함한다)는 그 개인비밀이 누설된 것임을 알게 된 경우 그 개인비밀을 타인에게 제공하거나 이용하여서는 아니 된다. 신용정보회사등과 신용정보업관련자로부터 개인신용정보를 제공받은 자는 그 개인신용정보를 타인에게 제공하여서는 아니 된다. 다만, 이 법 또는 다른 법률에 따라 제공이 허용되는 경우에는 그러하지 아니하다.

신용정보회사등과 그 밖의 신용정보 이용자가 이 법을 위반하여 신용정보주체에게 피해를 입힌 경우에는 해당 신용정보주체에 대하여 손해배상의 책임을 진다. 다만, 신용정보회사등과 그 밖의 신용정보 이용자가 고의 또는 과실이 없음을 증명한 경우에는 그러하지 아니하다. 채권추심회사 또는 위임직채권추심인이 이 법을 위반하여 채무자 및 그 관계인에게 손해를 입힌 경우에는 그 손해를 배상하여야 한다. 다만, 채권추심회사 또는 위임직채권추심인이 자신에게 고의 또는 과실이 없음을 증명한 경우에는 그러하지 아니하다. 업무를 의뢰받은 신용정보회사가 자신에게 책임 있는 사유로 의뢰인에게 손해를 입힌 경우에는 그 손해를 배상하여야 한다. 신용정보의 처리를 위탁받은 자가 이 법을 위반하여 신용정보주체에게 피해를 입힌 경우에는 위탁자는 수탁자와 연대하여 손해배상책임을 진다. 위임직채권추심인이 이 법 또는 「채권의 공정한 추심에 관한 법률」을 위반하여 채무자나 채무자의 관계인에게 손해를 입힌 경우 채권추심회사는 위임직채권추심인과 연대하여 손해배상책임을 진다. 다만, 채권추심회사가 자신에게 고의 또는 과실이 없음을 증명한 경우에는 그러하지 아니하다.

신용정보회사는 신용정보업의 건전한 발전을 도모하고 신용정보회사들 사이의 업무질서를 유지하기 위하여 신용정보협회를 설립할 수 있다. 신용정보협회는 법인으로 한다. 신용정보협회는 정관으로 정하는 바에 따라 신용정보회사 간의 건전한 업무질서를 유지하기 위한 업무, 신용정보업의 발전을 위한 조사·연구 업무, 신용정보업 이용자 민원의 상담·처리, 그 밖에 대통령령으로 정하는 업무를 한다.

2. 채권추심의 공정화

1) 채권추심의 정의와 원칙

채권추심의 공정화에 관한 법은 채권추심자가 권리를 남용하거나 불법적인 방법으로 채권추심을 하는 것을 방지하여 공정한 채권추심 풍토를 조성하고 채권자의 정당한 권리행사를 보장하면서 채무자의 인간다운 삶과 평온한 생활을 보호함을 목적으로 한다. 이 법에서 채권추심"이란 채무자에 대한 소재파악 및 재산조사, 채권에 대한 변제 요구, 채무자로부터 변제 수령 등 채권의 만족을 얻기 위한 일체의 행위를 말한다. "채권추심자"란 다음에 해당하는 자를 말한다. 첫째, 「대부업 등의 등록 및 금융이용자 보호에 관한 법률」에 따른 대부업자, 대부중개업자, 대부업의 등록을 하지 아니하고 사실상 대부업을 영위하는 자, 여신금융기관 및 이들로부터 대부계약에 따른 채권을 양도받거나 재양도 받은 자, 둘째, 가목에 규정된 자 외의 금전대여 채권자 및 그로부터 채권을 양도받거나 재양도 받은 자, 셋째, 「상법」에 따른 상행위로 생긴 금전채권을 양도받거나 재양도 받은 자, 넷째, 금전이나 그 밖의 경제적 이익을 대가로 받거나 받기로 약속하고 타인의 채권을 추심하는 자(채권추심을 목적으로 채권의 양수를 가장한 자를 포함한다), 다섯째, 앞의 채권추심자들을 위하여 고용, 도급, 위임 등 원인을 불문하고 채권추심을 하는 자가 포함된다.

채권추심회사는 채권추심업 종사자를 채용(또는 계약)함에 있어 「신용정보법」 등 관련 법규 저촉여부 등을 사전에 확인하여야 한다. 채권추심회사는 다음의 어느 하나에 해당하는 자를 채권추심업 종사자로 사용하여서는 아니 된다. 이를 위반 시 일부 업무정지(3개월)을 부과할 수 있다.

[참고]

▶ 채권추심업무에 종사할 수 없는 자

- 미성년자, 한정치산자 또는 금치산자, 파산선고를 받고 복권되지 아니한 자
- 금고 이상의 실형을 선고받고 그 집행이 끝나거나(집행이 끝난 것으로 보는 경우를 포함한다) 집행이 면제된 날부터 3년이 지나지 아니한 자
- 금고 이상의 형의 집행유예를 선고받고 그 유예기간 중에 있는 자
- 「신용정보법」 또는 그 밖의 법령에 따라 해임·면직된 후 5년이 지나지 아니한 자
- 「신용정보법」 또는 그 밖의 법령에 따라 영업의 허가·인가 등이 취소된 법인이나 회사의 임·직원이었던 자로서 그 법인 또는 회사에 대한 취소가 있은 날부터 5년이 지나지 아니한 자
- 「신용정보법」 제27조 제2항 제2호에 따른 위임직채권추심임 이었던 자로서 등록이 취소된 지 5년이 지나지 아니한 자

채권추심회사는 다음의 어느 하나에 해당하는 위임직채권추심인을 통하여 채권추심업무를 할 수 없다. 이를 위반 시 1년 이하의 징역 또는 1천만 원 이하의 벌금을 부과할 수 있다.

▶ 채권추심업무를 할 수 없는 위임직채권추심인
- 「신용정보법」(§27③)에 따라 금융위원회에 등록되지 아니한 위임직채권추심인
- 다른 채권추심회사 소속으로 등록된 위임직채권추심인
- 「신용정보법」(§27⑦)에 따라 업무정지 중에 있는 위임직채권추심인

채권추심자는 채무자로부터 원금, 이자, 비용, 변제기 등 채무를 증명할 수 있는 서류(이하 "채무확인서"라 한다)의 교부를 요청받은 때에는 정당한 사유가 없는 한 이에 응하여야 한다. 채권추심자는 채무확인서 교부에 직접 사용되는 비용 중 대통령령으로 정하는 범위에서 채무자에게 그 비용을 청구할 수 있다.

채권추심자가 채권자로부터 채권추심을 위임받은 경우에는 채권추심에 착수하기 전까지 채권추심자의 성명·명칭 또는 연락처, 채권자의 성명·명칭, 채무금액, 채무불이행 기간 등 채무에 관한 사항, 입금계좌번호, 계좌명 등 입금계좌 관련 사항을 채무자에게 서면(「전자문서 및 전자거래 기본법」 제2조 제1호의 전자문서를 포함한다)으로 통지하여야 한다. 다만, 채무자가 통지가 필요 없다고 동의한 경우에는 그러하지 아니하다. 그럼에도 불구하고 채무발생의 원인이 된 계약에 기한의 이익에 관한 규정이 있는 경우에는 채무자가 기한의 이익을 상실한 후 즉시 통지하여야 한다. 채무발생의 원인이 된 계약이 계속적인 서비스 공급계약인 경우에는 서비스 이용료 납부지체 등 채무불이행으로 인하여 계약이 해지된 즉시 통지하여야 한다.

채권추심자는 동일한 채권에 대하여 동시에 2인 이상의 자에게 채권추심을 위임하여서는 아니 된다. 채권추심자는 채무자가 채무의 존재를 다투는 소를 제기하여 그 소송이 진행 중인 경우에 「신용정보의 보호 및 이용에 관한 법률」에 따른 신용정보집중기관이나 신용정보업자의 신용정보전산시스템에 해당 채무자를 채무불이행자로 등록하여서는 아니 된다. 이 경우 채무불이행자로 이미 등록된 때에는 채권추심자는 채무의 존재를 다투는 소가 제기되어 소송이 진행 중임을 안 날부터 30일 이내에 채무불이행자 등록을 삭제하여야 한다.

채권추심자는 채무자가 「변호사법」에 따른 변호사·법무법인·법무법인(유한) 또는 법무조합을 채권추심에 응하기 위한 대리인으로 선임하고 이를 채권추심자에게 서면으로 통지한 경우 채무와 관련하여 채무자를 방문하거나 채무자에게 말·글·음향·영상 또는 물건을 도달하게 하여서는 아니 된다. 다만, 채무자와 대리인이 동의한 경우 또는 채권추심자가 대리인에게 연락할 수 없는 정당한 사유가 있는 경우에는 그러하지 아니하다. 이 규정의 적

용을 받지 않는 경우는 「대부업 등의 등록 및 금융이용자 보호에 관한 법률」에 따른 여신금융기관, 「신용정보의 이용 및 보호에 관한 법률」에 따른 신용정보회사, 「자산유동화에 관한 법률」 제10조에 따른 자산관리자, 「대부업 등의 등록 및 금융이용자 보호에 관한 법률」에 따른 대부업자, 대부중개업자, 대부업의 등록을 하지 아니하고 사실상 대부업을 영위하는 자, 여신금융기관 및 이들로부터 대부계약에 따른 채권을 양도받거나 재양도 받은 자를 제외한 일반 금전대여 채권자, 고용되거나 같은 자들의 위임을 받아 채권추심을 하는 자가 해당된다.

2) 채권추심 금지행위 규정

채권추심자는 채권추심을 위하여 채무자의 소재, 연락처 또는 소재를 알 수 있는 방법 등을 문의하는 경우를 제외하고는 채무와 관련하여 관계인을 방문하거나 관계인에게 말·글·음향·영상 또는 물건을 도달하게 하여서는 아니 된다. 여기서 관계인이란 채무자와 동거하거나 생계를 같이 하는 자, 채무자의 친족, 채무자가 근무하는 장소에 함께 근무하는 자를 말한다. 채권추심자는 관계인을 방문하거나 관계인에게 말·글·음향·영상 또는 물건을 도달하게 하는 경우 채권추심자의 성명·명칭 및 연락처(채권추심자가 법인인 경우에는 업무담당자의 성명 및 연락처를 포함한다), 채권자의 성명·명칭, 방문 또는 말·글·음향·영상·물건을 도달하게 하는 목적에 해당하는 사항을 관계인에게 밝혀야 하며, 관계인이 채무자의 채무 내용 또는 신용에 관한 사실을 알게 하여서는 아니 된다.

변호사가 아닌 채권추심자는 채권추심과 관련한 소송행위를 하여서는 아니 된다. 채권추심자는 채권추심과 관련하여 다음에 해당하는 행위를 하여서는 아니 된다.

첫째, 채무자 또는 관계인을 폭행·협박·체포 또는 감금하거나 그에게 위계나 위력을 사용하는 행위

둘째, 정당한 사유 없이 반복적으로 또는 야간(오후 9시 이후부터 다음 날 오전 8시까지를 말한다. 이하 같다)에 채무자나 관계인을 방문함으로써 공포심이나 불안감을 유발하여 사생활 또는 업무의 평온을 심하게 해치는 행위

셋째, 정당한 사유 없이 반복적으로 또는 야간에 전화하는 등 말·글·음향·영상 또는 물건을 채무자나 관계인에게 도달하게 함으로써 공포심이나 불안감을 유발하여 사생활 또는 업무의 평온을 심하게 해치는 행위,

넷째, 채무자 외의 사람(제2조 제2호에도 불구하고 보증인을 포함한다)에게 채무에 관한 거짓 사실을 알리는 행위

다섯째, 채무자 또는 관계인에게 금전의 차용이나 그 밖의 이와 유사한 방법으로 채무

의 변제자금을 마련할 것을 강요함으로써 공포심이나 불안감을 유발하여 사생활 또는 업무의 평온을 심하게 해치는 행위

여섯째, 채무를 변제할 법률상 의무가 없는 채무자 외의 사람에게 채무자를 대신하여 채무를 변제할 것을 요구함으로써 공포심이나 불안감을 유발하여 사생활 또는 업무의 평온을 심하게 해치는 행위

일곱째, 채무자의 직장이나 거주지 등 채무자의 사생활 또는 업무와 관련된 장소에서 다수인이 모여 있는 가운데 채무자 외의 사람에게 채무자의 채무금액, 채무불이행 기간 등 채무에 관한 사항을 공연히 알리는 행위

채권추심자는 채권발생이나 채권추심과 관련하여 알게 된 채무자 또는 관계인의 신용정보나 개인정보를 누설하거나 채권추심의 목적 외로 이용하여서는 아니 된다. 채권추심자가 다른 법률에 따라 신용정보나 개인정보를 제공하는 경우는 누설 또는 이용으로 보지 아니한다. 채권추심자는 채권추심과 관련하여 채무자 또는 관계인에게 무효이거나 존재하지 아니한 채권을 추심하는 의사를 표시하는 행위, 법원, 검찰청, 그 밖의 국가기관에 의한 행위로 오인할 수 있는 말·글·음향·영상·물건, 그 밖의 표지를 사용하는 행위, 채권추심에 관한 법률적 권한이나 지위를 거짓으로 표시하는 행위, 채권추심에 관한 민사상 또는 형사상 법적인 절차가 진행되고 있지 아니함에도 그러한 절차가 진행되고 있다고 거짓으로 표시하는 행위, 채권추심을 위하여 다른 사람이나 단체의 명칭을 무단으로 사용하는 행위에 해당하는 행위를 하여서는 아니 된다. 채권추심자는 채권추심과 관련하여 다음과 같은 불공정행위를 하여서는 아니 된다.

첫째, 혼인, 장례 등 채무자가 채권추심에 응하기 곤란한 사정을 이용하여 채무자 또는 관계인에게 채권추심의 의사를 공개적으로 표시하는 행위

둘째, 채무자의 연락두절 등 소재파악이 곤란한 경우가 아님에도 채무자의 관계인에게 채무자의 소재, 연락처 또는 소재를 알 수 있는 방법 등을 문의하는 행위

셋째, 정당한 사유 없이 수화자부담전화료 등 통신비용을 채무자에게 발생하게 하는 행위

넷째, 「채무자 회생 및 파산에 관한 법률」 제593조 제1항 제4호 또는 제600조 제1항 제3호에 따라 개인회생채권에 대한 변제를 받거나 변제를 요구하는 일체의 행위가 중지 또는 금지되었음을 알면서 법령으로 정한 절차 외에서 반복적으로 채무변제를 요구하는 행위

다섯째, 「채무자 회생 및 파산에 관한 법률」에 따른 회생절차, 파산절차 또는 개인회생절차에 따라 전부 또는 일부 면책되었음을 알면서 법령으로 정한 절차 외에서 반복적으로

채무변제를 요구하는 행위,

여섯째, 엽서에 의한 채무변제 요구 등 채무자 외의 자가 채무사실을 알 수 있게 하는 행위(채무자의 직장이나 거주지 등 채무자의 사생활 또는 업무와 관련된 장소에서 다수인이 모여 있는 가운데 채무자 외의 사람에게 채무자의 채무금액, 채무불이행 기간 등 채무에 관한 사항을 공연히 알리는 행위는 제외한다)

채권추심자는 채무자 또는 관계인에게 지급할 의무가 없거나 실제로 사용된 금액을 초과한 채권추심비용을 청구하여서는 아니 된다. 채권추심자가 채무자 또는 관계인에게 청구할 수 있는 채권추심비용의 범위 등과 관련하여 필요한 사항은 대통령령으로 정한다. 채무자 또는 관계인은 채권추심자가 사업자인 경우에는 그 사업자에게 채권추심비용을 항목별로 명시한 서류("비용명세서")의 교부를 요청할 수 있다. 제비용명세서의 교부를 요청받은 채권추심자는 정당한 사유가 없으면 지체 없이 이를 교부하여야 하고, 채무자 또는 관계인에게 그 교부에 따른 비용을 청구해서는 아니 된다.

3) 처벌규정

채권추심자가 이 법을 위반하여 채무자 또는 관계인에게 손해를 입힌 경우에는 그 손해를 배상하여야 한다. 다만, 채권추심자가 사업자인 경우에는 사업자가 자신에게 고의 또는 과실이 없음을 입증한 때에는 그러하지 아니하다. 채무자 또는 관계인을 폭행·협박·체포 또는 감금하거나 그에게 위계나 위력을 사용하는 행위 금지규정을 위반하여 채무자 또는 관계인을 폭행·협박·체포 또는 감금하거나 그에게 위계나 위력을 사용하여 채권추심행위를 한 자는 5년 이하의 징역 또는 5천만 원 이하의 벌금에 처한다.

3년 이하의 징역 또는 3천만 원 이하의 벌금에 처하는 경우는 다음과 같다. 첫째, 소송행위금지를 위반하여 변호사가 아니면서 채권추심과 관련하여 소송행위를 한 자, 둘째, 폭행·협박 등의 금지 규정을 위반한 자, 셋째, 금지행위 규정을 위반한 자, 넷째, 채무자 또는 관계인의 신용정보나 개인정보를 누설하거나 채권추심의 목적 외로 이용한 자, 다섯째, 위반하여 채권을 추심하는 의사를 표시한 자이다.

1년 이하의 징역 또는 1천만 원 이하의 벌금에 처하는 경우는 다음과 같다. 첫째, 채권추심자는 채권추심을 위하여 채무자의 소재, 연락처 또는 소재를 알 수 있는 방법 등을 문의하는 경우를 제외하고는 채무와 관련하여 관계인을 방문하거나 관계인에게 말·글·음향·영상 또는 물건을 도달하게 하여서는 아니 되는 규정을 위반한자, 둘째, 법원, 검찰청, 그 밖의 국가기관에 의한 행위로 오인할 수 있는 말·글·음향·영상·물건, 그 밖의 표지를 사용하는 행위 금지 규정을 위반하여 말·글·음향·영상·물건, 그 밖의 표지를 사용한 자가 해당된다.

법인의 대표자나 법인 또는 개인의 대리인, 사용인, 그 밖의 종업원이 그 법인 또는 개인의 업무에 관하여 벌칙에 해당하는 위반행위를 하면 그 행위자를 벌하는 외에 그 법인 또는 개인에게도 해당 조문의 벌금형을 과(科)한다. 다만, 법인 또는 개인이 그 위반행위를 방지하기 위하여 해당 업무에 관하여 상당한 주의와 감독을 게을리 하지 아니한 경우에는 그러하지 아니하다.

2천만 원 이하의 과태료를 부과하는 경우는 다음과 같다. 첫째, 채무확인서의 교부요청에 응하지 아니한 자 둘째, 대리인 선임 시 채무자에 대한 연락 금지를 위반하여 채무자를 방문하거나 채무자에게 말·글·음향·영상 또는 물건을 도달하게 한 자, 셋째, 혼인, 장례 등 채무자가 채권추심에 응하기 곤란한 사정을 이용하여 채무자 또는 관계인에게 채권추심의 의사를 공개적으로 표시하는 행위 금지나 채무자의 연락두절 등 소재파악이 곤란한 경우가 아님에도 채무자의 관계인에게 채무자의 소재, 연락처 또는 소재를 알 수 있는 방법 등을 문의하는 행위 금지를 위반한 자가 이에 해당한다.

1천만 원 이하의 과태료를 부과하는 경우는 다음과 같다. 첫째, 수임사실 통보 규정을 위반하여 채권자로부터 채권추심을 위임받은 사실을 서면(「전자문서 및 전자거래 기본법」 제2조제1호의 전자문서를 포함한다)으로 통지하지 아니한 자, 둘째, 동일 채권에 관한 복수 채권추심 위임 금지 규정을 위반하여 동일 채권에 대하여 2인 이상의 자에게 채권추심을 위임한 자, 셋째, 채무불이행정보 등록 금지 규정을 위반하여 채무의 존재를 다투는 소송이 진행 중임에도 채무불이행자로 등록하거나 소송이 진행 중임을 알면서도 30일 이내에 채무불이행자 등록을 삭제하지 아니한 자, 넷째, 채권추심자는 관계인을 방문하거나 관계인에게 말·글·음향·영상 또는 물건을 도달하게 하는 경우 관계인에게 밝혀야 하며, 관계인이 채무자의 채무 내용 또는 신용에 관한 사실을 알게 하여서는 아니 된다는 규정을 위반한 자, 다섯째, 정당한 사유 없이 수화자부담전화료 등 통신비용을 채무자에게 발생하게 하는 행위 금지, 법령으로 정한 절차 외에서 반복적으로 채무변제를 요구하는 행위 금지, 엽서에 의한 채무변제 요구 등 채무자 외의 자가 채무사실을 알 수 있게 하는 행위 금지, 부당한 비용 청구 금지, 비용명세서를 교부하지 아니한 자 등이 이에 해당한다.

채권추심회사는 채무자로 하여금 수임채권에 대한 채무 변제금을 채권자 명의의 계좌로 입금토록 안내하여야 한다. 다만, 채권추심위임계약 등 채권자와 서면으로 합의한 경우에 한하여 채권추심회사 명의의 계좌로 입금토록 안내할 수 있다. 채권추심회사가 채무 변제금을 직접 수령한 경우에는 채권추심위임계약 등에서 정하는 기한 내에 동 변제금을 채권자에게 전달하여야 한다. 다만, 기한을 별도로 정하지 않은 경우에는 채무 변제금을 수령한 날로부터 3영업일 이내에 채권자에게 전달하여야 한다.

채권금융회사 및 채권추심회사는 횡령사고 예방 등을 위해 채권추심업 종사자 등의 개인명의 계좌 입금이나 현금 수령을 금지하여야 한다. 채권금융회사 및 채권추심회사는 채무자가 채무를 변제하고자 할 때에는 채무자가 변제해야 하는 원금, 이자, 비용 등 정확한 채무금액을 고지하여야 한다. 채권금융회사 및 채권추심회사는 채무자 또는 관계인에게 지급 의무가 없거나 실제로 사용된 금액을 초과한 채권추심비용을 청구하여서는 아니 된다. 이를 위반 시 과태료로 1회 위반 150만원(70만원), 2회 위반 300만원(150만원), 3회 위반 600만원(300만원)을 부과 가능하다.

채권금융회사 및 채권추심회사는 채무변제금을 수령한 때에는 채무자나 관계인(대위변제한 자 포함)이 요청하는 경우 채무변제확인서를 즉시 교부하여야 한다. 채권금융회사 및 채권추심회사는 채무자가 동일한 채권금융회사에 대해 다중채무를 지고 있는 경우 채무 변제금을 관련 법률 및 약정에 따라 변제충당 하여야 한다. 다만, 채무자가 채무존재 여부에 관해 채권금융회사와 다투고 있음을 합리적으로 증명하는 경우, 그 채무에 대해서는 우선 변제충당 하여서는 아니 된다.

채권금융회사 및 채권추심회사는 채무자가 복수의 연체계좌 보유 시 연체계좌별로 달리 관리할 필요성이 없는 한 다른 채권추심업 종사자등에게 배정하여서는 아니 된다. 채권금융회사 및 채권추심회사는 아래와 같은 사유가 발생한 경우 채권추심을 중지하여야 한다. 기한은 채무자의 국민행복기금 채무조정 신청 접수 사실을 확인한 경우 채무자의 신용지원 여부 확정시까지(「국민행복기금 신용지원협약」)이다.

첫째, 채무자가 채무존재사실을 부인하여 소송을 제기한 경우

둘째, 채무자로부터 신용회복위원회의 신용회복지원 신청 사실을 통지받고 전산상으로 사실관계가 확인되는 경우(「신용회복지원협약」)

셋째, 채무자에 관한 개인회생절차 개시결정 또는 중지명령 사실을 확인한 경우(「채무자 회생 및 파산에 관한 법률」

넷째, 채무자가 사망하여 그 상속인의 상속포기나 한정승인 사실을 확인한 경우

다섯째, 채무자가 중증환자 등으로 사회적 생활부조를 요하는 경우

여섯째, 채무자가 채권소멸시효 완성에 따라 추심중단을 요청한 경우

채권추심회사는 자기의 명의를 빌려주어 타인으로 하여금 채권추심업을 하게 하여서는 아니 된다. 이를 위반 시 3년 이하의 징역 또는 3천만 원 이하의 벌금 채권추심업 허가 취소 가능하다. 채권추심회사가 소속 사업장 또는 지점이 아닌 프랜차이즈 형태로 제3자와 계약을 맺어 채권추심회사 명의로 채권추심업을 하게 하는 행위가 그 예이다.

채권금융회사 및 채권추심회사는 채권추심과정에서 발생한 채무자에 대한 소재파악 및 재산조사, 채권에 대한 변제 요구, 변제금 수령 등 일체의 추심활동 상황이 전산으로 기록·관리 될 수 있도록 전산시스템을 구축하여야 한다. 채권금융회사 및 채권추심회사는 채권추심 종사원등의 추심활동상황을 수시로 확인하여 불법·부당한 추심행위가 있는지 여부를 파악하고, 올바른 추심 활동이 이루어질 수 있도록 관리·감독하여야 한다. 채권금융회사 및 채권추심회사는 전화 녹음시스템을 구축하여 채권추심업 종사자등의 채권추심 내역을 녹음하고, 녹음기록을 일정기간 동안 보존하여야 한다. 다만, 특별한 사유가 있는 경우에는 감독기관과 협의 후 구축시기 등을 조정할 수 있다. 채권금융회사 및 채권추심회사는 채권추심업 종사자등이 추심활동 내용이 포함된 추심기록부를 작성하도록 하고, 세부적인 작성기준을 마련한다.

채권추심회사는 채권자 또는 감독당국의 요청이 있을시 채권추심 활동의 진행사항을 보고하여야 한다. 채권추심 진행상황 보고서는 채무자의 개인정보가 외부로 유출되지 않도록 등기우편으로 보내거나 저장 매체로 전송 시 비밀번호를 지정하는 등 정보유출 소지를 사전에 차단하여야 한다. 채권금융회사 및 채권추심회사는 의뢰인의 주소와 성명 또는 정보제공·교환기관의 주소와 이름, 의뢰받은 업무 내용 및 의뢰받은 날짜, 의뢰받은 업무의 처리내용 또는 제공한 신용정보의 내용과 제공한 날짜 등에 대한 기록을 3년간 보존하여야 한다.

채권금융회사 및 채권추심회사는 민원이 발생한 경우 채권추심업 종사자등의 추심행위를 즉각 중단하는 등 신속하게 민원이 해결될 수 있도록 노력해야 한다. 채권금융회사 및 채권추심회사는 민원처리 담당자를 지정하여야 하며, 그 역할은 민원관련 교육자료 작성 및 교육일정 수립, 민원예방 교육 및 민원발생 사례연수 실시, 민원 건에 대한 조사·점검, 민원발생 행위자에 대한 제재조치 등이다. 채권금융회사 및 채권추심회사는 민원을 제기했다는 이유만으로 민원인에게 불이익을 주거나 주겠다는 의사표시를 하여서는 아니 된다. 채권금융회사 및 채권추심회사는 민원처리 과정에서 민원인에 대한 인격과 권리를 존중하여야 한다.

제 3 절 채권추심 금지행위의 세부내용[3)]

채권금융회사 및 채권추심회사는 채권추심업무 수행 시 아래에서 열거하고 있는 행위를 하여서는 아니 된다. 다만, 통상 불법채권추심행위는 아래의 금지사항 중 단순히 한 가지 형태만 나타나는 것이 아니라 여러 가지 형태가 혼재되어 나타나는 것이 일반적이기 때문에 그 행위의 위법성 여부는 일련의 전 과정을 종합적으로 판단하여야 할 것이다. 폭행·협박·체포 또는 감금하거나 위계나 위력을 사용하는 행위 위반 시 제재내용은 5년 이하의 징역 또는 5천만 원 이하의 벌금, 채권추심업 허가 취소 가능하다.

폭행이란 채무자나 관계인에 대하여 직·간접적으로 육체적·정신적인 고통을 가하는 일체의 행위를 말한다. 협박이란 상대방의 반항을 불가능하게 하거나 곤란하게 할 정도는 아니더라도 상대방이 현실로 공포감을 느낄 수 있을 정도의 해악을 고지하는 것을 말한다. 다만, 해악의 고지가 합법적인 권리행사로서 사회통념상 용인될 정도의 것인 경우에는 협박으로 보기 어려울 것이다. 체포란 사람의 신체에 대하여 직접적·현실적인 구속을 가하여 그 신체활동의 자유를 박탈하는 행위를 말한다. 감금이란 유형력이든 무형력이든 불문하고 사람을 일정한 장소 밖으로 나가지 못하게 하여 신체활동의 자유를 장소적으로 제한하는 것을 말한다.

위계를 사용하는 행위는 채권추심을 위하여 채무자에게 오인, 착각, 부지(不知)를 일으키도록 계략을 사용하는 행위를 말한다. 위력의 사용이란 채무자 의사의 자유를 제압·혼란하게 할 만한 일체의 힘을 사용하는 행위를 말한다. 이러한 힘의 사용에는 유형력·무형력을 불문하고, 폭행·협박뿐만 아니라 사회적·경제적·정치적인 지위나 권세를 이용하는 것도 포함된다.

▶ 폭행 관련 사례

- 구타 행위, 뺨을 때리는 행위
- 돌을 던지는 행위, 얼굴에 침을 뱉는 행위
- 거짓 소식을 전하여 채무자를 기절시키거나 심한 충격을 받게 하는 행위
- 고함을 질러 채무자를 놀라게 하는 행위
- 채무자에게 폭언을 수차례 반복하는 행위

---

3) 금융감독원(2013), 채권추심업무 가이드라인, pp.27–45 참조

- 음란하거나 인종차별적인 발언을 하는 행위
- 채무자의 외모, 지능, 수입 등에 대해 비하하는 발언을 하는 행위
- 채무자를 괴롭힐 목적으로 계속적 또는 반복적으로 전화벨을 울리게 하는 행위
- 채무자가 관련 법규에 근거하여 정당한 주장을 하는 경우, 이에 대한 사실관계 확인 없이 채권추심을 진행하는 행위
- 채무자의 손이나 옷을 세차게 잡아당기는 행위
- 채무자를 때릴 듯이 손발이나 물건을 휘두르거나 던지는 행위 등

▶ 협박 관련 사례

- '당신 부모한테 채무사실을 알리기 전에 빨리 빚 갚아라.'라고 압력을 가하는 방법 등으로 채무사실을 채무자의 관계인 또는 제3자에게 알리거나 공표하겠다고 하여 채무자에게 공포심을 유발하는 행위
- '빚 빨리 안 갚으면 평생 후회하게 해주겠다.'고 음성녹음을 남기는 행위
- 채무자의 재산(집, 차 등 소유물)을 부숴버리겠다고 위협하는 행위
- '채무를 갚지 않으면 아이들 학교 못 다니게 하겠다.', '아이들 등·하굣길 조심하라'고 언급하는 행위
- 채무자의 미성년자인 아이의 학교를 찾아가는 행위
- 독촉장 발송시 채무자에게 공포심을 일으키는 문구나 단어를 사용하는 행위
- 위험한 물건을 휴대하여 채무자를 위협하는 행위
- 비밀을 폭로하겠다고 하여 채무자에게 공포심을 일으키는 행위
- 채무와 관련 없는 채무자의 배우자, 직장동료, 가족을 미행하는 행위
- 채무자의 채무사실을 알고 있는 가족에게 대신 변제할 의사가 전혀 없음에도 불구하고 변제가 이루어지지 않을 경우 채무자의 사회생활이 어려워질 수 있다고 말하는 행위

▶ 체포 관련 사례

- 채무자가 움직이지 못하도록 수족을 포박하는 행위
- 경찰관을 사칭하여 연행하는 행위
- 채무자에게 완력을 써서 다른 장소로 이동하지 못하도록 장시간 붙드는 행위

▶ **감금 관련 사례**

- 사무실이나 집 밖으로 나가지 못하도록 문 앞을 가로막는 행위
- 승용차에 태워 내리지 못하도록 속도를 내어 달리는 행위
- 상대방으로 하여금 공포심을 유발시켜 집 밖으로 나오지 못하도록 하는 행위

▶ **위계사용 관련 사례**

- 전화 연락 시 채무자의 관계인, 경찰서, 법원, 변호사, 법무사 등으로 발신번호를 위장하여 연락하는 행위
- 법적으로 허용되지 않거나 조치가 불가능한 가상의 법적 조치를 취할 예정임을 언급하는 행위
  * 채무자의 관계인(특히, 친족)에게 가압류 또는 가처분을 하겠다고 언급
- 채무자의 정당한 항변(소멸시효 등)에 대해 이유 없다고 언급하는 행위
- 채무 미변제 시 형사처벌 대상, 재산 몰수, 상속인에게 자동적 포괄승계 등 그 결과를 오도하는 표현을 사용하는 행위
- 잔존채무액 등을 속여서 채무이행의무가 있는 것처럼 가장하는 행위
- 채무액을 과장하여 변제의무가 있다고 속이는 행위
- 채무자가 법적으로 부담하지도 않아도 되는 비용을 부담해야 한다고 속이는 행위
- 채무자가 제안하는 정당한 대항 가능한 방법에 대하여 사실과 다르다며 채무를 변제하는 것 외에 방법이 없다고 강요하는 행위
- 법적인 집행권원이 없으면서도 채무를 변제하지 않을 경우 곧바로 압류·경매 등 강제집행신청이나 재산관계명시신청 등을 취하겠다고 언급하는 행위
- 사실이 아님에도 불구하고 채무 미변제시 채무자의 신용등급이 크게 떨어진다고 속이는 행위<호>
- 채권추심회사의 이름, 주소, 연락처 등을 사실과 다르게 표현하는 행위<미>
- 채무자가 채권추심업 종사자의 직장, 직위 등을 오인하게 하는 행위<영>
- 채권을 매각하거나 채권추심을 위임할 경우 관련 법률의 적용을 받지 않는다고 속이는 행위<미>
- 채무자의 연락을 유도하기 위해 채무자의 분실물 등을 가지고 있다고 거짓 우편물을 남기는 행위<영>
- 채무자에게 제시하는 채권추심 관련 서류에 사실과 다른 내용을 삽입하는 행위

▶ 위력사용 관련 사례

- 채무자의 사업장 출입을 방해하는 행위
- 채무자의 의사를 제압함에 충분한 다수인이 채무자의 거주지, 직장 등을 방문하여 공포 분위기를 조성하는 행위<일>
- 채무자의 근무 장소에서 고함을 지르고 난동을 부리는 행위
- 정당한 사유 없이 근무처를 방문하여 장시간 머물면서 불안감을 조성하는 행위<영·호>
- 채무자가 집으로 들어가지 못하도록 방해하는 행위
- 채무자가 자리를 뜨려하자 손목을 잡고 끌어당기는 행위
- 정당한 사유 없이 채무자의 차를 점유하는 행위

정당한 사유 없이 반복적으로 또는 야간(오후 9시 이후부터 다음 날 오전 8시까시)에 방문하는 행위는 금지된다. 위반 시 제재로 3년 이하의 징역 또는 3천만 원 이하의 벌금 채권추심업 허가 취소 가능하다. 정당한 사유 없이 반복적으로 또는 야간에 전화하는 등 말·글·음향·영상 또는 물건을 도달하게 하는 행위를 위반 시 3년 이하의 징역 또는 3천만 원 이하의 벌금과 채권추심업 허가 취소 가능[4]하다.

▶ 야간방문 금지 사례

- 과도하게 지속, 반복적으로 방문하는 행위
  * 방문 허용횟수 : 주 2회 이내(방문하여 실제적 대화가 이루어진 횟수기준)
- 사전에 전화, 우편, 이메일, 문자메시지 등을 통해 방문 할 계획이 있음을 알리지 않고 채무자의 집이나 직장을 방문하는 행위
- 채무자와 다른 장소에서 만나기로 약속을 하였음에도 불구하고 채무자의 집이나 직장을 방문하는 행위
- 채무변제에 대한 유선 또는 서면 합의가 정상적으로 이행되고 있음에도 불구하고 지속·반복적으로 대면접촉을 하는 행위
- 채무자 또는 그의 관계인을 방문하여 채권추심관련 용무를 마친 후 채무자 또는 그의 관계인이 거주지·직장 등에서 떠날 것을 요구하였음에도 불구하고 이에 불응하

4) 대법원 판례(2004도8447)
대부업체 직원이 대출금을 회수하기 위하여 소규모 간판업자인 채무자의 휴대전화로 수백 회(48일간 460여회)에 이르는 전화공세를 한 것이 사회통념상 허용한도를 벗어난 채권추심행위로서 채무자의 간판업 업무가 방해되는 결과를 초래할 위험이 있었다고 보아 업무방해죄를 구성

는 행위

– 채무자 또는 그의 관계인을 미행 또는 계속 따라다님으로써 심한 불쾌감을 주는 행위
– 오후 늦게 채무자의 집을 방문하여 채무자 또는 관계인의 퇴거 요구에도 불구하고 오후 9시가 넘도록 떠나지 않는 행위
  * 거주자 등의 퇴거요구를 받고 즉시 퇴거하지 않는 경우, 퇴거불응죄가 성립한다(「형법」).
– 채무자가 야근 때문에 밤 11시에 퇴근한다는 사실을 알고 사무실 밖에서 기다렸다가 만나는 행위
– 채무자가 집 안에 없다는 사실을 알면서도 밖에서 장시간 서성거리며 가족들에게 불안감을 주는 행위
– 채무자가 해외출장 중이라 국내에 없다는 사실을 알면서도 집이나 직장을 방문하는 행위

▶ **반복/야간 전화 등 금지 사례**

– 필요이상으로 계속적으로 전화하여 정상적인 업무를 보지 못하게 하는 행위
– 전화 통화 시 본인의 신분을 밝히지 않고 채무변제만을 독촉하는 행위
– 채무자와 합의한 변제 일자가 되기도 전에 연락을 하여 사전 변제를 요구하는 행위
– 전화, 이메일, 문자메시지를 과도하게 보내는 행위
  • 허용횟수 : 채권별 일정횟수* 이내로 제한(다만, 채무독촉이 아닌 단순안내 및 채무자의 요청에 따른 경우에는 제외한다.).
    * 호주의 경우 전화 또는 서면 독촉횟수를 주 3회, 월 10회로 엄격히 제한하고 있으나, 우리나라의 경우 그간 횟수제한 없이 운영되어 온 점을 감안하여 각 채권금융회사 등이 자율적으로 횟수 제한 실시
– 폭력배가 채무자를 폭행·살인하는 소설·음향 또는 영상물을 보내는 행위
– 죽은 동물의 시체를 보내는 행위
– 전화를 받는 사람을 화나게 할 목적으로 지속적 또는 반복적으로 전화를 계속 거는 행위>
– 불합리하고 괴롭힘으로 간주되는 빈도로 전화하는 행위

채무자 외의 사람에게 채무에 관한 거짓 사실을 알리는 행위 위반 시 3년 이하의 징역 또는 3천만 원 이하의 벌금 채권추심업 허가 취소 가능하다. “채무에 관한 거짓사실”이란 채권자, 원금 채무액, 연체이자, 연체기간, 일부 변제여부 등 채무자의 채무와 직·간접적으

로 관련이 있는 사실을 고의로 사실과 다르게 통지하여 변제를 요구하는 경우가 해당된다. 거짓 사실인지 여부는 채무내용의 중요내용이 진실과 부합하는지 여부에 따라 판단된다. 금전의 차용이나 그 밖의 이와 유사한 방법으로 채무의 변제자금을 마련할 것을 강요하는 행위 위반 시 3년 이하의 징역 또는 3천만 원 이하의 벌금 채권추심업 허가 취소 가능하다.

▶ 채무 관한 거짓 사실 알리는 행위 관련 사례

- 연체기간을 늘려서 연체이자를 과다하게 청구하는 행위
- 주채무자가 채무상환계획에 따라 정상적으로 변제를 하고 있음에도 불구하고, 보증인에게 주채무자가 변제를 하고 있지 않으니 채무를 변제하라고 요구하는 행위
- 보증인에게 주채무자의 채무금액을 실제보다 과다하게 고지하면서, 채무금액 일부를 감면해 주는 것처럼 속여 채권추심을 용이하게 하는 행위
- 채무자를 대신하여 변제하고자 하는 관계인에게 마치 원금이나 이자를 일부 삼변해 주는 것처럼 채무금액을 속이는 행위

▶ 대출변제 강요행위 관련 사례

- 대부업자 등으로부터 직접 차입하도록 하여 변제를 강요하는 행위
- 속칭 "카드깡"에 의한 변제를 강요하는 행위
  * 사채업자가 특정 카드가맹점과 짜고 허위로 카드매출을 대량으로 발생시켜 조성한 현금으로 급전이 필요한 사람들에 비싼 이자를 받고 대출해 주는 불법행위
- 장기매매, 매춘 등을 이용한 불법적 방법으로 변제를 강요하는 행위
- 사채를 얻어 변제하도록 강요하는 행위
- 보험을 해지하도록 하여 환급금으로 변제할 것을 강요하는 행위
- 신용카드로 구입한 물품을 매각하여 얻은 현금으로 변제하도록 강요하는 행위
- 법률상 압류가 금지되는 동산인데도 불구하고 생활에 필요한 의복·침구·부엌기구 등을 매각하여 변제하도록 강요하는 행위

채무자 외의 사람에게 채무자를 대신하여 채무를 변제할 것을 반복적으로 요구하는 행위를 위반 시 3년 이하의 징역 또는 3천만 원 이하의 벌금이나 채권추심업 허가 취소 가능하다. 무효이거나 존재하지 아니한 채권을 추심하는 의사를 표시하는 행위를 위반 시 3년 이하의 징역 또는 3천만 원 이하의 벌금을 부과할 수 있다.

▶ **대신변제 강요행위 관련 사례**

- 채무자의 채무와 직접 관련이 없는 가족, 친족, 직장동료 등에게 채무를 변제할 것을 강요하는 행위
  * 처갓집 식구, 이혼한 전 남편, 군대에 간 아들, 시집간 누나 등에게 채무자 대신 변제할 것을 강요하는 행위
- 채무자의 채무사실을 알고 있는 채무자의 관계인에게 채무자가 채무를 잘 변제하도록 설득을 강요하는 행위
- 기존에 채무자의 채무를 일부 변제하고 있던 채무자의 관계인이 자신은 더 이상 채무를 변제할 의사가 없다고 밝혔음에도 불구하고 계속적으로 변제를 요구하는 행위

▶ **무효채권 추심 관련 사례**

- 소송을 통해 채무가 존재하지 아니한다는 사실이 판명되었음에도 불구하고 채권추심 의사를 표시하는 행위
- 채권의 소멸시효가 완성되어 채무자가 채권추심을 중지할 것을 요구하였음에도 불구하고 채권추심을 하는 행위
- 사망한 채무자의 상속인이 상속포기를 한 사실을 알면서도 채무를 변제하라고 요구하는 행위
- 채권을 발생시킨 계약에 의해 명시적으로 인정되거나 법에 의해 허용된 것이 아닌 이자, 수수료 기타 비용 등을 원금에 추가하여 추심하는 행위
- 채권자와 채무자와의 합의로 이미 감면된 채무금액에 대하여 정당한 사유 없이 변제를 요구하는 행위
- 채무자가 채무를 변제하였다고 주장하면서 증거를 제시하였음에도 불구하고 사실관계 확인 없이 추심을 지속하는 행위
- 채권자의 채무존재사실 입증 없이 채무자가 채무 부존재를 전적으로 입증할 책임이 있다고 요구하는 행위
- 채무자가 채무금액에 대한 산출근거를 요구하였음에도 불구하고 이를 제시하지 않는 행위
- 채무자를 상대로 형사사건을 제기하면 그에 소요되는 비용도 채무자가 부담해야 한다고 말하는 행위

법원, 검찰청, 그 밖의 국가기관에 의한 행위로 오인할 수 있는 말·글·음향·영상·물건, 그 밖의 표지를 사용하는 행위를 위반 시 1년 이하의 징역 또는 1천만 원 이하의 벌금을 부과할 수 있다. 법률적 권한이나 지위를 거짓으로 표시하는 행위를 위반 시 과태료로 1회 위반 150만원(70만원), 2회 위반 300만원(150만원), 3회 위반 600만원(300만원)부과 가능하다.

▶ 국가기관오인 추심 관련 사례

- 법원, 검찰 등 사법당국에 의해 작성된 문서로 가장하거나 소송절차 관련문서인 것으로 오인시키는 인쇄물·우편물을 사용하는 행위
  * 강제집행착수통보서 등과 같이 법적권한이 있는 것처럼 가장하여 채무자에게 안내문 등을 발송하는 행위
- 독촉장 발송 시 정부기관으로 오인될 표시를 사용하는 행위
- 방문 시 법원이나 검찰, 경찰 등 소속이 사법당국으로 허위 표시된 신분증을 제시하는 행위
- 자신을 법원 소속 집행관이라고 신분을 속이는 행위
- 전화연락, 방문시 자신이 행정기관 소속이라고 가장하는 행위
- ARS를 이용하여 마치 법원이나 검찰, 경찰 등 사법당국에서 전화를 건 것처럼 속이는 행위
- 문자메시지에 법원이나 검찰청으로 오인될 표시를 하여 보내는 행위

▶ 법률적권한 거짓표시 관련 사례

- 채권추심과 관련하여 채권추심회사가 법률행위의 대리가 가능한 것처럼 채무자나 관계인을 속이는 행위
  • 채권추심회사 명의로 가압류, 가처분 등의 채권보전조치를 취할 수 있는 것처럼 말하는 행위
  • 채권추심회사가 지급명령신청이나 소액심판제기 또는 기타 소의 제기가 가능한 것처럼 말하는 행위
  • 채권추심회사가 자신의 명의로 강제집행이나 재산관계명시신청 등을 할 수 있는 것처럼 말하는 행위
- 채권추심회사가 채권을 양수받았으므로 법적조치를 취할 수 있다고 채무자에게 표시하는 행위

채권추심에 관한 민사상 또는 형사상 법적인 절차가 진행되고 있다고 거짓으로 표시하는 행위를 가할시 과태료로 1회 위반 150만원(70만원), 2회 위반 300만원(150만원), 3회 위반 600만원(300만원)을 부과가능하다. 다른 사람이나 단체의 명칭을 무단으로 사용하는 행위를 위반 시 과태료로 1회 위반 150만원(70만원), 2회 위반 300만원(150만원), 3회 위반 600만원(300만원)을 부과할 수 있다.

▶ **법적절차진행 거짓표시 관련 사례**

- 그러한 사실이 없음에도 불구하고 강제집행신청 중이므로 납부하지 않을 경우 곧 경매가 진행된다고 말하는 행위
- 법적 절차가 진행되고 있음에도 불구하고 법적 조치가 취해지지 않을 것이라고 속이는 행위
- 카드사가 대금 연체와 관련하여 형사고소한 상태이므로 대금을 납부하지 않는 경우 수사가 진행될 수밖에 없다고 말하는 행위
- 법원에 접수하지도 않은 소장, 가압류신청서, 강제집행신청서 등을 제시하고 마치 해당 절차가 진행되고 있는 것처럼 가장하는 행위
- 경찰이나 검찰에 접수하지도 않은 고소장이나 고발장 등을 제시하면서 마치 형사절차가 진행되고 있는 것처럼 속이는 행위
- 어떠한 위법행위가 없음에도 불구하고 채무 미변제가 형사범죄에 해당되는 것으로 언급하는 행위
- 위법행위가 없음에도 불구하고 채무 미변제시 경찰조사를 받고 구금될 수 있다고 언급하는 행위
- 법원의 결정이 없음에도 불구하고 채무자가 즉시 파산하고, 재산에 압류가 진행될 것이라고 가장하는 행위
- 채무자가 파산을 신청할 경우 생활에 필요한 의복·침구 등을 압류할 것이라고 언급하는 행위
- 계약에 의해 인정되거나 법에 의해 허용되지 않음에도 불구하고 채무 미변제시 채무 원금이 추가될 것이라고 가장하는 행위
- 채무 미변제시 채무자의 자녀 등 가족과 떨어져야 한다고 속이는 행위

▶ **타인명칭 무단사용 사례**

- 법률사무소 소속 직원인 것처럼 명시적 또는 묵시적으로 허위 표현을 사용하는 행위

– 채무자의 출신학교 동문회 사무실 직원인 것처럼 가장하여 채무자의 연락처를 문의하는 행위

혼인, 장례 등 채무자가 채권추심에 응하기 곤란한 사정을 이용하여 채무자 또는 관계인에게 채권추심의 의사를 공개적으로 표시하는 행위 위반 시 과태료로 1회 위반 300만원(150만원), 2회 위반 600만원(300만원), 3회 위반 1,400만원(700만원)을 부과할 수 있다. 소재파악이 곤란한 경우가 아님에도 채무자의 관계인에게 채무자의 소재, 연락처 또는 소재를 알 수 있는 방법 등을 문의하는 행위 위반 시 채권추심업 일부 업무정지(1개월) 가능하며 과태료로 1회 위반 200만원(100만원), 2회 위반 500만원(250만원), 3회 위반 1,000만원(500만원)을 부과할 수 있다.

▶ 혼인/장례 등 이용 채권 공개 사례

– 채무자 또는 그의 관계인이 위독하거나 경조사를 치르는 등 방문하기 곤란한 상황임을 알면서도 방문하는 행위
– 질병으로 병원에 입원해 있는 채무자를 찾아가 다른 환자들이 보는 앞에서 채무변제를 요구하는 행위
– 채무자가 정신질환 등으로 고통을 받고 있음이 확실한 데도 방문하는 행위
– 채무자가 장애, 고령, 문맹 등의 환경에 처해 있음을 악용해서 채무에 관한 허위사실을 알리거나 법률상 존재하지 않는 의무를 거론하는 등의 방법으로 채무변제를 강요하는 행위
– 통상적이지 않은 시간과 장소에서 또는 채무자에게 불편할 것이라고 알고 있거나 통상 그렇게 인식되는 시간과 장소에서 채무자에게 통신하는 행위
– 채무자 본인이나 자녀의 입학 또는 졸업식장을 찾아가 공개적으로 채무변제를 요구하는 행위
– 채무자가 喪中임을 알면서도 전화하여 채무변제를 요구하는 행위

▶ 관계인에게 채권추심 알리는 행위 사례

– 소재파악을 가장하여 채무자의 관계인에게 채권추심 사실을 알림으로써 심리적 압박을 가하는 행위
  • 채무자에게 직접 연락이 가능함에도 불구하고 시골에 계시는 부모에게 전화하여 자신을 채권추심회사 소속 추심원이라고 소개한 후 연락처를 문의하는 행위

- 채무자가 실제 근무하고 있다는 사실을 알면서도 채권추심 사실을 직장 동료에게 알릴 목적으로 직장 동료에게 채권추심회사 소속임을 밝히고 채무자가 근무하는지 여부를 문의하는 행위
- 채무자의 친구인 것으로 가장해서 채무자의 관계인으로부터 채무자에 대한 정보를 얻으려고 하는 행위

정당한 사유 없이 통신비용을 채무자에게 발생하게 하는 행위 위반 시 과태료로 1회 위반 100만원(50만원), 2회 위반 200만원(100만원), 3회 위반 400만원(200만원)을 부과할 수 있다. 회생절차, 파산절차 또는 개인회생절차에 따라 전부 또는 일부 면책되었음을 알면서 법령으로 정한 절차 외에서 반복적으로 채무변제를 요구하는 행위 위반 시 과태료로 1회 위반 100만원(50만원), 2회 위반 200만원(100만원), 3회 위반 400만원(200만원) 부과할 수 있다. 엽서에 의한 채무변제 요구 등 채무자 외의 자가 채무사실을 알 수 있게 하는 행위위반 시 채권추심업 일부 업무정지(1개월) 가능 및 과태료로 1회 위반 100만원(50만원), 2회 위반 200만원(100만원), 3회 위반 400만원(200만원) 부과 가능하다.

▶ 통신 비용 관련 사례

- 수신자 부담 전화료 및 수신자 부담전보료 등 통신비용을 부담하게 하는 행위
- 전화연결이 가능함에도 불구하고 발신자 번호만 남기고 전화통화를 종료하여 채무자로 하여금 다시 전화하도록 유도함으로써 통신비용을 채무자에게 부담시키는 행위
- 개인회생절차개시결정문을 반드시 등기우편으로 보내줘야만 채권추심을 중단할 수 있다고 말하는 행위

▶ 면책자 변제강요

- 법원의 개인회생절차개시결정 사실이 확인되었음에도 불구하고 신청자인 채무자에게 채무변제를 독촉하는 행위
- 파산선고 및 면책결정을 받은 사실이 확인되었음에도 불구하고 채무자에 대하여 채무의 변제를 요구하는 행위

▶ 엽서 등 타인이 채무사실 인지하게 하는 행위 관련 사례

- 엽서, 팩스 및 개봉서신 등 채무자 외의 자가 채무사실을 쉽게 알아볼 수 있는 수단을 이용하여 채권추심을 하는 행위

– 벽보부착, 낙서, 스티커, 인터넷 등의 수단을 이용하여 채무자의 채무내역을 불특정인에게 알리는 행위
– 채무자의 거주지·직장 방문 시 채무자 부재 등을 이유로 추심관련 안내장 등을 부착·게시하는 행위
– 채권추심을 용이하게 할 목적으로 채무자 친족 등에게 채권추심 관련서신을 송부하여 그들이 채무자의 채무에 대해 알 수 있게 하는 행위
– 채무자가 불확실한 경우 불특정인에게 상환독촉장을 발송하거나 채무관련 내용을 공개하는 행위
– 채무자 외의 자에게 전화·우편 등으로 채권추심과 관련된 연락임을 언급·표시하는 행위
– 우편물 겉봉에 채권추심회사명, 주소 이외에 채무관련사항을 알 수 있는 단어를 사용하거나 표시를 하는 행위
– 밀봉하지 않은 방문증을 부착하여 제3자가 채무사실을 알게 하는 행위
– 채무자 외의 자에게 채무를 알 수 있는 메시지를 채무자에 전달해달라고 요청하는 행위
– 법적인 채무자는 휴대전화 명의인임에도 불구하고 실사용자에게 채권추심 수임사실 통지를 보내는 행위
– 채무자가 타인명의의 전화를 이용하여 연락한 경우 동 번호로 다시 연락하여 채무자 여부를 확인하지 않고 채무사실을 알리는 행위

불법채권추심 대응요령

1. 채권추심자의 신분이 의심스러울 경우
• 채권추심자가 방문, 전화 등으로 처음 접촉해 올 때는 신분을 확인할 수 있는 증표(사원증 또는 신용정보업종사원증)를 제시토록 요구하고, 이를 제시하지 못하거나 사진 미부착·훼손 등 신원이 의심스러운 경우 소속회사나 신용정보협회*에 재직여부 등을 확인하시기 바랍니다.
  * 전화 : 02-3775-2761~3, 홈페이지 : www.cica.or.kr
• 또한 채권추심자가 검찰·법원 등 사법당국을 사칭하거나 법무사, 법원집행관, 법원집행관대리 등의 사실과 다른 직함을 사용할 수 없습니다.
(예시) 채권추심자가 법률담당관, 법원집행관, 소송대리인 등으로 허위 기재한 명함을 사용하거나 이들 명의로 독촉장을 발송

2. 추심채권이 추심제한요건에 해당할 경우
• 본인의 채무가 추심제한요건*에 해당되는지를 확인하고 추심제한 대상인 경우 채권추심자에게 서면으로 추심중단을 요청(전화요청시 통화내용 녹음)하시고 이를 확인할 수 있는 증빙자료를 제시해 주시기 바랍니다.
(예시) 채무부존재 소송이 제기된 채권에 대해 채권추심

〈채권추심 제한대상이란〉
- 판결 등에 따라 권원이 인정되지 않은 민사채권
- 채무자가 채권소멸시효 완성에 따라 추심중단을 요청 한 경우
- 채무부존재 소송을 제기한 경우
- 채무자로부터 신용회복위원회의 신용회복지원 신청사실을 통지받은 경우
- 개인회생절차개시 또는 파산·회생에 따라 면책된 경우
- 중증환자 등으로 사회적 생활부조를 요하는 경우
- 채무자 사망 후 상속인이 상속포기하거나 한정승인한 경우

3. 가족 등 제3자에게 채무사실을 알려주는 행위
- 채권추심자가 정당한 사유 없이 가족을 포함한 제3자에게 채무사실을 직접 알리거나 확인시켜주는 행위는 할 수 없습니다.

4. 가족에게 연락하여 채무변제를 요구하는 경우
- 채권추심자가 채무자의 가족·친지에게 연락하여 채무에 따른 불이익, 도의적 책임 등을 다하기 위하여 대위변제해 줄 것을 요구할 수 없습니다.
- 또한 가족 등 제3자가 대위변제 의사를 밝혔다고 하여 제3자의 의사에 반하여 변제독촉요구를 할 수 없습니다.
  (예시) “따님이 평생 취직도 안 되고 빚쟁이로 살도록 내버려두실 겁니까? 부모님께서라도 갚으셔야지요.” 등으로 부모의 대위변제를 요구

5. 채권추심회사 명의로 압류·경매 등 법적조치를 하겠다고 하는 경우
- 채권추심회사는 압류·경매 또는 채무불이행정보 등록 등의 조치를 직접 취할 수 없으므로 이러한 법적절차 진행을 직접 조치를 하겠다고 채권추심자가 채무자에게 이야기할 수 없습니다. 다만, 채권자 또는 채권자협의회에 의해 법적조치가 진행될 수 있다고 안내하는 행위는 가능합니다.

6. 채권추심자가 채무대납 등을 제의하는 경우
- 채권추심자가 채무를 대납해주겠다고 제의하거나, 대부업자, 카드깡·사채업자 등을 통한 자금 마련을 도와주겠다고 권유할 수 없습니다.
  (예시) 채권추심자가 자신의 자금으로 채무를 변제한 후 채무자에게 고리의 이자를 요구

7. 채권자 또는 채권추심회사명의 계좌 이외의 계좌로 입금을 요구하는 경우
- 채권추심을 담당하는 직원 등이 현금 또는 본인계좌로 입금을 요구하는 것은 금지되어 있습니다.

출처: 금융감독원 홈페이지

제 9 장 금융소비자와 금융사기 정책

- 제 1 절 금융사기 유형
- 제 2 절 금융사기방지와 피해환급금

Chapter 09

금융소비자와 금융사기 정책

제 1 절 금융사기 유형

전기통신금융사기란 전기통신을 이용하여 타인을 기망·공갈함으로써 재산상의 이익을 취하거나 제3자에게 재산상의 이익을 취하게 하는 행위로서 자금의 송금·이체를 하게 하는 행위 또는 개인정보를 알아내어 자금을 송금·이체하는 행위를 말한다. 대표적인 예는 보이스 피싱, 파밍, 대출사기 등이 포함된다. 최근 발생하고 있는 전자금융사기 유형은 다음과 같다.

표 9-1 대표적인 전자금융사기 유형 및 특징

피싱사이트	금융정보편취용 가짜 홈페이지로 이동	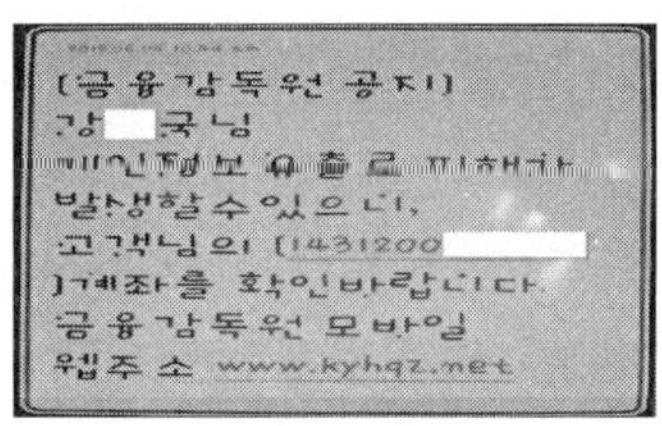
파 밍	정상적인 경로로 특정 홈페이지에 접속하더라도 금융정보편취용 가짜 홈페이지로 이동	

스미싱	SMS 등으로 소액결제를 유도하거나, 스마트폰 악성코드를 유포하여 소액결제정보 편취	

금융감독원에 따르면 특별법(2011년 9월) 시행 이후 2013년 말까지 57,465건의 피해신고를 받아 이중 48,429건(23,791명)이 금융사기로 인한 총 438억 원의 피해금을 환급받았다.[1] 환급액 438억 원은 총 피해액 2,084억 원 대비 21.0% 수준이다. 1인당 평균 환급액은 184만 원이며 1인당 피해액은 876만원이다.

표 9-2 금융사기 피해발생 및 피해금 환급 현황 (단위 : 건, 억 원, %)

	년도			계
	2011.4/4	2012	2013	
피해구제 신청건수	8,992	22,351	26,122	57,465
피해구제 건수	509	26,002	21,918	48,429
피해금환급액(A)	11	272	155	438
총 피해액(B)	380	1,000	704	2,084
환급률(A/B)	2.9	27.2	22.0	21.0

* 금융사기 : 보이스피싱, 피싱, 파밍에 의한 피해신고건수(금감원 접수기준)

지급정지 시점은 사기피해 인지 후 30분 이내 지급 정지된 경우는 7.3%(3,622건)에 불과하다. 2013년 말까지 접수된 피해신고 57,465건을 사기유형별로 살펴보면 보이스피싱이 60.6%(34,806건), 피싱·파밍 39.4%(22,659건) 順으로 나타났다. 2013년 이후에는 피싱사이트·파밍 등 인터넷 기반의 신·변종 수법의 비중이 2013년 1분기에 58.7% 에서 2분기 57.9%, 3분기 63.0% , 4분기 53.3%로 과반 이상을 차지하였다. 피싱사기 등은 주로 금융회사, 검·경 등 주요 공공기관을 사칭한 비중이 큰 폭 상승추세로 나타났다.

1) 금융감독원, 피싱사기 피해 구제현황 및 소비자 유의사항, 2014.2.25 보도자료

표 9-3 주요 사칭기관 추이 (단위 : %, 건)

	'12	'13
금융권 사칭	12.3(2,743)	43.4(11,351)
검·경 등 주요 공공기관 사칭	32.7(7,316)	33.0 (8,608)
지인사칭, 자녀납치 등 협박	25.4(5,679)	11.7 (3,057)

2013.3분기까지는 인터넷 피싱·파밍 사기가 증가하였으나, 전자금융사기예방서비스 전면 시행('13.9.26) 이후에는 피싱사기 피해가 다소 감소한 반면, 스마트폰 뱅킹을 이용한 파밍 피해가 증가 추세로 스마트폰을 통한 스미싱, SMS 탈취 등 새로운 사기수법이 증가하였다. 스마트폰을 이용한 금융사기 피해예방을 위해 SMS탈취 의심거래에 대한 ARS인증 지도 및 스마트폰 뱅킹에 대해서도 전자금융사기예방서비스 시행되어 왔다.

제 2 절 금융사기방지와 피해환급금

1) 개 요

금융사기에 대응한 법률은「전기통신금융사기 피해 방지 및 피해금 환급에 관한 특별법」이 있다. 이 법은 전기통신금융사기를 방지하기 위하여 정부의 피해 방지 대책 및 금융회사의 피해 방지 책임 등을 정하고, 전기통신금융사기의 피해자에 대한 피해금 환급을 위하여 사기이용계좌의 채권소멸절차와 피해금환급절차 등을 정함으로써 전기통신금융사기를 예방하고 피해자의 재산상 피해를 신속하게 회복하는 데 이바지하는 것을 목적으로 한다. "전기통신금융사기"란「전기통신기본법」제2조제1호에 따른 전기통신을 이용하여 타인을 기망(欺罔)·공갈(恐喝)함으로써 재산상의 이익을 취하거나 제3자에게 재산상의 이익을 취하게 하는 자금을 송금·이체하도록 하는 행위 또는 개인정보를 알아내어 자금을 송금·이체하는 행위를 말한다. 다만, 재화의 공급 또는 용역의 제공 등을 가장한 행위는 제외하되, 대출의 세공·일신·중개를 가장한 행위는 포함한다. "전자금융거래"란 금융회사가 전자적 장치를 통하여 금융상품 및 서비스를 제공하고, 이용자가 금융회사의 종사자와 직접 대면하거나 의사소통을 하지 아니하고 자동화된 방식으로 이를 이용하는 거래를 말한다.

금융위원회는 전기통신금융사기의 발생을 방지하기 위하여 필요하다고 인정하는 경우에는 연도별 피해환급금 지급액 및 사기이용계좌 발생건수를 고려하여 금융위원회가 정하는 기준에 해당하는 금융회사나 그 임직원에 대하여 금융회사 및 임직원에 대한 주의·경고·견책(譴責) 또는 감봉 또는 금융회사가 전자금융거래 업무를 수행함에 있어 안전성과 신뢰성을 확보하기 위한 전산인력, 전산시설 및 전자적 장치 등의 개선 또는 보완에 관한 사항을 권고·요구 또는 명령하거나 그 개선계획을 제출할 것을 명할 수 있다. 정부는 전기통신금융사기 피해 방지를 위하여 다른 국가 또는 국제기구와 상호 협력하여야 한다.

금융회사는 전기통신금융사기 피해 방지를 위하여 이용자가 해당 금융회사에 대출을 신청하는 경우 또는 해당 금융회사와 체결한 계약에 따라 가입한 저축성 예금·적금·부금 또는 그 밖에 대통령령으로 정하는 금융상품을 해지하는 경우에 해당하는 행위를 하는 경우에는 대통령령으로 정하는 바에 따라 본인임을 확인하는 조치(이하 "본인확인조치"라 한다)를 하여야 한다. 다만, 이용자가 국외에 체류하는 등의 사유로 본인확인조치를 하기 어려운 경우로서 대통령령으로 정하는 경우에 해당하면 그러하지 아니하다. 금융회사는 본인확인조치를 하지 않음으로써 이용자에게 손해가 발생한 경우에는 그 손해를 배상할 책임을 진다.

금융회사는 자체점검을 통하여 이용자의 계좌가 전기통신금융사기의 피해를 초래할 수 있는 의심거래계좌(이하 "피해의심거래계좌"라 한다)로 이용되는 것으로 추정할 만한 사정이 있다고 인정되면 해당 이용자 계좌의 전부 또는 일부에 대하여 이체 또는 송금을 지연시키거나 일시 정지하는 조치(이하 "임시조치"라 한다)를 하여야 한다. 금융회사는 임시조치를 한 경우 지체 없이 해당 이용자에게 임시조치에 관한 사항을 통지하고 본인확인조치를 하여야 한다. 금융회사는 제2항에 따른 본인확인조치 결과 해당 이용자의 계좌가 피해의심거래계좌에 해당하지 아니하는 경우에는 제1항에 따른 임시조치를 해제하여야 한다.

2) 피해구제 절차

피해자는 피해금을 송금·이체한 계좌를 관리하는 금융회사 또는 사기이용계좌를 관리하는 금융회사에 대하여 사기이용계좌의 지급정지 등 전기통신금융사기의 피해구제를 신청할 수 있다. 피해구제의 신청을 받은 금융회사는 다른 금융회사의 사기이용계좌로 피해금이 송금·이체된 경우 해당 금융회사에 대하여 필요한 정보를 제공하고 지급정지를 요청하여야 한다. 피해구제의 신청 및 지급정지의 요청에 관한 방법·절차 등에 필요한 사항은 대통령령으로 정한다.

금융회사는 첫째, 피해구제 신청 또는 지급정지 요청이 있는 경우, 둘째, 수사기관 또는 「금융위원회의 설치 등에 관한 법률」에 따라 설립된 금융감독원 등으로부터 사기이용계좌로 의심된다는 정보제공이 있는 경우, 셋째, 피해의심거래계좌에 대한 본인확인조치 결과 사기이용계좌로 추정되는 경우 등에 해당하는 경우 거래내역 등의 확인을 통하여 전기통신 금융사기의 사기이용계좌로 의심할 만한 사정이 있다고 인정되면 즉시 해당 사기이용계좌의 전부에 대하여 지급정지 조치를 하여야 한다. 금융회사는 제1항에 따라 지급정지 조치를 한 경우 지체 없이 다음 지급 정지된 사기이용계좌의 명의인, 피해구제신청을 한 피해자, 피해금을 송금·이체한 계좌를 관리하는 금융회사, 금융감독원, 수사기관에게 해당 지급정지 조치에 관한 사항을 통지하여야 한다. 다만, 제1호의 명의인의 소재를 알 수 없는 경우에는 금융회사의 인터넷 홈페이지 등에 지급정지 조치에 관한 사실을 공시하여야 한다. 금융회사는 지급정지를 이행하지 아니함으로써 이용자에게 손해가 발생한 경우에는 그 손해를 배상할 책임을 진다. 지급정지의 절차·통지 등에 필요한 사항은 대통령령으로 정한다.

금융회사는 지급정지 조치를 행한 경우 지체 없이 대통령령으로 정하는 바에 따라 금융감독원에 명의인의 채권이 소멸되는 절차(이하 "채권소멸절차"라 한다)를 개시하기 위한 공고를 요청하여야 한다. 다만, 명의인의 채권 전부 또는 일부가 다음에 해당하는 경우에는 공고를 요청하지 않아도 된다. 즉 손해배상·부당이득반환 등의 청구소송이 제기되어 법원에 계속(係屬) 중인 경우, 「민사집행법」에 따른 압류·가압류 또는 가처분의 명령이 집행된 경우, 「국세징수법」에 따른 체납절차가 개시된 경우, 질권(質權)이 설정된 경우가 해당된다. 금융감독원은 제1항에 따라 채권소멸절차 개시의 공고 요청을 받은 경우 지체 없이 대통령령으로 정하는 바에 따라 공고하여야 한다. 금융감독원은 채권소멸절차의 개시에 관한 공고를 한 경우 지체 없이 명의인에게 채권소멸절차의 개시에 관한 사실을 통지하여야 한다. 다만, 명의인의 소재를 알 수 없는 경우에는 공고로 명의인에 대한 통지가 이루어진 것으로 본다.

채권소멸절차 개시의 공고가 이루어진 사기이용계좌의 피해자로서 채권소멸절차 개시의 공고 전에 피해구제를 신청하지 아니한 자는 금융회사에 대하여 공고일부터 2개월 이내에 피해구제의 신청을 할 수 있다. 피해구제 신청이 있는 경우 금융회사는 해당 거래내역 등을 확인하여 피해자로 인정된다고 판단하는 경우 금융감독원에 해당 피해금에 대한 채권소멸절차의 개시 공고를 요청하여야 한다. 공고 요청을 받은 금융감독원은 지체 없이 해당 사항을 공고하여야 한다. 금융회사 및 금융감독원은 채권소멸절차 개시 공고 전에 피해구제의 신청을 하지 아니한 피해자가 피해구제의 신청을 할 수 있도록 필요한 정보를 제공하는 등 적극적인 노력을 하여야 한다.

명의인은 지급정지 또는 전자금융거래 제한이 이루어진 날부터 공고일을 기준으로 2개월이 경과하기 전까지 해당 계좌가 사기이용계좌가 아니라는 사실을 소명하여 지급정지,

전자금융거래 제한 및 채권소멸절차에 대하여 이의를 제기할 수 있다. 이의제기를 접수한 금융회사는 이의제기 사실을 즉시 피해구제 신청을 한 피해자 및 금융감독원에 통지하여야 한다. 명의인의 이의제기 방법 및 절차 등에 필요한 사항은 대통령령으로 정한다. 금융회사 및 금융감독원은 다음 이의제기가 있는 경우, 금융감독원 또는 수사기관이 해당 계좌가 사기이용계좌가 아니라고 인정하는 경우, 피해환급금 지급이 종료된 경우 등에 해당하는 경우 사기이용계좌의 전부 또는 일부에 대하여 이 법에 따른 지급정지, 전자금융거래 제한 및 채권소멸절차를 종료하여야 한다. 그러나 소송이 법원에 계속 중인 경우 또는 명의인의 이의제기 사실을 피해자가 통보받은 날부터 2개월이 경과하기 전에는 금융회사는 지급정지를 해제하지 아니한다. 금융회사 또는 금융감독원은 지급정지 및 채권소멸절차를 종료한 경우 지체 없이 해당 명의인과 피해구제 신청을 한 피해자 및 관련 금융회사에 통지하여야 한다.

명의인의 채권은 채권소멸절차 개시의 공고일부터 2개월이 경과하면 소멸한다. 금융감독원은 명의인의 채권이 소멸된 경우 해당 명의인의 채권이 소멸되었다는 사실, 소멸되는 채권의 금액 등을 해당 명의인, 피해구제를 신청한 피해자 및 관련 금융회사에게 통지하여야 한다. 다만, 명의인의 소재를 알 수 없는 경우에는 금융감독원 및 해당 금융회사의 인터넷 홈페이지 등에 해당 사실을 공시하여야 한다.

금융감독원은 채권이 소멸된 날부터 14일 이내에 피해환급금을 지급받을 자 및 그 금액을 결정하여 그 내역을 피해구제를 신청한 피해자 및 금융회사에 통지하여야 하고, 통지를 받은 금융회사는 지체 없이 피해환급금을 피해자에게 지급하여야 한다. 피해환급금은 총피해금액이 소멸채권 금액을 초과하는 경우 소멸채권 금액에 각 피해자의 피해금액의 총피해금액에 대한 비율을 곱한 금액으로 하며, 그 외의 경우에는 해당 피해금액으로 한다. 금융감독원은 피해환급금의 결정을 위하여 금융회사에 필요한 자료의 제출을 요구할 수 있다. 그 밖에 피해환급금의 결정 및 지급 등에 관하여 필요한 사항은 대통령령으로 정한다.

피해환급금을 지급받을 수 없는 자는 다음과 같다. 첫째, 해당 전기통신금융사기로 인한 피해금의 전액 배상이 이루어진 경우의 피해자 및 그 승계인, 둘째, 해당 전기통신금융사기 등과 관련하여 부당이득을 취한 자, 셋째, 해당 전기통신금융사기 등에 공범으로 가담하였거나 자신에게 불법원인이 있는 자 등이다.

피해자가 금융회사로부터 피해환급금을 지급받은 경우 해당 전기통신금융사기로 발생한 손해배상청구권 및 그 밖의 청구권은 환급을 받은 한도에서 소멸된다. 소멸채권 환급 청구권이 있다. 채권이 소멸된 명의인이 소멸된 채권이 피해금에 해당하지 아니하는 경우이고 이의제기를 하지 못한 정당한 사유가 있는 경우가 있는 경우에는 금융감독원에 소멸된 채권의 환급을 청구할 수 있다. 금융감독원은 환급금 지급을 위하여 대통령령으로 정하는 바에 따라 보험 또는 공제에 가입하여야 한다.

사기이용계좌의 명의인에 대한 전자금융거래가 제한된다, 금융감독원은 채권소멸절차 개시의 공고 요청을 받은 경우 해당 명의인을 전자금융거래가 제한되는 자("전자금융거래제한대상자")로 지정하여야 한다. 금융감독원은 명의인을 전자금융거래제한대상자로 지정한 경우 지체 없이 금융회사 및 명의인에게 이를 통지하여야 한다. 다만, 명의인의 소재를 알 수 없는 경우에는 공고로 명의인에 대한 통지가 이루어진 것으로 본다. 금융회사는 통지받은 전자금융거래제한대상자의 전자금융거래를 처리하여서는 아니 된다. 금융감독원은 전자금융거래제한대상자로 지정된 자가 전자금융거래의 제한이 해제된 때에는 전자금융거래제한대상자의 지정을 취소하고 이를 금융회사 및 명의인에게 통보하여야 한다.

금융감독원장은 피해환급금을 지급받은 피해자에 대하여 대통령령으로 정하는 바에 따라 수수료를 받을 수 있다. 금융위원회는 전기통신금융사기의 사기이용계좌로 의심할 만한 사정을 수사기관 또는 금융감독원 등에 신고한 자에게 금융감독원장으로 하여금 금융감독원의 예산의 범위에서 포상금을 지급하게 할 수 있다.

전기통신금융사기를 목적으로 타인으로 하여금 컴퓨터 등 정보처리장치에 정보 또는 명령을 입력하게 하는 행위나 취득한 타인의 정보를 이용하여 컴퓨터 등 정보처리장치에 정보 또는 명령을 입력하는 행위를 한 자는 10년 이하의 징역 또는 1억 원 이하의 벌금에 처한다. 이의 미수범은 처벌한다. 상습적으로 제1항의 죄를 범한 자는 그 죄에 대하여 정하는 형의 2분의 1까지 가중한다.

거짓으로 피해구제를 신청한 자나 지급정지를 요청한 자, 이의제기를 한 자는 3년 이하의 징역 또는 3천만 원 이하의 벌금에 처한다. 양벌규정으로 법인의 대표자나 법인 또는 개인의 대리인, 사용인, 그 밖의 종업원이 그 법인 또는 개인의 업무에 관하여 관련 규정 위반행위를 하면 그 행위자를 벌하는 외에 그 법인 또는 개인에게도 해당 조문의 벌금형을 과(科)한다. 다만, 법인 또는 개인이 그 위반행위를 방지하기 위하여 해당 업무에 관하여 상당한 주의와 감독을 게을리 하지 아니한 경우에는 그러하지 아니하다.

관련규정을 위반하여 개선계획을 제출·이행하지 아니한 금융회사, 본인확인조치를 하지 아니한 금융회사, 지급정지 등의 조치를 취하지 아니한 금융회사, 채권소멸절차의 개시에 관한 공고 요청을 하지 아니한 금융회사, 지급정지 및 채권소멸절차를 종료하지 아니한 금융회사, 피해환급금을 피해자에게 지급하지 아니한 금융회사, 전자금융거래를 처리한 금융회사등은 1천만 원 이하의 과태료를 부과한다. 관련규정을 위반하여 지급정지 요청을 하지 아니한 금융회사, 해당 지급정지 조치에 관한 사항을 통지하지 아니한 금융회사, 명의인의 이의제기를 피해자에게 통지하지 아니한 금융회사 등에 해당하는 자에게는 500만 원 이하의 과태료를 부과한다.

[참고] 금융사기 피해 예방 요령

첫째, 공공기관 및 금융회사를 사칭한 기망·공갈에 주의해야 한다. 공공기관(검·경, 법원 등)과 금융회사를 사칭, 정보유출 · 보안강화절차 등을 빙자하여 특정 사이트, 창구·ATM기로 유도하거나 사건연루, 수사협조 등을 빙자하여 금융거래정보(계좌번호, 비밀번호, 보안카드 등)를 요구하는 경우 이는 100% 사기이다.

둘째, 금융회사의 각종 보안강화 서비스를 적극 활용하자. 인터넷뱅킹 및 스마트폰뱅킹 이용 시 금융회사의「전자금융사기 예방서비스」에 가입하여 공인인증서의 부정 재발급 및 사기로 인한 자금의 부정이체 등을 예방하는 것이 좋다. 금융회사의「인터넷뱅킹사이트 인지강화 서비스」에 가입하여 접속한 사이트의 정상여부를 확인하도록 한다.

셋째, 피해 발생 시 조치로 경찰청, 금융감독원 또는 금융회사에 즉시 지급정지 요청해야 한다. 피싱사기 및 대출사기의 경우 피해사실을 알게 된 즉시 경찰청(112), 금감원(1332) 또는 각 금융회사 콜센터에 지급정지를 요청한다.

- 피싱사기 피해금 환급 절차 및 대상

피해자의 구제신청으로 지급정지된 사기이용계좌에 인출되지 않고 남아 있는 금액이 있는 경우, 그 범위 내에서 2개월간의 채권소멸절차를 거쳐 신속 환급된다. 환급 대상은 전기통신을 이용하여 불특정 다수인을 기망·공갈함으로써 자금을 송금·이체하도록 하거나, 개인정보를 알아낸 후 자금을 송금·이체하여 본인 또는 제3자에게 재산상의 이익을 취하게 하는 행위이며 정보의 탈취(해킹)로 인한 피해는 환급대상에서 제외하고 있다.

제 10 장 금융소외계층과 금융거래

- 제 1 절 서민금융지원제도
- 제 2 절 장애인 금융거래 개선

Chapter 10

금융소외계층과 금융거래

제 1 절 서민금융지원제도

1. 개인신용회복 지원제도

채무불이행자 구제제도는 개인신용회복을 위한 제도로서 사적 구제제도와 공적 구제제도로 나눌 수 있다. 이는 개인신용회복제도로서 정상적인 채무변제가 어려운 개인채무자에게 상환기간을 연장해주거나 일부 채무를 탕감해줌으로써 신용회복을 도와주는 제도적 장치를 말한다. 사적 구제제도에는 신용회복위원회의 개인워크아웃제도와 사전채무조정제도, 채권집중프로그램, 그리고 개별금융회사 자체프로그램이 있다. 공적 구제제도로는 법원에 의한 개인회생과 개인파산제도가 있다. 우리나라 채무불이행자의 개인신용회복을 위한 구제제도 가운데 공적구제제도는 1962년 제정된 파산법이 유명무실 상태에서 2004년 9월 개인채무자회생법이 제정되고 '채무자회생 및 파산에 관한 법률(약칭 통합도산법)'이 2005년 3월 31일 제정, 2006년 4월 1일부터 시행되면서 본격화되었다. 그리고 사적구제제도는 금융감독원이 2002년 1월 신용회복지원제도를 도입하면서 시작되었다고 할 수 있다.

1) 공적 채무불이행자 구제제도

통합도산법은 채무자의 회생 및 파산에 관한 법률 체계가 일원화되고 어느 정도 체계화된 채무재조정 절차를 갖추게 되었다는 이의를 가진다. 하지만 채무자의 재건(회생)신청과 파산신청을 분리하고 있어 두 제도간의 연관성은 낮은 편이다. 개인회생제도는 변제능력이 있는 채무자의 회생과 채권자의 이익을 도모하기 위하여 '개인채무자회생법'에 따라 2004년 9월 23일부터 시행되어 왔다. 동법은 2006년 4월부터 시행된 '채무자회생 및 파산에 관한 법률'로 통합된다. 동법의 주요 내용을 보면 채무자가 인가받은 변제계획에 따라 최장 5년간 일정한 금액의 변제를 완료할 경우 잔어채무에 대해 법원의 직권 또는 채무자의 신청으로 면책을 결정할 수 있다. 개인회생제도는 채무 발생의 원인에 제한이 없어 사채까지 포함한 채무에 대하여 지급불능의 상태에 빠져 있거나 지급불능이 생길 염려가 있는 경우에 적용되는데, 반드시 개인채무자가 장래 계속적으로 또는 반복하여 수입을 얻을 가능성이 있는 '급여소득자' 또는 '영업소득자'이어야 한다.

개인회생절차를 자세히 보면, 채무자의 개인회생신청시 법원은 채권자의 이의 여부, 변제계획의 적합성 등을 고려하여 인가여부를 결정한다. 인가된 후 채무가가 인가받은 변제계획에 따라 최장 5년간 일정한 금액의 변제를 완료한 경우 잔여채무에 대해 직권 또는 채무자의 신청에 의해 면책을 결정하게 된다.

개인파산제도는 개인채무자가 자신의 모든 재산으로도 채무를 변제할 수 없는 상태에 빠진 경우 채무의 정리를 위하여 채무자가 또는 채권자의 신청에 의해 법원의 파산선고와 면책결정으로 채무자의 채무상환 책임을 면해주는 제도이다. 개인파산은 변제능력을 상실하여 지급불능에 처한 채무자이나 채권자가 신청이 가능하다. 또 은행대출, 신용카드사용, 사채 등 채권채무관계의 원인을 불문하고 금액의 제한이 없으며 신용불량자가 아니라도 신청할 수 있다. 파산절차는 채권자나 채무자의 파산신청에 의하여 개시되고 파산신청을 접수한 관할 법원은 파산신청서류 및 절차의 적합성에 대한 형식심사와 더불어 채무자 심문 등의 실질심사를 거쳐 파산선고를 내리거나 신청을 기각한다. 파산선고가 내려지고 파산재단이 구성됨과 동시에 파산재단의 관리책임을 지는 파산관재인이 선임된다.

파산재단은 예외를 제외하고 채무자의 전체 재산으로 구성되는데 파산재단으로의 편입이 면제되는 재산은 압류가 불가능한 재산, 거주건물의 임차보증금반환청구권, 채무자 및 부양가족의 6개월 치 생계비에 충당할 재산으로 특정되어 있다. 파산선고를 획득한 개인채무자는 파산선고 확정 후 1개월 이내에 면책신청을 할 수 있고 면책신청이 형식적, 실질적 요건을 갖추고 있는 경우 법원은 특수한 경우를 제외하고는 면책결정을 내린다. 면책이 확정되면 조세를 위시한 법에 명기된 일부 채원을 제외한 모든 채원에 대하여 상환의무가 면제된다.

'채무자 회생 및 파산에 관한 법률'에서 세 가지 핵심적인 내용이 포함되어 있다. 즉 주택담보채권의 별제권 제한 규정과 자동중지제도(automatic stay), 개인회생기간 축소이다. 주택담보채권의 별제권 제한이란 주택을 담보로 빌린 돈도 개인회생절차를 통해 조정할 수 있게 한 것으로 개인채무자의 회생을 돕고 금융소비자 및 채권자의 최저 생활을 돕기 위한 장치로 도입이 추진되고 있다. 그리고 자동중지제도란, 다른 특별한 신청이 없더라도 도산

절차 신청과 함께 자동적으로 채권자의 권리행사가 중지되는 제도로서 채권자평등을 실현하는 좋은 수단으로 이해되고 있는 반면 오남용 될 경우 도덕적 해이를 증가시킬 것으로 평가된다.

표 10-1 공적 신용구제제도

구 분	개인회생	개인파산
운영 주체	법원	법원
시행 시기	2004. 9. 23	1962. 1. 20
대상 채권	제한없음(사채포함)	제한없음(사채포함)
채무 범위	담보채무(10억) 무담보채무(5억)	제한없음
대상 채무자	과다채무자인 봉급생활자, 영업소득자	파산원인
보증인에 대한 효력	보증인에 대한 채권추심 가능	보증인에 대한 채권추심 가능
채무 조정 수준	변제기간 5년 이내, 변제액이 청산가치보다 클 것	청산 후 면책
법적 효력	변제 완료 시 법적 면책	청산 후 법적 면책
은행연합회(연체 등) 정보 해제 여부	변제계획 인가 시 해제	면책 결정 시 해제
은행연합회 공공정보 내용	개인회생절차 진행 중(1301)	파산으로 인한 면책결정(1201)
은행연합회 공공정보 삭제 시기	채무변제를 완료하거나 개인회생인가이후 최장 5년간 변제한 때 삭제	면책 결정 후 5년 경과 시 삭제

출처: 신용회복위원회 홈페이지

2) 사적 채무불이행자 구제제도

채무불이행자를 위한 사적 신용구제제도는 앞에서 언급하였듯이 신용회복위원회, 여러 금융회사가 공동 참가한 기구, 한국자산관리공사, 그리고 개별 금융기관이 주체가 되어 다양한 프로그램이 운영되고 있다. 우선 신용회복위원회는 개인워크아웃제도와 사전채무조정제도(약칭 프리워크아웃제도)를 운영하고 있다. 개인워크아웃제도란 금융채무불이행자를 대상으로 금융회사 공동협약에 의거해서 운영하는 채무조정제도이다. 신용회복지원협약에 가입한 금융회사에서 5억 원 이하의 채무가 있고 3개월 이상 연체자로 등록된 사람으로서 최저생계비 이상의 소득이 있는 개인채무자가 신청 가능하다. 개인워크아웃대상자가 되면 이자 전액면제, 상각채권인 경우 원금 최대 50%까지 감면을 받을 수 있고 최장 8년 이내로 분할상환기간이 조정될 수 있으며 채무조정안이 확정될 때 채무자에 대한 금융회사의 모든 연체 등 정보등록이 해제될 수 있다.

표 10-2 신용회복위원회의 사적 신용구제제도

구분	사전채무조정 (프리워크아웃)	개인워크아웃
운영 주체	신용회복위원회	신용회복위원회
시행 시기	2009. 4. 13	2002. 10. 1
대상 채권	협약가입 금융기관 (3,600여개)보유채권	협약가입 금융기관 (3,600여개)보유채권
채무 범위	5억 원 이하	5억 원 이하
대상 채무자	30일 초과 90일미만	연체기간이 3개월 이상인 자
보증인에 대한 효력	보증인에 대한 채권추심 불가	보증인에 대한 채권추심 불가
채무 조정 수준	무담보채권 최장 10년, 담보채권 최장 20년, 신청일 기준 연체이자 감면	변제기간 10년 이내, 이자채권 전액감면, 원금은 상각채권에 한해 최대 1/2까지 감면
법적 효력	사적 조정에 의해 변제 완료 시 면책	사적 조정에 의해 변제 완료 시 면책
은행연합회(연체 등) 정보 해제 여부	미등록	신용회복지원 확정시 모든(연체 등)정보 해제
은행연합회 공공정보 내용	미등록	신용회복지원 중(1101)
은행연합회 공공정보 삭제 시기	미등록	채무변제를 완료하거나 신용회복지원 확정 이후 2년 이상 변제한 때 삭제

출처: 신용회복위원회 홈페이지

신용회복위원회의 사전채무조정제도는 단기 연체자가 금융채무불이행자로 전락하는 것을 막기 위해 2009년 4월부터 운영하는 채무조정제도이다. 사전채무조정제도의 대상자는 2개 이상 금융회사에서 신용대출과 담보대출을 모두 포함해 5억 원 이하를 대출받고 30일 초과~90일미만 연체한 채무자이다. 또 사전채무조정제도의 지원을 받기 위해선 채무조정 신청 전 6개월 안에 신규대출금이 총 대출금의 30%이하로 비중이 낮아야 하고 연간소득에 대한 연간 대출 원리금의 상환 비율(DTI)이 30%이상이어야 한다. 그리고 신청자의 보유 자산 가액이 6억 원 미만이고 실직이나 휴업, 폐업, 소득감소 등 사전채무조정 없이는 정상적인 채무상환이 어렵다는 점이 인정되어야 한다. 사전채무조정 대상자가 되면 연체이자를 면제받으며 신용대출금은 10년까지 담보대출금은 20년까지 균등분할 상환할 수 있도록 조정 받을 수 있으며 대출 이자는 기존 대출의 70%수준에서 적용되지만 특별한 사유가 있으면 원금상환이 1년간 유예되고 이 기간 동안 이자율은 3%정도이다.

신용회복기금은 2008년도 7월 24일 금융위원회가 발표한 '금융소외사 시원 종합대책'의 일환으로 같은 해 9월 2일 설립된 지원기구로서 한국자산관리공사(KAMCO)가 기금을 관리, 운영하였다. 금융기관과 등록 대부업체의 3천만 원 이하 채무를 대상으로 하여 연체채권을 매입을 하여 채무조정을 하고 고금리대출을 저금리대출로 환승하는 대출보증, 그리고 자활지원네트워크를 운영하여 왔다. 특히 신용등급이 낮은 6~10등급인 사람으로서 대출회사(캐피탈이나 등록대부업체 등)에 원금기준으로 1천만 원 이하이면서 30%이상 금리의 채무를 3개월 이상 정상상환하고 있는 경우에는 30%초과금리 대출을 신용회복기금의 보증을 통해 채무자의 신용도에 따라 12%내외의 은행권 대출로 5년 이내 상환하도록 전환해주어 왔다.

이 신용회복기금을 전환하여 2013년 3월 29일부터 "국민행복기금"이 설립되었다. 국민행복기금의 공적인 성격, 적극적인 사업수행 등을 위하여 법적근거 마련*도 추진하여 「국민행복기금 설립에 관한 법률」이 제정되었다. 추진사업으로 금융채무연체자의 신용회복 지원 및 서민의 과다채무 해소를 위한 사업이 수행되었고 금융회사 등이 보유한 장기연체채권을 매입하여 채무감면·상환기간 연장 등 채무조정 업무가 수행되었다. 또 제2금융권·대부업 등의 고금리 대출(20%이상)을 저금리대출(10%내외)로 전환하는 업무를 수행하고 있다.

향후 공적인 신용회복지원제도와 사적인 신용회복지원제도의 연계가 강화될 것으로 보인다. 따라서 개인워크아웃 및 국민행복기금 등 사적 채무조정부터 개인회생·파산까지 연계하여 채무조정 신청자에게 보다 적합한 제도를 상담·지원이 이루어진다(<그림10-1> 참조).

표 10-3 신용회복지원제도 현황

<table>
<tr><th colspan="2">구분</th><th>⑤ 국민행복기금('14.4)</th><th>⑥ 신용회복위원회('14.4)</th></tr>
<tr><td colspan="2">지원 대상</td><td>• '13.2월말 기준 6개월 이상 연체된 1억 원 이하의 신용대출</td><td>• (개인워크아웃) 금융회사 채무 3개월 이상 연체, 총채무액 15억 원 이하(무담보 5억 원, 담보 10억 원)
• (프리워크아웃) 금융회사 채무불이행 기간 30일 초과 90일 미만, 총채무액 15억 원(무담보 5억 원, 담보 10억 원) 이하</td></tr>
<tr><td colspan="2">지원 내용</td><td>• 이자 전액 감면, 채무자의 상환능력을 고려하여 원금의 30~50% 감면(특수채무자 60%, 70%)
* 재산 있는 경우는 재산 회수가 반영</td><td>• (개인워크아웃) 이자 전액 감면, 상각채권 50%·매입채권 30% 원금 감면(특수채무자 60~70%)
* 담보채권은 연체이자만 감면
• (프리워크아웃) 원금 및 이자 감면 無 신청 전에 발생한 연체이자만 감면</td></tr>
<tr><td colspan="2">상환 기간</td><td>• 최장 10년간 분할상환</td><td>• 무담보 채무 최장 10년, 담보채무 3년 이내 거치 후 20년 이내 분할상환</td></tr>
<tr><td rowspan="2">지원</td><td>기간</td><td>'13.4월 ~ '14.4월말</td><td>'02년 ~ '14.4월말</td></tr>
<tr><td>실적</td><td>26.1만 명</td><td>119만 명
(개인워크아웃) 112만 명, (프리워크아웃) 6.8만 명</td></tr>
</table>

※ 법원 개인회생 신청건수 61.5만 건('04년~), 개인파산 85.6만 건('02년~)

그림 10-1 맞춤형 채무조정을 위한 공적 채무조정 연계 모습(예시)

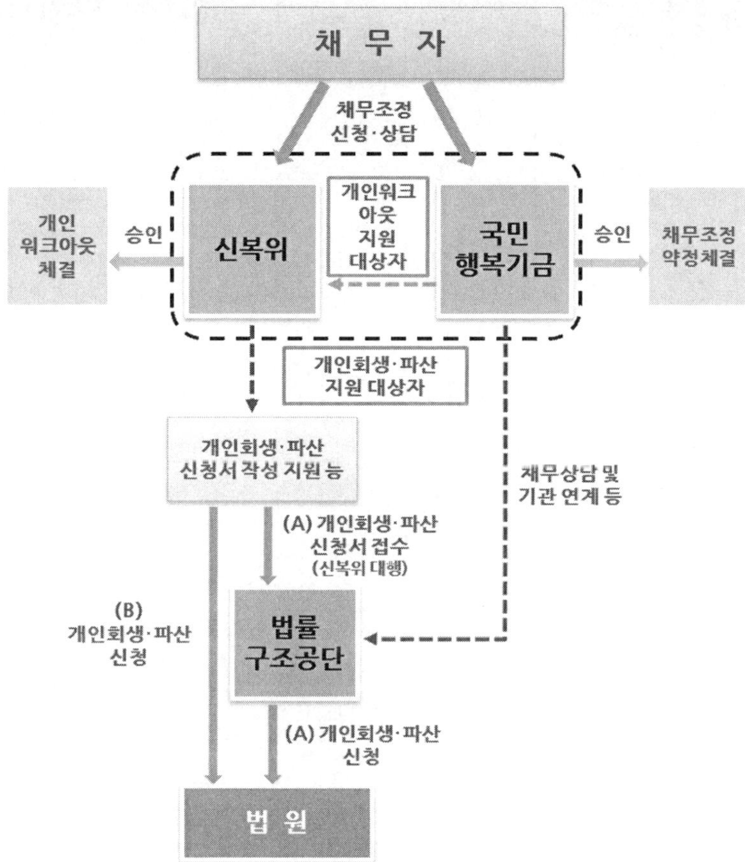

출처: 신용회복위원회(2014). 맞춤형 채무조정을 위한 공적 채무조정 연계지원 확대·강화. 8.19일자 보도자료

표 10-4 2013년 신용회복지원 주요 실적 (단위 : 명, 백만 원, %)

구 분		2012년	2013년	증감	증감률	누 계
채무상담	전화	290,515	335,652	45,135	15.5	2,919,583
	방문	153,108	189,110	36,022	23.5	1,898,670
	인터넷	32,856	27,580	△5,276	△16.1	282,334
	계	476,479	552,342	75,863	15.9	5,100,542
채무조정	개인 워크아웃	71,795	77,481	5,686	7.9	1,169,487
	프리 워크아웃	18,331	19,658	1,327	7.2	68,199
	계	90,126	97,139	7,013	7.8	1,237,686
신용교육	확정자	80,368	85,400	5,032	6.3	1,121,266
	중고생	67,835	63,175	△4,660	△6.9	724,939
	일반인	63,898	90,518	26,620	41.7	449,159
	군복무자	216,802	154,140	△62,662	△28.9	1,519,535
소액금융	건수	20,710	19,562	△1,148	△5.5	92,702
	금액	67,465	64,646	△2,189	△4.2	290,506
청년 대학생 전환대출 보증	건수	2,924	2,168	△756	△25.9	5,092
	금액	19,816	14,509	△5,307	△26.8	34,325
취업지원	구직등록	16,377	14,780	△1,597	△9.8	153,289
	취업확정	3,881	3,040	△841	△21.7	28,459

출처: 신용회복위원회(2014), 2013년 신용회복지원 실적, 보도자료

2. 저소득층 자활을 위한 소액대출제도

소액대출제도(마이크로 크레디트)란 저소득층이 생계를 위해 소규모의 사업을 시작할 수 있도록 적은 액수의 창업자금을 무담보로 대출하는 제도라고 정의하거나(노대명 외, 2003) 제도권 금융기관에서 소외된 저소득계층이 자영업 등을 영위하고자 할 때 이를 지원해 주는 소액대출제도(보건복지가족부, 2008)라고 정의하고 있다. 그 외에 임원희(2006)는 빈곤층에

게 생계형 창업을 통한 자활을 할 수 있도록 작은 창업기금을 보증인이나 담보물 대신 신용을 담보로 하여 소액 자금을 대출하는 제도라고 정의하고 있으며 이혜경 외(2005)는 빈곤층을 대상으로 소액의 대출과 부수적인 지원을 제공하여 빈민들이 빈곤에서 벗어날 수 있도록 지원하는 일체의 활동으로 정의하고 있다.

Microcredit Summit 자료에 따르면 2005년 말 현재 전 세계 소액금융기관의 수는 3,133개에 이르며 그 기관을 이용한 소액대출이용자는 1억1천3백만3천2십6만여 명에 이르는 것으로 나타났다. 또 이들 가운데 8천1백9십여만 명이 극빈층인 것으로 나타나 1가구당 5명으로 가정했을 때, 약 410여만 명의 가족원들에게 혜택이 이루어 진 것이다(Microcredit Summit, 2006). 개발도상국에서의 소액대출 이용자 규모는 2005년 말 약 1억9백8십여만 명이었으며 선진국에서의 소액대출 이용자 규모는 2005년 말 약 4백4십여만 명이었다. 개발도상국가의 소액대출 이용자 가운데 극빈층은 8천1백8십여만 명으로 이용자 전체의 74.5%였는데 반해 선진국에서 소액대출 이용자 가운데 극빈층은 2.5%에 불과하였다. 또 개발도상국가의 소액대출 이용자 가운데 극빈여성 이용자는 62.8%였다면 선진국에서 소액대출 이용자 가운데 극빈 여성 이용자는 1.5%에 불과하였다.

국내에는 공적인 소액대출제도와 사적인 소액대출제도가 있다. 공적인 소액대출제도는 미소금융, 중소기업청, 신용회복기금을 운용하는 한국자산관리공사, 신용보증재단 등에서 제공되는 창업지원, 생계대출, 신용보증지원서비스를 포함한다. 사적 소액대출제도는 각 금융기관의 소액대출서비스와 사회연대은행, 신나는 조합 등 시민단체의 소액대출서비스를 포함한다.

① 공적 소액대출제도

우리나라에서 저소득층을 위한 공적인 소액대출제도는 근로자 생계대출, 창업 및 운영자금대출로 구분될 수 있다. 근로자 생계대출은 생계곤란한 자를 대상으로 최대 500만 원 정도 대출을 해주는 제도이다. 중소기업청 근로자생계 신용보증 대출은 신용도 6-9등급 근로자를 대상으로 최대 50만원까지 최장 5년 대출을 해주며 금리 연 8.4~8.9 정도이다. 또 복지부도 근로자 생계보증 대출을 위와 같은 조건으로 시행하고 있다.

공적인 창업 및 운영자금대출제도는 2008년 공식적으로 출범한 미소금융이 대표적이다. 미소금융은 제도권 금융회사 이용이 곤란한 금융소외계층을 대상으로 창업·운영자금 등 자활자금을 무담보·무보증으로 지원하는 소액대출사업(Micro-Credit)로서 이외에도 첫째, 창업 시 사업타당성 분석 및 경영컨설팅 지원, 둘째, 채무불이행자에 대한 부채상담 및 채무조정 연계지원, 셋째, 취업정보 연계제공 등을 지원하고 있다. 미소금융은 '휴면예금관리재단의 설립 등에 관한 법률' 의거하여 소액서민금융재단(휴면예금관리재단)이 운영 중에 있으며 개인신용등급 7등급이하로 저소득, 저신용계층에 해당하는 사람들이 지원대상이다. 2009년 12월 31일 현재 전국 15개 미소금융 지역법인이 개소하여 가장 규모가 큰 소액대출 기관이 되었다.

② 사적 소액대출제도

사적 소액대출제도는 시민단체가 제공하는 것과 금융기관 개별적으로 소액대출서비스를 제공하는 것으로 구분된다. 시민단체가 제공하는 소액대출제도로 우리나라의 경우 그라민 은행의 한국지부인'신나는 조합'과 사회연대은행이 있다. (사)부스러기사랑나눔회[1]는 1999년부터 한국 씨티은행의 지원과 방글라데시 그라민 트라스트(그라민 뱅크)의 대출금으로 마이크로 크레디트 '신나는 조합'을 운영하고 있다. 대출 자격의 구체적인 조건은 다음 표와 같다. 농촌거주자의 경우 재산규모가 1,000만 원 이하이거나 3,000평 이하 농지를 보유하는 사람이며, 도시거주자의 경우 자산규모가 3,000만 원 이하인 사람이다. 월수입면에서는 농촌이나 도시 모두 4인 가족 기준에서 150만원이하이여야 한다. 신나는 조합은 보건복지부기금과 민간기금 두 가지를 운영하고 있는데 보건복지부기금은 자활후견기관 소속 자활공동체를 대상으로 하고 있으며 민간기금은 부부나 형제 등 가족을 제외한 3인~5인으로 구성된 공동체이다.

대출내용을 보면 대출금리가 2~4%로 매우 낮고 대출한도가 보건복지부기금은 1억, 민간기금은 총 6천만 원 한도로 비교적 높은 수준이다. 대출상환방식도 월상환 또는 주상환 방식을 채택하고 있으며 상환만기일도 보건복지부기금은 4년, 민간기금은 50주에서 200주까지 다양하다. 대출업종은 사치 향략업종을 제외한 모든 업종으로 비교적 선택의 폭이 넓은 편이다. 신나는 조합의 대출자는 주로 농어촌지역 자활공동체이다. 대출자들의 특성을 보면 서울 이외의 거주지역에 전국적으로 골고루 분포되어 있으며 종사하는 업종 역시 농산물 생산 및 가공업이었다. 2014년도 현재의 서민금융상품 지원 현황은 다음 표와 같다.

---

1) 한국의 그라민은행은 이름을 '신나는 조합(joyful union)'으로 정하고 법적인 근거를 가지고 자활대출 사업을 수행하기 위해 2000년 3월 11일 보건복지부 복지지원과로부터 사단법인 예은사랑나눔회 설립 허가를 받게 되었다. 현재 (사)예은사랑나눔회는 2001년 11월 17일자로 (사)부스러기사랑나눔회로 명칭이 변경되어 자활사업부 사업으로 신나는조합을 진행하고 있다.

표 10-5 서민금융상품 지원 현황

구 분		① 미소금융('14.4)	② 햇살론('14.4)	③ 새희망홀씨('14.4)	④ 바꿔드림론('14.4)
대출 대상		7~10등급·기초수급자, 차상위계층	6~10등급(4천만 원 이하)·연소득 3천만 원이하	6~10등급(4천만 원 이하)·연소득 3천만 원이하	6~10등급(4천만 원 이하)·연소득 3천만 원이하
이자율		연 2~4.5%	연 12% 이하 (보증료 1% 포함)	연 12% 이하	연 12% 이하 (은행이자 5.5% +보증료) ※ 11.12부터 0.5% 인하
취급 기관		미소금융재단	서민금융회사 (지역신보 보증)	은행	은행 (국민행복기금 보증)
대출 한도		운영자금: 2천만 원 창업자금: 7천만 원 무등록사업자 : 5백만 원	긴급생계: 1천만 원 운영자금: 2천만 원 창업자금: 5천만 원 대환자금: 3천만 원	2천만 원	3천만 원(전환한도) ※ 13. 9월말까지 한 시적으로 4천만 원까지 확대
대출 실적 누계	기간	'08.7월~'14.4.30	'10.7.26~'14.4.30	'10.11.8~'14.4.30	'08.12.18~'14.4.30
	금액	12,184억 원	50,169억 원	61,228억 원	21,798억 원
	건수	131,348건	561,381건	652,113건	205,697건

출처: 금융위원회, 2014, 서민금융 지원체계 개편방안, 7.16 보도자료

3. 서민금융 총괄기구(가칭 "서민금융진흥원") 설립[2)]

정부는 현행 서민금융 지원 관련 법률인 「휴면예금관리재단설립법」을 전부 개정하여 다양한 서민금융 지원 관련 내용을 포괄적 규정하여 법률명을 「휴면예금관리재단의 설립 및 서민의 금융생활지원 등에 관한 법률」로 개정을 하려고 하고 있다. 휴면예금관리재단, 신복위, 국민행복기금을 통합하고, 햇살론 개인보증 기능을 분리·이관한다.

2) 금융위원회(2014), 서민금융 지원체계 개편방안, 2014.7.12 보도자료 참조.

	현 행	전부개정안
법명	휴면예금관리재단의 설립 등에 관한 법률	휴면예금관리재단의 설립 및 서민의 금융생활 지원 등에 관한 법률
주요 내용	① 휴면예금관리재단 관련 * 휴면예금 출연, 원권리자 보호 등 <신설> <신설> <신설>	① 좌동 ② 서민금융총괄기구 관련 조항 * 총괄기구 업무, 조직 등 ③ 개인 신용보증 관련 업무, 재원 등 ④ 신용회복위원회 관련 조항 * 신용회복위원회 위원 구성, 업무 등

서민금융총괄기구의 법상 기관명은 서민의 금융생활 전반을 지원하는 취지에서 「서민금융진흥원」으로 명칭으로 추진하고 총괄기구로 통합하는 대상기관들의 기관 법적성격*이 다양한 민간기관인 점을 감안하여, 서민금융 유관기관(휴면예금관리재단, 캠코 등), 민간 금융회사(은행 등) 등이 출자하는 '법상 특수법인(민간기구)'으로 설립하게 된다. 서민금융총괄기구 내 중요사항 결정 등을 위해 서민금융 운영위원회*를 설치하며 이에는 총괄기구 기관장, 서민금융·일자리·소비자보호 민간전문가, 관련부처 등 참석하게 된다. 법상 휴면예금관리재단, 신복위는 의결기구로 존치시키되, 모든 업무를 서민금융총괄기구가 통합 담당한다. 유기적 업무수행 등을 위해 총괄기구 長이 휴면예금관리재단 이사장, 신복위 위원장을 법상 겸임한다. 종합적인 서민금융 지원체계 구축을 위해 실제 업무(기능)를 담당하는 업무조직은 원칙적으로 모두 통합한다. 휴면예금관리재단(대출, 휴면예금 원권리자 보호), 신복위(채무조정) 사무 및 행복기금 사무국 업무도 총괄기구 사무조직이 담당한다. 총괄기구의 자본금은 ① 휴면예금관리재단, ② 캠코, ③ 은행 등 금융권이 분담출자하여 약 5천억 원~1조원 수준의 자본금 조성한다.

그림 10-2 서민금융 총괄기구 조직도(안)

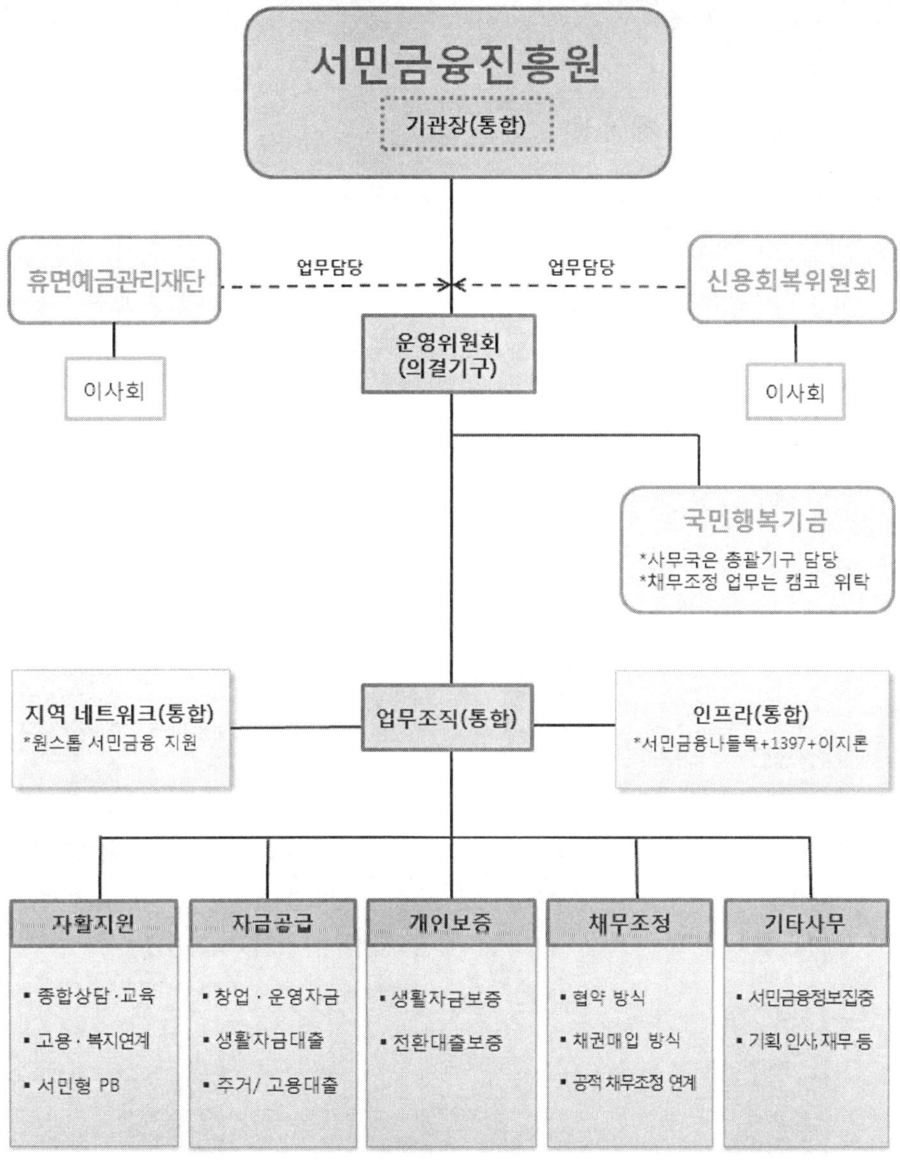

출처: 금융위원회, 2014, 서민금융 지원체계 개편방안, 7.16 보도자료

제 2 절 장애인 금융거래[3)]

1. 장애인 금융거래의 취약성

낮은 금융기관 접근성, 금융 교육 부족 등으로 장애인의 금융상품 이용 실적은 일반인에 비해 저조하다. 하지만 금융권에서도 장애인의 금융 접근성을 제고하기 위한 편의수단 구축 및 보급도 충분하지 않은 상황이다. 장애인 및 가족의 소득 및 건강 보장을 위해 이용할 수 있는 금융 상품(장애인 신탁, 노인장기요양인 연금보험, 사망보험 등)의 가입 조건 등이 경직되어 있는 등 금융상품 이용상 제약이 있다.

그림 10-3 장애인 금융거래 현황

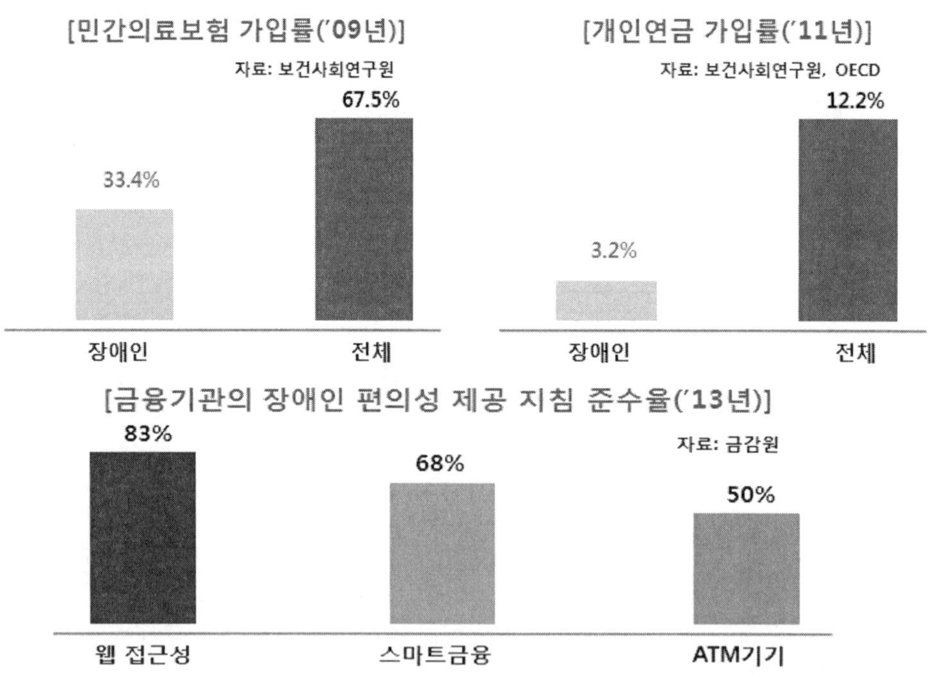

3) 금융위원회(2014), 장애인 전용 연금보험 출시 등 장애인 금융애로 해소 추진, 2014.5.22 보도자료.금융감독원(2014),취약계층을 위한 금융상품 및 불합리한 금융거래관행 개선, 204.3.4 보도자료 참조

「장애인차별금지법」시행 이후에도 금융기관의 장애인에 대한 상품 가입 거절 등의 사례가 발생한다는 지적이 있다. 2011년 보건사회연구원 장애인실태조사에 따르면 18세 이상 장애인 중 보험 계약시 가입 거절 경험이 있다고 대답한 비중이 53.7%나 된다. 의사능력이 있는 지적 장애인 등의 경우에도 생명보험 가입이 제한[4]되어 있어 자녀 등을 위한 소득보장 수단 제약하고 있다. 장애인 차별 금지법[5] 시행 이후에도 지적 장애인의 운전자보험, 우체국보험 등 부당한 가입 거절 사례가 여전히 발생하고 있다. 의사능력이 있는 장애인의 경우 직접 가입 또는 직장 단체보험 가입 시 생명보험 가입이 가능하도록 약관 개정하였다. 장애인 보험계약과 관련한 보험사별 내부지침(계약인수기준)을 마련하는 등 합리적인 보험 가입 절차 수립하여 장애인에 대한 보험가입 거절시 보험회사가 인수기준에 근거한 거절 사유를 명확히 제시하도록 제도 개선되었다. 보험가입 거절시 서면, 유선, 설계사 등을 통해 거절사유 및 재심사 절차 등을 안내하여 민원발생 가능성을 예방하고 있다. 장애인 단체 등과 보험협회가 협조하여 장애인의 보험가입 유의사항 등을 지속적으로 홍보할 필요성이 있다.

노인장기요양인 연금보험 가입자에 대해서는 치매, 파킨슨병 등 발생 시 생존연금 외 장기간병연금을 추가로 지급하고 있으나, 노인장기요양인 기준(복지부)에 해당하는 경우에도 장기간병연금을 지급받지 못하는 등 보장대상이 제한적이고 보험사는 복지부의 노인장기요양상태에 대한 판정기준과 상이한 지급기준을 적용하고 있어 문제점이 지적되어 왔다. 또 치매 가족력이 있거나 장애인인 경우에는 보험가입이 거절되는 사례가 발생하는 등 가입대상이 제약되어 왔다. 복지부의 노인장기요양 기준과 연계하여 노인장기요양상태의 판정기준*에 따라 장기간병연금 지급 추진하여 타인의 도움이 필요한 1~2급에 대해서 연금을 지급하고, 부뷰적으로 타인의 도움이 필요한 3급에 대해서는 연금 일부 지급하게 되었다. 단순히 가족력만으로 가입 거절을 금지하는 등 인수기준 완화 유도하여 연금개시시기를 다양화하고, 보장 범위를 확대하는 등 가입자들의 니즈를 반영하여 혜택을 증진하도록 상품 설계를 하게 하였고 연금지급 개시 이전이라도 장기요양인 판정을 받으면 연금 지급하도록 개선되었다.

1998년 직접 재산관리가 어려운 장애인 자녀의 안정적인 생활자금 마련을 위해 장애인특별부양신탁제도를 도입하였으나 장애인특별부양신탁 취급규모는 2012년 5월 기준 14건,

---

4) 15세 미만자, 심신상실자 또는 심신박약자의 사망을 보험사고로한 보험계약은 무효로 한다(보험범죄로부터 보호 취지)(상법 §732)→(개정) 다만 심신박약자가 보험계약을 체결하거나 제735조의3에 따른 단체보험의 피보험자가 될 때에 의사능력이 있는 경우에는 그러하지 아니하다(15.3월시행)

5) 금융상품 및 서비스의 제공자는 보험가입 등 각종 금융상품과 서비스의 제공에 있어서 정당한 사유없이 장애인을 제한, 배제, 분리, 거부해서는 안됨(장애인차별금지법§17)

62.5억 원에 불과하다. 세제지원 요건 제약, 자산운용상의 어려움 등으로 인하여 제도 활성화 미흡하다는 지적이 많았다.[6] 장애인부양신탁의 활용도를 높이기 위해 기재부와 협의하여 증여세 면제 적용요건을 완화하는 방안으로 신탁원금 인출 제한을 완화하고, 타인이 장애인을 수익자로 신탁을 설정한 경우(타익신탁)도 증여세 면제 대상에 포함하도록 추진하고 있다. 또 보건복지부에 등록된 장애인 등만 가입이 허용되어 있으므로 일정요건을 만족하는 미등록 장애인도 가입할 수 있도록 추진하고 있다. 자산운용 합리화를 위해 중장기적으로 제도 특수성을 고려해 신탁방법을 다양화하는 등 수익률 확대방안 모색하고 있다.

[참고] 장애인 특별부양신탁 개요

- 수혜대상: 장애인 복지법에 의한 장애인 등(미등록 장애인 제외)
- 취급대상 자산: 금전, 유가증권, 부동산
- 취급기관/수익자: 자본시장법상 신탁업자/장애인 본인
- 신탁기간: 장애인 사망 시
- 세제혜택: 5억원까지 증여세 면제
- 중도해지: 증여로 간주 증여세 추징(신탁 해지, 수익자 변경 등)

민간 보장성보험 가입 시 100만원까지 세액공제가 가능하며, 장애인이 전용보험(사망 및 암보장 중심)에 가입할 경우 100만원까지 추가세액공제가 가능하다. 장애인 전용보험은 보장내용이 다양하지 못하여 가입률이 저조하고 수익성이 낮아 보험사의 판매 유인이 약화되었다. 2012년 장애인 등록자 210만 명 중 장애인 전용보험 누적 가입자는 8,000명에 불과하며 장애인 보장성보험을 판매하는 보험사는 생명보험 3개사, 자동차보험 1개사, 손해보험 장기보험은 판매사는 없었다. 장애인이 다양한 위험에 대비하기 위하여 보험을 가입하는 경우 보험료 부담을 완화할 수 있는 제도적인 지원 방안 마련한다. 장애인을 피보험자 등으로 하여 일반 보장성 보험에 가입한 경우 보험료 세액공제 한도를 200만원으로 상향하였다.

6) 세제지원이 5억원 한도에서 증여세 면제, 원금인출 금지, 증여자 범위 한정(친족) 등으로 제약이 있었고 자산운용 한도 제한(5억원 미만)으로 인해 수익성, 유동성 등을 만족하는 분산투자가 용이하지 않음

〈장애인 보험가입 유형에 따른 세액공제 대상 금액 차이(예시)〉

구 분	A	B
일반보장성보험 납입액	100만원	200만원
장애인전용보장성보험 납입액	100만원	–
세액공제 대상금액	**200만원**	**100만원**

구 분	A	B
일반보장성보험 납입액	100만원	200만원
장애인전용보장성보험 납입액	100만원	–
세액공제 대상금액	**200만원**	**200만원**

장애인 차별 금지법 시행을 계기로, 금감원을 통해 장애인 등 금융서비스 취약계층의 전자금융 이용 현황을 점검중이다. 주로 점검내용은 웹 콘텐츠 접근성 지침, 모바일 어플리케이션 접근성 지침, 금융자동화기기 접근성 지침 등 기준을 마련하여 금융회사별 준수율 현황 점검이 해당된다. 조사 결과 장애인의 경우 인터넷 뱅킹(83%)이나 모바일 뱅킹(68%)에 대한 접근성은 어느 정도 준수되고 있으나 자동화기기(ATM) 접근성은 미흡(50%)한 수준이었다. 시각장애인을 위한 이어폰 소켓 제공, 휠체어 접근이 용이한 환경 제공, 거래후 통장, 카드 등을 분실하지 않도록 경고음 제공 등이 미흡한 예이다. 금융회사별로 장애인 접근성 강화 목표를 설정·달성하도록 유도하기 70%('16년 말)에 이르도록 하고 있다.

장애인에게 금융서비스를 제공할 수 있는 전문인력 및 금융기관 직원들에 대한 장애인에 대한 인식이 부족하다. 은행연합회 조사결과, 조사대상 17개 은행 중 장애인에 대한 별도서비스 절차를 갖춘 곳은 6개 은행이며, 수화통역서비스를 제공하는 은행은 2곳, 장애인서비스 관련 직원 교육을 실시하는 은행은 5곳에 불과했다. 따라서 금융거래 서비스, 금융상품 안내 책자 등이 일반인 위주로 제공되고 있어 장애인들이 이용이 불편하며 특히, 전자금융서비스 중 계좌이체 인증방법 및 상담원 연결 등에 있어 청각장애인의 이용이 어렵다는 의견이 제기되고 있다. 접근이 용이한 지점위주로 거점 점포를 지정하여 수화 통역사 및 장애인 상담원을 배치하고 장애인들이 거점 점포를 쉽게 파악할 수 있도록 금융기관, 장애인 단체 등을 통해 위치 홍보하는 방안이 제시되고 있다. 금융회사 신입사원 연수 등 연수 과정에 장애인에 대한 상담 예절 등 교육 프로그램을 개설하고, 장애인에 대한 인식 개선을 위해 지속적으로 장애체험 프로그램, 장애인식 개선 캠페인 등 활동을 하도록 유도하고 있다. 청각장애인도 쉽게 전자금융서비스를 이용할 수 있도록 계좌이체 인증방법 및 상담원 연결 서비스 개선한다. 시각장애인들이 손쉽게 금융상품 정보를 접할 수 있도록 점자홍보물 및 텍스트 파일자료 등 제공되도록 해야 할 것이다.

2. 장애인 보험 가입 기준 및 절차

첫째, 장애인은 비장애인과 마찬가지로 통상적인 보험상품에 가입할 수 있으며, 보험회사는 장애인이라는 이유만으로 보험가입을 차별(가입거절, 보험금 감액 등)할 수 없다. 2008년 4월 11일부터 시행된 「장애인 차별금지 및 권리구제 등에 관한 법률」 제17조에 의하면 "보험가입 등에 있어서 정당한 사유 없이 장애인을 제한·거부하여서는 아니 된다"라고 규정하고 있다. 보험회사의 일선 영업지점에서 장애인에 대한 선입견으로 "보험가입이 어렵다"라고 안내하는 것은 잘못이며, 반드시 본사 심사부서의 선임 심사자*가 비장애인과 동일하게 가입당시의 건강상태 등을 고려하여 보험가입 가능 여부 및 인수조건을 결정하여야 한다. 다만, 상법(§732)상 심신상실 또는 심신박약자는 사망보험에 가입할 수 없다. 본인의 가입동의 여부에 관계없이 보험계약이 무효된다. 심신상실·박약자는 의사능력이 불완전하여 자신의 생명을 담보로 하는 계약에 진의에 의한 동의를 하기 어려우며, 수익자 등이 피보험자의 생명을 해할 우려가 있어 법률로써 이를 무효화한다.

〈장애인 전용 연금보험 주요내용〉

1 (가입 대상) 복지부에 등록된 251만 장애인 누구나 가입 가능
- 장애인 생존시 연금 보장, 보호자 사망시 생활자금 보장(특약)

2 (높아진 연금 수준) 장애인 사망률을 사용하고, 낮은 사업비 부과하여 동일한 보험료의 일반연금에 비해 최소 10%이상 높은 수준의 연금액 지급

* 연금월액 비교예시(기준 : 20세 가입, 10년 월납, 매월 50만원씩 납입, 종신 지급, 공시이율 4%, 단위 : 만원)

연금개시연령	일반 연금보험(A)	장애인 전용 연금보험(B)	비율(B/A)
65세(남)	115	146	126%
45세(남)	43	52	120%
30세(남)	22*	26	118%

* 실제로는 30세 수급 개시가 불가능하나, 30세에 개시할 것으로 가정하여 금액 산정

3 (연금수급 개시연령 다양화) 부모님의 은퇴 등으로 부양능력이 약해질 수 있는 위험을 감안하여 수급개시 연령을 낮게 설정
- 일반연금의 수급개시 연령이 45세 이상인데 비해 장애인 전용 연금보험은 수급개시 연령을 20세, 30세, 40세 등으로 낮추고 보험료 납입기간, 지급 기간도 다양화

4 (후취형 사업비) 후취형* 사업비 체계로 운영토록 하여 중도 해약하는 경우에도 해약 환급금이 높아지도록 설계

* 적립금에서 사업비를 계약유지기간 동안 차감, 초기 해약시 환급금이 선취형 보다 많음

5 (다양한 혜택) 보험상품 운용에 따른 이익을 장애인에게 환원해 주는 구조
- 10년 이상 유지시 이자소득세(15.4%)에 대한 비과세 혜택 제공

6 (가입방법) KDB생명은 설계사를 통해, NH농협생명은 농·축협 단위조합 및 농협은행지점을 통해 가입
- (KDB생명) 가까운 지점*에 가입을 요청하면 설계사가 방문하여 상담·가입
  * 콜센터(1588-4040 → 4 → 5 → 주민번호) 또는 보험사 홈페이지(http://www.kdblife.co.kr/customer/cust_store.asp → 지점 검색)를 통해 지점 위치 및 전화번호 확인
- (NH농협생명) 가까운 농·축협 단위조합*에 직접 방문하여 상담·가입
  * 콜센터(1544-4000 → 1 → 주민번호+#) 또는 보험사 홈페이지(http://www.nhlife.co.kr/ho/cc/HOCC0034P00.nhl → 농·축협 선택 → 검색)를 통해 지점 위치 및 전화번호 확인

** 8월부터 농협은행지점에서도 가입 가능 예정

출처: 금융위원회(2014) 장애인 전용 연금보험 보도자료

부 록

[부록 1]

2013 표준투자권유준칙

— 참고자료 —

금융투자협회
Korea Financial Investment Association

※ 이 표준투자권유준칙은 「자본시장과 금융투자업에 관한 법률」 제50조에 따라 개별 회사가 회사의 투자권유준칙을 제정·운영함에 있어 참고할 수 있도록 하기 위하여 마련한 자료입니다. 각 회사는 이 표준투자권유준칙을 참고하여 회사의 특성에 맞도록 변경 또는 수정하여 사용하시기 바랍니다.

※ 이 표준투자권유준칙은 '일반투자자(단, 일임·신탁계약의 경우에는 전문투자자도 포함)가 판매사의 영업점 방문을 통해 투자하는 경우'를 전제로 하고 있습니다. 따라서 온라인·전화판매 또는 전문투자자를 대상으로 하는 판매 등에 대해서는 달리 적용할 수 있습니다.

참고 1

(일반투자자) 투자자정보 확인서 (예시1)

〈예시1 안내사항〉

▶ 회사는 다음에 예시된 투자자정보 확인 항목들을 참고(가감)하여 회사의 특성에 맞는 [투자자정보 확인서]를 자율적으로 작성하시기 바랍니다. 단, 법 제46조 제2항에 명시된 바와 같이 일반투자자의 **투자목적, 재산상황 및 투자경험 등의 정보는 필히 파악**하여야 합니다.

- 주어진 예시는 참고사항일 뿐이며, 동일하게 구성할 필요는 없습니다.
- CMA, MMF, RP, 국채 등 회사가 위험이 매우 낮다고 판단하는 금융투자상품의 경우 투자자보호에 문제가 없는 범위 내에서 [투자자정보 확인서]를 별도로 정할 수 있습니다.
- 일임·신탁 등 계약의 권유는 계약의 특성에 맞는 [투자자정보 확인서]를 별도로 정할 수 있습니다.

▶ **투자자정보 유효기간 사용 여부는 회사에서 자율적으로 정하실 수 있습니다.**

※ 점선 박스안의 내용은 회사가 참고하여야 할 사항으로 투자자에게 제공하는 양식에는 제외하시기 바랍니다. (이하 동일함)

□ 본 확인서는 「자본시장과 금융투자업에 관한 법률」에 따라 고객의 투자자정보를 파악하여, 그에 적합한 투자권유를 해드리기 위한 기초 자료로 활용됩니다. 고객의 상황에 부합하거나 가장 가까운 항목을 정확히 선택하여 주시기 바랍니다.

□ 본 확인서는 「자본시장과 금융투자업에 관한 법률」 제46조의2제①항에 따라 고객이 파생상품등을 거래하고자 하는 경우에는 반드시 작성하여야 합니다.

투자자정보 항목 (예시)

대분류	질문 예시	비 고
재산상황	**월소득 대비 투자가능 자산의 비중** □ O% 이하 □ O% 이하 □ O% 이하 □ O% 초과	적립식 투자시 고려할 항목
	여유자금 보유여부 □ O개월분 미만 □ O개월분~O개월분 □ O개월분~O개월분 □ O개월분~O개월분 □ O개월분 초과	예기치 못한 상황에 대비하기 위해 미래의 가계지출에 해당하는 여유자금 확인
	월소득 현황 □ O만원 이하 □ O만원 이하 □ O만원 이하 □ O만원 이하 □ O만원 초과	

<table>
<tr><td rowspan="4"></td><td>향후 자신의 경제상황에 대한 예상
ㅁ 아주 좋아질 것임 ㅁ 좋아질 것임
ㅁ 지금과 비슷할 것임
ㅁ 나빠질 것임 ㅁ 매우 나빠질 것임</td><td rowspan="2">향후 투자예정기간 동안의 경제상황 또는 수입원</td></tr>
<tr><td>향후 자신의 수입원에 대한 예상
ㅁ 현재 일정한 수입이 발생하고 있으며, 향후 현재 수준을 유지하거나 증가할 것으로 예상
ㅁ 현재 일정한 수입이 발생하고 있으나, 향후 감소하거나 불안정할 것으로 예상
ㅁ 현재 일정한 수입이 없으며, 연금이 주 수입원임</td></tr>
<tr><td>총 자산규모(순자산)
ㅁ O억 이하 ㅁ O억 이하 ㅁ O억 이하
ㅁ O억 이하 ㅁ O억 초과</td><td></td></tr>
<tr><td>총 금융자산대비 총 투자상품의 비중
ㅁ O%이하 ㅁ O%이하 ㅁO%이하
ㅁ O%이하 ㅁ O%초과</td><td>투자에 대한 일반적인 성향을 파악하는 항목</td></tr>
<tr><td rowspan="2">투자경험</td><td>투자경험이 있는 금융투자상품
(복수선택가능)
ㅁ 주식 ㅁ ELW ㅁ 신용거래 ㅁ 외화증권
ㅁ 선물옵션 ㅁ 채권
ㅁ 주식형펀드 ㅁ 채권/혼합형펀드
ㅁ 해외펀드 ㅁ 투자자문·일임 ㅁ 신탁
ㅁ 기타 [   ]</td><td rowspan="2">투자경험이 있는 경우 해당 상품에 대한 이해도가 있다고 판단하여 일정부분 설명의무 간소화 가능</td></tr>
<tr><td>투자경험이 있는 금융투자상품
(복수선택가능)
ㅁ 국채, 지방채, 보증채, MMF 등
ㅁ 금융채, 신용도가 높은 회사채, 채권형펀드, 원금보장형 ELS 등
ㅁ 신용도 중간 등급의 회사채, 원금의 일부만 보장되는 ELS, 혼합형 펀드 등
ㅁ 신용도가 낮은 회사채, 주식, 원금이 보장되지 않는 ELS, 시장수익률 수준의 수익을 추구하는 주식형펀드 등
ㅁ ELW, 선물옵션, 시장수익률 이상의 수익을 추구하는 주식형펀드, 파생상품펀드, 주식 신용거래 등</td></tr>
</table>

	금융투자상품 투자경험기간 ㅁ 전혀 없음 ㅁ O년 미만 ㅁ O년 미만 ㅁ O년 미만 ㅁ O년 이상	
	파생상품, 원금비보장형 파생결합증권 또는 파생상품 펀드에 투자한 경험 ㅁ 투자기간 (년 월)	*회사참고사항 2-1 "파생상품등"의 정의 참조
투자목적	ㅁ 적극적 매매를 통한 수익을 원하며 원금을 초과하는 손실위험도 감내 가능 ㅁ 적극적 매매를 통한 수익 실현 목적 ㅁ 시장(예: 주가지수) 가격 변동 추이와 비슷한 수준의 수익 실현 ㅁ 채권이자·주식배당 정도의 수익 실현 목적 ㅁ 기존 보유자산에 대한 위험 헤지 목적 ※ 기대수익이 높을수록 손실위험도 커짐	노후자금, 주택마련, 자녀교육, 사업자금, 여유자금 등 투자자금의 성격으로 구분할 수도 있음
	투자수익·위험에 대한 태도 ㅁ 투자 수익을 고려하나 원금 보존이 더 중요 ㅁ 원금 보존을 고려하나 투자 수익이 더 중요 ㅁ 손실 위험이 있더라도 투자 수익이 중요	수익기준으로 질문할 경우 대부분 높은 수준으로, 손실기준으로 질문할 경우 대부분 낮은 수준으로 답하는 맹점을 보완하고자 하는 항목
	투자수익·위험에 대한 태도 ㅁ ±O% 범위 ㅁ ±O% 범위 ㅁ ±O% 범위 ㅁ ±O% 범위 ㅁ ±O% 범위 초과	수익률 변동성 기준으로 파악
금융지식 수준/이해도	ㅁ 금융투자상품에 투자해 본 경험이 없음 ㅁ 널리 알려진 금융투자상품 (주식, 채권 및 펀드 등)의 구조 및 위험을 일정 부분 이해하고 있음 ㅁ 널리 알려진 금융투자상품 (주식, 채권 및 펀드 등)의 구조 및 위험을 깊이 있게 이해하고 있음 ㅁ 파생상품을 포함한 대부분의 금융투자상품의 구조 및 위험을 이해하고 있음	
감내할 수 있는 손실 수준	ㅁ 무슨 일이 있어도 투자 원금은 보전되어야 함 ㅁ 투자원금에서 최소한의 손실만을 감수할 수 있음 ㅁ 투자원금 중 일부의 손실을 감수할 수 있음 ㅁ 기대수익이 높다면 위험이 높아도 상관하지 않음	
	손실감내 수준 ㅁ 원금기준 ±O% 범위 ㅁ 원금기준 ±O% 범위	

	□ 원금기준 ±O% 범위 □ 원금기준 ±O% 범위	
투자하는 자금의 투자 예정기간	□ O개월 미만 □ O개월 이상 ~ O년 미만 □ O년 이상 ~ O년 미만 □ O년 이상 ~ O년 미만 □ O년 이상	현재 투자 자산에 대한 투자 예정기간
가족관계	□ 부양가족 있음 □ 부양가족 없음	
과세형태	□ 종합과세대상 □ 일반과세대상	
연령	□ O세 이하 □ O세~O세 □ O세~O세 □ O세~O세 □ O세 이상	주민등록번호로 자동 확인할 수도 있음
취약투자자 여부	**취약투자자 해당 여부** Yes □ No □ – 65세 이상 투자자 – 미성년자 – 정상적 판단에 장애가 있는 투자자 – 금융투자상품 무경험자 – 문맹자 등	취약투자자에 대해서 투자자 보호 조치를 강화하기 위한 목적으로 정보 파악 *취약투자자 해당 여부는 임직원등이 판단하여 기입함

〈투자자성향 분류 참고사항〉

▶ 회사는 회사가 자체적으로 마련한 적합성 판단 기준을 감안하여 투자자성향 분류 기준을 정할 수 있습니다. 예를 들어 투자자성향을 점수화 방식으로 판단하고자 할 경우 투자자정보의 항목별 배점기준 및 배점결과에 따른 투자자성향 분류 기준을 별도로 마련할 수 있습니다.

▶ 회사가 투자자성향을 일정한 유형별로 분류하고자 하는 경우 아래의 예시를 참고하시기 바랍니다.

(예시)

제1방식	제2방식	제3방식	제4방식
□ 고위험–고수익형 □ 중위험–중수익형 □ 저위험–저수익형	□ 파생상품형 □ 주식선호형 □ 성장형 □ 이자배당형	□ 위험선호형 □ 적극형 □ 성장형 □ 안정성장형 □ 위험회피형	□ 공격투자형 □ 주식선호형 □ 주식펀드선호형 □ 고수익채권형 □ 혼합투자형 □ 안정투자선호형 □ 이자소득형

투자자정보 확인

<table>
<tr><td>
본인은 귀사에 제공한 투자자정보와 관련하여 다음과 같은 사항을 확인합니다.
1. 귀사에 제공한 투자자정보는 본인의 투자목적, 재산상황 및 투자경험 등의 정보를 정확히 알려드린 것입니다.
2. 향후 OO개월 동안에는 귀사가 본인의 투자자정보를 변경되지 않은 것으로 간주한다는 점을 설명받았습니다.
3. 본인의 투자자정보에 변경사항이 발생한 경우에는 이를 귀사에 통지하여야 귀사가 본인에게 적합한 투자권유를 할 수 있다는 점을 설명받았습니다.

• 일자 : • 고객의 성명 : 서명/인
(대리인 거래시 대리인 성명 : 서명/인)
</td></tr>
</table>

※ 투자자정보에 대해 유효기간을 설정하는 회사의 경우에 해당함

투자권유 불원 (또는 투자자정보 미제공) 확인

<table>
<tr><td>□ 투자권유를 희망하지 않음</td><td>□ 투자자정보를 제공하지 않음
(파생상품등을 거래하고자 하는 경우 반드시 투자자정보를 제공하여야 함)</td></tr>
<tr><td colspan="2">본인은 투자권유를 받지 않고 본인의 판단에 따라 투자하며, 이 경우 자본시장법 제46조제2항(투자자정보 파악) 및 제3항(적합성 원칙)에 따른 의무를 귀사가 부담하지 아니한다는 사실을 확인합니다. 또한 투자시 원금 손실이 발생할 수 있으며, 투자 손익에 대한 책임은 모두 본인에게 귀속된다는 사실을 고지받았음을 확인합니다.

• 일자 : • 고객의 성명 : 서명/인
(대리인 거래시 대리인 성명 : 서명/인)</td></tr>
</table>

※ 귀하가 투자자정보를 제공하지 않는 경우 회사는 귀하에게 적합한 상품을 투자권유할 수 없으며, 관련법령에 따라 파생상품등의 거래가 제한될 수 있습니다.

부적합 금융투자상품 거래 확인

<table>
<tr><td>
본인의 투자자성향보다 위험도가 높은 금융투자상품임에도 불구하고, 귀사로부터 투자권유를 받지 않고 본인의 판단에 따라 투자를 하고자 하며, 귀사로부터 해당 금융투자상품에 대한 투자의 위험성을 고지받았음을 확인합니다.

• 일자 : • 고객의 성명 : 서명/인
(대리인 거래시 대리인 성명 : 서명/인)
</td></tr>
</table>

〈참고사항〉
※ 투자자가 **투자권유를 받지 않고 금융투자상품을 거래하고자 하는 경우**에 적용

▶ 투자자가 회사가 투자권유한 대로 투자의사를 결정하지 아니하고 본인의 판단에 따라 부적합한 금융투자상품에 투자하고자 하는 경우, 회사가 정하는 기준에 따라 해당 거래를 중단하거나, 위의 투자자 확인 내용(부적합 금융투자상품 거래 확인)이 포함된 확인서를 받고 후속 판매절차를 진행합니다.
<자세한 사항은 6.의 2)및 3) 참조>

부적정 파생상품등 거래 확인

본인의 투자자성향보다 위험도가 높은 금융투자상품임에도 불구하고, 회사로부터 투자권유를 받지 않고 본인의 판단에 따라 투자를 하고자 하며, 회사로부터 해당 금융투자상품의 내용 및 투자에 따르는 위험성을 고지받았음을 확인합니다.

• 일자 : • 고객의 성명 : 서명/인
(대리인 거래시 대리인 성명 : 서명/인)

〈참고사항〉
※ 투자자가 **투자권유를 받지 않고 파생상품등을 거래하고자 하는 경우**에 적용함

▶ 파생상품등에 대한 적정성 판단 결과 적정치 않은 경우 회사가 정하는 기준에 따라 해당 거래를 중단하거나, 상기와 같이 상품 내용, 투자에 따른 위험, 부적정 사실을 확인한 후 후속 판매절차(관련 금융투자상품 설명, 설명서 교부 등)를 진행합니다. <자세한 사항은 7.의 2) 참조>

참고 2

(일반투자자) 투자자정보 확인서 (예시2)

〈예시2 안내사항〉

※ 다음 (예시2)의 내용은 "일반적 투자자성향"과 "현재 투자자금성향"으로 구분하여 파악하는 회사만 참고하시기 바랍니다.

※ 이하 안내사항은 (일반투자자) 투자자정보 확인서(예시1)의 안내사항과 동일합니다.

〈예시2 활용방법〉

* (예시2)는 투자자정보를 "일반적 투자자성향"과 "현재 투자자금성향"으로 구분하여 파악하는 방법이며, 현재 대부분의 회사에서 사용 중인 (예시1)의 방법을 그대로 사용할 수 있음

□ 한 번 파악하면 쉽게 변하지 않는 "일반적 투자자성향" 정보와 권유시점에 따라 매번 변할 수 있는 "현재 투자자금성향" 정보를 구분하여 파악함

* 일반적 투자자성향 정보 – 일반적 투자목적, 재산상황, 투자경험, 일반적 투자예정기간 등 투자자의 일반적 성향에 기인하여 자주 변하지 않는 정보
* 현재 투자자금성향 정보 – 현재 투자자금의 투자목적, 투자예정기간 등 투자자금의 성격 등에 따라 자주 변할 수 있는 정보

◦ 투자목적, 재산상황 및 투자경험(법§46)은 반드시 파악해야 하는 항목이며 세부 질문은 회사의 특성에 맞게 선택 또는 변형 가능함

□ (일반적 투자자성향 정보) 최초 파악한 이후 일정기간(유효기간)이 지난 경우에만 다시 파악하되 적정 유효기간*은 회사가 합리적으로 설정함

◦ 기존 투자자에게 투자권유시 투자자의 투자자성향 정보가 회사가 설정한 유효기간을 경과했을 경우에는 각 항목을 모두 다시 파악함

* 일부 해외회사의 경우 정보유효기간을 12~36개월로 설정하고 있음

□ (현재 투자자금성향 정보) 원칙적으로 매번 투자권유에 앞서 새로이 파악해야 하는 정보

◦ 그러나 투자자가 현재 투자자금성향이 과거와 동일하다고 서면 및 구두로 확인하는 경우 이를 다시 파악하는 절차는 생략 가능

◦ 현재 투자자금성향이 일반적 투자자성향과 상이할 경우 현재 투자자금성향을 추가적으로 고려하여 투자자에게 적합한 금융투자상품을 권유함 (예 : 기존 투자자성향 정보에 따르면 보수적인 성향인 투자자임에도 현재 투자자금은 고수익–고위험의 상품에 투자하고자 하는 경우, 현재 투자자금성향을 다시 파악하고 이를 추가적으로 고려하여 투자자에게 적합한 금융투자상품을 권유함)

◦ 일반적 투자자성향에 비하여 현재 투자자금성향이 현저하게 높은 위험선호로 분석될 경우 투자자에게 충분하게 위험성을 고지한 후 투자권유를 할 필요가 있음

□ 본 확인서는 「자본시장과 금융투자업에 관한 법률」에 따라 고객의 투자자정보를 파악하여, 그에 적합한 투자권유를 해드리기 위한 기초 자료로 활용됩니다. 고객의 상황에 부합하거나 가장 가까운 항목을 정확히 선택하여 주시기 바랍니다.

□ 본 확인서는 「자본시장과 금융투자업에 관한 법률」 제46조의2제①항에 따라 고객이 파생상품등을 거래하고자 하는 경우에는 반드시 작성하여야 합니다.

투자자정보 항목 (예시)

(“일반적 투자자성향” 정보)

* 아래 정보는 고객의 동의하에 일정기간 동안 변동 없이 사용될 수 있습니다. 따라서 본인의 정보를 정확히 기재하여 주시기 바랍니다.

대분류	질문 예시	비 고
재산상황	**월소득 대비 투자가능 자산의 비중** □ O% 이하 □ O% 이하 □ O% 이하 □ O% 초과	적립식 투자시 고려항목
	여유자금 보유여부 □ O개월분 미만 □ O개월분~O개월분 □ O개월분~O개월분 □ O개월분~O개월분 □ O개월분 초과	예기치 못한 상황에 대비하기 위해 미래의 가계지출에 해당하는 여유자금 확인
	월소득 현황 □ O만원 이하 □ O만원 이하 □ O만원 이하 □ O만원 이하 □ O만원 초과	
	향후 자신의 경제상황에 대한 예상 □ 아주 좋아질 것임 □ 좋아질 것임 □ 지금과 비슷할 것임 □ 나빠질 것임 □ 매우 나빠질 것임	향후 투자예정기간 동안의 경제상황 또는 수입원
	향후 자신의 수입원에 대한 예상 □ 현재 일정한 수입이 발생하고 있으며, 향후 현재 수준을 유지하거나 증가할 것으로 예상 □ 현재 일정한 수입이 발생하고 있으나, 향후 감소하거나 불안정할 것으로 예상 □ 현재 일정한 수입이 없으며, 연금이 주 수입원임	
	총 자산규모(순자산) □ O억 이하 □ O억 이하 □ O억 이하 □ O억 이하 □ O억 초과	

	총 금융자산대비 총 투자상품의 비중 □ O%이하 □ O%이하 □O%이하 □ O%이하 □ O%초과	투자에 대한 일반적인 성향을 파악하는 항목
투자경험	**투자경험이 있는 금융투자상품** (복수선택가능) □ 주식 □ ELW □ 신용거래 □ 외화증권 □ 선물옵션 □ 채권 □ 주식형펀드 □ 채권/혼합형펀드 □ 해외펀드 □ 투자자문·일임 □ 신탁 □ 기타 [ ]	투자경험이 있는 경우 해당상품에 대한 이해도가 있다고 판단하여 일정부분 설명의무 간소화 가능
	투자경험이 있는 금융투자상품 (복수선택가능) □ 국채, 지방채, 보증채, MMF 등 □ 금융채, 신용도가 높은 회사채, 채권형펀드, 원금보장형 ELS 등 □ 신용도 중간 등급의 회사채, 원금의 일부만 보장되는 ELS, 혼합형 펀드 등 □ 신용도가 낮은 회사채, 주식, 원금이 보장되지 않는 ELS, 시장수익률 수준의 수익을 추구하는 주식형펀드 등 □ ELW, 선물옵션, 시장수익률 이상의 수익을 추구하는 주식형펀드, 파생상품펀드, 주식 신용거래 등	
	금융투자상품 투자경험기간 □ 전혀 없음 □ O년 미만 □ O년 미만 □ O년 미만 □ O년 이상	
	파생상품, 원금비보장형 파생결합증권 또는 파생상품펀드에 투자한 경험 □ 투자기간 (년 월)	*회사참고사항 2-1 "파생상품등"의 정의 참조
일반적 투자목적	□ 적극적 매매를 통한 수익을 원하며 원금을 초과하는 손실위험도 감내 가능 □ 적극적 매매를 통한 수익 실현 목적 □ 시장(예: 주가지수) 가격 변동 추이와 비슷한 수준의 수익 실현 □ 채권이자·주식배당 정도의 수익 실현 목적 □ 기존 보유자산에 대한 위험 헤지 목적 ※ 기대수익이 높을수록 손실위험도 커짐	노후자금, 주택마련, 자녀교육, 사업자금, 여유자금 등 투자자금의 성격으로 구분할 수도 있음
	일반적 수익·위험에 대한 태도 □ ±O% 범위 □ ±O% 범위 □ ±O% 범위 □ ±O% 범위 □ ±O% 범위 초과	일반적으로 감내 가능한 수준을 변동성 기준으로 파악

금융지식 수준/이해도	□ 금융투자상품에 투자해 본 경험이 없음 □ 널리 알려진 금융투자상품 (주식, 채권 및 펀드 등)의 구조 및 위험을 일정 부분 이해하고 있음 □ 널리 알려진 금융투자상품 (주식, 채권 및 펀드 등)의 구조 및 위험을 깊이 있게 이해하고 있음 □ 파생상품을 포함한 대부분의 금융투자상품의 구조 및 위험을 이해하고 있음	
감내할 수 있는 손실 수준	□ 무슨 일이 있어도 투자 원금은 보전되어야 함 □ 투자원금에서 최소한의 손실만을 감수할 수 있음 □ 투자원금 중 일부의 손실을 감수할 수 있음 □ 기대수익이 높다면 위험이 높아도 상관하지 않음	
	손실감내 수준 □ 원금기준 ±O% 범위 □ 원금기준 ±O% 범위 □ 원금기준 ±O% 범위 □ 원금기준 ±O% 범위	
일반적 투자기간	□ O개월 미만 □ O개월 이상 ~ O년 미만 □ O년 이상 ~ O년 미만 □ O년 이상 ~ O년 미만 □ O년 이상	금융투자상품에 대한 일반적 투자가능 기간 파악
가족관계	□ 부양가족 있음 □ 부양가족 없음	
과세형태	□ 종합과세대상 □ 일반과세대상	
연령	□ O세 이하 □ O세~O세 □ O세~O세 □ O세~O세 □ O세 이상	주민등록번호로 자동 확인 할 수도 있음
취약투자자 여부	취약투자자 해당 여부 Yes □ No □ – 65세 이상 투자자 – 미성년자 – 정상적 판단에 장애가 있는 투자자 – 금융투자상품 무경험자 – 문맹자 등	취약투자자에 대해서 투자자 보호 조치를 강화하기 위한 목적으로 정보 파악 *취약투자자 해당 여부는 임직원등이 판단하여 기입함

("현재 투자자금성향" 정보)

* 아래 정보는 현재 투자하려고 하시는 자금의 성격을 최대한 반영하여 작성해 주시기 바랍니다.

대분류	질문 예시	비 고
현재 투자목적	ㅁ 적극적 매매를 통한 수익을 원하며 원금을 초과하는 손실위험도 감내 가능 ㅁ 적극적 매매를 통한 수익 실현 목적 ㅁ 시장(예: 주가지수) 가격 변동 추이와 비슷한 수익 실현 ㅁ 채권이자·주식배당 정도의 수익 실현 목적 ㅁ 기존 보유자산에 대한 위험 헤지 목적 ※ 기대수익이 높을수록 손실위험도 커짐	노후자금, 주택마련, 자녀교육, 사업자금, 여유자금 등 투자자금의 성격으로 구분할 수도 있음
	투자수익·위험에 대한 태도 ㅁ 투자 수익을 고려하나 원금 보존이 더 중요 ㅁ 원금 보존을 고려하나 투자 수익이 더 중요 ㅁ 손실 위험이 있더라도 투자 수익이 중요	수익기준으로 질문할 경우 대부분 높은 수준으로, 손실기준으로 질문할 경우 대부분 낮은 수준으로 답하는 맹점을 보완하고자 하는 항목
	투자수익·위험에 대한 태도 ㅁ ±O% 범위 ㅁ ±O% 범위 ㅁ ±O% 범위 ㅁ ±O% 범위 ㅁ ±O% 범위 초과	수익률 변동성 기준으로 파악
현재 투자하고자 하는 상품	투자하고자 하는 상품명 : (　　　)	
현재 투자하는 자금의 투자 예정기간	ㅁ O개월 미만 ㅁ O개월 이상 ~ O년 미만 ㅁ O년 이상 ~ O년 미만 ㅁ O년 이상 ~ O년 미만 ㅁ O년 이상	현재 투자 자산에 대한 투자 예정기간
현재 투자자금의 규모	총 금융자산 중 현재 투자하려는 자산의 비중 ㅁ O%이하 ㅁ O%이하 ㅁO%이하 ㅁ O%이하 ㅁ O%초과	

참고 3

금융투자상품 위험도 평가 고려요소 (예시)

* 회사는 회사의 내부정책에 따라 금융투자상품의 손익구조, 시장상황 등 위험요인을 고려하여 위험등급과 각 등급에 포함되는 금융투자상품의 상세내역을 정함

□ 위험도 책정 및 조정 시 참고할만한 정량적 요소

	구 분	설 명
정량적 요소	기초자산 가격의 변동성 (환율변동위험 포함)	과거 3년간의 역사적 자료를 이용하며 표준편차, VaR 등을 이용할 수 있음. * 집합투자증권의 경우 해당 집합투자증권의 투자설명서에 기재된 투자위험도를 참고 할 수 있음
	원금손실가능 정도	만기일까지의 투자원금 보장 정도로 100%보장형과 부분보장형, 비보장형 등으로 구분
	신용등급	발행자가 국내일 경우 채권평가사에서 부여한 신용등급을 참고하고, 해외의 경우 해외 신용평가사의 신용등급 및 국가신용등급을 고려할 수 있음.
	잔존만기	채권의 경우 수정듀레이션을 고려하며 클수록 위험도를 높게 책정
	파생상품의 편입비율	파생상품의 편입정도가 높을수록 위험도를 높게 책정
	위험조정 성과척도	정보비율 (IR), 벤치마크 민감도, 트레킹 에러, 젠센의 알파, 샤프지수, 트레이너 지수 등

□ 위험도 책정 및 조정 시 참고할만한 정성적 요소

	구 분	설 명
정성적 요소	상품의 구조	상품의 구조가 단순하거나 복잡한 정도에 따라 조정
	거래상대방 위험	거래상대방의 신용도에 따라 조정
	수익률 계산의 명료성	수익률 산정방법이 복잡할수록 위험도를 높게 조정
	이해의 난이도	투자자가 이해하기 어려운 상품일수록 높은 위험도로 조정
	구조화된 상품에 대한 특정위험	만기이전 조기상환 가능성 여부 등 감안
	유동성 요소	펀드의 유동성이 낮을수록 위험도를 높게 조정
	펀드 형태	적립식 혹은 거치식인지 등을 감안

* 회사는 투자자정보 확인 결과에 따라 구분한 투자자성향과 회사의 내부정책에 따라 구분한 금융투자상품의 위험도 분류 결과를 함께 고려하여 투자권유를 함

참고 4

적합성 판단 방식 (예시)

(방식1) 투자성향 점수화(Scoring) 방식

ㅁ 각 정보항목 질문에 대한 투자자의 답변을 점수화하고, 이 점수들의 총합을 해당 투자자의 투자성향으로 확정함

◦ 파악된 투자자의 투자성향과 투자권유 가능한 위험도의 상품군을 매칭하는 방식으로 적합성 원칙을 적용함

◦ 점수화 방식을 채택하더라도 [참고1]의 (예시2)와 같이 "일반적 투자자성향 정보"와 "현재 투자자금성향 정보"로 구분하여 파악 가능함

→ 이 경우, "일반적 투자자성향 정보"와 "현재 투자자금성향 정보"를 각각 점수화하여 적합성 판단에 활용할 수도 있음

<장점>

▶ 객관화된 답변을 통해 투자자의 투자성향 파악이 용이함

<단점>

▶ 배점이 맞지 않을 경우 답변 결과가 투자자의 실제 투자성향을 정확히 반영하지 못할 수 있음

▶ 투자자에게 중요한 특정 정보가 투자권유시 고려되지 못하는 문제 발생 가능

(방식2) 추출(Factor-out) 방식

ㅁ 투자자의 투자성향을 확정하지 않고, 각 정보항목 질문에 대한 투자자의 답변을 통해 적합상품을 순차적으로 선별하는 방식

◦ (항목-상품 매칭) 각 항목별로 투자권유에 적합한 상품들을 미리 정해둠

◦ (적합상품 선별) 각 항목별로 차례대로 답변한 결과에 따라 요건에 충족되는 상품들만 선별하고, 최종적으로 남아있는 상품리스트를 투자권유에 적합한 것으로 판단

* 질문1) 금융상품에 대한 이해도 '매우 높음' → 모든 상품 권유 가능
이해도 '보통' → 파생상품 및 구조가 복잡한 구조화증권 배제

* 질문2) 기대수익률이 '예·적금 수준" → 파생상품, 주식, 주식형펀드 등 배제

→ 질문을 단순화하고 질문별로 선택할 수 있는 답변의 수가 적어야 적용이 용이함

<장점>

▶ 비교적 단순한 질문을 통하여 투자권유가 가능한 모든 상품리스트를 곧바로 볼 수 있어 창구에서 활용이 편리함

▶ 투자자 정보의 모든 요소가 고려되므로 추후 불완전판매문제 발생 가능성이 낮음

<단점>

▶ 판매회사가 자신이 판매하는 상품들에 대하여 분석하고 질문항목별로 세부적으로 분류할 수 있는 기준 및 시스템을 갖추어야 함

(방식3) 혼합 방식

□ 점수화 방식(방식1)과 추출 방식(방식2)을 혼합하여 사용함

□ 투자자의 투자자정보를 [참고1]의 (예시2)와 같이 "일반적 투자자성향 정보"와 "현재 투자자금성향 정보"로 구분하여 파악한 후,

◦ 투자자의 "일반적 투자자성향 정보"에 대해서는 점수화 방식(방식1)을 활용하여 투자성향을 파악하고, 그 성향에 부합하는 유형의 상품군을 결정함

◦ 위에서 결정된 해당 유형의 상품군 중에서 "현재 투자자금성향 정보"의 각 항목에 대하여 투자자의 답변을 통해 적합한 상품을 순차적으로 추출함(방식2)

* 예) "일반적 투자자성향 정보"에 대해 점수화 방식으로 파악한 결과 '저위험－저수익형'에 해당하는 상품군이 적합

→ 현재 투자자금의 투자목적이 '사업자금'이고 투자 예정기간이 '3개월'이라면 '저위험－저수익형'에 해당하는 상품군 중에서 MMF만 투자권유 가능함

<장점>

▶ 투자자의 현재 투자자금의 목적 등의 정보를 적극적으로 반영할 수 있어 점수화방식보다 불완전판매문제 발생 가능성이 줄어들 수 있음

▶ 판매하는 상품들에 대하여 분석해야 하는 기준이 현재 투자자금성향 정보로만 축소되므로 추출방식에 비하여 시스템이 덜 복잡하고 구축비용이 절감될 수 있음

<단점>

▶ 현재 투자자금성향에 대하여는 투자권유시마다 확인하여야 하므로 투자성향 점수화방식보다는 다소 절차가 복잡함

(방식4) 상담보고서 활용 방식

□ 투자자와의 상담 과정 및 결과를 기록하여, 적합한 투자권유를 했다고 판단할 수 있는 합리적인 근거를 마련하는 방법

◦ (상담과정 및 결과 기록) 상담을 통해 파악한 투자자 정보와 함께 상담의 결과로 특정한 권유가 이루어진 이유를 상담보고서에 상세히 기록함

<장점>

▶ 투자자와의 심도 있는 상담이 가능하며 판매직원의 경험 및 노하우의 활용이 가능함

▶ 투자자의 재산, 포트폴리오 현황 및 위험에 대한 태도 등에 관한 심층적인 상담내용을 포함할 수 있음

▶ 단일의 금융투자상품 투자권유에 적합한 점수화방식의 단점을 보완할 수 있으며, 신탁·자문·일임·포트폴리오투자 등에 적합함

<단점>

▶ 판매직원의 능력에 따라 상담수준 및 투자권유 결과가 결정되므로 판매직원의 전문성이 요구됨

ㅁ 세부 프로세스

◦ 상담 결과에 따른 투자자성향 파악 방법 및 성향에 따른 투자권유 방법에 대해서는 회사 내부 방침(각 설문항목에 대한 답변에 대응하여 적합하지 않은 상품유형을 정하는 등)을 정함

◦ 회사는 투자자로부터 다음의 투자자정보를 파악한 후 적합한 상품 또는 자산배분(Portfolio)을 제시함

상담보고서 활용시 파악할 투자자정보 항목 예시

【개인정보】

▷ 투자자의 성명, 나이, 가족관계(부양가족 여부 등) 등에 관한 답변 사항

【투자목적 및 투자기간】

▷ 투자자의 투자목적(정기적 수입, 은퇴자금, 교육자금, 자산증식 등)과 해당목적에 따른 예상투자기간 등에 관한 답변 사항

▷ 투자자의 파생상품, 파생결합증권, 파생상품펀드에 대한 투자경험 유무 및 투자기간 등

【재산상황】

▷ 투자자의 투자금액, 투자금액이 총 금융자산에서 차지하는 비율, 총 자산현황(금융자산, 부동산 등), 수입원(고정수입원 유무, 직장소득자인지 사업소득자인지, 월수입, 지출현황 등), 향후 5년 동안의 재정 상태에 대한 예상 등에 관한 답변 사항

【투자경험 및 지식, 투자권유 의존도】

▷ 투자자의 투자경험("파생상품등"을 포함하여 기존 투자했던 금융상품 유형 및 투자기간 파악), 금융상품 투자에 관한 지식수준, 투자결정시 전문가에의 투자조언 여부 등에 관한 답변 사항

【위험에 대한 태도】

▷ 투자자의 기대수익률 및 손실률에 대한 감내수준, 시장상황(예 : Kospi지수 추이)에 따른 기대 수익률(가상의 수익률 안을 여러 개 제시), 큰 폭의 시장하락 또는 장기적인 시장하락으로 발생할 수 있는 기간별 누적수익률에 대한 선호도(가상의 투자안을 여러 가지 제시함), 5년 이상의 투자기간에 대한 가상의 기간별 투자수익률을 제시하고 현 시점에서의 투자결정(투자자금 전액 출금, 일부출금, 추가매입, 보유 등) 등에 관한 답변 사항

【기타 사항】
▷ 투자자와의 상담과정에서 알게 된 특이정보(2년 후 이민계획, 자녀의 대학 입학, 자녀의 유학 계획 등)를 기재함

상담보고서 작성 예시

예시1)
투자자와의 논의를 통해 본 상담사는 투자자가 이번 투자는 여유자금의 운용으로서, 수익을 추구하며, 이를 위해 어느 정도 위험을 감수할 의사가 있다고 판단했습니다.
이에 따라 적합한 금융투자상품으로 00년 00월이 만기인, 원금대비 손실이 20%로 제한되는 00 ELS 00호(파생결합증권)에 투자할 것을 권유합니다.

예시2)
투자자와의 논의를 통해 본 상담사는 투자자가 "금융지식과 경험이 풍부하고 주식시장 위험을 잘 이해하고 있는 35세의 투자자로서 매월 급여(약 400만원 수준)중 100만원 정도를 원금손실 위험을 감수하면서 주식시장 수준의 이익을 내기를 바라는 투자자"라고 판단하였습니다. 즉, 투자자는 기간을 두고 금융투자상품이 수익을 내기를 원하고 있으며, 이를 위해 주식시장의 위험을 감수할 의사가 있습니다.
이에 따라 적합한 자산배분으로 매월 100만원씩 oo주식형펀드를 적립식으로 투자할 것을 권유합니다.

예시3)
투자자와의 논의를 통해 본 상담사는 투자자가 "투자원금의 손실은 최소화하고, 이자소득이나 배당소득 수준의 안정적인 투자를 목표로 하면서도, 자녀들의 대학교육 자금 마련을 위해 일정 금액의 투자금을 장기적으로 약간 위험하더라도 예·적금보다 높은 수익을 기대할 수 있는 금융투자상품에 투자하여 수익을 내기를 원하고 있는 투자자"라고 판단하였습니다.

이에 따라 적합한 자산배분으로 투자자가 현재 보유하고 있는 1억원은 저위험 상품인 oo국공채펀드에 투자할 것을 권유하며, 향후 3년 후부터 대학에 입학할 것으로 보이는 자녀들의 교육자금 마련을 위해 매월 100만원 정도를 oo혼합주식형 펀드에 적립식으로 투자할 것을 권유합니다.

참고 5

적합성 판단 방식 (장외파생상품 이외의 파생상품등) (예시)

▶ 회사는 장외파생상품 이외의 파생상품등에 대한 투자권유를 하는 경우 [참고 4]의 적합성 판단 방식 이외에 아래 사항을 추가로 참고하여 투자권유 기준을 정하여야 합니다.

1. 만 65세 이상이고 파생상품등에 대한 투자경험이 1년 미만인 일반투자자인 개인에게는 파생상품등에 대한 투자권유를 할 수 없다.
2. 만 65세 이상이고 파생상품등에 대한 투자경험이 1년 이상 3년 미만이거나, 만 65세 미만이고 파생상품등에 대한 투자경험이 1년 미만인 일반투자자인 개인에게는 다음 각 목의 어느 하나에 해당하는 파생상품등만 투자권유할 수 있다.
   가. 원금손실률이 20% 이내로 제한되는 파생결합증권
   나. 원금손실률이 20% 이내로 제한되는 파생상품 집합투자증권
3. 만 65세 이상이고 파생상품등에 대한 투자경험이 3년 이상이거나, 만 65세 미만이고 파생상품등에 대한 투자경험이 1년 이상인 일반투자자인 개인에게는 장외파생상품 이외의 모든 파생상품등에 대한 투자권유를 할 수 있다.

<table>
<tr><th rowspan="2">구 분</th><th colspan="3">파생상품등에 대한 투자 경험</th></tr>
<tr><th>1년 미만</th><th>1년 이상 ~ 3년 미만</th><th>3년 이상</th></tr>
<tr><td>만 65세 이상</td><td>– 파생상품등 권유불가</td><td>– 원금손실률이 20% 이내로 제한되는 파생결합증권
– 원금손실률이 20% 이내로 제한되는 파생상품 집합투자증권</td><td>– 장외파생상품 이외의 모든 파생상품등</td></tr>
<tr><td>만 65세 미만</td><td>– 원금손실률이 20% 이내로 제한되는 파생결합증권
– 원금손실률이 20% 이내로 제한되는 파생상품 집합투자증권</td><td colspan="2">– 장외파생상품 이외의 모든 파생상품등</td></tr>
</table>

참고 6

적합성 판단 방식 (장외파생상품) (예시)

▶ 회사는 장외파생상품에 대한 투자권유를 하는 경우 [참고 4]의 적합성 판단 방식 이외에 아래 사항을 추가로 참고하여 투자권유 기준을 별도로 정하여야 합니다.

1. 만 65세 이상이고 장외파생상품에 대한 투자경험이 1년 미만인 일반투자자인 개인에게는 다음 각 목의 어느 하나에 해당하는 위험회피목적의 장외파생상품만 투자권유할 수 있다.
   가. 금리스왑
   나. 옵션매수
2. 장외파생상품에 대한 투자경험이 3년 미만인 주권 비상장법인 및 개인사업자, 장외파생상품에 대한 투자경험이 1년 미만인 주권상장법인과 만 65세 미만이고 장외파생상품에 대한 투자경험이 1년 미만이거나, 만 65세 이상이고 장외파생상품에 대한 투자경험이 1년 이상 3년 미만인 일반투자자인 개인에게는 다음 각 목의 어느 하나에 해당하는 위험회피목적의 장외파생상품만 투자권유할 수 있다. 다만, 회사가 위험관리능력 및 장외파생상품 투자경험, 장외파생상품에 대한 지식수준 등이 충분하다고 인정하는 투자자(일반투자자인 개인은 제외)에 대하여는 가 목 부터 다 목 이외의 위험회피목적의 장외파생상품도 투자권유할 수 있다.
   가. 금리·통화 스왑
   나. 옵션 매수·매도
   다. 선도거래

<table>
<tr><th colspan="2" rowspan="2">구 분</th><th colspan="3">장외파생상품에 대한 투자 경험</th></tr>
<tr><th>1년 미만</th><th>1년 이상 ~ 3년 미만</th><th>3년 이상</th></tr>
<tr><td rowspan="2">개
인</td><td>만 65세 이상</td><td>금리스왑
옵션매수</td><td>금리스왑, 통화스왑,
옵션매수, 옵션매도,
선도거래</td><td>기타 위험회피 목적의
모든 장외파생상품</td></tr>
<tr><td>만 65세 미만</td><td>금리스왑, 통화스왑,
옵션매수, 옵션매도,
선도거래</td><td colspan="2">기타 위험회피 목적의 모든 장외파생상품</td></tr>
<tr><td rowspan="2">법인
및
개인사업자</td><td>주권
비상장법인,
개인 사업자</td><td colspan="2">금리스왑, 통화스왑,
옵션매수, 옵션매도, 선도거래</td><td>기타 위험회피 목적의
모든 장외파생상품</td></tr>
<tr><td>주권 상장 법인</td><td>금리스왑, 통화스왑,
옵션매수, 옵션매도,
선도거래</td><td colspan="2">기타 위험회피 목적의 모든 장외파생상품</td></tr>
<tr><td colspan="5">* 장외파생상품의 경우 '주의', '경고', '위험' 등 3단계로 분류하며, 각 위험도에 해당하는 금융투자상품의 예시는 "16. 금융투자상품의 위험도 분류"의 회사참고사항을 참조할 것
* '경고'위험도에 적합한 투자자 중 위험관리능력, 장외파생상품 투자경험, 상품에 대한 지식 등이 충분하다고 인정되는 투자자는 기타 위험회피 목적의 모든 장외파생상품에 투자할 수 있음</td></tr>
</table>

[부록 2]

이자제한법

[시행 2014.7.15.] [법률 제12227호, 2014.1.14., 일부개정]

제1조(목적) 이 법은 이자의 적정한 최고한도를 정함으로써 국민경제생활의 안정과 경제정의의 실현을 목적으로 한다.

제2조(이자의 최고한도) ① 금전대차에 관한 계약상의 최고이자율은 연 25퍼센트를 초과하지 아니하는 범위 안에서 대통령령으로 정한다. <개정 2011.7.25., 2014.1.14.>

② 제1항에 따른 최고이자율은 약정한 때의 이자율을 말한다.

③ 계약상의 이자로서 제1항에서 정한 최고이자율을 초과하는 부분은 무효로 한다.

④ 채무자가 최고이자율을 초과하는 이자를 임의로 지급한 경우에는 초과 지급된 이자 상당금액은 원본에 충당되고, 원본이 소멸한 때에는 그 반환을 청구할 수 있다.

⑤ 대차원금이 10만원 미만인 대차의 이자에 관하여는 제1항을 적용하지 아니한다.

제3조(이자의 사전공제) 선이자를 사전공제한 경우에는 그 공제액이 채무자가 실제 수령한 금액을 원본으로 하여 제2조제1항에서 정한 최고이자율에 따라 계산한 금액을 초과하는 때에는 그 초과부분은 원본에 충당한 것으로 본다.

제4조(간주이자) ① 예금(禮金), 할인금, 수수료, 공제금, 체당금(替當金), 그 밖의 명칭에도 불구하고 금전의 대차와 관련하여 채권자가 받은 것은 이를 이자로 본다. <개정 2011.7.25.>

② 채무자가 금전대차와 관련하여 금전지급의무를 부담하기로 약정하는 경우 의무 발생의 원인 및 근거법령, 의무의 내용, 거래상 일반원칙 등에 비추어 그 의무가 원래 채권자가 부담하여야 할 성질인 때에는 이를 이자로 본다. <신설 2011.7.25.>

제5조(복리약정제한) 이자에 대하여 다시 이자를 지급하기로 하는 복리약정은 제2조제1항에서 정한 최고이자율을 초과하는 부분에 해당하는 금액에 대하여는 무효로 한다.

제6조(배상액의 감액) 법원은 당사자가 금전을 목적으로 한 채무의 불이행에 관하여 예정한 배상액을 부당하다고 인정한 때에는 상당한 액까지 이를 감액할 수 있다.

제7조(적용범위) 다른 법률에 따라 인가·허가·등록을 마친 금융업 및 대부업과 「대부업 등의 등록 및 금융이용자 보호에 관한 법률」 제9조의4에 따른 미등록대부업자에 대하여는 이 법을 적용하지 아니한다. <개정 2009.1.21.>

제8조(벌칙) ① 제2조제1항에서 정한 최고이자율을 초과하여 이자를 받은 자는 1년 이하의 징역 또는 1천만원 이하의 벌금에 처한다.

② 제1항의 징역형과 벌금형은 병과(倂科)할 수 있다.

[본조신설 2011.7.25.]

부칙 <제12227호, 2014.1.14.>

제1조(시행일) 이 법은 공포 후 6개월이 경과한 날부터 시행한다.

제2조(적용례) 제2조제1항의 개정규정은 이 법 시행 후 최초로 계약을 체결하거나 갱신하는 분부터

적용한다.

이자제한법 제2조제1항의 최고이자율에 관한 규정

[시행 2014.7.15.] [대통령령 제25376호, 2014.6.11., 일부개정]

「이자제한법」 제2조제1항에 따른 금전대차에 관한 계약상의 최고이자율은 연 25퍼센트로 한다. <개정 2014.6.11.>

[부록 3]

근로자퇴직급여 보장법

[시행 2012.7.26.] [법률 제10967호, 2011.7.25., 전부개정]

고용노동부(근로복지과) 044－202－7555

제1장 총칙

제1조(목적) 이 법은 근로자 퇴직급여제도의 설정 및 운영에 필요한 사항을 정함으로써 근로자의 안정적인 노후생활 보장에 이바지함을 목적으로 한다.

제2조(정의) 이 법에서 사용하는 용어의 뜻은 다음과 같다.

1. “근로자”란「근로기준법」제2조제1항제1호에 따른 근로자를 말한다.
2. “사용자”란「근로기준법」제2조제1항제2호에 따른 사용자를 말한다.
3. “임금”이란「근로기준법」제2조제1항제5호에 따른 임금을 말한다.
4. “평균임금”이란「근로기준법」제2조제1항제6호에 따른 평균임금을 말한다.
5. “급여”란 퇴직급여제도나 제25조에 따른 개인형퇴직연금제도에 의하여 근로자에게 지급되는 연금 또는 일시금을 말한다.
6. “퇴직급여제도”란 확정급여형퇴직연금제도, 확정기여형퇴직연금제도 및 제8조에 따른 퇴직금제도를 말한다.
7. “퇴직연금제도”란 확정급여형퇴직연금제도, 확정기여형퇴직연금제도 및 개인형퇴직연금제도를 말한다.
8. “확정급여형퇴직연금제도”란 근로자가 받을 급여의 수준이 사전에 결정되어 있는 퇴직연금제도를 말한다.
9. “확정기여형퇴직연금제도”란 급여의 지급을 위하여 사용자가 부담하여야 할 부담금의 수준이 사전에 결정되어 있는 퇴직연금제도를 말한다.
10. “개인형퇴직연금제도”란 가입자의 선택에 따라 가입자가 납입한 일시금이나 사용자 또는 가입자가 납입한 부담금을 적립·운용하기 위하여 설정한 퇴직연금제도로서 급여의 수준이나 부담금의 수준이 확정되지 아니한 퇴직연금제도를 말한다.
11. “가입자”란 퇴직연금제도에 가입한 사람을 말한다.
12. “적립금”이란 가입자의 퇴직 등 지급사유가 발생할 때에 급여를 지급하기 위하여 사용자 또는 가입자가 납입한 부담금으로 적립된 자금을 말한다.
13. “퇴직연금사업자”란 퇴직연금제도의 운용관리업무 및 자산관리업무를 수행하기 위하여 제26조에 따라 등록한 자를 말한다.

제3조(적용범위) 이 법은 근로자를 사용하는 모든 사업 또는 사업장(이하 “사업”이라 한다)에 적용한다. 다만, 동거하는 친족만을 사용하는 사업 및 가구 내 고용활동에는 적용하지 아니한다.

제2장 퇴직급여제도의 설정

제4조(퇴직급여제도의 설정) ① 사용자는 퇴직하는 근로자에게 급여를 지급하기 위하여 퇴직급여제도 중 하나 이상의 제도를 설정하여야 한다. 다만, 계속근로기간이 1년 미만인 근로자, 4주간을 평균하여 1주간의 소정근로시간이 15시간 미만인 근로자에 대하여는 그러하지 아니하다.

② 제1항에 따라 퇴직급여제도를 설정하는 경우에 하나의 사업에서 급여 및 부담금 산정방법의 적용 등에 관하여 차등을 두어서는 아니 된다.

③ 사용자가 퇴직급여제도를 설정하거나 설정된 퇴직급여제도를 다른 종류의 퇴직급여제도로 변경하려는 경우에는 근로자의 과반수가 가입한 노동조합이 있는 경우에는 그 노동조합, 근로자의 과반수가 가입한 노동조합이 없는 경우에는 근로자 과반수(이하 "근로자대표"라 한다)의 동의를 받아야 한다.

④ 사용자가 제3항에 따라 설정되거나 변경된 퇴직급여제도의 내용을 변경하려는 경우에는 근로자대표의 의견을 들어야 한다. 다만, 근로자에게 불리하게 변경하려는 경우에는 근로자대표의 동의를 받아야 한다.

제5조(새로 성립된 사업의 퇴직급여제도) 법률 제10967호 근로자퇴직급여 보장법 전부개정법률 시행일 이후 새로 성립(합병·분할된 경우는 제외한다)된 사업의 사용자는 근로자대표의 의견을 들어 사업의 성립 후 1년 이내에 확정급여형퇴직연금제도나 확정기여형퇴직연금제도를 설정하여야 한다.

제6조(가입자에 대한 둘 이상의 퇴직연금제도 설정) ① 사용자가 가입자에 대하여 확정급여형퇴직연금제도 및 확정기여형퇴직연금제도를 함께 설정하는 경우 제15조 및 제20조제1항에도 불구하고 확정급여형퇴직연금제도의 급여 및 확정기여형퇴직연금제도의 부담금 수준은 다음 각 호에 따른다.

1. 확정급여형퇴직연금제도의 급여: 제15조에 따른 급여수준에 확정급여형퇴직연금규약으로 정하는 설정 비율을 곱한 금액
2. 확정기여형퇴직연금제도의 부담금: 제20조제1항의 부담금의 부담 수준에 확정기여형퇴직연금규약으로 정하는 설정 비율을 곱한 금액

② 사용자는 제1항제1호 및 제2호에 따른 각각의 설정 비율의 합이 1 이상이 되도록 퇴직연금규약을 정하여 퇴직연금제도를 설정하여야 한다.

제7조(수급권의 보호) ① 퇴직연금제도의 급여를 받을 권리는 양도하거나 담보로 제공할 수 없다.

② 제1항에도 불구하고 가입자는 주택구입 등 대통령령으로 정하는 사유와 요건을 갖춘 경우에는 대통령령으로 정하는 한도에서 퇴직연금제도의 급여를 받을 권리를 담보로 제공할 수 있다. 이 경우 제26조에 따라 등록한 퇴직연금사업자는 제공된 급여를 담보로 한 대출이 이루어지도록 협조하여야 한다.

제8조(퇴직금제도의 설정 등) ① 퇴직금제도를 설정하려는 사용자는 계속근로기간 1년에 대하여 30일분 이상의 평균임금을 퇴직금으로 퇴직 근로자에게 지급할 수 있는 제도를 설정하여야 한다.

② 제1항에도 불구하고 사용자는 주택구입 등 대통령령으로 정하는 사유로 근로자가 요구하는 경우에는 근로자가 퇴직하기 전에 해당 근로자의 계속근로기간에 대한 퇴직금을 미리 정산하여 지

급할 수 있다. 이 경우 미리 정산하여 지급한 후의 퇴직금 산정을 위한 계속근로기간은 정산시점부터 새로 계산한다.

제9조(퇴직금의 지급) 사용자는 근로자가 퇴직한 경우에는 그 지급사유가 발생한 날부터 14일 이내에 퇴직금을 지급하여야 한다. 다만, 특별한 사정이 있는 경우에는 당사자 간의 합의에 따라 지급기일을 연장할 수 있다.

제10조(퇴직금의 시효) 이 법에 따른 퇴직금을 받을 권리는 3년간 행사하지 아니하면 시효로 인하여 소멸한다.

제11조(퇴직급여제도의 미설정에 따른 처리) 제4조제1항 본문 및 제5조에도 불구하고 사용자가 퇴직급여제도나 제25조제1항에 따른 개인형퇴직연금제도를 설정하지 아니한 경우에는 제8조제1항에 따른 퇴직금제도를 설정한 것으로 본다.

제12조(퇴직급여등의 우선변제) ① 사용자에게 지급의무가 있는 퇴직금, 제15조에 따른 확정급여형퇴직연금제도의 급여, 제20조제3항에 따른 확정기여형퇴직연금제도의 부담금 중 미납입 부담금 및 미납입 부담금에 대한 지연이자, 제25조제2항제4호에 따른 개인형퇴직연금제도의 부담금 중 미납입 부담금 및 미납입 부담금에 대한 지연이자(이하 "퇴직급여등"이라한다)는 사용자의 총재산에 대하여 질권 또는 저당권에 의하여 담보된 채권을 제외하고는 조세·공과금 및 다른 채권에 우선하여 변제되어야 한다. 다만, 질권 또는 저당권에 우선하는 조세·공과금에 대하여는 그러하지 아니하다.

② 제1항에도 불구하고 최종 3년간의 퇴직급여등은 사용자의 총재산에 대하여 질권 또는 저당권에 의하여 담보된 채권, 조세ㆍ공과금 및 다른 채권에 우선하여 변제되어야 한다.

③ 퇴직급여등 중 퇴직금, 제15조에 따른 확정급여형퇴직연금제도의 급여는 계속근로기간 1년에 대하여 30일분의 평균임금으로 계산한 금액으로 한다.

④ 퇴직급여등 중 제20조제1항에 따른 확정기여형퇴직연금제도의 부담금 및 제25조제2항제2호에 따른 개인형퇴직연금제도의 부담금은 가입자의 연간 임금총액의 12분의 1에 해당하는 금액으로 계산한 금액으로 한다.

제3장 확정급여형퇴직연금제도

제13조(확정급여형퇴직연금제도의 설정) 확정급여형퇴직연금제도를 설정하려는 사용자는 제4조제3항 또는 제5조에 따라 근로자대표의 동의를 얻거나 의견을 들어 다음 각 호의 사항을 포함한 확정급여형퇴직연금규약을 작성하여 고용노동부장관에게 신고하여야 한다.

1. 퇴직연금사업자 선정에 관한 사항
2. 가입자에 관한 사항
3. 가입기간에 관한 사항
4. 급여수준에 관한 사항
5. 급여 지급능력 확보에 관한 사항
6. 급여의 종류 및 수급요건 등에 관한 사항
7. 제28조에 따른 운용관리업무 및 제29조에 따른 자산관리업무의 수행을 내용으로 하는 계약의 체

결 및 해지와 해지에 따른 계약의 이전(移轉)에 관한 사항

8. 운용현황의 통지에 관한 사항
9. 가입자의 퇴직 등 급여 지급사유 발생과 급여의 지급절차에 관한 사항
10. 퇴직연금제도의 폐지ㆍ중단 사유 및 절차 등에 관한 사항
11. 그 밖에 확정급여형퇴직연금제도의 운영을 위하여 대통령령으로 정하는 사항

제14조(가입기간) ① 제13조제3호에 따른 가입기간은 퇴직연금제도의 설정 이후 해당 사업에서 근로를 제공하는 기간으로 한다.

② 해당 퇴직연금제도의 설정 전에 해당 사업에서 제공한 근로기간에 대하여도 가입기간으로 할 수 있다. 이 경우 제8조제2항에 따라 퇴직금을 미리 정산한 기간은 제외한다.

제15조(급여수준) 제13조제4호의 급여 수준은 가입자의 퇴직일을 기준으로 산정한 일시금이 계속근로기간 1년에 대하여 30일분의 평균임금에 상당하는 금액 이상이 되도록 하여야 한다.

제16조(급여 지급능력 확보 등) ① 확정급여형퇴직연금제도를 설정한 사용자는 급여 지급능력을 확보하기 위하여 매 사업연도 말 다음 각 호에 해당하는 금액 중 더 큰 금액(이하 "기준책임준비금"이라 한다)에 100분의 60 이상으로 대통령령으로 정하는 비율을 곱하여 산출한 금액(이하 "최소적립금"이라 한다) 이상을 적립금으로 적립하여야 한다. 다만, 제14조제2항에 따라 해당 퇴직연금제도 설정 이전에 해당 사업에서 근로한 기간을 가입기간에 포함시키는 경우 대통령령으로 정하는 비율에 따른다.

1. 매 사업연도 말일 현재를 기준으로 산정한 가입자의 예상 퇴직시점까지의 가입기간에 대한 급여에 드는 비용 예상액의 현재가치에서 장래 근무기간분에 대하여 발생하는 부담금 수입 예상액의 현재가치를 뺀 금액으로서 고용노동부령으로 정하는 방법에 따라 산정한 금액
2. 가입자와 가입자였던 사람의 해당 사업연도 말일까지의 가입기간에 대한 급여에 드는 비용 예상액을 고용노동부령으로 정하는 방법에 따라 산정한 금액

② 확정급여형퇴직연금제도의 운용관리업무를 수행하는 퇴직연금사업자는 매 사업연도 종료 후 6개월 이내에 고용노동부령으로 정하는 바에 따라 산정된 적립금이 최소적립금을 상회하고 있는지 여부를 확인하여 그 결과를 대통령령으로 정하는 바에 따라 사용자에게 알려야 한다. 다만, 최소적립금보다 적은 경우에는 그 확인 결과를 근로자대표에게도 알려야 한다.

③ 사용자는 제2항에 따른 확인 결과 적립금이 대통령령으로 정하는 수준에 미치지 못하는 경우에는 대통령령으로 정하는 바에 따라 적립금 부족을 해소하여야 한다.

④ 제2항에 따른 확인 결과 매 사업연도 말 적립금이 기준책임준비금을 초과한 경우 사용자는 그 초과분을 향후 납입할 부담금에서 상계(相計)할 수 있으며, 매 사업연도 말 적립금이 기준책임준비금의 100분의 150을 초과하고 사용자가 반환을 요구하는 경우 퇴직연금사업자는 그 초과분을 사용자에게 반환할 수 있다.

제17조(급여 종류 및 수급요건 등) ① 확정급여형퇴직연금제도의 급여 종류는 연금 또는 일시금으로 하되, 수급요건은 다음 각 호와 같다.

1. 연금은 55세 이상으로서 가입기간이 10년 이상인 가입자에게 지급할 것. 이 경우 연금의 지급기간은 5년 이상이어야 한다.
2. 일시금은 연금수급 요건을 갖추지 못하거나 일시금 수급을 원하는 가입자에게 지급할 것

② 사용자는 가입자의 퇴직 등 제1항에 따른 급여를 지급할 사유가 발생한 날부터 14일 이내에 퇴직연금사업자로 하여금 적립금의 범위에서 지급의무가 있는 급여 전액(사업의 도산 등 대통령령으로 정하는 경우에는 제16조제1항제2호에 따른 금액에 대한 적립금의 비율에 해당하는 금액)을 지급하도록 하여야 한다. 다만, 퇴직연금제도 적립금으로 투자된 운용자산 매각이 단기간에 이루어지지 아니하는 등 특별한 사정이 있는 경우에는 사용자, 가입자 및 퇴직연금사업자 간의 합의에 따라 지급기일을 연장할 수 있다.

③ 사용자는 제2항에 따라 퇴직연금사업자가 지급한 급여수준이 제15조에 따른 급여수준에 미치지 못할 때에는 급여를 지급할 사유가 발생한 날부터 14일 이내에 그 부족한 금액을 해당 근로자에게 지급하여야 한다. 이 경우 특별한 사정이 있는 경우에는 당사자 간의 합의에 따라 지급기일을 연장할 수 있다.

④ 제2항 및 제3항에 따른 급여의 지급은 가입자가 지정한 개인형퇴직연금제도의 계정으로 이전하는 방법으로 한다. 다만, 가입자가 55세 이후에 퇴직하여 급여를 받는 경우 등 대통령령으로 정하는 사유가 있는 경우에는 그러하지 아니하다.

⑤ 가입자가 제4항에 따라 개인형퇴직연금제도의 계정을 지정하지 아니하는 경우에는 해당 퇴직연금사업자가 운영하는 계정으로 이전한다. 이 경우 가입자가 해당 퇴직연금사업자에게 개인형퇴직연금제도를 설정한 것으로 본다.

제18조(운용현황의 통지) 퇴직연금사업자는 매년 1회 이상 적립금액 및 운용수익률 등을 고용노동부령으로 정하는 바에 따라 가입자에게 알려야 한다.

제4장 확정기여형퇴직연금제도

제19조(확정기여형퇴직연금제도의 설정) ① 확정기여형퇴직연금제도를 설정하려는 사용자는 제4조제3항 또는 제5조에 따라 근로자대표의 동의를 얻거나 의견을 들어 다음 각 호의 사항을 포함한 확정기여형퇴직연금규약을 작성하여 고용노동부장관에게 신고하여야 한다.

1. 부담금의 부담에 관한 사항
2. 부담금의 납입에 관한 사항
3. 적립금의 운용에 관한 사항
4. 적립금의 운용방법 및 정보의 제공 등에 관한 사항
5. 적립금의 중도인출에 관한 사항
6. 제13조제1호부터 제3호까지 및 제6호부터 제10호까지의 사항
7. 그 밖에 확정기여형퇴직연금제도의 운영에 필요한 사항으로서 대통령령으로 정하는 사항

② 제1항에 따라 확정기여형퇴직연금제도를 설정하는 경우 가입기간에 관하여는 제14조를, 급여의 종류, 수급요건과 급여 지급의 절차·방법에 관하여는 제17조제1항, 제4항 및 제5항을, 운용현황의 통지에 관하여는 제18조를 준용한다. 이 경우 제14조제1항 중 "제13조제3호"는 "제19조제6호"로, 제17조제1항 중 "확정급여형퇴직연금제도"는 "확정기여형퇴직연금제도"로 본다.

제20조(부담금의 부담수준 및 납입 등) ① 확정기여형퇴직연금제도를 설정한 사용자는 가입자의 연간 임금총액의 12분의 1 이상에 해당하는 부담금을 현금으로 가입자의 확정기여형퇴직연금제도

계정에 납입하여야 한다.

② 가입자는 제1항에 따라 사용자가 부담하는 부담금 외에 스스로 부담하는 추가 부담금을 가입자의 확정기여형퇴직연금 계정에 납입할 수 있다.

③ 사용자는 매년 1회 이상 정기적으로 제1항에 따른 부담금을 가입자의 확정기여형퇴직연금제도 계정에 납입하여야 한다. 이 경우 사용자가 정하여진 기일(확정기여형퇴직연금규약에서 납입 기일을 연장할 수 있도록 한 경우에는 그 연장된 기일)까지 부담금을 납입하지 아니한 경우 그 다음 날부터 부담금을 납입한 날까지 지연 일수에 대하여 연 100분의 40 이내의 범위에서 「은행법」에 따른 은행이 적용하는 연체금리, 경제적 여건 등을 고려하여 대통령령으로 정하는 이율에 따른 지연이자를 납입하여야 한다.

④ 제3항은 사용자가 천재지변, 그 밖에 대통령령으로 정하는 사유에 따라 부담금 납입을 지연하는 경우 그 사유가 존속하는 기간에 대하여는 적용하지 아니한다.

⑤ 사용자는 확정기여형퇴직연금제도 가입자의 퇴직 등 대통령령으로 정하는 사유가 발생한 때에 그 가입자에 대한 부담금을 미납한 경우에는 그 사유가 발생한 날부터 14일 이내에 제1항에 따른 부담금 및 제3항 후단에 따른 지연이자를 해당 가입자의 확정기여형퇴직연금제도 계정에 납입하여야 한다. 다만, 특별한 사정이 있는 경우에는 당사자 간의 합의에 따라 납입 기일을 연장할 수 있다.

⑥ 가입자는 퇴직할 때에 받을 급여를 갈음하여 그 운용 중인 자산을 가입자가 설정한 개인형퇴직연금제도의 계정으로 이전해 줄 것을 해당 퇴직연금사업자에게 요청할 수 있다.

⑦ 제6항에 따른 가입자의 요청이 있는 경우 퇴직연금사업자는 그 운용 중인 자산을 가입자의 개인형퇴직연금제도 계정으로 이전하여야 한다. 이 경우 확정기여형퇴직연금제도 운영에 따른 가입자에 대한 급여는 지급된 것으로 본다.

제21조(적립금 운용방법 및 정보제공) ① 확정기여형퇴직연금제도의 가입자는 적립금의 운용방법을 스스로 선정할 수 있고, 반기마다 1회 이상 적립금의 운용방법을 변경할 수 있다.

② 퇴직연금사업자는 반기마다 1회 이상 위험과 수익구조가 서로 다른 세 가지 이상의 적립금 운용방법을 제시하여야 한다.

③ 퇴직연금사업자는 운용방법별 이익 및 손실의 가능성에 관한 정보 등 가입자가 적립금의 운용방법을 선정하는 데 필요한 정보를 제공하여야 한다.

제22조(적립금의 중도인출) 확정기여형퇴직연금제도에 가입한 근로자는 주택구입 등 대통령령으로 정하는 사유가 발생하면 적립금을 중도인출할 수 있다.

제23조(둘 이상의 사용자가 참여하는 확정기여형퇴직연금제도 설정) 퇴직연금사업자가 둘 이상의 사용자를 대상으로 하나의 확정기여형퇴직연금제도 설정을 제안하려는 경우에는 다음 각 호의 사항에 대하여 고용노동부장관의 승인을 받아야 한다.

1. 다음 각 목의 사항이 포함된 확정기여형퇴직연금제도의 표준규약
   가. 제19조제1항 각 호의 사항
   나. 그 밖에 대통령령으로 정하는 사항
2. 대통령령으로 정하는 사항이 포함된 운용관리업무 및 자산관리업무에 관한 표준계약서

제5장 개인형퇴직연금제도

제24조(개인형퇴직연금제도의 설정 및 운영 등) ① 퇴직연금사업자는 개인형퇴직연금제도를 운영할 수 있다.

② 다음 각 호의 어느 하나에 해당하는 사람은 개인형퇴직연금제도를 설정할 수 있다.

1. 퇴직급여제도의 일시금을 수령한 사람
2. 확정급여형퇴직연금제도 또는 확정기여형퇴직연금제도의 가입자로서 자기의 부담으로 개인형퇴직연금제도를 추가로 설정하려는 사람
3. 자영업자 등 안정적인 노후소득 확보가 필요한 사람으로서 대통령령으로 정하는 사람

③ 제2항에 따라 개인형퇴직연금제도를 설정한 사람은 자기의 부담으로 개인형퇴직연금제도의 부담금을 납입한다. 다만, 대통령령으로 정하는 한도를 초과하여 부담금을 납입할 수 없다.

④ 개인형퇴직연금제도 적립금의 운용방법 및 운용에 관한 정보제공에 관하여는 제21조를 준용한다. 이 경우 "확정기여형퇴직연금제도"는 "개인형퇴직연금제도"로 본다.

⑤ 개인형퇴직연금제도의 급여의 종류별 수급요건 및 중도인출에 관하여는 대통령령으로 정한다.

제25조(10명 미만을 사용하는 사업에 대한 특례) ① 상시 10명 미만의 근로자를 사용하는 사업의 경우 제4조제1항 및 제5조에도 불구하고 사용자가 개별 근로자의 동의를 받거나 근로자의 요구에 따라 개인형퇴직연금제도를 설정하는 경우에는 해당 근로자에 대하여 퇴직급여제도를 설정한 것으로 본다.

② 제1항에 따라 개인형퇴직연금제도를 설정하는 경우에는 다음 각 호의 사항은 준수되어야 한다.

1. 사용자가 퇴직연금사업자를 선정하는 경우에 개별 근로자의 동의를 받을 것. 다만, 근로자가 요구하는 경우에는 스스로 퇴직연금사업자를 선정할 수 있다.
2. 사용자는 가입자별로 연간 임금총액의 12분의 1 이상에 해당하는 부담금을 현금으로 가입자의 개인형퇴직연금제도 계정에 납입할 것
3. 사용자가 부담하는 부담금 외에 가입자의 부담으로 추가 부담금을 납입할 수 있을 것
4. 사용자는 매년 1회 이상 정기적으로 제2호에 따른 부담금을 가입자의 개인형퇴직연금제도 계정에 납입할 것. 이 경우 납입이 지연된 부담금에 대한 지연이자의 납입에 관하여는 제20조제3항 후단 및 제4항을 준용한다.
5. 그 밖에 근로자의 급여 수급권의 안정적인 보호를 위하여 대통령령으로 정하는 사항

③ 사용자는 개인형퇴직연금제도 가입자의 퇴직 등 대통령령으로 정하는 사유가 발생한 때에 해당 가입자에 대한 제2항제2호에 따른 부담금을 납입하지 아니한 경우에는 그 사유가 발생한 날부터 14일 이내에 그 부담금과 같은 항 제4호 후단에 따른 지연이자를 해당 가입자의 개인형퇴직연금제도의 계정에 납입하여야 한다. 다만, 특별한 사정이 있는 경우에는 당사자 간의 합의에 따라 납입 기일을 연장할 수 있다.

제6장 퇴직연금사업자 및 업무의 수행

제26조(퇴직연금사업자의 등록) 다음 각 호의 어느 하나에 해당하는 자로서 퇴직연금사업자가 되려는 자는 재무건전성 및 인적·물적 요건 등 대통령령으로 정하는 요건을 갖추어 고용노동부장관

에게 등록하여야 한다.

1. 「자본시장과 금융투자업에 관한 법률」에 따른 투자매매업자, 투자중개업자 또는 집합투자업자
2. 「보험업법」 제2조제6호에 따른 보험회사
3. 「은행법」 제2조제1항제2호에 따른 은행
4. 「신용협동조합법」 제2조제2호에 따른 신용협동조합중앙회
5. 「새마을금고법」 제2조제3항에 따른 새마을금고중앙회
6. 「산업재해보상보험법」 제10조에 따른 근로복지공단(근로복지공단의 퇴직연금사업 대상은 상시 30명 이하의 근로자를 사용하는 사업에 한한다)
7. 그 밖에 제1호부터 제6호까지에 준하는 자로서 대통령령으로 정하는 자

제27조(퇴직연금사업자에 대한 등록취소 및 이전명령) ① 고용노동부장관은 퇴직연금사업자가 다음 각 호의 어느 하나에 해당되는 경우에는 고용노동부령으로 정하는 바에 따라 시정을 명하거나 등록을 취소할 수 있다. 다만, 제1호 및 제2호에 해당하는 경우에는 등록을 취소하여야 한다.

1. 해산한 경우
2. 거짓이나 그 밖의 부정한 방법으로 제26조에 따른 등록을 한 경우
3. 제26조에 따른 등록요건을 갖추지 못하게 된 경우
4. 제36조에 따른 고용노동부장관 또는 금융위원회의 명령에 따르지 아니한 경우

② 제1항에 따라 등록이 취소된 퇴직연금사업자는 등록이 취소된 날부터 3년간 퇴직연금사업자 등록을 할 수 없다.

③ 퇴직연금제도 관련 업무를 중단하려는 퇴직연금사업자는 고용노동부장관에게 등록의 말소를 신청하여야 한다. 이 경우 등록이 말소된 퇴직연금사업자는 말소된 날부터 2년간 퇴직연금사업자 등록을 할 수 없다.

④ 제1항 또는 제3항에 따라 등록취소 처분을 받거나 등록말소를 신청한 퇴직연금사업자는 설정된 퇴직연금제도의 이전에 필요한 조치 등 대통령령으로 정하는 가입자 보호조치를 하여야 한다.

⑤ 고용노동부장관은 제1항 또는 제3항에 따라 등록을 취소하거나 말소하는 경우에 근로자의 퇴직급여등 수급권 보호를 위하여 필요하다고 인정하면 등록이 취소되거나 말소되는 퇴직연금사업자에게 그 업무의 전부 또는 일부를 다른 퇴직연금사업자에게 이전할 것을 명할 수 있다. 이 경우 고용노동부장관은 그 업무의 전부 또는 일부를 이전받는 퇴직연금사업자의 동의를 받아야 한다.

제28조(운용관리업무에 관한 계약의 체결) ① 퇴직연금제도를 설정하려는 사용자 또는 가입자는 퇴직연금사업자와 다음 각 호의 업무(이하 "운용관리업무"라 한다)를 하는 것을 내용으로 하는 계약을 체결하여야 한다. 다만, 제2호의 업무는 확정급여형퇴직연금제도를 설정할 때에만 해당한다.

1. 사용자 또는 가입자에 대한 적립금 운용방법 및 운용방법별 정보의 제공
2. 연금제도 설계 및 연금 계리(計理)
3. 적립금 운용현황의 기록·보관·통지
4. 사용자 또는 가입자가 선정한 운용방법을 제29조제1항에 따른 자산관리업무를 수행하는 퇴직연금사업자에게 전달하는 업무
5. 그 밖에 운용관리업무의 적절한 수행을 위하여 대통령령으로 정하는 업무

② 제1항에 따라 운용관리업무를 수행하는 퇴직연금사업자는 대통령령으로 정하는 일부 업무를 인

적·물적 요건 등 대통령령으로 정하는 요건을 갖춘 자에게 처리하게 할 수 있다.

제29조(자산관리업무에 관한 계약의 체결) ① 퇴직연금제도를 설정한 사용자 또는 가입자는 다음 각 호의 업무(이하 "자산관리업무"라 한다)의 수행을 내용으로 하는 계약을 퇴직연금사업자와 체결하여야 한다.

1. 계좌의 설정 및 관리
2. 부담금의 수령
3. 적립금의 보관 및 관리
4. 운용관리업무를 수행하는 퇴직연금사업자가 전달하는 적립금 운용지시의 이행
5. 급여의 지급
6. 그 밖에 자산관리업무의 적절한 수행을 위하여 대통령령으로 정하는 업무

② 사용자 또는 가입자가 제1항에 따른 계약을 체결하려는 경우에는 근로자 또는 가입자를 피보험자 또는 수익자로 하여 대통령령으로 정하는 보험계약 또는 신탁계약의 방법으로 하여야 한다.

제30조(운용관리업무의 수행) ① 퇴직연금사업자는 선량한 관리자로서의 주의의무를 다하여야 한다.

② 퇴직연금사업자는 적립금의 운용방법을 제시하는 경우에 다음 각 호의 요건을 갖춘 운용방법을 제시하여야 한다.

1. 운용방법에 관한 정보의 취득과 이해가 쉬울 것
2. 운용방법 간의 변경이 쉬울 것
3. 적립금 운용결과의 평가 방법과 절차가 투명할 것
4. 확정기여형퇴직연금제도와 개인형퇴직연금제도의 경우에는 대통령령으로 정하는 원리금보장 운용방법이 하나 이상 포함될 것
5. 적립금의 중장기 안정적 운용을 위하여 분산투자 등 대통령령으로 정하는 운용방법 및 기준 등에 따를 것

제31조 (모집업무의 위탁) ① 퇴직연금사업자는 다음 각 호의 요건을 모두 갖춘 자(이하 "퇴직연금제도 모집인")에게 퇴직연금제도를 설정하거나 가입할 자를 모집하는 업무(이하 "모집업무")로서 대통령령으로 정하는 업무를 위탁할 수 있다.

1. 제2항에 따라 고용노동부장관에게 등록된 자가 아닐 것
2. 퇴직연금제도에 대한 전문 지식이 있는 자로서 대통령령으로 정하는 요건을 갖출 것
3. 제6항에 따라 등록이 취소된 경우 그 등록이 취소된 날로부터 3년이 경과하였을 것

② 퇴직연금사업자는 제1항에 따라 퇴직연금제도 모집업무를 위탁한 경우에는 위탁받은 자를 고용노동부장관에게 등록하여야 한다. 이 경우 고용노동부장관은 그 등록업무를 대통령령으로 정하는 바에 따라 고용노동부장관이 정하는 기관에 위탁할 수 있다.

③ 제1항에 따라 퇴직연금제도 모집업무를 위탁받은 자는 제2항에 따른 등록을 하지 아니하고는 퇴직연금제도 모집업무를 수행하여서는 아니 된다.

④ 퇴직연금사업자는 제2항에 따라 등록한 퇴직연금제도 모집인 이외의 자에게 모집업무를 위탁하여서는 아니 된다.

⑤ 제2항에 따른 등록 신청, 방법, 절차 및 그 밖에 등록을 위하여 필요한 사항은 고용노동부장관이 정한다.

⑥ 고용노동부장관은 다음 각 호의 어느 하나에 해당하는 경우 제2항의 퇴직연금제도 모집인에 대한 등록을 취소하거나 6개월 이내에서 모집업무를 정지할 수 있다.

1. 제1항 각 호의 요건을 갖추지 못한 경우
2. 제7항 각 호의 위탁받은 자의 준수사항을 위반한 경우

⑦ 제1항에 따라 업무를 위탁한 경우 위탁받은 자는 다음 각 호의 사항을 지켜야 한다.

1. 위탁한 업무를 다른 자에게 다시 위탁하지 아니할 것
2. 허위 정보에 의한 모집행위 금지 등 퇴직연금제도의 적절한 운영을 위하여 필요한 사항으로서 대통령령으로 정하는 사항

⑧ 퇴직연금사업자는 제1항에 따라 모집업무를 위탁받은 자가 제7항 각 호에 따른 준수사항을 지키지 아니한 경우에는 모집업무의 위탁을 취소하여야 한다.

⑨ 퇴직연금사업자는 퇴직연금제도 모집인이 퇴직연금제도 모집업무를 수행함에 있어서 법령을 준수하고 건전한 거래질서를 해하는 일이 없도록 성실히 관리하여야 하며, 이를 위한 퇴직연금제도 모집업무수행기준을 정하여야 한다.

⑩ 「민법」 제756조는 퇴직연금제도 모집인이 모집업무를 수행함에 있어서 사용자 또는 가입자에게 손해를 끼친 경우에 준용한다.

제7장 책무 및 감독

제32조(사용자의 책무) ① 사용자는 법령 및 퇴직연금규약을 준수하고 가입자 등을 위하여 대통령령으로 정하는 사항에 관하여 성실하게 이 법에 따른 의무를 이행하여야 한다.

② 퇴직연금제도(개인형퇴직연금제도는 제외한다)를 설정한 사용자는 매년 1회 이상 가입자에게 해당 사업의 퇴직연금제도 운영 상황 등 대통령령으로 정하는 사항에 관한 교육을 하여야 한다. 이 경우 사용자는 퇴직연금사업자에게 그 교육의 실시를 위탁할 수 있다.

③ 퇴직연금제도를 설정한 사용자는 다음 각 호의 어느 하나에 해당하는 행위를 하여서는 아니 된다.

1. 자기 또는 제3자의 이익을 도모할 목적으로 운용관리업무 및 자산관리업무의 수행계약을 체결하는 행위
2. 그 밖에 퇴직연금제도의 적절한 운영을 방해하는 행위로서 대통령령으로 정하는 행위

제33조(퇴직연금사업자의 책무) ① 퇴직연금사업자는 이 법을 준수하고 가입자를 위하여 성실하게 그 업무를 하여야 한다.

② 퇴직연금사업자는 제28조제1항 및 제29조제1항에 따른 계약의 내용을 지켜야 한다.

③ 퇴직연금사업자는 정당한 사유 없이 다음 각 호의 어느 하나에 해당하는 행위를 하여서는 아니 된다.

1. 제28조제1항에 따른 운용관리업무의 수행계약 체결을 거부하는 행위
2. 제29조제1항에 따른 자산관리업무의 수행계약 체결을 거부하는 행위
3. 특정 퇴직연금사업자와 계약을 체결할 것을 강요하는 행위
4. 그 밖에 사용자 또는 가입자의 이익을 침해할 우려가 있는 행위로서 대통령령으로 정하는 행위

④ 운용관리업무를 수행하는 퇴직연금사업자는 다음 각 호의 어느 하나에 해당하는 행위를 하여서는 아니 된다.

1. 계약체결 시 가입자 또는 사용자의 손실의 전부 또는 일부를 부담하거나 부담할 것을 약속하는 행위
2. 가입자 또는 사용자에게 경제적 가치가 있는 과도한 부가적 서비스를 제공하거나 가입자 또는 사용자가 부담하여야 할 경비를 퇴직연금사업자가 부담하는 등 대통령령으로 정하는 특별한 이익을 제공하거나 제공할 것을 약속하는 행위
3. 가입자의 성명·주소 등 개인정보를 퇴직연금제도의 운용과 관련된 업무수행에 필요한 범위를 벗어나서 사용하는 행위
4. 자기 또는 제3자의 이익을 도모할 목적으로 특정 운용 방법을 가입자 또는 사용자에게 제시하는 행위

⑤ 제24조제1항에 따라 개인형퇴직연금제도를 운영하는 퇴직연금사업자는 해당 사업의 퇴직연금제도 운영 상황 등 대통령령으로 정하는 사항에 대하여 매년 1회 이상 가입자에게 교육을 하여야 한다.

⑥ 퇴직연금사업자는 고용노동부령으로 정하는 바에 따라 퇴직연금제도의 취급실적을 사용자(개인형퇴직연금제도의 취급실적은 제외한다), 고용노동부장관 및 금융감독원장에게 제출하여야 한다.

⑦ 퇴직연금사업자는 제28조제1항 및 제29조제1항에 따른 계약 체결과 관련된 약관 또는 표준계약서(이하 "약관등"이라 한다)를 제정하거나 변경하려는 경우에는 미리 금융감독원장에게 보고하여야 한다. 다만, 근로자 또는 사용자의 권익이나 의무에 불리한 영향을 주지 아니하는 경우로서 금융위원회가 정하는 경우에는 약관등의 제정 또는 변경 후 10일 이내에 금융감독원장에게 보고할 수 있다.

⑧ 퇴직연금사업자는 매년 말 적립금 운용 수익률 및 수수료 등을 금융위원회가 정하는 바에 따라 공시하여야 한다.

제34조(정부의 책무 등) ① 정부는 퇴직연금제도가 활성화될 수 있도록 지원방안을 마련하여야 한다.

② 정부는 퇴직연금제도의 건전한 정착 및 발전을 위하여 노사단체, 퇴직연금업무의 수행과 관련된 기관·단체와 공동으로 연구사업 지원 등 필요한 조치를 할 수 있다.

③ 정부는 퇴직연금제도의 급여 지급 보장을 위한 장치 마련 등 근로자의 급여 수급권 보호를 위한 방안을 강구하도록 노력하여야 한다.

제35조(사용자에 대한 감독) ① 고용노동부장관은 사용자가 퇴직연금제도의 설정 또는 그 운영 등에 관하여 이 법 또는 퇴직연금규약에 위반되는 행위를 한 경우에는 기간을 정하여 그 위반의 시정을 명할 수 있다.

② 고용노동부장관은 사용자가 제1항에 따른 기간 이내에 시정명령에 따르지 아니하는 경우에는 퇴직연금제도 운영의 중단을 명할 수 있다.

제36조(퇴직연금사업자에 대한 감독) ① 고용노동부장관은 퇴직연금사업자가 이 법을 위반하는 행위를 한 경우에는 기간을 정하여 그 위반의 시정을 명할 수 있다.

② 고용노동부장관은 퇴직연금사업자가 제1항에 따른 시정명령에 따르지 아니하는 경우에는 이 법에 따라 수행하는 업무를 다른 퇴직연금사업자에게 이전할 것을 명할 수 있다.

③ 금융위원회는 퇴직연금제도의 안정적 운영과 근로자의 수급권 보호를 위하여 대통령령으로 정하는 업무에 관하여 퇴직연금사업자를 감독하고, 퇴직연금사업자가 제33조를 위반하는 경우 다음 각 호의 조치를 할 수 있다.

1. 퇴직연금사업자에 대한 주의, 그 임원에 대한 주의 또는 그 직원에 대한 주의·견책·감봉·정직·면직의 요구
2. 해당 위반행위에 대한 시정명령
3. 임원의 해임권고 또는 직무정지요구
4. 6개월 이내의 영업의 일부정지

④ 금융감독원장은 퇴직연금사업자의 업무 및 재산상황 등을 검사할 수 있고, 제33조제7항에 따라 퇴직연금사업자가 보고한 약관등이 이 법에 위배될 경우에는 변경·보완을 명할 수 있다.

제37조(금융거래정보의 제공 요청 등) ① 고용노동부장관은 사용자가 제16조에 따른 급여 지급능력을 확보하였는지 등 퇴직연금제도 운영을 감독하기 위하여 필요한 경우 「금융실명거래 및 비밀보장에 관한 법률」 제4조 및 「신용정보의 이용 및 보호에 관한 법률」 제33조에도 불구하고 자산관리업무 및 운용관리업무 계약을 체결한 사업에 관한 다음 각 호의 금융거래에 관한 정보 또는 자료(이하 "금융거래정보"라 한다)의 제공을 퇴직연금사업자에게 요청할 수 있다.

1. 가입자 현황
2. 급여 지급 현황
3. 부담금 납입 현황
4. 적립금 운용현황에 관한 정보

② 고용노동부장관이 제1항에 따라 금융거래정보를 요청할 때에는 다음 각 호의 사항을 적은 문서로 요청하여야 한다.

1. 요청대상 거래기간
2. 요청의 법적 근거
3. 사용목적
4. 요청하는 금융거래정보의 내용

③ 제1항에 따른 금융거래정보의 요청은 퇴직연금제도 운영의 건전성 감독을 위하여 필요한 최소한도에 그쳐야 한다.

④ 제2항에 따라 퇴직연금사업자가 고용노동부장관에게 금융거래정보를 제공하는 경우에는 그 퇴직연금사업자는 금융거래정보를 제공한 날부터 10일 이내에 제공한 금융거래정보의 주요 내용, 사용목적, 제공받은 자 및 제공일자 등을 해당 사용자 또는 가입자에게 서면으로 알려야 한다. 이 경우 통지에 드는 비용에 관하여는 「금융실명거래 및 비밀보장에 관한 법률」 제4조의2제4항을 준용한다.

⑤ 고용노동부장관은 제1항에 따라 퇴직연금사업자에게 금융거래정보를 요구하는 경우에는 그 사실을 기록하여야 하며, 금융거래정보를 요구한 날부터 5년간 그 기록을 보관하여야 한다.

⑥ 제1항에 따라 금융거래정보를 제공받아 알게 된 자는 그 알게 된 금융거래정보를 타인에게 제공 또는 누설하거나 그 목적 외의 용도로 이용하여서는 아니 된다.

제8장 보칙

제38조(퇴직연금제도의 폐지·중단 시의 처리) ① 퇴직연금제도가 폐지되거나 운영이 중단된 경우에는 폐지된 이후 또는 중단된 기간에 대하여는 제8조제1항에 따른 퇴직금제도를 적용한다.

② 사용자는 퇴직연금제도가 폐지된 경우 지체 없이 적립금으로 급여를 지급하는 데에 필요한 조치로서 미납 부담금의 납입 등 대통령령으로 정하는 조치를 하여야 한다.

③ 사용자와 퇴직연금사업자는 제35조제2항에 따른 사유 등으로 퇴직연금제도가 중단된 경우에 적립금 운용에 필요한 업무 등 대통령령으로 정하는 기본적인 업무를 유지하여야 한다.

④ 사용자와 퇴직연금사업자는 퇴직연금제도가 폐지되어 가입자에게 급여를 지급하는 경우에 가입자가 지정한 개인형퇴직연금제도의 계정으로 이전하는 방법으로 지급하여야 한다. 다만, 가입자가 개인형퇴직연금제도의 계정을 지정하지 아니한 경우에는 제17조제5항을 준용한다.

⑤ 가입자가 제4항에 따라 급여를 받은 경우에는 제8조제2항에 따라 중간정산되어 받은 것으로 본다. 이 경우 중간정산 대상기간의 산정 등에 필요한 사항은 대통령령으로 정한다.

제39조(업무의 협조) 고용노동부장관은 이 법의 시행을 위하여 필요한 경우에 금융위원회 등 관련 기관에 자료의 제출을 요청할 수 있다. 이 경우 자료의 제출을 요청받은 기관은 정당한 사유가 없으면 이를 거부하여서는 아니 된다.

제40조(보고 및 조사) ① 고용노동부장관은 이 법 시행에 필요한 범위에서 사용자 및 퇴직연금사업자에게 퇴직연금제도의 실시 상황 등에 관한 보고, 관계 서류의 제출 또는 관계인의 출석을 요구할 수 있다.

② 고용노동부장관은 이 법의 시행을 위하여 필요하다고 인정하는 경우에는 소속 직원으로 하여금 퇴직연금제도를 실시하는 사업장 및 해당 퇴직연금사업자의 사업장에 출입하여 사용자 및 퇴직연금사업자 등 관계인에 대하여 질문하거나 장부 등 서류를 조사하게 할 수 있다.

③ 제2항에 따라 사업장 및 해당 퇴직연금사업자의 사업장에 출입하여 관계인에 대하여 질문하거나 장부 등 서류를 조사하려는 직원은 그 권한을 나타내는 증표를 지니고 이를 관계인에게 내보여야 한다.

제41조(청문) 고용노동부장관은 제27조제1항에 따른 등록취소 또는 제36조제2항에 따른 이전명령을 하려는 경우에는 청문을 하여야 한다.

제42조(권한의 위임·위탁) ① 이 법에 따른 고용노동부장관의 권한은 대통령령으로 정하는 바에 따라 그 일부를 금융위원회 또는 금융감독원장에게 위탁하거나 지방고용노동관서의 장에게 위임할 수 있다.

② 이 법에 따른 금융위원회의 권한은 대통령령으로 정하는 바에 따라 그 일부를 금융감독원장에게 위탁할 수 있다.

제9장 벌칙

제43조(벌칙) 제37조제6항을 위반한 자는 5년 이하의 징역 또는 3천만원 이하의 벌금에 처한다.

제44조(벌칙) 다음 각 호의 어느 하나에 해당하는 자는 3년 이하의 징역 또는 2천만원 이하의 벌금에

처한다. 다만, 제1호 및 제2호의 경우 피해자의 명시적인 의사에 반하여 공소를 제기할 수 없다.

1. 제9조를 위반하여 퇴직금을 지급하지 아니한 자
2. 근로자가 퇴직할 때에 제17조제2항、제3항, 제20조제5항 또는 제25조제3항을 위반하여 급여를 지급하지 아니하거나 부담금 또는 지연이자를 납입하지 아니한 자
3. 제27조제4항을 위반하여 가입자 보호조치를 하지 아니한 퇴직연금사업자
4. 제33조제3항 및 제4항을 위반한 퇴직연금사업자

제45조(벌칙) 다음 각 호의 어느 하나에 해당하는 자는 2년 이하의 징역 또는 1천만원 이하의 벌금에 처한다.

1. 제4조제2항을 위반하여 하나의 사업 안에 퇴직급여제도를 차등하여 설정한 자
2. 제31조제3항을 위반하여 고용노동부장관에 등록하지 아니하고 퇴직연금제도 모집업무를 수행한 자
3. 제31조제4항을 위반하여 퇴직연금제도 모집인 이외의 자에게 모집업무를 위탁한 퇴직연금사업자
4. 제32조제3항제1호에 따른 책무를 위반한 사용사

제46조(벌칙) 다음 각 호의 어느 하나에 해당하는 자는 500만원 이하의 벌금에 처한다.

1. 제4조제3항·제4항 또는 제25조제1항 및 제2항제1호를 위반하여 근로자대표 또는 개별 근로자의 동의를 받지 아니하거나 의견을 듣지 아니한 사용자
2. 제31조제7항을 위반한 자

제47조(양벌규정) 법인의 대표자나 법인 또는 개인의 대리인, 사용인, 그 밖의 종업원이 그 법인 또는 개인의 업무에 관하여 제44조부터 제46조까지의 어느 하나에 해당하는 위반행위를 하면 그 행위자를 벌하는 외에 그 법인 또는 개인에게도 해당 조문의 벌금형을 과(科)한다. 다만, 법인 또는 개인이 그 위반행위를 방지하기 위하여 해당 업무에 관하여 상당한 주의와 감독을 게을리하지 아니한 경우에는 그러하지 아니하다.

제48조(과태료) ① 다음 각 호의 어느 하나에 해당하는 자에게는 1천만원 이하의 과태료를 부과한다.

1. 제32조제2항에 따라 매년 1회 이상 교육을 하지 아니한 사용자
2. 제33조제5항에 따라 매년 1회 이상 교육을 하지 아니한 퇴직연금사업자

② 다음 각 호의 어느 하나에 해당하는 자에게는 500만원 이하의 과태료를 부과한다.

1. 제13조에 따른 확정급여형퇴직연금규약 또는 제19조에 따른 확정기여형퇴직연금규약을 신고하지 아니한 사용자
2. 제32조제3항제2호에 따른 책무를 위반한 사용자
3. 제33조제2항 및 제6항에 따른 책무를 위반한 퇴직연금사업자

③ 제1항 및 제2항에 따른 과태료는 대통령령으로 정하는 바에 따라 고용노동부장관이 부과、징수한다.

부칙 <제10967호, 2011.7.25.>

제1조(시행일) 이 법은 공포 후 1년이 경과한 날부터 시행한다.

제2조(퇴직보험등의 유효기간) ① 법률 제7379호 근로자퇴직급여보장법의 시행일인 2005년 12월 1일

이전에 사용자가 근로자를 피보험자 또는 수익자로 하여 대통령령으로 정하는 퇴직보험 또는 퇴직일시금신탁(이하 "퇴직보험등"이라 한다)에 가입하여 근로자가 퇴직할 때 일시금 또는 연금으로 수령하게 하는 경우에는 법률 제7379호 근로자퇴직급여보장법 제8조제1항에 따른 퇴직금제도를 설정한 것으로 본다. 다만, 퇴직보험등에 의한 일시금은 같은 항에 따른 퇴직금보다 적어서는 아니 된다.

② 제1항에 따른 퇴직금제도의 효력기간은 2010년 12월 31일까지로 한다.

제3조(퇴직 전 퇴직금 정산 요건에 관한 적용례) 제8조제2항의 개정규정은 이 법 시행 후 최초로 근로자가 사용자에게 중간정산을 요구하는 경우부터 적용한다.

제4조(급여의 지급 방법에 관한 적용례) 제17조제4항 및 제5항, 제19조제2항(제17조제4항 및 제5항을 준용하는 부분에 한정한다) 및 제38조제4항의 개정규정은 이 법 시행 후 최초로 급여를 지급할 사유가 발생한 경우부터 적용한다.

제5조(확정기여형퇴직연금제도 및 개인형퇴직연금제도 부담금 등 납입에 관한 적용례) 제20조제3항·제4항, 제25조제2항제4호 및 같은 조 제3항의 개정규정에 따른 지연이자에 관한 부분은 이 법 시행 후 최초로 발생하는 지연이자를 납입하는 경우부터 적용한다.

제6조(자영업자 등의 개인형퇴직연금제도 가입에 관한 적용례) 제24조제2항제3호는 이 법 시행 후 5년이 경과한 날부터 적용한다.

제7조(퇴직연금사업자 등록 취소 및 말소에 관한 적용례) 제27조제2항 및 제3항의 개정규정은 이 법 시행 후 최초로 퇴직연금사업자의 등록이 취소되거나 등록의 말소를 신청한 경우부터 적용한다.

제8조(상시 4명 이하의 근로자를 사용하는 사업의 시행시기, 급여 및 부담금 등에 관한 특례) ① 상시 4명 이하의 근로자를 사용하는 사업에 대하여는 법률 제7379호 근로자퇴직급여보장법 부칙 제1조 단서에 따라 2010년 12월 1일부터 퇴직급여제도가 시행된 것으로 본다.

② 상시 4명 이하의 근로자를 사용하는 사업에 적용되는 퇴직금, 확정급여형퇴직연금제도의 급여액, 확정기여형퇴직연금제도 및 제25조의 개정규정에 따른 개인형퇴직연금제도의 사용자 부담금의 수준은 제8조제1항, 제15조, 제20조제1항 및 제25조제2항제2호의 개정규정에도 불구하고 다음 각 호와 같이 정한다.

1. 2010년 12월 1일부터 2012년 12월 31일까지의 기간에 대한 퇴직금, 확정급여형퇴직연금제도의 급여액, 확정기여형퇴직연금제도 및 제25조의 개정규정에 따른 개인형퇴직연금제도의 사용자 부담금 수준: 제8조제1항, 제15조, 제20조제1항 및 제25조제2항제2호의 개정규정에서 정하는 수준의 100분의 50 이상
2. 2013년 1월 1일 이후의 기간에 대한 퇴직금, 확정급여형퇴직연금제도의 급여액, 확정기여형퇴직연금제도 및 제25조의 개정규정에 따른 개인형퇴직연금제도의 사용자 부담금 수준: 제8조제1항, 제15조, 제20조제1항 및 제25조제2항제2호의 개정규정에서 정하는 수준

③ 근로관계 당사자는 제1항 및 제2항을 이유로 기존의 근로조건을 낮출 수 없다.

제9조(퇴직금 우선변제에 관한 경과조치) ① 제12조제2항에도 불구하고 1997년 12월 24일 전에 퇴직한 근로자의 경우에는 1989년 3월 29일 이후의 계속근로기간에 대한 퇴직금을 우선변제의 대상으로 한다.

② 제12조제2항에도 불구하고 1997년 12월 24일 전에 채용된 근로자로서 1997년 12월 24일 이후에

퇴직하는 근로자의 경우에는 1989년 3월 29일 이후부터 1997년 12월 23일까지의 계속근로기간에 대한 퇴직금에 1997년 12월 24일 이후의 계속근로기간에 대하여 발생하는 최종 3년간의 퇴직금을 합산한 금액을 우선변제의 대상으로 한다.

③ 제1항 및 제2항에 따라 우선변제의 대상이 되는 퇴직금은 계속근로기간 1년에 대하여 30일분의 평균임금으로 계산한 금액으로 한다.

④ 제1항 및 제2항에 따라 우선변제의 대상이 되는 퇴직금은 250일분의 평균임금을 초과할 수 없다.

제10조(퇴직금제도에 관한 경과조치) 법률 제7379호 근로자퇴직급여보장법의 시행일인 2005년 12월 1일 당시 종전의 「근로기준법」 제34조제1항에 따라 설정된 퇴직금제도와 미리 정산하여 지급된 퇴직금은 법률 제7379호 근로자퇴직급여보장법에 따라 설정되거나 지급된 것으로 본다.

제11조(개인퇴직계좌에 관한 경과조치) 이 법 시행 당시 종전의 제25조 또는 제26조에 따라 설정된 개인퇴직계좌는 제24조 또는 제25조의 개정규정에 따라 설정된 개인형퇴직연금제도로 본다.

제12조(다른 법률의 개정) 임금채권보장법 일부를 다음과 같이 개정한다.

제7조제2항제1호 중 "「근로자퇴직급여 보상법」 제11소제2항에 따른 최종 3년간의 퇴직금"을 "「근로자퇴직급여 보장법」 제12조제2항에 따른 최종 3년간의 퇴직급여등"으로 한다.

제8조제2항 중 "「근로자퇴직급여 보장법」 제11조제2항에 따른 퇴직금채권"을 "「근로자퇴직급여 보장법」 제12조제2항에 따른 퇴직급여등 채권"으로 한다.

제10조제3호 중 "「근로자퇴직급여 보장법」 제3장에 따른 퇴직연금제도를 설정한 사업주(같은 법 제26조에 따른 특례 적용 사업의 사업주를 포함한다)"를 "「근로자퇴직급여 보장법」 제3장에 따른 확정급여형퇴직연금제도, 같은 법 제4장에 따른 확정기여형퇴직연금제도 또는 같은 법 제25조에 따른 개인형퇴직연금제도를 설정한 사업주"로 한다.

제13조(다른 법령과의 관계) 이 법 시행 당시 다른 법령에서 종전의 「근로자퇴직급여 보장법」의 규정을 인용한 경우에 이 법 가운데 그에 해당하는 규정이 있으면 종전의 규정을 갈음하여 이 법의 해당 규정을 인용한 것으로 본다.

[부록 4]

세계은행의 금융소비자보호 모범관행(2011.03)
−3장: 금융서비스별 소비자보호 모범관행−

I. 은행 부문

시중은행과 대중(the public in general)의 관계는 국가의 경제적 발전에 있어 중요하다. 하지만 가격 투명성 보장과 관련된 소비자 인식이나 보호책이 불충분하고, 분쟁 조정 매카니즘은 비용이 높고 오랜 시간이 요구되기 때문에 비효율적이다. 따라서 전반적인 금융 부문(banking section)과 제반 환경에 대한 평가가 필요한데, 그러한 의미에서 아래 엄선된 사례들은 국제 표준으로서도 적합하다고 할 수 있을 것이다.

A. 소비자 보호 기관

A.1. 소비자 보호 제도

법률은 금융 상품과 서비스에 대하여 분명한 소비자 보호법을 제공해야 하며, 해당 법률의 온전하고 객관적이며, 시의적절하고 공정한 시행과 집행을 위해 기관 간에 협의가 이루어져야 한다. 또한 소비자 보호의 인증, 시행. 감독, 집행을 위한 법률적인 토대는 금융 업무에서의 소비자 권리를 포함한 어떠한 법률적 권한보다도 우선되어야 한다.

A.2. 은행 행동 준칙(Code of Conduct for Banks)

전세계의 은행 협회는 산업 내에서 요구되는 서비스 표준과 관련된 표준 행동 준칙을 채택하고 있는데, 소비자 보호를 위해서는 이에 더불어 각 은행에 의한 자율 행동 준칙이 필요하다.

A.3. 엄중한 감독과 소비자 보호 간의 적절한 할당(Appropriate Allocation between Prudential Supervision and Consumer Protection)

금융 상품과 서비스에 관한 관할 조직의 설정 이전에 각 기능에 대한 충분한 자원 할당이 필요하다. 중앙 은행이나 금융 감독 기관의 법률은 일반적으로 금융 감독 기능이나 "공정성", "투명성"을 포함한 "소비자 보호"에 대하여 언급하지 않는 경우가 많다. 하지만 규제 기관의 명성, 고객 신뢰, 은행 자신의 손실을 고려한다면 규제 기관에 있어 소비자 보호 문제는 매우 중요한 부분이다.

A.4. 기타 기관 합의

금융 상품에 관한 모든 소비자 불만과 관련하여 법정은 전문성을 바탕으로 시의적절하고 효율적인 법률적 결정을 할 수 있어야 한다. 또한 매체와 소비자 협회는 각 국에서 재무 소비자 보호의 활성화에 중요한 역할을 하고 있는 만큼, 기자들이 관련 지식을 함양하고 재무적 이슈와 관련된 정보를 정확하게 이해하고 전달해야 한다.

A.5. 라이센싱(Licensing)

모든 금융 기관은 그들 자신의 재무적 안전과 건전성, 서비스의 효과적 제공을 위하여 라이센싱과 법적 체제의 대상이 된다. 라이센싱은 기구로 하여금 기준 설립 및 불법 활용 거부에 대한 권한을 지니게 함으로써 금융 시스템 내에서의 소비자 보호 집행을 위한 기반을 형성한다.

B. 공시와 판매 사례

B.1. 고객 정보

정확하고 믿을 수 있는 고객 신원 확인은 무엇보다 중요하며, 특히 국가 신분증 발급이 보급되지 않은 후진국에 있어서는 더욱 세심한 접근이 요구된다.

B.2. 상환 능력(affordability)

소비자의 과도한 부채 발생을 방지하고 소비자로 하여금 각자의 재정적 요구에 맞는 올바른 의사결정을 하도록 돕는다. 그와 함께 소비자가 자신의 신용 등급을 관리하고, 그것이 어려울 경우에는 가능한 빨리 대출 기관이나 무료 상담 기관과 접촉할 수 있도록 하는 것이 중요하다.

B.3. 계약 철회 기간

소비자는 눈앞의 수익성만으로 계약 결정을 서두르는 경향이 있는데, 이것은 상품 약관이 공시되어 있지 않거나 상품 간 비교가 어려운 환경에서는 심각한 문제를 야기할 수 있다. 따라서 계약 철회와 관련된 장치를 마련하여 소비자가 계약 파기를 함으로써 받을 수 있는 법적 제약을 미연에 방지해야 한다.

B.4. 묶어 팔기(Bundling)와 끼워 팔기(Tying Clauses)

끼워 팔기는 거래 비용 증가, 신규 시장 진입 방해, 가격 투명성 저해의 문제가 있다. 한 편, 묶음 상품은 가격이나 편의성 측면에서는 소비자에게 긍정적으로 보일 수 있으나 상품 비교를 어렵게 하고, 요구하지 않은 서비스에 관한 제반 비용이 발생한다는 점에서 공정한 경쟁을 저해한다.

B.5. 권한의 보전

법으로 인정되는 경우를 제외하고, 은행은 소비자와의 관계나 계약에 있어 어떠한 경우에도 거부하거나 제한 할 수 없다. 이 같은 표준은 소비자들이 금융 거래에 있어 자신의 권한을 축소시킬 수 있는 계약에 동의하지 않을 수 있도록 한다.

B.6. 규제 현황 공시

인쇄물, TV, 라디오, 기타 모든 종류의 광고에 있어 은행은 상품의 명칭이나 세부 내용 등이 공인된 기관에 의해 규제를 받고 있음을 명시해야 한다.

B.7. 계약 조건

계좌 개설, 대출 확인의 경우, 관련된 모든 계약 조건(요금, 불만 처리 절차, 고충 처리 부서의 존재, 채무 불이행에 대한 은행의 대처, 이자율 정보, 비공인 거래에 관한 보고 절차 등)을 서면으로 제공해야 하며, 이 때 각종 용어 등 쉽게 이해할 수 있도록 작성되어야 한다.

B.8. 주요 요소 정보(Key Facts Statement)

주요 요소 정보는 금융 상품/서비스에 관한 중요한 요소들에 대한 간략하고 표준화된 정보를 제공함으로써 해당 상품/서비스에 대한 이해와 비교를 돕는다.

B.9. 광고와 판매 자료

광고와 판매 자료, 절차에 대하여 오해를 불러일으키지 않도록 쉽게 제작되어야 하며, 해당 내용에 관해서는 은행에게 법적 책임이 있음을 명시해야 한다.

B.10. 제3자 보증

은행은 법적 규제를 받거나 특수한 경우가 아닌 이상, 기대 수익에 관한 광고를 할 수 없다. 광고가 필요한 경우에는 보증인의 성명, 상세 계약 내용, 모든 관련 기관과 그 관계에 대해 밝혀야 한다. “보증”은 수익이 보장되는 경우에는 유용하게 쓰이지만 보통의 소비자에게 있어서는 이해하기가 어려운 매우 넓고 애매한 부분이다. 따라서 광고에는 소비자의 혼동을 막을 수 있도록 이에 관한 내용이 분명하게 공개되어야 한다.

B.11. 전문 역량

전문성 있는 서비스 제공에 대한 표준은 상품이나 서비스뿐만이 아니라 그것을 다루는 인적 자원의 지식이나 노하우에 의해서도 결정된다. 재무 상품이 점차 복잡해지고, 금융과 비금융의 경계가 모호해지고 있으므로 소비자는 상품에 대해 충분히 이해하기 위해 노력하는 한 편, 금융 관련 기관에서는 그에 합당한 충분한 지식

C. 고객 계좌 관리 및 유지

C.1. 계좌명세서

a. 은행은 사전에 소비자로부터 서명을 통한 허가를 받지 않았다면, 해당 고객에 대해 은행이 보유하고 있는 모든 계좌에 대한 월간명세서를 무료로 고객에게 제공해야 함.
b. 각 명세서에서는 관련 기간 계좌와 관련된 모든 거래를 정리하고 해당 기간에 계좌에 적용된 이자율의 세부사항을 제공해야 함.
c. 각 신용카드명세서에서는 최소결제금액과 함께 최소결제금액만을 결제할 때 발생하는 총 이자비용을 명시해야 함.
d. 각 모기지 또는 다른 대출계좌 명세서에서는 관련 기간 동안 상환된 금액, 총 대출잔액, 지불액 중 원금과 이자 부분, 그리고 현재까지 지급한 세금을 명시해야 함.
e. 은행은 소비자에게 고객의 장기 휴면계좌에 대해 알리고 이 기금이 주인없는 자금처럼 처리될 것을 서면을 타당하게 통지하여야 함.
f. 소비자가 인쇄물이 아닌 전자통신에 의한 명세서를 신청할 때에는 해당 명세서는 읽기 쉽고 즉시 이해할 수 있는 형식으로 제공되어야 함.

C.2. 이자율의 변경 또는 이자를 부과하지 않는 경우의 통지

a. 은행은 은행 소비자가 지급받을 이자 또는 계좌에 발생할 이자에 변경이 있을 경우에는 그 즉시, 그리고 계좌에 이자가 부과되지 않을 경우에는 그 효력발생일로부터 타당한 기간 전에

소비자에게 이에 대한 내용을 서면 통지하여야 함.

b. 개정된 조건을 소비자가 받아들일 수 없을 때, 고객은 불이익 없이 계약을 해제할 권리를 가지며 이 권리는 타당한 기간 내에만 실행할 수 있음.

c. 은행은 위의 a에 명시된 변경통지를 할 때 고객에게 앞서 말한 권리를 알려야 함.

C.3. 소비자 기록

a. 은행은 은행의 각 고객에 대해 다음을 포함한 기록의 최신성을 유지하여야 함.
  - 소비자 신원을 파악하고 소비자 프로파일을 제공하기 위해 필요한 모든 문서의 사본
  - 소비자의 주소, 전화번호, 그리고 기타 모든 연락처
  - 법규, 규정, 행위준칙을 준수하기 위해 준비된 소비자 관련 정보와 문서
  - 은행이 소비자에게 제공하는 모든 상품 및 서비스에 대한 세부사항
  - 소비자와 은행 간의 우편물 사본, 그리고 소비자에게 제공된 상품 및 서비스와 관련되어 소비자에게 제공된 기타 정보의 세부사항
  - 소비자가 작성, 서명하여 은행에 제출한 은행의 모든 문서와 신청서
  - 은행이 상품 및 서비스를 제공하기 위하여 소비자가 작성한 신청서와 함께 소비자가 제출한 모든 원본문서의 사본
  - 기타 소비자와 관련된 정보

b. 법률 또는 규정에서 이러한 모든 기록을 보유할 수 있는 최소 허용기간을 제공하고, 그리고 이 기간 동안 이 기록에 소비자가 무료 또는 타당한 비용을 치르고 접근할 수 있도록 하여야 함.

C.4. 종이 및 전자 수표

a. 법률 그리고 행위준칙에서는 다른 무엇보다도 다음에 관한 규칙을 포함하는 종이수표의 발행과 청산에 관해 분명한 규칙을 제공해야 함.
  - 자금이 불충분한 계좌로부터 발행된 수표, 충분한 자금이 없이 수표를 발행한 결과, 결제된 수표의 자금이 고객의 계좌에 언제까지 입금되어야 하는지 그 기간, 소비자가 발행한 수표에 대한 지급을 처리하거나 중지하는 절차, 수표 발행 및 결제에 대해 은행이 부과한 비용, 수표 사기의 경우 당사자의 책임, 오류해결

b. 고객이 당좌예금계좌를 개설할 때 충분한 자금없이 종이수표를 발행시 발생할 결과에 대하여 고객에게 알려야 함.

c. 은행은 고객에게 전자수표와 전자수표 이용시 발생할 비용에 대해 분명하고 쉽게 접근가능하고 이해가능한 정보를 제공하여야 함.

d. 전자수표 또는 신용카드 수표에 관하여, 은행은 특히 다음을 소비자에게 알려야 함.
  - 신용카드수표의 이용이 신용카드 이용과 어떻게 다른지, 적용되는 이자와 이것이 신용카드구매시 부과되는 이율과 다른지 여부, 언제 이자가 부과되고 이자가 부과되지 않는 기간이 있는지－그리고 있다면 어느 기간 동안 그러한지, 추가적인 수수료나 비용이 발생하는지－그리고 있다면 그 근거와 범위, 신용카드수표로 물품구매시 고객이 제공되는 보장이 신용카드 사용시 주어지는 보장과 차이가 있는지－ 그리고 있다면 구체적인 차이

e. 신용카드수표는 소비자의 사전 서면동의 없이믄 소비자에게 발송해서는 안됨.
f. 인증, 오류해결, 사기를 처리하는 절차에 관한 명확한 규정이 있어야 함.

C.5. 신용카드

a. 신용카드 발급 및 관련된 소비자 공시요건에 대한 법적 규정이 있어야 함.
b. 신용카드 발급업자인 은행은 개인적 공시요건이 모든 신용카드신청서에 명시되어야 하며, 이때 수수료 및 비용(금융비용 포함), 신용한도, 지연이자율, 그리고 최소 월간 지급액 계산법을 포함하여야 함.
c. 은행은 사전승인 신용카드에 소비자가 승인하지 않은 비용 및 수수료를 부과하도록 허용해서는 안됨.
d. 소비자가 최소지급금액만 지불할 경우 매월 명세서에 개인화된 최소지급 경고문과 함께 총 이자발생비용을 고객에게 알려야 함.
e. 무엇보다도, 법률적 규정을 통하여 독립적 소득이 없는 21세 미만의 어린 성인에게 신용카드를 발급하거나 홍보하는 것을 금지하거나 조건을 부과하고, 수수료의 변경이나 이자율 인상에 대한 타당한 통지를 요구하고, 낮은 이율이 적용되는 과거 구매금액을 포함하여 총 잔액에 대해 더 높은 지연이자율을 새롭게 적용하는 것을 금지하고, 소비자가 신용한도를 초과할 때 부과되는 수수료를 제한하고, 카드 발급자가 하나가 아닌 두 개의 대금청구기간에 대하여 이자를 부과하는 double-cycle billing이라 불리우는 관행을 금지하고, 소비자에게 부과되는 이자비용을 극대화하는 방식으로 신용카드 발급자가 월간 지급액을 할당하는 것을 방지하고, 신용불량자에게 발급된 서브프라임 신용카드에 선취수수료를 부과하는 것을 제한하여야 함.
f. 오류해결, 허가받지 않은 거래와 분실된 카드의 보고, 그리고 그로 인한 소비자의 채무를 소비자가 신용카드를 받기 전에 청산하게 하는 것에 관한 분명한 규정이 있어야 함.
g. 은행과 발급자는 신용카드 오용, 신용카드 채무와 사기 방지에 관한 소비자인식증진프로그램을 수행해야 함.

C.6. 인터넷 은행 및 모바일 폰 뱅킹

a. 인터넷 뱅킹 및 모바일 폰뱅킹(m-뱅킹)의 제공은 견고한 법률적 그리고 규제적 특안에서 지지되어야 함.
b. 규제기관은 인터넷과 m-뱅킹을 제공하는 은행 또는 금융서비스 제공자는 정보 프라이버시, 비밀유지; 상대의 인증, 신원확인 및 접근 통제; 거래의 거절방지; 업무연속성계획; 서비스 이용이 가능하지 않을 때 충분한 통지를 보장하는 보안 프로그램을 마련해야 함.
c. 은행은 제 3자 통제 조건과 수행을 모니터할 수 있는 감독프로그램을 실행하여야 하는데, 이는 m-뱅킹을 실행시 대리인을 이용할 때 특히 그러함.
d. 소비자는 은행으로부터 인터넷 또는 m-뱅킹에 적용되는 비용 또는 수수료가 있는지 , 있다면 그 근거와 금액에 대하여 정보를 제공받아야 함.
e. 오류해결 및 사기 처리절차에 대한 분명한 규정이 있어야 함.
f. 당국은 은행 및 서비스제공자가 인터넷과 m-뱅킹 거래에 대한 소비자 인식 증진을 위한 조치를 취할 수 있도록 장려하여야 함.

C.7. 전자 자금이체 및 송금

a. 전자자금이체와 관련된 당사자들의 권리, 책임에 대한 분명한 규정이 있어야 함.

b. 은행은 소비자에게 전자자금이체 및 송금의 가격 및 서비스특징에 대한 정보를 접근가능하고 이해하기 쉬운 형식으로 제공해야 함. 가능하다면 이 정보에는 총 금액(예. 보내는이와 받는이에 대한 수수료, 외국환율 및 기타 비용), 받는이에게 자금이 도달하기까지 걸리는 시간, 보내는이와 받는이의 접점의 위치, 소비자에게 적용되는 전자자금이체서비스의 거래조건이 포함되어야 함.

c. 투명성을 보장하기 위하여, 상황에 따라 서비스의 가격 또는 다른 측면이 달라지는지를 분명히 하고, 소비자에게 다른 요구사항 부과없이 이 정보를 공개해야 함.

d. 전자자금이체 또는 송금을 보내거나 받는 은행은 자금이체에 대한 모든 필수적인 정보를 기록하고 자금을 이체하거나 송금하는 고객에게 비용없이 요구가 있을 시에 이용가능하도록 하여야 함.

e. 전자자금이체 및 송금에 있어서 오류 및 사기의 경우 분명하고, 대중이 이용가능하고 쉽게 적용할 수 있는 절차가 있어야 함.

f. 고객은 외국에서의 신용/직불카드 사용시의 거래조건에 대하여 외국거래수수료 및 환율을 포함하여 정보를 제공받아야 함.

C.8. 채권회수

a. 은행, 은행의 대리인 및 제 3자는 은행 고객에 대한 폭력적인 채권회수관행을 금해야 하며, 여기에는 허위진술의 이용, 불공정한 관행 또는 허위 신용정보를 타인에게 제공하는 것을 포함함.

b. 은행을 대신하여 회수할 수 있는 유형의 채권, 이러한 채권을 회수할 수 있는 자, 그리고 채권을 회수할 수 있는 방식은 채권에 관한 신용협약이 은행과 고객사이에 이루어질 때 고객에게 알려주어야 함.

c. 채권회수자는 은행고객의 채무와 관하여 제3자에게 채권회수자가 그러할 권리가 있는지 그리고 채권회수자가 찾는 유형의 정보에 대해 알리지 않고서 제 3자를 만나서는 안됨.

d. 채무자의 동의 없이 채권의 판매 또는 이전이 법에 의해 허용된 경우, 채무자에게는 타당한 기간 내에 이를 통지하고, 여전히 채무자가 채무상태임을 알리고, 구매자의 연락정보와 어디서 지급해야하는지에 대한 정보를 제공해야 함.

C.9. 담보물의 압류

a. 은행이 대출 담보물인 자산에 대해 압류권한을 실행하는 경우, 사전에 고객에게 관련된 절차와 은행이 압류하는 과정, 그리고 그로인해 소비자에게 발생하는 결과를 알려야 함.

b. 이와 함께, 은행은 소비자에게 압류과정에서 소비자가 이용가능한 법률적 구제책 및 선택사항을 알려야 함.

c. 압류자산의 판매로부터 발생한 수익으로 잔액을 모두 상환하지 못할 때에는 은행이 부채잔액을 되살릴 수 있는 법적 권리를 갖고 있다는 사실을 소비자가 주목하도록 하여야 함.

d. 은행이 법원의 도움없이 계약의 실행을 할 수 있도록 모기지 계약 등에서 허용하고 있다면, 은행은 자산의 판매를 포함하여 계약실행을 하는데 전문가와 합법적 수단을 이용하여야 함.

C.10. 개인파산

a. 은행은 각 고객에게 적시에 서면으로 은행이 어떤 근거로 소비자를 파산하게 하는지, 그 단계별 절차와 결과에 대해 알려야 함.
b. 은행은 고객이 파산을 피할 수 있도록 하기 위하여 각각의 모든 고객에게 적절한 통지와 정보를 제공해야 함.
c. 모든 은행은 직접 또는 은행 제휴를 통하여 파산하거나 파산할 가능성이 높은 고객이 상담서비스를 이용할 수 있도록 해야 함.
d. 각 개인이 파산선언을 위한 채무자청원을 할 의도를 선언하거나, 채무협약을 제안하거나, 개인파산협약을 제안하거나, 자발적파산을 할 수 있도록 법에서 허용해야 함.
e. 개인파산시스템의 관리와 규제를 책임지는 파산업무사무소 또는 신탁관리자로서 업무를 수행하는 기관은 소비자에게 그들의 채무를 처리할 수 있는 선택안에 대한 적절한 정보를 제공해야 함.

D. 프라이버시 및 정보 보호

D.1. 고객정보의 비밀유지 및 보안

a. 은행은 자신의 고객의 거래에 대하여 비밀유지를 하여야 함.
b. 고객정보의 보안 및 온전성을 해칠 수 있는 예견가능한 위험과 허가받지 않은 접근으로부터 은행이 고객의 개인정보를 보호하도록 법률적으로 요구하여야 한다.

D.2. 고객정보의 공유

a. 은행은 고객에게 고객의 계좌에 대한 정보를 공유할 의무가 있는 제 3자 (예. 신용조사기관의 합법적 질의), 그리고 고객개인정보의 이용과 공유 방법을 서면으로 제공하여야 함.
b. 은행은 고객의 사전 서면동의 없이는 텔레마케팅 또는 다이렉트 우편마케팅을 목적으로 고객에 대한 계좌 또는 개인정보를 은행과 제휴하지 않은 자에게 판매하거나 공유해서는 안됨.
c. 고객이 은행에게 고객정보 공유를 중지 및 거부할 수 있도록 법률적으로 허용하고, 은행은 맨처음 정보공유전에 고객에게 관련된 권리를 서면으로 알려야 함.
d. 제3자가 고객의 은행 관련 정보를 공개하는 것을 법적으로 금지하여야 함.

D.3. 정보공개의 허용

은행 고객의 기록을 정부당국에 공개하는 것과 관련된 특정 규칙과 절차, 정부당국이 어떤 기록을 다루거나 다룰 수 없는지에 대한 규칙, 이들 규정과 절차에 적용되는 예외, 그리고 이러한 규칙과 절차를 위반한 은행 및 정부당국에 대한 처벌을 법에서 마련해야 함.

D.4. 신용조사정보

a. 신용조사정보는 충분한 집행 권한과 더불어 적절한 감독을 받아야 함.
b. 신용정보공유시스템은 정확하고, 최신의, 충분한 자료를 보유하여야 하며, 시스템은 엄격한 보안과 신뢰 수준을 유지하여야 함.
c. 신용정보공유시스템의 전반적인 법률, 규제의 틀은 명확하고, 예측가능하고, 비차별적이고,

적절하며 고객의 권리를 옹호하는 방식이어야 하며, 효과적인 사법적 또는 비사법적 분쟁해결방법이 있어야 함.

d. 신용정보의 국가간 교환을 촉진함에 있어 신용정보공유시스템은 적절한 수준의 보호를 제공해야 함.

e. 적절하고 고객의 권리를 옹호하는 방식이라 함은 고객이 기관의 정보공유관행을 알고 정보공유에 동의하는 권리, 적절한 신원확인을 거쳐 적어도 일년에 한번은 무료로 자신의 신용정보에 접근할 수 있는 권리, 신용정보로 인하여 신용결정에서 불리한 조치 또는 최적수준이 아닌 조건/가격에 대하여 알 권리, 일정한 기간(예.6개월) 내에 모든 질의에 답변을 받을 권리, 부정확한 사실에 대한 정보를 수정하거나 계쟁중인 정보를 삭제, 표시하도록 할 권리, 신용기록의 타당한 보관기간(예. 긍정적 정보는 2년, 부정적 정보는 5−7년)에 대한 권리, 정보에 대한 비밀유지 그리고 정보에 대한 허가받지 않은 접근, 오사용, 분실 또는 손상을 방지하기 위한 충분한 보안대책 마련에 대한 권리를 포함하여야 함.

E. 분쟁해결방법

E.1. 내부불만처리절차

a. 모든 은행은 분쟁처리절차를 기록하여 갖추고, 고객의 불만을 적절하게 처리하기 위한 접점을 지정하되, B.7 섹션에서 언급한 거래약관에 이 절차의 요약내용을 포함시키고 관련 전문을 소비자가 쉽게 얻을 수 있는 방법도 함께 언급하여야 함.

b. 은행은 불만을 접수한 날로부터 짧은 기간 내에 이를 접수했다는 사실을 서면으로 고객(불만접수자)에게 확인해주고, 불만이 해결되거나 은행 내에서 더 이상 처리될 수 없을 때까지 불만을 담당할 1인 이상의 담당자를 지정하여 그 이름을 고객(불만접수자)에게 제공해야 함.

c. 은행은 타당한 간격의 기간을 두고서 불만 조사의 진행사항을 고객(불만접수자)에게 정기적으로 서면 제공해야함.

d. 불만조사완료일로부터 몇일(영업일 기준) 이내에 은행은 조사결과, 그리고 필요한 경우 고객(불만접수자)에 제안 또는 합의의 조건을 설명을 서면으로 알려야 함.

e. 은행이 구두로 불만을 접수하였을 때에는 고객(불만제기자)에게 위의 서면작성된 불만과 같이 처리하여야 함. 그러나, 은행은 불만이 서면으로 작성될 것을 요구해서는 안됨.

f. 은행은 접수된 모든 불만과 그에 대한 조치의 기록을 최신의 것으로 유지해야 함.

g. 기록에는 불만접수자의 세부사항, 불만의 성격, 은행 답변의 사본, 다른 관련 서신 또는 기록의 사본, 취해진 조치, 그리고 분쟁이 해결되었는지, 그리고 어떤 근거로 해결되었는지에 대한 내용을 포함하여야 함.

h. 은행은 은행 감독기구 또는 규제기관이 요청할 경우 이 기록을 검토할 수 있도록 해야 함.

E.2. 공식 분쟁해결방법

a. 한명 이상의 고객의 불만이 위의 E.1의 절차에 따라 해결되지 않는 경우에는 고객이 제 3자인 은행 옴부즈맨 또는 이와 동등한 기관에 감당할 수 있는 비용으로 효율적인 제소할 수 있도록 하는 시스템을 마련하여야 함.

b. 은행 옴부즈맨 또는 이와 동등한 기관의 존재, 그리고 절차와 과정에 대한 기본 정보를 위의

B.7에서 언급한 은행의 모든 거래약관에 명시해야 함.

c. 고객이 요청할 경우, 은행은 은행 옴부즈맨 또는 이와 동등한 기관의 세부사항, 그리고 결정의 구속력과 결정의 실행 보장방법을 포함, 절차와 과정에 대한 내용을 고객이 구할 수 있도록 해야 함.

d. 은행 옴부즈맨 또는 이와 동등한 기관은 적절한 자원이 제공되고 그 직무를 공정하게 다할 수 있도록 해야 함.

e. 은행 옴부즈맨 또는 이와 동등한 기관의 결정은 불만이 제기된 은행에 대하여 법적구속력을 가져야 함.

E.3. 소비자 불만에 대한 정보의 발표

a. 옴부즈맨, 금융감독당국 또는 소비자보호기관은 은행산업 윤리규정의 위반에 대한 불만을 포함, 고객 불만의 자료 및 통계를 주기적으로 작성하여 발표하여야 함.

b. 규제기관은 시스템적 소비자 불만과 분쟁의 원인을 줄일 수 있도록 은행 상품 및 서비스에 관한 소비자 보호 활동에 대한 자료와 통계, 그리고 분석을 발표해야 함.

c. 은행산업협회는 불만 자료 및 통계를 분석하고 시스템적 소비자 불만의 재발을 방지하기 위한 조치를 제안하여야 함.

F. 보증계획 및 지급불능

F.1. 예금자 보호

a. 은행이 예금의 반환을 포함하여 그 의무를 다하지 못할 때에는 규제기관 또는 감독기관은 예금자를 보호하기 위해 필요한 조치를 취할 수 있도록 법적으로 보장하여야 함.

b. 예금보험에 대한 법률이 있다면, 보험자, 보험대상 예금자 계층, 보험보장범위, 모든 지불목적 기금의 보유자, 기금 납부자, 이 기금으로부터 피보험자에게 지급을 촉발할 수 있는 경우, 피보험 예금자에게 적시 지불을 보장할 수 있는 방법을 명확하게 명시하여야 함.

c. 예금보험자는 직접적 또는 피보험 은행 또는 피보험 상업은행 협회를 통하여, 지속적으로예금보험시스템과 이 시스템의 작동원리, 그 장점과 한계에 대한 대중의 인식을 향상시켜야 함.

d. 대중인식 향상을 위해서는 무엇보다도 예금보험 대상인 금융상품 및 기관, 보장범위, 그리고 예금보험 및 반환과정의 한계에 대한 내용을 알려야 함.

e. 예금보험자는 소비자에게 제공되는 정보의 일관성을 확보하고 대중의 인식을 지속적으로 극대화하기 위해 회원 은행 및 기타 안전망 참여자와 함께 긴밀히 공조해야 함.

f. 예금보험자는 대중인식향상 프로그램 및 활동의 효과성에 대해 정기적으로 평가를 받거나 수행해야 함.

F.2. 지급불능

a. 예금자는 은행의 청산과정에서 다른 무담보 채권자 보다 높은 우선권을 누려야 함.

b. 예금자에게 최대한 적시에 예금 반환을 가능하도록 신속하고, 비용 효율적이고, 공정한 조항을 은행의 지급불능 처리 법률에 포함하여야 함.

G. 소비자 권한부여

G.1. 광범위한 재무역량프로그램

a. 국민의 재무역량 증진을 위하여 광범위한 재무교육 프로그램 및 정보가 개발되어야 함.
b. 정부, 국가기관 그리고 비정부기관을 포함한 다양한 기관이 금융역량프로그램의 개발 및 실행에 참여해야 함.
c. 정부는 국가 재무역량프로그램의 개발 및 실행을 이끌고 조율할 수 있는 중앙은행 또는 금융 구제기관을 지정하여야 함.

G.2. 다양한 계획과 대중매체를 포함한 채널

a. 은행 상품 및 서비스에 대한 사람들의 재무역량을 향상시키기 위하여 관련 부처 또는 기관은 다양한 계획을 발의하여 실행하여야 함.
b. 은행 상품 및 서비스에 대한 재무교육, 정보, 안내를 대중에 제공하기 위하여 관련 부처 또는 기관은 대중매체의 이용을 장려해야 함.
c. 정부는 은행 상품 및 서비스에 관한 재무교육, 정보, 안내를 제공함에 있어 정부기관, 은행 규제기관, 은행산업 그리고 소비자협회 간 협업을 장려하고 적절한 인센티브를 제공해야 함.

G.3. 편향되지 않은 소비자 정보

a. 규제기관과 소비자협회는 인터넷, 인쇄출판물을 통하여 주요 유형의 은행 상품 및 서비스에 대한 주요 특성, 장점과 위험, 그리고 실행가능하다면 비용에 대한 독립적인 정보를 제공해야 함.
b. 관련 당국 또는 기관은 은행이 소비자에게 제공하고 있는 상품 및 서비스를 소비자가 더 잘 이해할 수 있도록 비교 가격 정보의 제공 및 교육캠페인과 같은 노력을 장려해야 함.
c. 관련 당국 또는 기관은 비정부기관이 은행 상품 및 서비스에 관한 소비자인식향상프로그램을 대중에게 제공할 수 있도록 장려하는 정책을 채택해야 함.

G.4. 소비자, 금융서비스산업에 대한 자문제공

a. 관련 당국 또는 기관은 소비자, 은행 협회, 그리고 은행이 은행 소비자의 니즈와 기대를 충족시킬 수 있는 재무역량프로그램의 개발을 돕도록 자문을 제공해야 함.
b. 관련 당국 또는 기관은 제안된 계획이 의도한 성과를 내도록 하기 위하여 소비자 테스트를 착수할 수 있어야 함.

G.5. 재무역량증진계획의 영향 측정

a. 소비자의 재무역량은 무엇보다도 광범위한 가구 조사와 미스테리쇼핑의 반복을 통하여 때때로 측정하여야 함.
b. 주요 재무역량증진계획의 효과성은 관련 당국 또는 기관이 때때로 평가하여야 함.

H. 경쟁과 소비자보호

H.1. 규제정책 및 경쟁정책

규제기관과 경쟁 당국자는 금융서비스 규제에 관한 정책의 수립, 일관적인 적용과 실행을 보장하기 위한 목적으로 서로에게 자문을 제공하도록 하여야 함.

H.2. 경쟁의 검토

소매금융시장이 전체 경제와 소비자의 복지에 대해 갖는 중요성을 고려할 때, 경쟁 당국은 소매금융시장에서의 경쟁을 모니터하고, 소매금융시장에서의 경쟁을 주기적으로 평가(예. 특정 상품에 대한 은행간 이자율 범위)하고 이를 일반을 대상으로 발표하며, 소매금융시장의 경쟁을 향상시키기 위한 권고를 발표하여야 함.

H.3. 경쟁정책이 소비자보호에 미치는 영향

경쟁 당국과 규제기관은 경쟁정책이 소비자 복지에 미치는 영향, 특히 이자와 기타 비용 및 보수에 관한 공모 및 소비자 선택에의 제한에 미치는 영향을 평가하여야 함.

II. 증권부문

증권 중개인, 투자 자문업자와 집합투자기구(CIU) 및 고객의 관계를 통해 증권시장을 공정하고 건전하며 효과적으로 기능하도록 한다.

A. 투자자 보호 제도들

A.1. 소비자보호제도

a. 효과적 제도를 만들기 위한 특별 법조항과, b. 민원과 분쟁, 요구사항을 포함한 정보를 수집하고 분석하는 정부 기관이 반드시 있어야 한다.

A.2. 증권 중개인, 투자 자문업자와 집합투자기구의 행동규범

a. 각기 자발적인 행동규범이 있어야 하며,
b. 행동규범이 있다면 적절한 수단을 통해 일반 대중에게 공표해야 한다.
c. 규범과 적절한 체제를 반드시 따르고 그에 따른 인센티브를 제공해야 한다.

A.3. 기타 제도적 구조

a. 사법시스템은 법과 규정을 강화할 수 있는 효율적이고 신뢰할 만한 장소를 제공해야 한다.
b. 대중매체, c. 자발적인 투자자보호기구와 협회, 승인받은 자율규제기구를 포함한 민간부문은 투자자보호를 촉진하는 데 적극적 역할을 담당해야 한다.

A.4. 자격허가

a. 금융기관의 투자목적을 가진 모든 법인 또는 개인은 자금을 모을 때 감독청으로부터의 허가를 받아야 할 의무가 있다.
b. 투자자문을 제공하고 고객의 자산을 관리하는 법인 또는 개인은 감독청으로부터의 허가를 받을 의무가 있다.
c. 투자자문만을 행하고 허가를 요하지 않는 경우 해당 개인의 활동에 협회 또는 감독이나 자율규제기구, 증권법에서의 사기방지 규정 또는 다른 소비자법을 적용해야 한다.

B. 공시와 판매관행

B.1. 일반적 사례

구매 전, 구매시점, 구매 후 등 세 단계에서 거래 제안, 직접 매매 및 투자정보 제공에 있어 투자자의 관계 공시 정책은 반드시 있어야 한다.

a. 계좌 및 상품, 서비스 선택과 특징, 위험과 구매의 결과, 차입금과 마진, 옵션과 선물 등의 정보가 가용하게 제공되어야 하며,
b. 증권 중개인, 투자 자문업자와 집합투자기구는 마케팅과 판매 자료에서 언급한 내용에 법적 책임을 지고
c. 대행인 또는 전속대리인 활동을 위한 자격사항을 공시해야 한다.
d. 기능 또는 활동을 다른 법인 및 개인에게 하청할 경우 어떤 기능과 자격을 누구에게 맡겼는지, 자격여부, 역량 등 모든 것을 공시해야 한다.

B.2. 약관

a. 투자자와의 관계를 개시하기 전에 일반적인 금융약관과 함께 특정 계정의 약관 사본을 제공하고
b. 글자 크기와 여백을 읽기 편하게 해야 한다.
c. 약관에는 일반적인 요금 내역, 항의 절차, 보상체계, 지급금리 또는 요금 산정방법, 무이자 요금 또는 수수료, 서비스요금, 차입 조건과 기능, 계좌변경 제약 및 계좌 폐쇄 방법 등이 공시되어야 한다.

B.3. 전문적 기능

판매자의 최소 필요역량을 설정하고 관리하며 그에 대한 적절성을 협회와 협의해야 한다.

B.4. 고객알기제도

상품 및 서비스를 투자자에게 제공하기 전에 전문적 관점에서 투자자의 배경과 금융상황, 투자경험, 위험태도를 수집, 기록, 보유하고 적절한 투자권유를 해야 한다.

B.5. 적합성

투자자로부터 수집한 사실들과 알려진 연관 사실을 바탕으로 해당 투자자에게 적합한 상품 권유가 되어야 한다.

B.6. 판매관행

a. 제정법과 규정은 요청에 의한 불완전판매에 관한 명확한 규칙을 포함해야 하므로 강압적 판매 전략이나 오도, 신뢰를 저버리는 판매를 하지 않고, 투자에 따르는 위험을 확실히 설명하며 위험사항이나 경고를 무시하지 않고, 법적으로 허가된 것 외의 제한 및 책무를 제외하지 않아야 한다.
b. 불완전 판매관행에 대한 제재를 포함해야 한다.
c. 투자사기를 조사할 광범위한 능력이 필요하다.

B.7. 광고와 판매자료

a. 단순한 언어를 사용하여 평균적 투자자가 이해할 수 있어야 하며,

b. 소비자를 오도하지 않음을 확신할 수 있어야 하고,
c. 규제를 담당하는 기관을 지면, TV, 라디오를 포함한 모든 광고에 공시해야 한다.

B.8. 관계와 갈등

a. 증권 중개인, 투자 자문업자와 집합투자기구는 고객의 계좌에 영향을 미칠 모든 관계와
b. 이해관계에서의 모든 갈등을 설명해야 한다.

B.9. 집합투자기구로부터의 개별공시

a. 집합투자기구는 잠재 및 현재 투자자에게 정책을 공시하고 특정 중개인이나 다른 금융회사의 이용으로 얻는 유인책을 설명하며 각기 다른 몇 가지 기간의 수익을 정확히 반영하여 집합투자기구 투자 수익을 공정하고 정직하게 공시한다.
b. 집합투자기구는 각 펀드의 핵심요약 설명을 명확한 언어로 제공해야 한다.

B.10. 투자 자문업자로부터의 개별공시

a. 잠재 및 현재 투자자에게 투자자문업자가 또 다른 업으로 등록되어 있는지 여부, 추천하는 금융상품을 자문업자가 스스로 취급하는지의 여부, 매수 및 매도시 관련 집단과의 연관 여부를 공시해야 한다.
b. 핵심요약설명을 각 상품에 대해 명확한 언어로 제공해야 한다.

C. 소비자의 계좌의 취급과 관리

C.1. 계정 분리

다른 시장 참가자들로부터 계정을 분리해야 한다.

C.2. 계약보고서

a. 투자자는 확정된 상세 계약보고서를 수령해야 하며, 투자자를 대리한 각 매매의 특징을 포함해야 한다.
b. 투자계약서는 증권 중개인과 집합투자기구, 판매 대리인으로부터 받는 수수료를 공시해야 한다.
c. 거래가 이루어지는 장소를 나타내야 한다.

C.3. 입출금내역서

a. 투자자는 각 계정에 대해 주기적으로 읽기 쉽고 간결한 상세 정보 보고서를 수령해야 하며, 기록된 거래의 정확성에 대한 항의수단이 있어야 하고, 비대면으로 서명할 때에는 문장이 읽기 쉽고 이해하기 쉬운 양식이어야 한다.
b. 투자자문만을 제공하는 경우에도 고객 자산을 관리한다면 자산관리인으로부터 입출금내역서가 준비되어야 한다.

C.4. 즉시 납입과 펀드 이체

투자자가 펀드를 자신의 계좌에서 이체하거나 펀드 및 자산 이전을 요청할 경우 즉각 처리해야 한다.

C.5. 투자기록

a. 투자자 인식과 프로필에 필요한 모든 서류 사본, 연락처, 계약 안내 및 정기 보고서, 자문 내역, 조언 관련 정보, 서신, 서명하거나 완성한 서류와 신청서, 관련 서류 사본, 투자자가 요청하고 보관하도록 법에 정해진 모든 정보, 기타 등 투자자에 대한 기록을 최신으로 유지해야 한다.

b. 개별 거래의 상세내역은 충분한 시간이 지날 때까지 보유한다.

D. 프라이버시와 데이터 보호

D.1. 비밀유지와 고객 정보 보안

비밀 및 고객 정보를 어떠한 위협이나 위해로부터 보호하고 승인받지 않은 접근 또는 사용으로부터 안전하고 완전하게 지키기 위하여 법적으로 충분한 단계를 거치도록 해야 한다.

D.2. 고객 정보 공유

신용당국 등 제3사와 투사사의 정보가 공유되어야 힘을 알리고 이떻게 사용하고 공유하는지 설명하며, 제휴사에 개인정보를 판매하거나 계좌를 공유하여 텔레마케팅이나 DM마케팅에 활용할 경우 투자자가 멈추거나 참여하지 않을 수 있도록 허용하고 이러한 선택권을 투자자에게도 알려야 한다.

D.3. 허용 공시

a. 고객 금융기록을 정부기관에 보낼 때 특정한 과정이나 예외가 있다면 법으로 명시되어야 하며,

b. 투자자의 비밀 준수를 위반했을 때에는 처벌할 수 있는 법이어야 한다.

E. 분쟁해결방법

E.1. 내부 분쟁해결

a. 증권감독기관에서는 증권 중개인, 투자 자문업자와 집합투자기구 내에 불만을 토로하고 분쟁을 해결하는 방안을 요구해야 하며,

b. 증권 중개인, 투자 자문업자와 집합투자기구는 요구와 불만을 처리하는 직원을 지정해야 한다.

c. 투자자들에게 내부 분쟁해결 과정을 알려야 하며,

d. 증권감독기관은 이들이 투자자보호규칙에 따라 내부 규정을 마련했는지 관리감독 해야 한다.

E.2. 공식 분쟁해결방법

독립적인 분쟁해결시스템이 있어야 한다.

a. 투자자들이 증권에 불만을 가질 경우 옴부즈맨과 중재재판소 등 제3의 원천을 찾아볼 수 있도록 해야 하며, 투자자문가와 집합투자기구는 내부적 과정에서 자신들의 만족을 배제하고 대중에 공개할 수 있도록 해야 한다.

b. 독립적인 분쟁해결시스템은 관계당국과 산업으로부터 공정하고 독립적이어야 한다.

c. 독립적 분쟁해결시스템의 결정은 증권 중개인과 집합투자기구에 대한 법적구속력이 있어야 하며, 결정사항의 집행이 보장되고 인정되어야 하며 널리 알려져야 한다.

F. 보증제도와 지불불능

F.1. 투자자보호

a. 증권 중개인, 투자자문가와 집합투자기구가 곤란에 처한 상황이 발생했을 때 시간 기준으로 즉각적인 정정 행동을 취할 수 있도록 규제당국은 법을 명확하게 제공해야 하며,
b. 투자자 보증기금법이 있다면 법의 적용을 받는 기금과 금융상품을 분명히 해야 한다.
c. 기금의 지불금을 배정하고 보증기금 또는 지불불능신탁을 통해 금융상품을 적절한 시기에 이전할 수 있는 효과적인 체계가 있어야 한다.
d. 증권 중개인과 집합투자기구, 판매대리인의 지급불능에 대비한 법률상 규정은 상환금을 납부할 수 있도록 신속하고 비용 효율적이며 공정한 규정이어야 한다.

G. 소비자 역량강화

G.1. 광범위한 재무역량 프로그램

a. 광범위한 재무교육과 정보 프로그램은 모든 사람들의 금융역량을 증진시킬 수 있도록 개발되어야 한다.
b. 정부, 국가기관, 비정부기구 등 다양한 기관들은 금융역량 프로그램을 발전시키고 이행하는데 관여해야 한다.
c. 정부는 중앙은행이나 금융규제당국 등의 기관이 국가적 금융역량 프로그램 발전과 이행을 이끌고 조정할 수 있도록 해야 한다.

G.2. 대중매체를 포함한 일련의 계획과 채널들

a. 일련의 계획들은 사람들의 금융역량 강화를 위해 수행되어야 하며,
b. 대중매체에서 금융교육과 정보, 안내를 제공할 수 있도록 하는 장려책을 포함해야 한다.

G.3. 투자자를 위한 공정한 정보

a. 금융규제당국은 인터넷과 지면을 통해 주요 금융상품과 서비스의 핵심적 특징과 이익, 위험에 관한 독립적 정보－발생 가능한 비용은 얼마인지－를 제공해야 하며,
b. 비정부기구로 하여금 금융상품과 서비스를 고려한 소비자 인지 프로그램을 대중에 제공할 것을 장려해야 한다.

G.4. 금융역량계획의 효과 측정

a. 소비자의 금융역량은 시기별로 반복 수행되는 광범위한 가계조사를 통해 측정될 수 있으며,
b. 주요 금융역량 계획의 효과를 평가해야 한다.

Ⅲ. 보험부문

A. Consumer Protection Institutions

A.1. Consumer Protection Regime (소비자보호제도)

법은 보험과 관련된 모든 사항에서 소비자보호에 관한 명확한 규정을 제시해야 하며, 소비자보호 규정을 실행하고 집행하기 위한 적합한 제도를 마련해야 한다.

법의 특별 조항은 보험소비자 보호를 위한 효과적인 제도를 규정하고 있어야 하며, 소비자보호 규정은 자발적 소비자기구와 자율규제 기구 등을 포함한 민간 부문의 역할에 우선순위를 정해야 한다.

A.2. Contracts (계약)

일반적인 보험법이나 계약법에서 보험계약 부문은 특화되어 있거나 별도의 보험계약법이 규정되어야 한다. 이 규정은 보험 부문에서 정보의 교환과 공시요건, 보험업자 및 보험계약자의 권리와 의무를 구체화하여 교섭력의 비대칭과 정보접근성을 고려해야 한다.

A.3. Code of Conduct for Insurers (보험업자의 행동규정)

이론에 근거한 보험업자의 행동규정은 보험산업 및 관련 소비자단체의 자문을 받아 고안되었으며, 법률상 처벌이 가능한 기관이나 자율규제기관에 의해 모니터링되고 집행된다. 이론에 근거한 행동규정이 있으면, 보험업자는 적합한 수단을 통해 대중에게 알린다. 이론에 근거한 행동규정은 보험상품이나 상품과 관련된 보험업자의 자발적인 규정에 의해 보강되어야 하며 모든 자발적 규정은 마찬가지로 공표되어야 한다.

A.4. Other Institutional Arrangements (기타 제도적 준비)

관리감독과 소비자보호는 분리된 기관에서 담당하거나 하나의 기관에서 담당할 수 있지만, 소비자보호 규정을 효과적으로 실행할 수 있도록 관리감독과 소비자보호 간의 자원 배분이 이루어져야 한다. 사법제도는 금융소비자보호에 관한 규정을 실행하는 데 신뢰를 제공해야 하며 미디어와 소비자단체는 보험부문에서 소비자보호를 촉진하는 데 적극적인 역할을 해야 한다.

A.5. Bundling and Tying Clauses (묶어팔기와 끼워팔기 조항)

보험업자가 상인 혹은 신용양도자(credit grantor)와 계약을 할 때에는 소비자가 조언을 구하거나 선택할 수 있는 상황이 아닌 경우 묶어팔기나 끼워팔기 혹은 기타 배타적인 거래는 금지되어야 한다.

B. Disclosure and Sales Practices

B.1. Sales Practices (판매관행)

보험업자는 그들의 대리인(agent)를 통해 소비자에게 전달된 상품관련 정보에 대해 책임을 져야 한다. 소비자는 그들에게 보험계약을 판매하는 중개인(intermediary)이 소비자를 위해 일하는 지 아니면 보험업자를 위해 일하는 지에 대한 정보를 제공받아야 한다. 만약 중개인이 브로커라면(소비자를 위하여 일한다면) 소비자는 계약을 체결할 때 중개인이 보험업자에게 수수료를 받는지에 대해 들을 권리가 있으며, 계약기간동안 중개인에게 지불하는 비용이나 수수료가 있는지에 대한 정보를 제공받아야 한다. 중개인은 일반적인 보험(예: 생명 및 장애보험, 건강보험, 신용보험 등)에서 브로커과 대리인의 역할을 동일하게 취급해서는 안된다. 은행이 중개인일 경우에는 판매 과정에서 소비자가 은행상품이나 은행에서 보증해 주는 상품을 구입하는 것이 아니라는 것을 이해하는 절차가 필요하다. 위의 조항들을 위반했을 때에는 벌금, 중개인과 관련된 사항, 자격의 부족 등을 포함한 제재가 적용되어야 한다.

B.2. Advertising and Sales Materials (광고와 판촉물)

보험업자는 광고와 판촉물에 대해 보장할 수 있어야 하며, 광고 및 판촉과정에서 소비자를 오도해서는 안된다. 보험업자는 그들의 상품과 관련된 마케팅과 판촉물 내의 모든 진술에 대해 법적 책임이 있다. 모든 마케팅 및 판촉물은 일반 대중들이 쉽게 읽고 이해할 수 있어야 한다.

B.3. Understanding Customers' Needs (고객의 니즈에 대한 이해)

판매 중개인이나 판매책임자는 제공되는 상품이 소비자에게 적합한지를 보증하기 위해 소비자에 대한 충분한 정보를 획득해야 한다. 장기간의 저축이나 투자상품의 경우에는 공식적인 실정조사(fact finds)에 대한 사항이 구체화되어야 하며, 실정조사의 자료는 지속적으로 유지되어야 하며 여러 차례 조사되어야 한다.

B.4. Cooling-off Period (계약 철회 기간)

전통적인 투자 혹은 장기간의 노후대비자금 계약은 강요판매(high pressure selling)나 불완전판매에 대처하기 위해 규정에 대한 정보가 전달된 이후에 합리적인 계약 철회 기간이 필요하다.

B.5. Key Facts Statement (핵심 상품설명서)

모든 보험상품과 계약서에는 큰 활자로된 핵심 상품설명서가 첨부되어야 한다.

B.6. Professional Competence (전문적 역량)

보험 판매자와 인터미디어리는 그들이 판매하는 상품의 복잡성에 따라 충분한 자격을 갖추고 있어야 한다. 장기 저축과 투자 보험상품을 판매하는 인터미디어리의 교육 요건은 구체화되어 있거나, 적어도 규제자나 감독자에 의한 승인절차가 필요하다.

B.7. Regulatory Status Disclosure (규제상황 공시)

매체의 종류와 관계 없이 모든 광고에서 보험업자는 규제의 내용, 규제담당자의 이름과 주소를 제시해야 한다. 모든 보험 인터미디어리는 자격인증을 받아야 하며, 자격인증의 증거는 인터넷을 통해 제공하는 등 일반 대중들이 쉽게 이용가능한 방법으로 제공되어야 한다.

B.8. Disclosure of Financial Situation (재무상황 공시)

규제자와 관리감독자는 보험부문의 발전사항, 건전성, 강점, 보급율 등에 관한 연간보고서(annual public reports)와 법규정 하에서의 책임요건을 작성해야 한다. 보험업자는 일반대중이 그 제도의 재무적 실행가능성에 대한 의견을 형성할 수 있도록 그들의 재무적 정보를 공개해야 한다. 만약 지불능력비율을 이용할 수 없다는 credible claims이 발생하면, 규제자나 관리감독자는 해설자(commentator)나 중개인이 보험업자의 상대적인 재무능력에 대해 판단할 수 있도록 주기적으로 각 보험업자에 대한 충분한 정보를 제공해야 한다.

C. Customer Account Handling and Maintenance

C.1. Customer Account Handling (고객계좌 관리)

소비자는 보험 저축 및 투자계약의 경우 그들의 보험증서의 가치에 관한 주기적인 설명서를 받아야 한다. 전통적인 저축계약의 경우 적어도 1년에 1번 정도 설명서가 제공되어야 하며, 투자관련 계약의 경우 보다 빈번하게 제공되어야 한다. 소비자는 규정된 기간 내의 설명서에서 거래 기록의 정확성에 대해 논쟁할 수단을 가지고 있어야 한다. 보험업자는 소비자의 요구에 따라 적절한 시간내에 전통적인 저축이나 투자 계약의 현금가치를 제시해야 한다. 또한, 계약체결 시와 이후 예상 현금가치를 보여주는 표도 함께 제시해야 한다. 소비자는 손해보험증권(non-life policies)의 갱신일 이전에 갱신에 관한 공지를 받아야 하며, 보험업자가 갱신을 원하지 않는 경우에도 적절한 기간내에 공지해야 한다. 클레임 당시에 비밀유지가 발견되었지만 클레임의 원인에 중요한 사항이 아니라면 클레임은 부인되거나 조정되어서는 안된다. 이러한 경우 클레임은 결정적인 결점이나 재보험을 복구할 수 없을 때 조정가능하다. 만약 비밀유지문서가 발행되었다면 보험업자는 언제든지 방침을 취소할 권리를 가지고 있어야 한다.

D. Privacy and Data Protection

D.1. Confidentiality and Security of Customers' Information (소비자 정보에 대한 비밀과 보안)

소비자는 그들의 금융거래가 기밀로 유지되기를 기대할 권리가 있다, 보험업자는 어떠한 위협과 권한이 없는 접근에 대해 개인정보의 비밀과 보안을 지켜야 한다.

E. Dispute Resolution Mechanisms

E.1. Internal Dispute Settlement (내적 분쟁 해결)

보험업자는 클레임과 분쟁의 해결을 위해 보험계약자에게 내적 수단을 제공해야 한다. 보험업자는 보험계약자의 불만을 다루는 담당자를 지정해야 하며, 고객들에게 내적 분쟁해결 절차에 대해 알려야 한다. 규제자나 관리감독자는 보험업자가 소비자보호에 관한 그들의 내적 절차를 따르는지를 감독해야 한다.

E.2. Formal Dispute Settlement Mechanisms (공식적 분쟁 해결 방법)

내적 절차에 따라 소비자의 만족이 해결될수 없는 보험업자에 대한 불만을 해결하기 위해 옴부즈맨이나 법정과 같이 소비자가 접근가능하고 효율적인 제3의 해결방안이 포함된 체계가 갖추어져야 한다. 소비자분쟁에 관한 옴부즈맨이나 그와 동등한 제도의 역할이 대중에게 알려져야 하며, 이 제도들은 공평하고 관련 당국이나 산업과는 독립적으로 시행되어야 한다. 또한, 이 제도에 의한 결정사항은 보험업자에게 구속력을 행사할 수 있어야 하며, 이러한 결정의 강제력을 보증하기 위한 기제가 마련되고 홍보되어야 한다.

F. Guarantee Schemes and Insolvency

F.1. Guarantee Schemes and Insolvency (보증제도와 지급불능)

의무보험제도를 제외한 보험에서는 산업의 불투명한 특성과 도덕적 해이 때문에 지불불능 보증제도가 장려되어서는 안되며, 강력한 관리와 감독이 더 나은 방법이다. 과실을 범한 사람이 보험에 가입하지 않은 경우에 보장해 주는 자동차 손해배상책임보험과 같은 의무보험이 마련되어야 한다. 생명보험 책임준비금과 투자 계약 책임(policy liabilities)을 충당하기 위한 자산이 구분되어 있거나 최소금액이 책정되어 있어야 하며, 장기 계약자는 청산 시 자산에 대한 우선권이 있어야 한다.

G. Consumer Empowerment

G.1. Broadly based Financial Capability Program (광범위한 금융역량 프로그램)

소비자의 금융역량을 향상시키기 위해 다양한 금융교육과 프로그램과 정보가 개발되어야 한다.

정부, 국가기관, NGO 등 다양한 기관이 금융역량 프로그램을 개발하고 실행하는 데 참여해야 하며, 정부는 국가의 금융역량 프로그램 개발과 실행을 이끌고 조정할 수 있는 중앙은행이나 금융 규제자와 같은 기관을 지정해야 한다.

G.2. Unbiased Information for Consumers (**소비자를 위한 공평한 정보**)

소비자는(특히 취약계층 소비자) 이용가능한 금융상품 및 서비스에 대해 이해할 수 있도록 충분한 자원을 활용할 수 있어야 한다. 금융 규제자는 인터넷이나 인쇄물을 통해 주요한 형태의 금융상품 및 서비스의 주요 특징, 이익과 위험, 실질적인 비용에 대한 독립적인 정보를 제공해야 한다. NGO가 금융상품과 서비스에 관한 소비자의 인식을 제고하기 위한 프로그램을 제공하도록 장려되어야 한다.

G.3. Measuring the Impact of Financial Capability Initiatives (**금융역량 계획의 효과 측정**)

정책입안자, 업계, 대변자(advocates)들은 다양한 시장의, 특히 악용되기 쉬운 시장의, 금융역량에 대해 이해해야 한다, 소비자의 금융역량은 자주 주기적으로 실시되는 대규모의 가계조사를 통해 측정되어야 하며, 핵심 금융역량의 효과도 평가되어야 한다.

Ⅵ. 비은행신용기구

비은행신용기구는 대부분 현금예치금 없이 소비자대출을 공여하므로 엄격한 규제의 범위에서 벗어나 있다. 비은행신용기구의 유형은 다양하지만 소액금융기관, 소비자금융회사(신용카드 회사 포함), 리스사, 대출제공회사, 전당포와 금융기관 등을 포함한다. 각 국가가 처한 상황에 따라 비은행신용기구를 규정하는 것이 쉽지 않을 수도 있지만 정부당국은 모든 비은행신용기구를 규정할 수 있는 메카니즘을 만들어야 한다. 비은행신용기구와 관련된 법률 제정은 유럽과 미국에서 발달되어 있어 이곳들의 관례를 따르거나 <표 8>에서 제시하고 있는 국제기구들의 가이드라인을 참고할 수 있다.

A. 소비자보호기구

A.1. 소비자보호제도

a. 비은행신용기구의 소비자보호를 위한 효과적인 제도를 만들어낼 수 있는 구체적인 법적 규정이 있어야 한다.
b. 정부당국은 비은행신용기구 영역에서 소비자보호를 이행, 감독, 강제할 수 있는 책임을 지고 있어야 한다.
c. 비은행신용기구의 감독기관은 비은행신용기구들이 등록된 명단을 보유하고 있어야 한다.
d. 소비자보호, 금융부문 규제와 관리를 이행, 감독, 강제할 수 있는 권한을 부여받은 다양한 기관들 간의 조율과 협조가 이루어져야 한다.
e. 비은행신용기구 부문의 소비자보호 측면에서 소비자협회와 자율규제기구 등과 같은 사적영역의 역할이 법적으로 규정되어 있어야 한다.

A.2. 비은행신용기구 행동강령

a. 비은행신용기구와 유관소비자협회 간의 협의 하에 비은행신용기구의 원칙중심 행동지침이 마련되어야 하며 이는 법으로 명시된 기관이나 자율규제기관에 의해 감독받아야 한다.

b. 원칙중심 행동지침이 존재할 경우 이것은 일반 대중에게 공개되어 있어야 하며,
c. 산업에 대한 구체적인 사안에 대한 자율지침에 의해 강화되어야 한다.
d. 또한 이러한 모든 자율규정들은 대중에게 공표되어야 한다.

A.3. 다른 제도적 방안들

a. 비은행신용기구들이 금융감독기관에 감독 하에 있는 한 금융감독과 소비자보호간의 자원의 배분은 이들의 효과적 이행을 가능하게 하기에 적절해야 한다.
b. 법률적 체계들은 비은행신용기구에서 발생하는 소비자보호와 관련된 어떠한 분쟁에 대한 최종적 분쟁해결이 감당할 수 있으며, 시의적절하고 전문적으로 전달되도록 하여야 한다.
c. 감독당국은 각종 매체와 소비자단체들이 비은행신용기구와 관련된 소비자보호를 증진시킬 수 있는 주도적 역할을 수행할 수 있도록 지원하여야 한다.

A.4. 비은행신용기구의 등록

가계에 모든 형태의 신용을 공여하는 모든 금융기관들은 금융감독기관에 등록되어 있어야 하며, 감독기관은 설립기준을 제정하고 그에 부합하지 못하는 기관들의 설립을 거부할 수 있어야 한다.

B. 공시 및 판매관행

B.1. 소비자 정보

a. 비은행신용기구는 고객으로부터 충분한 정보를 수집하고 보관하고 기록하여 고객에게 적절한 상품과 서비스를 제공하도록 추천할 수 있어야 하며,
b. 고객에 대해 수집하는 정보는 고객이 추천받거나 탐색할 수 있는 해당 상품과 서비스의 특성과 복잡성에 상응해야 하며, 비은행신용기구들에서 고객의 역량에 부합하는 전문적 서비스를 제공하여야 한다.

B.2. 지불능력

a. 비은행신용기구가 고객에게 상품이나 서비스에 대해 추천할 경우 상품이나 서비스는 고객의 요구에 부합하여야 한다.
b. 상품이나 서비스에 관한 적절한 정보는 고객이 자신에게 가장 적절하고 감내할만한 상품이나 서비스를 선택할 수 있도록 하여야 한다.
c. 비은행신용기구에서 고객의 부채를 현저하게 증가시킬 수 있는 새로운 신용상품이나 서비스를 제공하고자 하는 경우 고객의 신용도를 적절하게 평가하여야 한다.

B.3. 청약철회 기간

a. 고객이 서면으로 명백히 포기하지 않는 한 비은행신용기구는 계약 이후 시점부터 적절한 시일이내에 청약철회기간을 제공하여야 한다.
b. 청약철회기간동안 서면으로 신청할 경우 고객들은 불이익없이 계약이 취소되거나 무효화되어야 한다.

B.4. 결합판매와 끼워팔기 조항

a. 가능한 한 비은행신용기구는 고객의 선택을 제한하는 끼워팔기를 삼가해야 하며,

b. 특히 차용자가 대출을 받고자 할 때 비은행신용기구로부터 보험을 포함한 어떠한 상품을 구매할 것으로 요구받을 경우 차용자는 제공기관을 자유롭게 선택할 수 있어야 하며 이러한 정보는 차용자에게 전달되어야 한다.

B.5. 주요 정보 공시문

a. 비은행신용기구는 계좌, 대출 및 기타 상품과 서비스의 유형에 따른 공시문를 별도로 마련하여야 한다.

b. 주요 정보 공시문은 평이하게 작성되어야 하며, 금융상품과 서비스의 주요 조건들이 한두페이지 내외로 요약되어 있어야 하며, 고객들이 다른 기관들이 제공하는 상품들과 용이하게 비교할 수 있도록 하여야 한다.

B.6. 광고와 판매 자료

a. 비은행신용기구의 광고와 판촉물, 절차는 소비자를 오도시키지 말아야 하며,

b. 모든 광고와 판촉물들은 일반 대중들에 의해 쉽게 읽히고 이해되어야 한다.

c. 비은행신용기구는 광고와 판촉물들에서 언급한 모든 진술에 대한 법적 책임을 부여받는다.

B.7. 일반적 관행들

공시와 판매관행에 대한 구체적 규정들은 비은행신용기구의 행동지침에 포함되어 있어야 하며 유관 감독기관의 관리 하에 있어야 한다.

B.8. 재정상태의 공개

a. 유관감독기관은 비은행신용기구에 대한 성장, 건전성, 진출 등을 포함하는 연간보고서를 발행해야 하며,

b. 비은행신용기구는 일반 대중들이 각 기구의 재무상태에 관한 판단을 내릴 수 있는 재무정보를 공개하여야 한다.

C. 고객계좌 관리 및 유지

C.1. 명세서

a. 고객이 별도의 서명된 요청을 하지 않는 한, 비은행신용기구에서는 고객을 위해 유지되는 모든 계좌에 대한 월별 명세서를 발행하고 제공할 의무가 있다.

b. 모든 명세서는 해당기간의 모든 거래내용과 이자율에 대한 상세한 정보가 포함되어야 한다.

c. 모든 신용카드 명세서는 최소상환액과 카드보유자가 최소한의 금액만 상환하는 경우 적용받게 될 이자율을 함께 명시하여야 한다.

d. 대출이나 기타 신용공여 계좌의 명세서는 해당기간 동안 지불해야 하는 금액을 확실히 명시해야 한다.

e. 비은행신용기구는 고객 계좌의 장기휴면상태에 대해 공지하여야 하며, 휴면처리에 있어 서면으로 적절한 최종 통보를 실시하여야 한다.

f. 고객들이 서명할 전자문서는 형식적인 면에서 읽기 쉽고 이해하기 용이하여야 한다.

C.2. 이자율과 무이자적용 변화에 관한 공지

a. 비은행신용기구는 고객들의 이자율 및 모든 수수료, 무이자 적용 등의 변화를 고객들에게 서면으로 공지하여야 하며,
b. 만약 변경된 항목들이 고객에게 받아들여지지 않을 경우 불이익 없이 계약을 해지할 권리가 있다.

C.3. 고객 정보

a. 비은행신용기구는 모든 고객의 주소, 연락처, 제공받는 모든 상품과 서비스의 세부사항, 기타 고객관련 정보 등에 관해 고객이 서명하고 제출받은 모든 서류들 등의 최신 기록들을 보관해야 한다.
b. 이러한 기록들을 보유하는 최소한의 사용기한이 법과 규정에 의해 제한되어야 하며, 이 기간 동안 고객들은 모든 정보에 용이하게 접근할 수 있어야 한다.

C.4. 신용카드

a. 신용카드 발행과 이와 관련하여 제공하여야 할 사항들에 대한 분명한 규정이 존재하여야 한다.
b. 신용카드사와 같은 비은행신용기구는 수수료와 비용, 신용한도, 연체율, 이자율, 최소상환액 계산법 등을 포함한 개별적 공개요청이 이루어져야 한다.
c. 비은행신용기구는 고객에게 받아들여질 수 없는 카드 발급 승인과 관련된 수수료를 부과하여서는 안 된다.
d. 월별 명세서상에는 최소상환가능액과 카드보유자가 최소상환액만 지불할 경우 차액에 적용될 정확한 이자율이 제시되어야 한다.
e. 21세 이하를 대상으로 하는 신용카드의 발급에 대한 마케팅은 제한적으로 이루어져야 하며, 수수료와 이자율의 변화에 대한 합당한 공지가 요구되며, 2개월간에 걸쳐 부과금리를 산정하는 관행(double－cycle billing)을 금지한다.
f. 도난카드의 부정사용에 대한 분명한 지침이 마련되어 있어야 한다.
g. 비은행신용기구와 카드발행자는 신용카드의 잘못된 사용과 사기방지 등과 관련된 소비자인식교육을 실시하여야 한다.

C.5. 부채 회복

a. 비은행신용기구의 단체들과 제3기관을 포함하는 모든 비은행신용기구들의 어떠한 폭력적 부채추심관행이 금지된다.
b. 일부 부채는 비은행신용기구를 대신하여 추심이 이루어지기도 하며, 부채추심자와 부채추심방식은 고객에게 통지하여야 한다.
c. 부채추심업자는 부채추심 당사자에게 공지 없이 비은행신용기구 고객의 부채와 관련해 제 3자에게 연락해서는 안 된다.
d. 법률에 의해 채무자의 동의 없이 부채의 판매나 이전이 제한되는 경우는 채무자는 적절한 시일 내에 공지를 받아야 하며, 구매자 및 이전받은 자와 관련된 계약 정보를 제공받아야한다.

D. 개인정보와 자료 보호

D.1. 소비자 정보의 비밀유지와 보안

a. 비은행신용기구를 통한 모든 고객의 금융거래들은 기관에 의해 비밀리에 유지되어야 한다.

b. 법률에 의해 비은행신용기구는 그들의 고객의 개인정보를 예측되는 모든 위험들로부터 보호받을 수 있도록 규정되어 있어야 한다.

D.2. 신용평가보고서

a. 신용평가보고서는 적절한 관리 하에 있어야 한다.

b. 신용평가 시스템은 정확하고 시의적절하고 충분한 데이터를 보유하여야 하며, 이 시스템은 보완과 신뢰의 엄격한 기준을 유지하여야 한다

c. 신용평가시스템의 법적 및 제도적 체계는 명확하고, 예측가능해야 하며, 비차별적이며 소비자의 권리를 옹호하여야 하며, 법적 및 비법적 분쟁해결 기제들에 의해 유지되어야 할 것이다.

d. 신용정보에의 편리한 접근, 기관간의 정보공유 관행에 기반한 정보공유에 대한 동의, 신용 이력에 대한 적절한 보유기간, 그릇된 정보를 수정하거나 분쟁중인 정보의 삭제, 개인정보의 보완 유지 등과 같은 소비자권리에 관련된 내용을 포함하여야 한다.

e. 신용 등록기관, 규제기관, 비은행신용기구의 협회는 소비자의 권리를 대중에게 전달하고 교육시키는 캠페인을 실시하여야 한다.

E. 분쟁처리 메카니즘

E.1. 내부 불만처리 절차

불만처리절차는 비은행신용기구의 행동지침에 포함되어 있어야 하며 감독기관의 감시 하에 있어야 한다. 고객분쟁해결은 고객에게 시간과 비용측면에서 불합리한 비용을 부담시키지 않아야 한다.

E.2. 공식적 분쟁처리 메카니즘

a. 내부적 절차에 의해서도 고객과 비은행신용기구와의 분쟁이 해결되지 않은 경우 해당고객은 옴부즈맨과 같은 지불가능하고 효과적인 제3기관을 찾아갈 수 있어야 한다.

b. 분쟁을 처리하는 옴부즈맨이나 관련 기관의 역할은 대중에게 공지되어야 하며,

c. 공정하고 중립적이어야 한다.

d. 이들의 결정은 비은행신용기구에 대해 구속력이 있어야 한다.

F. 소비자권한

F.1. 광범위한 소비자역량 프로그램

a. 광범위한 소비자교육 및 정보 프로그램은 국민의 재무역량을 강화하기 위해 발전되어야 한다.

b. 정부, 국가기관, 비정부기구 등과 같은 단체들은 소비자역량 프로그램을 발전시키고 시행하는데 관여하여야 하며, c. 정부는 중앙은행과 금융감독기관 등과 같이 국가의 재무역량프로그램을 시행하고 발전시킬 수 있는 단체를 지정하여야 한다.

F.2. 대중매체를 포함한 일련의 조직들과 채널 사용하기

a. 유관기관들은 일련의 조직들이 국민, 특히 저소득계층의 금융역량을 강화하기 위한 역할을

수행할 수 있도록 조치하여야 한다.

b. 유관기관은 대충매체들이 비은행신용기구와 그들이 제공하는 상품과 서비스를 포함한 금융 교육과 정보, 안내들을 대중에게 제공할 수 있도록 권장하여야 한다.

c. 정부는 국가기관과 감독 당국 간의 공조를 장려하는 적절한 유인책을 제공하여야 한다.

F.3. 소비자를 위한 공정한 정보들

a. 특히 취약한 소비자들은 그들이 사용할 수 있는 금융 상품과 서비스들을 이해할 수 있도록 하는 정보원에 접근할 수 있어야 한다.

b. 감독당국과 소비자단체들은 온라인과 인쇄물 들을 통해 비은행신용기구에서 제공하는 금융 상품과 서비스들의 주요 유형에 대한 중요한 특징, 혜택과 위험, 비용 등과 관련한 독립적인 정보들을 제공하여야 한다.

c. 유관기관은 금융상품과 서비스와 관련된 소비자인식프로그램을 대중에게 제공하는 비정부기구를 장려하는 정책들을 채택하여야 한다.

F.4. 소비자와 재무시비스 산업을 컨설팅하기

유관기관에서는 금융소비자들, 특히 비은행신용기구 고객들의 요구와 기대를 충족시키고 재무역량프로그램을 발전시키기 위해 소비자 협회와 비은행신용기구 협회를 컨설팅하여야 한다.

F.5. 소비역량계획의 영향력 측정하기

a. 정책입안자, 업계와 소비자옹호가는 특히 문제에 취약한 다양한 시장의 재무역량을 이해해야 한다.

b. 소비자의 재무역량은 측정될 수 있어야 하며, 주기적으로 가계를 대상으로 하는 조사기 이루어져야 한다.

c. 주요 재무역량의 효과성은 유관기관에서 주기적으로 측정하여야 한다.

찾아보기

[저자 약력]

김 성 숙(金聖淑)

서울대학교 가정관리학과 졸업(가정관리학 학사)
서울대학교 대학원 소비자학과 졸업(소비자학 석사 및 박사)
한국소비자원 선임연구원 역임
계명대학교 산업경영연구소 부설 재무상담클리닉센터 센터장
한국소비자학회 부회장
한국금융소비자학회 편집위원장
현재 계명대학교 소비자정보학과 교수

소비자금융거래와 법

초판인쇄 2014년 8월 25일
초판발행 2014년 8월 29일

지은이 김성숙
펴낸이 박노일

총괄기획 김중용
편 집 심성보 · 김인숙

펴낸곳 pnc publishing and culture 피앤씨미디어
경기도 고양시 일산동구 강송로 153 310-1501
등록 제396-2012-000203호
전 화 070)7550-3758 팩 스 02)718-8554
홈페이지 www.pncmedia.co.kr 이메일 pnc@pncmedia.co.kr
ISBN 979-11-5730-001-3 93320

정 가 15,000원